L'ENTREPRISE PUBLIQUE DE SERVICE PUBLIC

Déclin et mutation

Logiques Juridiques

Collection dirigée par Gérard Marcou

Le droit n'est pas seulement un savoir, il est d'abord un ensemble de rapports et pratiques que l'on rencontre dans presque toutes les formes de sociétés. C'est pourquoi il a toujours donné lieu à la fois à une littérature de juristes professionnels, produisant le savoir juridique, et à une littérature sur le droit, produite par des philosophes, des sociologues ou des économistes notamment.

Parce que le domaine du droit s'étend sans cesse et rend de plus en plus souvent nécessaire le recours au savoir juridique spécialisé, même dans des matières où il n'avait jadis qu'une importance secondaire, les ouvrages juridiques à caractère professionnel ou pédagogique dominent l'édition, et ils tendent à réduire la recherche en droit à sa seule dimension positive. A l'inverse de cette tendance, la collection *Logiques juridiques* des Éditions L'Harmattan est ouverte à toutes les approches du droit. Tout en publiant aussi des ouvrages à vocation professionnelle ou pédagogique, elle se fixe avant tout pour but de contribuer à la publication et à la diffusion des recherches en droit, ainsi qu'au dialogue scientifique sur le droit. Comme son nom l'indique, elle se veut plurielle.

Dernières parutions

Vincent de BRIANT, *L'action commune en droit des collectivités territoriales. Contribution à l'étude des compétences exercées en commun par l'Etat et les collectivités territoriales*, 2009.
Khalid ZAHER, *Conflit de civilisations et droit international privé*, 2009.
Georges LABRECQUE, *Les différends territoriaux en Europe*, 2009.
Anne SUY, *La théorie des biens publics mondiaux, Une solution à la crise*, 2009.
Philippe KARPE, *Le droit des collectivités autochtones*, 2008.
Nélia CARDOSO-ROULOT, *Les obligations essentielles en droit privé des contrats*, 2008.
Jean-Claude DUCROS, *L'emprunt de l'Etat*, 2008.
Xhyher CANI, *Le canon de Scanderbeg au cœur du coutumier albanais*, 2008.
Daphné TAPINOS, *Prévention, précaution et responsabilité civile*, 2008.

Marie-Louise Pelletier

L'ENTREPRISE PUBLIQUE DE SERVICE PUBLIC

Déclin et mutation

Préface de Jean-Louis Autin

L'Harmattan

5-7, rue de l'Ecole polytechnique, 75005 Paris

http://www.librairieharmattan.com
diffusion.harmattan@wanadoo.fr
harmattan1@wanadoo.fr

ISBN : 978-2-296-09209-9
EAN : 9782296092099

En sortira-t-on jamais ? À peine service public et puissance publique, cessant un long et vain combat, semblaient-ils s'unir qu'ils se retireraient chacun sous sa tente ? Décidément, le droit administratif demeure un perpétuel adolescent et le service public le révélateur de ses états d'âme !

Didier TRUCHET, « Label de service public et statut du service public », *AJDA* 1982.427, p. 439.

SOMMAIRE

PRÉFACE

Le sujet abordé et traité par Madame Marie-Louise PELLETIER fait preuve d'une très grande originalité. À l'heure où la globalisation et l'internationalisation des échanges font connaître tous leurs effets, tandis que le libéralisme économique triomphe à l'échelle planétaire, il fallait de l'audace voir un brin de témérité pour développer une réflexion qui s'attache avec bonheur à démontrer que l'interventionnisme public – sous des formes nouvelles – a encore de beaux jours devant lui. Car telle est bien l'ambition de la recherche résumée dans la dernière ligne de la thèse : il faut « assurer la mutation des instruments qui permettent à l'État d'intervenir dans l'économie ». Comme exemple de mutation, l'auteure a choisi avec perspicacité celle qui concerne *« l'entreprise publique de service public »* qui est appelée à se transformer mais non à disparaître car les besoins collectifs auxquels renvoie l'idée de service public doivent continuer à être satisfaits, au nom de l'exigence de cohésion voire d'interdépendance sociale ainsi que le préconisait le doyen Léon Duguit.

Le plan adopté – bien équilibré – et la structure de la thèse répondent tout à fait à l'ambition affichée, avec une démarche en deux temps, l'un consacré au <u>déclin</u>, l'autre à la <u>mutation</u> de l'entreprise publique. Cette approche était logique et il faut mettre à l'actif de l'auteure le fait que les développements s'articulent et s'enchaînent parfaitement. Les principales subdivisions, aux intitulés bien travaillés permettent au lecteur de suivre agréablement la pensée développée et le fil conducteur du propos n'est jamais rompu. On constatera simplement que l'intérêt de la thèse va croissant et se concentre essentiellement sur la deuxième partie ; le fait était sans doute inévitable et n'est pas en soi critiquable mais il conduit à regretter que le tout premier chapitre et une partie du deuxième soient peut-être excessivement développés.

La documentation pertinente s'agissant des sources françaises a été très correctement utilisée. L'histoire du service public, sa genèse, les conflits doctrinaux et les évolutions jurisprudentielles que son développement a suscités sont bien maîtrisés et analysés, y compris s'agissant de controverses secondaires liées à sa montée en puissance. L'actualité du débat européen sur la question est bien rendue. Quelques remarques néanmoins.

S'agissant principalement de la définition du service public, question récurrente de toutes les analyses, il faut admettre – semble-t-il – qu'une définition purement juridique est impossible car le critère matériel de la définition qui demeure invariant – la satisfaction des besoins collectifs dont il est question revêt un caractère politique incontournable. En outre l'alinéa 9 du Préambule constitutionnel – auquel il est fait référence à plusieurs reprises – et qui mentionne l'existence des services publics est à peu près vidé de son sens aujourd'hui par la jurisprudence du Conseil constitutionnel ; il fallait le marquer plus nettement. On attendait peut-être aussi davantage sur les courants dissidents dans la doctrine du service public qui ne sont évoqués que brièvement : ainsi l'approche maximaliste du service public virtuel développée juste après guerre méritait sans doute de plus amples considérations, ainsi que la ligne jurisprudentielle sur les services publics sociaux qui s'est étendue de 1956 à 1983.

Dans la période récente, bien sûr s'imposait l'analyse de l'impact de la construction européenne sur les entités étudiées : entreprise publique et service public. Mais on attendait peut-être davantage de réflexions sur deux événements qui ont fait couler beaucoup d'encre : le projet de directive « Bolkestein » trop brièvement évoqué et la place réservée aux services publics par le projet de traité – finalement avorté – établissant une constitution pour l'Europe qui représentait une avancée remarquable, contrairement à ce que ses détracteurs ont fait valoir.

La méthodologie appliquée – fondée sur le comparatisme – se révèle adéquate et en bonne harmonie avec la thèse soutenue. Il s'agit même d'un point fort de l'ouvrage, puisque l'auteure parvient, au-delà de l'ambition initiale d'une comparaison Québec/France sur le thème des entreprises publiques, à nous offrir une analyse de droit comparé qui inclut aussi sur la question des « services publics » les États-Unis et l'Angleterre. Cet élément hautement significatif de la thèse est particulièrement notable s'agissant de la privatisation des entreprises publiques du gouvernement d'entreprise de la délégation de service public et du partenariat public/privé.

S'agissant de la rigueur argumentative et du traitement des données, l'auteure témoigne de qualités d'analyse et de synthèse qui reflètent un esprit bien formé à la démarche juridique. Le propos ne comporte pas d'erreurs notables ni de défauts majeurs ; tout au plus, car il faut bien formuler quelques observations critiques sur la recherche présentée, on soulèvera certaines interrogations. Ainsi l'appréciation portée sur les sociétés d'économie mixte prête à discussion. S'il est bien noté que le développement de cette pratique est lié sur le plan historique à la montée en puissance de l'État interventionniste, l'interprétation de son utilisation contemporaine est sujette à caution dans la mesure où bien souvent elle apparaît comme une solution transitoire en attendant la privatisation de l'entreprise. Par ailleurs le développement sur la grève dans les services publics méritait d'être plus nuancé car il s'agit d'un droit constitutionnellement garanti et le législateur est dès lors tenu d'assurer la conciliation de son exercice avec le principe de continuité. De même faut-il remarquer que la distinction des services publics administratifs et des services publics industriels et commerciaux est aujourd'hui largement relativisée par le droit communautaire et qu'elle mériterait d'être refondée sur des bases plus solides. Enfin le fameux principe d'adaptation – connu comme l'une des grandes lois du service public – s'avère le plus souvent une notion à géométrie variable : obligation pour le délégataire du service mais non directement justiciable par les usagers à l'encontre de l'administration.

Les résultats et les conclusions de la recherche sont tout à fait appréciables. Outre le relativisme des considérations nationales apporté par le comparatisme, c'est l'ensemble du travail entrepris et réalisé qui brille par son caractère novateur. Alors que tant d'études contemporaines concluent au dépérissement du secteur public, voici une recherche argumentée et cohérente qui s'inscrit – non sans raison – dans une voie radicalement opposée. Le travail se situe en outre au cœur des problématiques actuelles sur le renouveau de la citoyenneté, avec la figure originale du « citoyen consommateur », et l'aménagement de dispositifs de régulation dont l'analyse pertinente alimente heureusement la fin de l'ouvrage.

Jean-Louis AUTIN
Professeur émérite de droit public
à l'université Montpellier-I

TABLE DES ABRÉVIATIONS

Abréviations neutres

Al. :	Alinéa
Art. :	Article
Ann. :	Annoté
Coll. :	Collection
Concl. :	Conclusion
Dir. :	Sous la direction de
Éd. :	Édition
Nbp :	Note de bas de page
N° :	Numéro de paragraphe
OMC :	Organisation mondiale du commerce
P. :	Page
Par. :	Paragraphe
S. :	Suivant
Sect. :	Section
SCM :	Société à capital mixte
SIEG :	Service d'intérêt économique général
SIG :	Service d'intérêt général
SPA :	Service public administratif
SPIC :	Service public industriel et commercial
T. :	Tome

Abréviations québécoises et canadiennes

Adm. Publ. Can. :	Administration publique du Canada
Adm. L. Rev. :	Administrative Law Review
ALÉNA :	Accord de libre-échange nord américain
CA :	Cour d'Appel
Can. Lab. L.J. :	Canadian Labour Law Journal
C. de D. :	Cahiers de droit
C.F. :	Cour fédérale
CJALP :	Canadian journal of administrative law and practice
C.Q. :	Cour du Québec
CS :	Cour supérieure
CSC :	Cour suprême du Canada

CSE :	Conseil des services essentiels
D.L.R. :	Dominion Law Report
DTE :	Droit du travail express
L.C. :	Lois du Canada
LGDJ :	Librairie générale de droit et de jurisprudence
L.Q. :	Lois du Québec
LRC :	Lois révisées du Canada
LRQ :	Lois refondues du Québec
PUL :	Presses de l'Université Laval
PUQ :	Presses de l'Université du Québec
Q.A.C. :	Quebec Appeal Cases
Queen's L.J. :	Queen's Law Journal
R. du B. :	Revue du Barreau
RCS :	Recueil des arrêts de la Cour suprême du Canada
RDUS :	Revue de droit de l'Université de Sherbrooke
RGD :	Revue générale de droit
RJEUL :	Revue juridique des étudiants et étudiantes de l'Université Laval
RJQ :	Recueil de jurisprudence du Québec
R.J.T. :	Revue juridique Thémis
SAQ :	Société des alcools du Québec
S.C. :	Statuts du Canada
S.R.Q. :	Statuts refondus du Québec

Abréviations françaises et européennes

AJDA :	L'Actualité juridique, Droit administratif
B.E. :	Banque Express
Bull. civ. :	Bulletin des arrêts de la Chambre civile de la Cour de cassation
C. adm. :	Cour administrative
Cah. de la fonct. publ :	Cahiers de la fonction publique
Cah. dr. entr. :	Cahiers de droit de l'entreprise
Cah. dr. eur :	Cahiers de droit européen
Cah. franç. :	Cahiers français
CEE :	Communauté Économique Européenne
CE :	Conseil d'État
CJCE :	Cour de justice des communautés européennes
CJEG :	Cahiers juridiques de l'électricité et du gaz
Cons. constit. :	Conseil constitutionnel
D. :	Dalloz (Recueil)

DPCI	Droit et pratique du commerce international
Dr. adm. :	Droit administratif
Dr. soc. :	Droit social
DTE :	Droit du travail express
EDCE :	Études et documents du Conseil d'État
Gaz. Pal. :	Gazette du Palais
JE :	Jurisprudence Express
JCP :	Jurisclasseur périodique (La Semaine juridique)
JCP/A :	Jurisclasseur/droit administratif
JCP/E :	Jurisclasseur/droit de l'entreprise
J.D.I. :	Journal du droit international
JO :	Journal officiel de la République française
JOCE :	Journal officiel des Communautés européennes
JTDE :	Journal des tribunaux : droit européen
Juris. PTT :	Juris poste, télécommunications et technologies de l'information
Pet. aff. :	Les Petites affiches
PMP :	Politique et management public
Probl. écon. :	Problèmes économiques
PUF :	Presses universitaires de France
RAE :	Revue des affaires européennes
RDP :	Revue du droit public et de la science politique en France et à l'étranger
Rec. Cons. const. :	Recueil des arrêts du Conseil constitutionnel
Rec. CE :	Recueil du Conseil d'État
Rec. CJCE :	Recueil de la Cour de justice des Communautés européennes
Rev. adm. :	Revue administrative
Rev. conc. consom :	Revue de la concurrence et de la consommation
Rev. dr. aff. intern. :	Revue de droit des affaires internationales
Rev. dr. Union eur. :	Revue de droit de l'Union européenne
Rev. du Trésor :	Revue du Trésor
Rev. fr. écon. :	Revue française d'économie
Rev. marché commun :	Revue du marché commun
REF :	Revue d'économie financière
RFDA :	Revue française de droit administratif
RFAP :	Revue française d'administration publique
RFSP :	Revue française de science politique
RIDE :	Revue internationale de droit européen
RISA :	Revue internationale des sciences administratives
RJEP :	Revue juridique de l'entreprise publique
R.L. :	Revue légale

R.L. conc. :	Revue Lamy de la concurrence
RPP :	Revue politique et parlementaire
RRA :	Recueil en responsabilité et en assurance
RRJ :	Revue de la recherche juridique – Droit prospectif
RTD civ. :	Revue trimestrielle de droit civil
RTDC :	Revue trimestrielle de droit commercial
RTDE :	Revue trimestrielle de droit européen
S. :	Recueil Sirey
Tr. adm. :	Tribunal administratif
T. confl. :	Tribunal des conflits
UE :	Union européenne

INTRODUCTION GÉNÉRALE

1. LE DÉVELOPPEMENT DE L'INTERVENTIONNISME PUBLIC EXERCÉ PAR LE BIAIS DE L'ENTREPRISE PUBLIQUE

L'interventionnisme public est l'ensemble des actions accomplies par l'État en matière économique. L'entreprise publique est l'un des instruments de l'État afin d'intervenir dans l'économie. En tant qu'« [o] rganisme décentralisé dans l'appareil du Pouvoir exécutif, constitué en personne morale, disposant d'un patrimoine public et affecté à une tâche industrielle, commerciale ou financière »[1] l'entreprise publique a joué depuis longtemps un rôle de premier ordre dans l'économie et la société.

Spécifions qu'au départ les interventions de l'État dans l'économie étaient indirectes. L'interventionnisme étatique se limitait à l'exercice d'activités de police, de protection et de réglementation économiques. Au sein du système économique, l'État était un *arbitre* plutôt qu'un *acteur*. La théorie libérale, qui prévalait alors, prône le désengagement de l'État de la sphère économique. Poussée à l'extrême, cette idéologie entraîne l'absence totale d'actions publiques dans l'économie, laissant toute la place à la concurrence et à la liberté du commerce. Robert-Édouard Charlier qualifie brillamment le libéralisme de « laisser-faire dans le désordre[2] ». Au début, l'action publique était donc limitée au maintien de l'ordre public et aux actions de puissance publique. Cependant, par l'effet de la création des entreprises publiques, nous sommes passés d'une intervention de police économique à une intervention d'action directe dans l'économie.

Diverses causes justifient le développement de l'interventionnisme public et, par extension, la création des entreprises publiques. En Europe, « [...] la *crise économique* de 1929 [...] a constitué le grand facteur de l'interventionnisme. À partir de 1930 on parle d'économie dirigée. Nom-

---

1. Pierre ISSALYS et Denis LEMIEUX, *L'action gouvernementale – Précis de droit des institutions administratives*, 2e éd., Cowansville, Éditions Yvon Blais, 2002, n° 6.23, p. 413.
2. Robert-Édouard CHARLIER, « Signification de l'intervention de l'État dans l'économie », dans CENTRE DE RECHERCHES ET D'ÉTUDES ADMINISTRATIVES DE MONTPELLIER, *Études en l'honneur du doyen Péquignot – L'interventionnisme de la puissance publique*, t. 1, Montpellier, Université Montpellier-I, 1984, p. 95, à la p. 97.

breuses sont les interventions économiques nées de la crise »[3]. L'État tente alors de pallier les carences du secteur privé dans divers domaines. Cette situation perdure durant la seconde guerre mondiale.

Plus spécifiquement, en France la création d'entreprises publiques a connu un essor important à la suite de la première guerre mondiale. Après une longue période de libéralisme économique, l'intervention directe de l'État dans l'économie s'avérait nécessaire. La première guerre mondiale a entraîné la nécessité de réorganiser des structures économiques et de remettre en état l'appareil de production[4]. Durant cette période, nous assistons à une extension des activités du secteur public notamment perceptible à travers les nombreuses nationalisations survenues, lesquelles étaient justifiées par un besoin de reconstruire et de développer des secteurs économiques minés par la guerre. Suite à la seconde guerre mondiale, l'aliéna 9 du Préambule de la *Constitution française de 1946* fut adopté indiquant que « [t] out bien, toute entreprise, dont l'exploitation a ou acquiert les caractères d'un service public national ou d'un monopole de fait, doit devenir la propriété de la collectivité ». Nous constatons donc que ce conflit a probablement renforcé le besoin de nationaliser les activités de service public. Cet aperçu historique de la création de l'entreprise publique en Europe nous permet d'affirmer qu'elle est née afin de répondre aux problèmes entraînés par des crises :

> Quoi qu'il en soit, incontestablement chacune des grandes crises du XXe siècle a favorisé et accéléré le processus de « publicisation » de l'économie. Chacune d'elles a été ou peut être à l'origine de vagues de fond dans la création d'entreprises publiques. Mais il serait erroné de croire pour autant que seules les périodes de crises ou seules les difficultés financières peuvent être à l'origine de telles réactions. Il s'agit là d'un phénomène latent dont les manifestations sont constantes et empruntent des formes variées.[5]

Ainsi, au fil du temps les entreprises publiques ont permis aux pouvoirs publics d'atteindre divers objectifs d'ordre politique, économique ou social. Il s'agit aussi incontestablement d'un instrument étatique de politique économique qui favorise le développement social et économique[6]. Au Canada, le développement du pays est la principale justification de la création des entreprises publiques. Ainsi, avant 1929 « [...] la mise en valeur de l'immense territoire canadien, le renforcement de la cohésion nationale et

---

3. Pierre DELVOLVÉ, *Droit public de l'économie*, Paris, Dalloz, 1998, n° 24, p. 25.
4. Christian BAILLON, *Droit des entreprises publiques*, Paris, Delmas, 1992, p. 17.
5. François CHEVALLIER, *Les entreprises publiques en France*, Paris, La documentation française, 1979, p. 21.
6. *Id.*, p. 68.

la résistance au mouvement d'intégration avec les États-Unis »[7] représentaient de multiples défis auxquels l'entreprise publique canadienne devait répondre. En droit fédéral, le terme « société d'État » est utilisé comme synonyme du terme « entreprise publique », particulièrement dans la *Loi sur la gestion des finances publiques*[8].

De la même manière, au Québec plusieurs entreprises publiques ont vu le jour durant la Révolution tranquille afin de soutenir le développement de la province : Hydro-Québec (1944)[9], la Société générale de financement (1962)[10], la Caisse de dépôt et placement (1965), la Société de télédiffusion (1968), la Société des loteries (1969) et la Société des alcools (1971). Ces entités ont contribué à affirmer la spécificité québécoise, à stimuler l'économie et à assurer la croissance économique de la province. À cette époque, le gouvernement de Jean Lesage prônait une philosophie de type social-démocrate suivant laquelle l'économie doit être contrôlée directement par l'État. Le slogan électoral « Maîtres chez nous » était alors propagé. Parmi les provinces canadiennes, c'est au Québec que nous retrouvons le plus grand nombre d'entreprises publiques[11].

2. La remise en cause de la notion de service public comme justification juridique de l'entreprise publique

Depuis longtemps, du point de vue juridique la principale justification de l'intervention de l'État dans l'économie par le biais de l'entreprise publique demeure généralement l'accomplissement d'activités de service public essentielles aux citoyens. En effet, « [c] ette notion de "service public", [...] a été longtemps le critère essentiel de la justification de l'intervention de l'État dans les activités stratégiquement, politiquement et économiquement, considérées comme essentielles par les pouvoirs publics »[12]. En droit

---

7. Conseil économique, *L'État entrepreneur – Une étude des sociétés d'État au Canada,* Ottawa, Approvisionnements et services Canada, 1986, p. 8.
8. LRC (1985), c. F-11, arts. 83 et s., ci-après désignée « *Loi sur la gestion des finances publiques* » ou « LGFP ».
9. Hydro-Québec fut créée en 1944. Cependant, durant la Révolution tranquille les sept grandes entreprises d'électricité du Québec furent nationalisées et fusionnées avec Hydro-Québec.
10. Tel que nous l'indiquerons plus loin, les Sociétés Soquip, Soquem, Soquia et Rexfor se sont affiliées à la Société générale de financement en 1998.
11. Conseil économique, *op. cit.*, note 7, p. 8.
12. C. Baillon, *op. cit.*, note 4, p. 11.

administratif l'existence de l'entreprise publique est fondamentale puisqu'elle remplit une mission de service public essentielle aux citoyens.

Or, il appert que, dans les dernières décennies, cette justification s'est avérée incertaine. Diverses contraintes juridiques pesant sur les États et leurs organismes, la mission économique de l'État a décliné par l'effet de l'intégration économique. La mondialisation, la concurrence, la libéralisation des marchés ainsi que les accords internationaux sont désormais à l'ordre du jour. L'État n'a plus le prestige qu'il avait auparavant. Il est confronté à l'intégration économique ce qui ébranle ses fondations, la raison d'être de son intervention économique et de sa puissance publique.

Comme conséquence de la perte de vitesse des États, la notion de service public est remise en cause par l'intégration économique et ce, malgré son aspect fondamental en droit administratif. Les exigences des consommateurs, l'abondance des produits, la prédominance de l'idéologie libérale et la concurrence sont quelques réalités inhérentes au nouvel ordre mondial qui affectent le régime juridique de la notion de service public. La réduction croissante de l'activité publique dans l'économie, à laquelle nous assistons depuis les vingt dernières années, se caractérise par un rétrécissement des missions de service public assumées par des entités étatiques, telles les entreprises publiques. Appliqué à l'extrême, ce raisonnement nous permet d'affirmer que nous assistons à une « dé-publicisation » des activités publiques. Nous constatons même que l'ensemble des activités de service public québécois vit présentement un bouleversement important. La fermeture du Jardin zoologique de Québec, le désir de cession du Mont Orford à des intérêts privés ou les discussions concernant la place du secteur privé dans le domaine de la santé sont quelques exemples éclatants de ce bouleversement.

3. LA RÉDUCTION DE LA SPHÈRE D'ACTIVITÉS DE L'ENTREPRISE PUBLIQUE

Il existe une corrélation directe entre la remise en cause de la notion de service public et le déclin de l'entreprise publique. Le contexte autrefois favorable à la création et à la survie de l'entreprise publique a radicalement changé. L'intégration économique a entraîné une régression importante de la place jadis occupée par l'entreprise publique. Nous observons actuellement une préoccupation accrue concernant la présence d'entreprises publiques ou de monopoles en terrain concurrentiel. Inversement, l'impact de l'intégration économique sur l'entreprise publique constitue une grande source de questionnements, d'inquiétudes et de débats. Cette situation est particulièrement tangible en France.

Il apparaît que les prestations de service public par une entreprise publique soient devenues obsolètes. Certains vont même plus loin en affirmant que, « [...] le concept d'entreprise publique de service public n'a pas résisté aux évolutions que le développement de la concurrence a fait naître, y compris dans les entreprises exploitant un monopole »[13]. Les privatisations et le démantèlement des monopoles représentent les manifestations les plus extrêmes de cette situation. L'entreprise publique semble laisser peu à peu sa place au profit du secteur privé :

> Après 1945, l'État est devenu peu à peu un investisseur, un producteur et un commerçant [...]. À partir de 1980, la privatisation d'entreprises publiques a rendu cette frontière très poreuse. La nature de l'intervention de l'État dans l'économie a également changé. Désormais, l'État accompagne plus qu'il ne remplace le secteur privé.[14]

Les secteurs des transports, de l'énergie, des communications et de divers services collectifs sont ainsi confrontés à l'intégration économique.

Le mouvement de privatisation de l'entreprise publique fut impulsé par l'Angleterre sous l'égide de Margaret Thatcher. Maintenant, la France, pourtant réputée pour défendre la notion de service public et l'État, démantèle ou modifie aujourd'hui ses entreprises publiques de service public. Cette démarche est justifiée par l'intégration européenne. Le gouvernement fédéral canadien a pour sa part privatisé plusieurs entreprises publiques dans les années 1980 et 1990. Bien qu'actuellement le Québec ne soit pas soumis au mouvement de privatisation, ses entreprises publiques doivent s'adapter à l'intégration économique[15]. Le sujet de la privatisation d'entreprises publiques y fait d'ailleurs l'objet de débats.

Ainsi, la question suivante est particulièrement significative en ce qui concerne les incertitudes soulevées par le déclin de l'entreprise publique en Europe : « Comment sortir de l'impasse actuelle, où les régimes juridiques et les entreprises de service public, se trouvent au mieux en situation dérogatoire, au pire « hors la loi » par rapport aux règles du marché européen : le libre-échange et la concurrence ? »[16]. L'entreprise publique est l'une des

---

13. André G. DELION et Michel DURUPTY, « L'introuvable catégorie des entreprises publiques de service public – Chronique du secteur public économique », *RFAP*. 2005.752, p. 758.
14. Luc BERNIER, « Que faire des sociétés d'État aujourd'hui ? » dans Robert BERNIER (dir.), *L'État québécois au XXIe siècle*, Sainte-Foy, PUQ, 2004, p. 103, à la p. 103.
15. Tel que nous le proposions dans notre mémoire de maîtrise intitulé : *L'adaptation d'Hydro-Québec aux enjeux de l'intégration économique*, coll. « Bleue », Montréal, Wilson & Lafleur, 2005.
16. Christian STOFFAËS, « Instiller l'intérêt général en Europe », dans Ch. STOFFAËS (dir.), *L'Europe à l'épreuve de l'intérêt général*, Paris, ASPE Europe, 1995, p. 473, à la p. 475.

cibles privilégiées du phénomène mondial d'intégration économique qui affecte l'État interventionniste.

4. Délimitation du sujet de notre étude

Cette problématique étant de première importance en droit administratif, nous tentons de répondre à la question générale suivante tout au long de notre thèse :

> *Le recours à l'entreprise publique investie d'une mission de service public est-il encore envisageable dans le cadre de l'intégration économique et du désengagement de l'État ?*

L'objet de notre thèse est d'étudier les enjeux contemporains qui contribuent au déclin de l'entreprise publique, pour ensuite exposer les solutions juridiques menant à sa mutation. Étant donné le rôle déterminant qu'elle joue dans l'étude juridique de l'entreprise publique, la notion de service public propre au droit administratif sert de thème de référence tout au long de notre raisonnement. Nous nous penchons donc sur l'évolution juridique de l'entreprise publique investie d'une mission de service public.

Spécifions que le terme « intégration économique » représente un ensemble d'éléments qui affectent les États et leur droit interne, dont la mondialisation, la libéralisation des marchés, les privatisations et les ententes internationales. Se manifestant surtout en matière économique, l'intégration économique touche directement les entreprises publiques qui doivent s'adapter à une autre façon de faire des affaires. Par exemple, elles sont soumises à divers accords internationaux et elles doivent faire face à une concurrence internationale. De plus, l'intégration économique a entraîné un mouvement de désengagement de l'État, laissant place au secteur privé.

Nous pensons que notre thèse contribue à l'avancement du droit administratif québécois car elle tend à rétablir la place que doit occuper l'État dans l'économie. Nous pouvons d'ailleurs lire dans un rapport gouvernemental concernant la modernisation de l'État :

> Pour réussir notre entrée dans le siècle nouveau, pour accroître notre prospérité, pour rester fidèles à nos idéaux de justice et de compassion et conserver les services publics auxquels nous tenons, nous devons repenser nos façons de faire. Il faut recentrer l'action de l'État sur ses missions essentielles, faire confiance aux régions et à ceux qui agissent

en première ligne, s'ouvrir aux partenariats et aux pratiques innovatrices, privilégier les services aux dépens des structures.[17]

À cette fin, nous proposons la mutation de l'entreprise publique en nous penchant sur ses nécessités et sur les instruments maintenant offerts à l'État afin de remplir adéquatement sa mission de service public dans le cadre de l'intégration économique. Il est aussi intéressant à notre époque de désengagement de l'État, de s'attarder au débat ayant trait à la place de l'interventionnisme public dans un univers concurrentiel et libéralisé.

Face aux nouvelles règles internationales et à la nouvelle vision de la notion de service public qui sera exposée dans la première partie de notre étude, l'entreprise publique doit s'adapter et se moderniser. Conscients du déclin de l'entreprise publique, nous proposons sa mutation suivant des contours actualisés. L'environnement dans lequel l'entreprise publique exerce ses activités s'est modifié. Par exemple, l'État doit maintenant prendre en charge de nouvelles responsabilités, telles que celles d'assurer la sécurité énergétique et la protection nationale. La concurrence est aussi affaiblie par de nouveaux géants financiers. Nous cherchons donc à assurer la pérennité de l'entité malgré le contexte de l'intégration économique. Les modalités d'intervention étatique doivent se diversifier et évoluer. Nous avons résolument besoin d'outils juridiques mieux adaptés à la situation actuelle.

Malgré le fait que l'entreprise publique se modifie ou tende à disparaître au profit du secteur privé, l'État-interventionniste ne doit pas s'esquiver face à l'intégration économique. Il doit plutôt s'y intégrer à l'aide d'outils contemporains adaptés à la nouvelle économie afin de garantir aux citoyens une prestation d'activités de service public. Par exemple, en Europe « [l] a pénétration de la concurrence, en effet, est venue modifier en profondeur la manière dont l'État intervient dans les secteurs correspondants »[18]. La situation n'est pas irrévocable. Nous croyons que l'État vit présentement une mutation compte tenu des impératifs de la sécurité et du développement durable auxquels elle doit répondre. Nous assistons à un retour du balancier en faveur d'une intervention renouvelée de l'État.

C'est ainsi que nous avons identifié les raisons et les méthodes qui justifient et assurent la mutation de l'entreprise publique dans l'économie

---

17. GOUVERNEMENT DU QUÉBEC, Moderniser l'État – Pour des services de qualité aux citoyens, Plan de modernisation 2004-2007, p. 3, [En ligne] http://services.gouv.qc.ca/fr/publications/enligne/plan_modernisation. pdf (Page consultée le 1er janvier 2009).
18. Claude HENRY et Michel MATHEU, « De nouvelles régulations pour des services publics en concurrence », dans C. HENRY, M. MATHEU et Alain JEUNEMAÎTRE (dir.), *Réguler les services publics en réseaux : l'expérience européenne*, Paris, La documentation française, 2003, p. 7, à la p. 7.

actuelle. Évoluant désormais dans un environnement différent, l'entreprise publique investie d'une mission de service public doit renaître sous des formes juridiques modernes ajustées à l'environnement juridique et économique actuel. Elle doit concilier l'exercice d'activités concurrentielles avec sa mission de service public afin d'assurer sa mutation.

Nous ne comptons pas faire l'apologie de l'entreprise publique telle qu'elle existait autrefois ou critiquer sa raison d'être, mais plutôt suggérer sa mutation d'une manière évolutive et adaptée à son nouvel environnement. Cela est nécessaire puisque l'entreprise publique assure un contrôle démocratique et l'application d'impulsions favorables à l'intérêt général. Il ne faut pas oublier que l'entreprise publique appartient avant tout à l'ensemble des citoyens ; qu'il s'agit d'une richesse collective. Contrairement à l'entreprise privée traditionnelle, la rentabilité ne représente pas le *seul* objectif de l'entreprise publique. Elle doit aussi répondre à des besoins essentiels aux citoyens et ce, dans le respect de l'intérêt général. Bien que sa mutation soit influencée par la pénétration du secteur privé, ce postulat ne doit pas être remis en cause.

5. Régimes juridiques analysés et méthodologie

La mutation de l'entreprise publique étant une nécessité et un phénomène mondial, nous avons circonscrit notre champ d'étude à certains régimes juridiques. Les systèmes juridiques québécois, canadien, français et anglais sont analysés afin d'avoir une vue d'ensemble des raisons et des méthodes permettant de changer l'entreprise publique et remédier à son déclin. Ce choix est en partie justifié par la dualité française et anglaise qui teinte le droit québécois.

Plus particulièrement, nous effectuons une thèse de droit québécois qui tire partie de la richesse de la notion française de service public et de la longue expérience de ce pays en ce qui a trait à l'entreprise publique comme instrument d'action gouvernementale. Il faut dire que la France est le berceau juridique de l'entreprise publique et de la notion de service public. En effet, les administrativistes français s'y attardent de façon importante. Cela est probablement dû au fait que :

> [l] a France est sans doute le seul pays d'Europe où s'est développé et mis en place, notamment après la deuxième guerre mondiale un système d'organisation des grands services publics nationaux

présentant de fortes similitudes d'un secteur à l'autre dans les domaines de l'énergie, des transports et des communications.[19]

Nous verrons donc que le droit administratif québécois a été influencé par la notion de service public provenant du droit français. Soulignons que nous ne tiendrons pas compte de la diversité des statuts juridiques applicables aux entreprises publiques en droit français. Nous nous concentrons donc sur la notion d'entreprise publique telle que véhiculée en droit québécois. Contrairement au droit québécois, en droit français, les entreprises publiques font l'objet d'un partage : établissement public (industriel ou commercial) ou société anonyme. En droit administratif québécois, un établissement public est un organisme étatique décentralisé voué à la prestation de services non marchands[20].

Pragmatique, le droit anglais ignore la notion de service public telle que reconnue en droit français. Il s'intéresse à la structure qui fournit la prestation de service public, qualifiant ainsi des entreprises publiques de « services publics ». Le droit québécois n'a pas intégré cette façon de voir les choses. Néanmoins, le droit anglais est intéressant afin d'étayer notre hypothèse suivant laquelle l'entreprise publique doit et peut changer. Il servira de trait d'union entre les notions française et québécoise de service public. Depuis les privatisations d'entreprises publiques, l'Angleterre cherche à se réconcilier avec ses activités de service public, allant même jusqu'à effectuer des renationalisations. À cet égard, le droit anglais nous sera d'une grande aide afin d'étayer notre argumentation suivant laquelle l'entreprise publique qui exerce des activités de service public est toujours nécessaire et peut s'adapter.

Le droit communautaire européen est aussi étudié puisqu'il est intégré dans le droit français que nous utilisons dans notre thèse. De plus, la création de la Communauté européenne est un événement qui marque l'ébranlement des relations entre l'Europe et la notion de service public[21]. Nous verrons si la nouvelle vision du service public qui y est élaborée permet la mutation de l'entreprise publique.

Notre sujet d'étude, l'entreprise publique, relève directement du droit administratif. Bien que la méthode adoptée dans notre étude de l'entreprise publique soit évidemment l'analyse juridique, nous constatons que le droit ne

---

19. Michel Walrave (dir.), *Les réseaux de services publics dans le monde, organisation-régulation-concurrence*, Paris, Eska/ASPE Europe, 1995, p. 18.
20. P. Issalys et D. Lemieux, *op. cit.*, note 1, n° 6.30, p. 434. Les hôpitaux et les écoles publics font partie de cette catégorie d'organismes décentralisés.
21. Christian Stoffaës, *L'Europe de l'utilité publique – Des industries de services publics rénovées dans l'Europe libérale*, Paris, ASPE Europe, 1995, p. 131.

s'en est pas toujours préoccupé. En effet, « à côté des aspects historiques, sociologiques, économiques ou autres, la dimension juridique, plutôt faible au départ, s'est progressivement développée pour devenir aujourd'hui tout à fait déterminante[22] ». Au surplus, en France la notion de service public elle-même a été étudiée abondamment selon des approches économiques et sociologiques, accompagnant le juriste dans ses retranchements les plus obscurs.

Spécifions que le « [...] terme "entreprise publique" signifie une entreprise d'exploitation ou de gestion à caractère industriel ou commercial, créée ou prise en charge par l'État ou une Administration publique [...] »[23]. Ainsi, nous retrouvons des entreprises publiques aux divers paliers gouvernementaux (fédéral, provincial, municipal). Dans notre thèse, lorsque nous indiquons que l'entreprise publique appartient à « l'État », nous utilisons ce terme au sens large afin d'indiquer que l'entreprise publique est une entreprise faisant partie d'une Administration publique, qu'elle soit fédérale, provinciale ou municipale. Lorsqu'à notre avis une nuance s'imposera, nous l'indiquerons.

Afin d'étudier l'évolution juridique de l'entreprise publique, nous procéderons en deux étapes. Nous exposerons en premier lieu son déclin, pour ensuite expliquer sa mutation.

6. PREMIÈRE PARTIE RELATIVE AU DÉCLIN DE L'ENTREPRISE PUBLIQUE

La première partie de notre thèse est consacrée au déclin de l'entreprise publique. Le maintien de la notion de service public représente l'enjeu central du déclin de l'entreprise publique dans le cadre de l'intégration économique. Le déclin de l'entreprise publique se manifeste selon nous à travers le déclin de la notion de service public [**Titre I**]. Ainsi, avant de se concentrer sur le déclin de l'entreprise publique elle-même, il est primordial de se pencher sur les liens logiques qu'elle entretient avec la notion de service public [**Chapitre I**]. Est-ce que toutes les entreprises publiques accomplissent une mission de service public et peuvent être qualifiées « de service public » en tout temps ? Nous répondrons à cette question essentielle pour la poursuite de notre analyse.

---

22. Antoine DELBLOND, *Les nationalisations françaises (Approche théorique de l'interventionnisme)*, Thèse de doctorat, Paris, Université Paris-I, 1991, p. 6.
23. Patrice GARANT, *Droit administratif*, 5e éd., Cowansville, Éditions Yvon Blais, 2004, p. 124 (Nos soulignements).

Après avoir établi les liens logiques entre la notion de service public et l'entreprise publique, il est temps de constater le déclin de la notion de service public [**Chapitre II**]. Cette étape est nécessaire afin de démontrer que le déclin de l'entreprise publique est une manifestation du déclin de la notion de service public. Cela est aussi utile à la suite de notre propos concernant la mutation de l'entreprise publique.

Le déclin de l'entreprise publique résultant du déclin de la notion de service public, est perceptible à travers le déclin de ses particularités traditionnelles et sa privatisation [**Titre II**]. Plus précisément, nous exposerons les particularités traditionnelles de l'entreprise publique, pour ensuite démontrer leur déclin face à l'intégration économique et ses principales manifestations [**Chapitre I**].

La privatisation est aussi une situation qui nous permet de percevoir le déclin de l'entreprise publique [**Chapitre II**]. Pour les fins de notre thèse, nous expliquerons ce que nous entendons par « privatisation » et nous exposerons la portée de ce phénomène. Notre propos sera ponctué d'exemples provenant de l'Europe et du Canada.

7. DEUXIÈME PARTIE RELATIVE À LA MUTATION DE L'ENTREPRISE PUBLIQUE

Dans le cadre de cette deuxième partie, nous considérons essentiel de s'attarder aux motifs qui justifient la mutation de l'entreprise publique [**Titre I**]. Le démantèlement de l'entreprise publique mène à la réduction considérable de la prise en compte de l'intérêt général. Ainsi, à notre avis, la problématique réelle se situe au niveau du maintien essentiel de la mission de service public propre à l'entreprise publique. Nous aborderons des pistes de réflexion en identifiant les « obligations de service public » jadis remplies par l'entreprise publique.

La fourniture de prestations de service public par l'entreprise publique assure la satisfaction de besoins essentiels [**Chapitre I**], tels la couverture des besoins de chaque citoyen et la protection du citoyen-consommateur, en plus d'assurer un contrôle collectif [**Chapitre II**] lié au développement du lien d'appartenance collective et à l'utilisation des biens publics. Ainsi, à notre avis, le maintien de la mission de service public accomplie par l'entreprise publique est essentiel.

Dans un deuxième temps, nous suggérons des méthodes qui permettent la mutation de l'entreprise publique [**Titre II**]. Certaines d'entre elles sont liées à la structure de l'entreprise publique [**Chapitre I**] : le partage du capital-actions de l'entreprise publique entre l'État et le secteur privé ainsi que l'application de pratiques du secteur privé à l'entreprise publique.

D'autres méthodes sont plutôt liées au fonctionnement de l'entreprise publique [**Chapitre II**]. Il s'agit de la délégation par l'entreprise publique d'une activité de service public au secteur privé et de sa soumission à la régulation.

Selon nous, l'utilisation de méthodes afin d'assurer la mutation de l'entreprise publique permet de pallier son déclin. À première vue, la mise en valeur et la mise en place d'une entreprise publique ayant vécu une mutation peuvent sembler sonner son glas. Cependant, nous croyons qu'il s'agit plutôt d'un effort important d'adaptation de l'entité en plus de sa valorisation nécessitée par l'intégration économique et conséquemment, du désengagement de l'État. Nous croyons aussi que les obligations de service public peuvent être assurées à travers cette mutation. L'entreprise publique investie d'une mission de service public peut donc se tailler une place à travers les règles de l'intégration économique.

Terminons notre introduction par cette citation qui décrit parfaitement l'essence de notre thèse :

> En résumé, seule l'entreprise publique de service public jouissant d'un monopole naturel pour tout ou partie de son activité peut rester dans le secteur public, encore celle-ci doit-elle être régulée par une instance indépendante, ouvrir son capital et faire appel à des administrateurs professionnels[24].

Ainsi, à travers notre thèse intitulée « Déclin et mutation : l'évolution juridique de l'entreprise publique de service public » nous espérons contribuer à faire évoluer un volet du droit administratif en remettant l'entreprise publique investie d'une mission de service public au goût du jour.

---

24. Élie COHEN, et Claude HENRY, *Service public et secteur public*, Paris, La documentation française, 1997, p. 66.

PARTIE I

LE DÉCLIN DE L'ENTREPRISE PUBLIQUE

INTRODUCTION DE LA PARTIE I

Proposer la mutation de l'entreprise publique impose en premier lieu que nous fassions l'exposé et l'analyse de son déclin. Il est logique de procéder ainsi car, comment est-il possible de parler de mutation sans préalablement expliquer ses causes et ses nécessités ? L'entreprise publique telle que nous la connaissons semble condamnée par l'intégration économique. Son déclin provoqué par l'intégration économique paraît inévitable. En effet, « [...] est en cause, [...] la compatibilité entre la coexistence d'un capital public et d'un statut de droit public d'une part, et la recherche d'une position concurrentielle d'autre part, du moins au sens du droit international »[25]. L'intégration économique a entraîné une régression importante de la place jadis occupée par l'entreprise publique. Nous sommes conscients que l'intégration économique ne vise pas toutes les entreprises publiques de la même façon et avec la même intensité. Il nous semble donc essentiel de mettre en perspective de manière critique les causes et les phénomènes juridiques qui sont à l'origine du déclin de l'entité. Cette première partie est donc consacrée au déclin de l'entreprise publique dans le cadre de l'intégration économique et d'un phénomène de désengagement étatique.

Dans un premier temps, nous proposons l'hypothèse voulant que le déclin de l'entreprise publique soit une manifestation du déclin de la notion de service public [**Titre I**]. La notion de service public est le pivot de ce titre et nous accompagnera tout le long de notre thèse. Il importe donc de bien saisir ce que représente cette notion phare du droit administratif. Plus précisément, la notion de service public « à la française » sera l'objet principal de notre thèse. Nous l'avons choisie compte tenu de ses implications juridique et politique. Parmi tous les systèmes juridiques, c'est sans contredit en France que la notion de service public fut le plus théorisée[26], elle y est même sacralisée : « En France, cette notion fonde un ordre juridique distinct et représente un élément majeur du pacte social républicain »[27].

---

25. Dominique BERLIN, « L'adaptation du régime juridique des entreprises publiques aux normes internationales et européennes », *RTDE.* 1983.233, n° 8, p. 248.
26. Tout au long de notre thèse, nous utilisons indépendamment les termes « notion de service public » et « service public » à moins de le spécifier.
27. ÉCOLE NATIONALE D'ADMINISTRATION (ENA), *Services publics comparés en Europe : exception française, exigence européenne,* t. I, Paris, La documentation française, 1997, p. 398.

Bien que Patrice Garant y ait consacré sa thèse de doctorat[28], le droit administratif québécois s'est très peu attardé à cette notion pourtant fondamentale. Malheureusement, par la suite, les juristes québécois ont négligé la question, laissant tout le travail à leurs homologues d'outre-mer. Pourtant, la tâche de définir et de réhabiliter cette notion est impérative compte tenu de la crise actuelle[29]. C'est ainsi que nous tenterons de lier la notion de service public « à la française » aux entreprises publiques et au droit québécois.

À l'instar de Bertrand Du Marais, nous ne comptons pas « [...] explorer toutes les implications de la notion de service public, qui sont extrêmement diverses, presque autant que les points d'application du droit administratif »[30]. Nous voulons plutôt démontrer le lien entre le déclin de la notion de service public et le déclin de l'entreprise publique, puisque cette dernière est une conséquence directe de la première. Ainsi, nous analyserons si la notion de service public peut être liée systématiquement à toutes les entreprises publiques ou, en d'autres mots, si la notion de service public est indissociable de l'entreprise publique. Notre catégorisation des types d'entreprises publiques sera alors intéressante. Nous constaterons que notre thèse porte spécifiquement sur l'« entreprise publique de service public ».

Dans un deuxième temps, nous abordons la question du déclin de l'entreprise publique perceptible à travers le déclin de ses particularités traditionnelles et sa privatisation [**Titre II**].

En plus du mandat spécifique prévu par sa loi constitutive, l'entreprise publique jouit traditionnellement d'une organisation et de modalités d'exercice de ses activités particulières. L'organisation monopolistique, les prérogatives de puissance publique, le principe de spécialité et les contrôles étatiques exercés sur l'entreprise publique demeurent des particularités inhérentes à plusieurs entreprises publiques qu'elles soient québécoises ou étrangères. Cependant, ces particularités traditionnelles ayant fait le succès de l'entreprise publique à ses débuts sont aujourd'hui remises en question et même contestées dans le cadre du mouvement économique actuel. Les monopoles sont incompatibles avec les règles de l'intégration économique. Les prérogatives de puissance publique sont considérées comme étant des avantages conférés à l'entreprise publique au détriment des acteurs privés.

---

28. Patrice GARANT, *Essai sur le service public au Québec : Élaboration d'une théorie générale et d'un droit moderne des services publics (Droit administratif) au Québec*, Thèse de doctorat, Paris, Université de Paris, 1966.
29. Jean-Louis DE CORAIL, *La crise de la notion juridique de service public en droit administratif français*, Paris, LGDJ, 1954 ; Marceau LONG, « Service public, services publics : déclin ou renouveau ? », *RFDA* 1995.497 ; Georges MORANGE, « Le déclin de la notion juridique de service public », *D.* 1947.12 ; Jean-Marie RAINAUD, *La crise du service public français*, coll. « Que sais-je ? », n° 3482, Paris, PUF, 1999.
30. Bertrand DU MARAIS, *Droit public de la régulation économique*, Paris, Presses de Sciences Po et Dalloz, 2004, p. 73, note 2.

Face au phénomène de mondialisation des échanges, le principe de spécialité est largement atténué. D'où provient ce déclin des particularités traditionnelles de l'entreprise publique ? C'est l'une des questions à laquelle nous répondrons par l'analyse de divers textes juridiques.

Le déclin de l'entreprise publique est aussi perceptible à travers sa privatisation. Il s'agit de la conséquence ultime du déclin de l'entreprise publique. Plusieurs démarches sont considérées comme étant de la privatisation, mais nous verrons qu'en fait seule la privatisation totale fait décliner l'entreprise publique puisqu'elle entraîne sa disparition. La privatisation de l'entreprise publique étant un phénomène mondial, nous nous attarderons à celles qui sont survenues en Angleterre, en France, au Canada et au Québec.

TITRE I

LE DÉCLIN DE L'ENTREPRISE PUBLIQUE : MANIFESTATION DU DÉCLIN DE LA NOTION DE SERVICE PUBLIC

L'entreprise publique est une entité étatique habituellement investie d'une mission de service public. Ainsi, nous considérons que son déclin est une manifestation du déclin de la notion de service public ou, en d'autres mots que le déclin de la notion de service public a contribué au déclin de l'entreprise publique. Dans ce titre nous ferons donc le lien entre le déclin de la notion de service public et le déclin de l'entreprise publique. Pour ce faire, il faut retracer les liens logiques existants entre la notion de service public et l'entreprise publique. Afin d'effectuer cette démarche adéquatement, la notion de service public doit être présentée et étudiée malgré les difficultés que cela peut représenter. Notre tâche consiste aussi à lier la notion de service public « à la française » aux entreprises publiques québécoises. C'est à l'aide de la législation pertinente que nous effectuerons ce travail délicat.

Bien qu'à première vue la notion de service public semble s'appliquer à toutes les entreprises publiques, nous démontrerons que tel n'est pas le cas. Le déclin de la notion de service public ne peut être lié au déclin de toutes les entreprises publiques. Cette constatation nous portera à restreindre notre étude à l'entreprise publique de service public proprement dite.

Dans une autre étape, nous approfondirons le déclin de la notion de service public de façon à pouvoir constater son influence sur le déclin de l'entreprise publique. Nous démontrerons à quel point l'ambiguïté de la notion de service public se reflète sur l'entreprise publique. À cet égard, l'imprécision de la notion de service public industriel et commercial nous servira dans notre démarche.

Le déclin de la notion de service public par le fait de l'intégration économique fera aussi l'objet de ce Titre I. Nous tenterons alors d'analyser si le déclin de la notion de service public est véritable ou s'il s'agit plutôt de son adaptation aux nouveaux enjeux de l'intégration économique.

CHAPITRE I

LES LIENS LOGIQUES ENTRE L'ENTREPRISE PUBLIQUE ET LA NOTION DE SERVICE PUBLIC

L'objet de notre étude étant l'entreprise publique, il est pertinent de nous attarder en premier lieu à la notion de service public. L'objectif principal des prochains développements est donc de tracer un portrait de la notion juridique de service public afin de la lier à l'entreprise publique. Bien que nous la retrouvions dans la majorité des systèmes juridiques, la notion de service public a été élaborée majoritairement par les juristes français, d'où l'appellation service public « à la française ». C'est donc l'évolution globale de cette notion du droit français qui nous intéresse, ainsi que son influence sur le droit québécois.

La notion de service public n'est pas simple ! Elle a fait l'objet de diverses définitions à partir desquelles nous élaborerons la nôtre. Nous ne remettons aucunement en cause les définitions passées, mais nous désirons nous approprier cette notion, le temps de notre thèse, afin d'effectuer une analyse personnelle de la question du déclin de l'entreprise publique.

SECTION I
L'INFLUENCE DE LA NOTION DE SERVICE PUBLIC EN DROIT QUÉBÉCOIS

La notion de service public est présente dans tous les systèmes juridiques à des degrés divers et suivant des conceptions différentes. Pour notre part, nous verrons de quel système juridique s'est inspiré le droit québécois afin de forger sa notion de service public et par le fait même celle que nous utilisons dans notre thèse. Nous constaterons donc les origines de la notion de service public utilisée en droit québécois ainsi que les éléments qui lui sont propres.

1. Aux origines de la notion de service public

Nous verrons ici quelle notion de service public est utilisée en droit québécois, ainsi que ses manifestations historiques.

1.1. La notion de service public utilisée en droit québécois

Compte tenu du fait que le droit québécois puise ses origines à la fois du droit français et du droit anglais, nous verrons de quelle manière la notion de service public est intégrée dans ces deux systèmes juridiques. Cette démarche nous permettra de constater la conception utilisée en droit québécois et, conséquemment dans notre thèse.

a) La notion de service public en droit français

En droit français, la notion de service public joue un véritable rôle de légitimation du rôle de l'État. Les prestations de service public constituent le moyen d'assurer l'égalité sociale et de protéger l'intérêt général. Les Français démontrent donc un fort attachement à cette notion propre au champ juridique, mais qui s'applique aussi au champ politique :

> La doctrine et la jurisprudence ont, au cours des décennies, imprimé le concept dans la culture nationale et il a très vite débordé le champ du droit administratif, où il est né, pour s'infiltrer dans la réflexion juridique générale puis dans la théorie politique de l'État et, au-delà dans le vaste domaine des représentations sociales.[31]

Nous constatons que la notion est devenue une idéologie, c'est-à-dire un ensemble de représentations, de discours, de conceptions[32], servant à justifier les actions des gouvernants et des citoyens.

Ce concept est fédérateur et englobant en plus de s'appliquer à l'ensemble des activités publiques[33]. Sans contredit, les actions de l'État

---

31. Franck MODERNE, « Les transcriptions doctrinales de l'idée de service public », dans F. MODERNE et Gérard MARCOU, *L'idée de service public dans le droit des États de l'Union européenne*, Paris, L'Harmattan, 2001, p. 19.
32. É. COHEN et C. HENRY, *op. cit.*, note 24, p. 15. Jacques CHEVALLIER indique même que : « Nulle part ailleurs qu'en France, elle n'a cependant pris une telle importance, en étant dirigée à la hauteur d'un véritable *mythe*, c'est-à-dire une de ces images fondatrices, polarisant les croyances et condensant les affects, sur lesquelles prend appui l'identité collective ». – *Le service public*, 6e éd., coll. « Que sais-je ? », n° 2359, Paris, PUF, 2005, p. 3.
33. Jacques FOURNIER, « Le service public en France : Un concept fédérateur et englobant », dans INSTITUT POUR LA COOPÉRATION RÉGIONALE ET L'ADMINISTRATION EUROPÉENNE, *Services d'intérêt général et enjeux de société dans le contexte*

gravitent autour de cette notion clé. Elles sont confirmées par la notion de service public, ce qui évite toute contestation puisque leur but est le bien commun[34]. Lorsque l'Administration constate qu'une activité ne peut être gérée dans le sens de l'intérêt général par le secteur privé, elle la prend en mains. La prestation d'une activité de service public permet de répondre aux besoins essentiels de la collectivité. Dans l'intérêt général, les autorités et les agents de l'Administration travaillent afin d'assurer le bien-être des citoyens. Ils ne recherchent pas un bénéfice personnel tel les promoteurs d'une activité privée[35]. Comme nous l'avons indiqué dans notre introduction générale, les interventions de l'État dans l'économie, dont l'existence de l'entreprise publique, sont légitimées par la notion de service public.

Applicable aux actes de l'État, la notion de service public est propre au droit administratif. Il s'agit indéniablement de son fondement, de sa clé de voûte. Elle intervient dans tous les secteurs essentiels du droit administratif. Notamment, le pouvoir gouvernemental justifie ses agissements à l'aide de cette notion. La correspondance entre service public et droit administratif est indéniable. En France, la majorité des ouvrages consacrés au droit administratif s'attarde à cette notion phare.

Selon certains juristes français le droit administratif est le droit du service public. Suivant cette théorie, l'ensemble des règles du droit administratif s'appuie sur la notion de service public. En 1968 René Chapus a écrit que « [...] le droit administratif est ce qu'il doit être : un droit qui est au service, non pas seulement d'une fin déterminée, mais aussi de la fin la plus légitime qui soit »[36].

En droit français, une rivalité a longtemps été entretenue entre la notion de service public et celle de puissance publique. Alors que les défenseurs de la puissance publique se concentraient sur les moyens, ceux du service public se concentraient sur les fins[37]. Pour notre part, nous croyons que les deux notions peuvent cohabiter bien que la notion de service public domine selon nous celle de puissance publique. L'État est au service des citoyens. Soulignons que dans son sens étymologique latin, le mot

---

européen : Approches allemande, autrichienne et française, Strasbourg, Presses universitaires de Strasbourg, 1999, p. 33, à la p. 33.

34. Pierre ESPLUGAS, *Le service public*, 2e éd., Paris, Dalloz, 2002, p. 43.

35. Charles DEBBASCH et Frédéric COLIN, *Droit administratif*, 7e éd., Paris, Économica, 2004, p. 348 et 350.

36. René CHAPUS, « Le service public et la puissance publique », *RDP* 1968.235, p. 260.

37. Franck MODERNE, « Analyse comparative des notions de service public dans les États membres », dans *L'Europe à l'épreuve de l'intérêt général*, Paris, ASPE Europe, 1995, p. 55, à la p. 63.

« administration » (*administrare*) signifie servir[38]. Diverses organisations, entités ou techniques ont été développées afin de remplir adéquatement ce rôle fondamental de service. Dans cette optique, des prérogatives de puissance publique ont été octroyées à l'État. Il faut comprendre que pour le droit français, « [...] la notion de service public sera aussi le *principe d'unification* des grandes notions du droit administratif »[39].

Le droit français utilise la notion de service public suivant son sens *matériel*. Entendue dans ce sens, la notion de service public représente l'activité exercée par l'État. Il s'agit en fait, de la seconde forme d'action administrative avec la police, la première étant l'activité de réglementation[40]. Suivant ce point de vue, l'État a pour mission la fourniture d'activités de service public par l'entremise de ses organes et de ses agents ou par l'entremise du secteur privé sur lequel il conserve le contrôle. Cette fois-ci, c'est le « contenu » qui est pris en compte. Selon cette conception, l'entreprise publique accomplit des activités ou une mission de service public.

Ainsi, le droit français privilégie cette approche suivant laquelle le service public est avant tout une mission ou une activité plutôt qu'une organisation. Cela est probablement dû au fait que de plus en plus d'organismes privés assument des missions de service public. Il est impossible de qualifier une entreprise privée comme étant un « service public » compte tenu de l'absence du critère de la présence étatique. Cependant, dans certains cas, une entreprise privée assume la fourniture d'un service public. Il faut qu'il y ait alors un contrôle suffisant de la part de l'État. La deuxième partie de notre étude constitue notamment une démonstration de cette affirmation.

b) La notion de service public en droit anglais

D'entrée de jeu, il est primordial d'indiquer que la constitution de l'Angleterre ne reconnaît pas le concept légal de « l'État ». De même le droit anglais est basé sur la procédure et la jurisprudence et est méfiant à l'égard des théories abstraites et générales. Par conséquent, la notion de service public est peu développée en droit anglais. Il faut comprendre que « [l] es juristes et juges britanniques n'ont jamais vu la nécessité d'une notion unificatrice de service public pour la structuration et la mise en œuvre du

---

38. Catherine RIBOT, « Les mutations du service public », dans Jean-Philippe COLSON (dir.), *Droit public économique – corrigés d'examens*, Paris, LGDJ, 1996, p. 41, à la p. 43.
39. J. CHEVALLIER, *op. cit.*, note 32, p. 31.
40. B. DU MARAIS, *op. cit.*, note 30, p. 74.

droit »[41]. Néanmoins admise en droit anglais, la notion de service public n'y produit pas d'effets juridiques particuliers[42].

Il est ainsi difficile d'identifier une *notion* juridique du service public en droit anglais, tel que nous pouvons le faire en droit français. Il n'existe pas de définition juridique du service public en droit anglais : « Qu'il s'agisse de services publics ou d'éléphants, on peut les reconnaître sans peine, mais il est sans doute plus difficile d'en donner une définition précise »[43]. Dans sa thèse de doctorat, Nicolas Thirion affirme même que la place de la notion de service public en droit anglais est inexistante[44].

En fait, les Anglais appréhendent la notion de service public suivant son sens *organique*. Cela signifie que l'emphase est mise sur l'organisation qui fournit la prestation de service public ou, en des termes plus familiers, sur le « contenant » du service public. Les organes de l'État sont ainsi considérés comme étant des services publics (« public services »). Suivant cette conception, l'Administration est formée de services publics[45]. Appliquer la notion de service public au sens organique permet d'opérer une distinction entre LE service public et LES services publics. Par l'utilisation du sens organique, il est possible de parler des services publics. Il est cependant impossible d'énumérer de manière exhaustive tous les services publics tant la notion est d'application large. Par exemple, nous entendons parfois des expressions telles que « le service public de la poste » ou « le service public de l'électricité ». Nous décelons par exemple la conception organique du service public dans cette citation : « Un service public est une entreprise gérée par ou pour le compte de la puissance publique ou l'un de ses démembrements [...] »[46]. En droit anglais, l'entreprise publique est donc un service public.

De plus, « [l] es Anglo-Saxons connaissent les *public utilities*, expression beaucoup plus concrète où le pluriel laisse voir clairement que l'on parle de services bien identifiés [...] »[47]. Cette expression désigne les

---

41. John BELL, « L'expérience britannique », *AJDA* 1997.130, n° spécial, p. 130.
42. Christian STOFFAËS (Commission présidée par), *Services publics, question d'avenir*, Commissariat général du plan, Paris, Odile Jacob/La documentation française, 1995, p. 343.
43. Mike FEINTUCK, « La régulation des services publics en Grande-Bretagne, Passé, présent et avenir en Europe », dans EN COLLABORATION, *Europe, concurrence et service public*, Paris, Masson/Armand Collin, 1995, p. 131, à la p. 131.
44. Nicolas THIRION, *Les privatisations d'entreprises publiques dans une économie sociale de marché : aspects juridiques*, Paris/Bruxelles, LGDJ/Bruylant, 2002, n° 240, p. 273.
45. Charles DEBBASCH, *Institutions et droit administratif*, 5e éd., t. 1 – *Les structures administratives*, Paris, PUF, 1999, p. 27.
46. Pierre JOLLY, *Les entreprises d'intérêt public et l'usage de la permission*, Paris, PUF, 1923, p. 12.
47. Ch. STOFFAËS, *op. cit.*, note 42, p. 45.

entreprises de réseaux gérées habituellement en monopoles donc, notamment les entreprises publiques. La notion de service public est plus large que cette dernière. Nous parlerons d'ailleurs plus loin de la notion d'utilité publique en droit québécois.

Nous remarquons donc qu'en droit anglais, le service public est lié à diverses pratiques ou organisations plutôt qu'à une théorie comme celle qui a été développée en droit français. Par exemple, Ian Harden distingue trois organisations qui peuvent être qualifiées de service public au sens du droit anglais : l'entité publique qui fournit directement des services, l'entité privée qui fournit des services à travers un contrat conclu avec une entité publique et par l'entité privée qui a une obligation légale d'agir suivant l'intérêt public dans la fourniture de ses services[48].

Dans la dernière décennie, la réforme opérée suite aux privatisations a amené des changements dans la vision anglaise du service public. Nous sommes en mesure de constater la naissance d'une notion anglaise de service public : « [...] le service public, ce serait l'activité dont le caractère nécessaire à la satisfaction de besoins collectifs impliquerait qu'elle fût prise en charge par l'administration et soumise à certains standards d'exploitation au profit des consommateurs »[49]. Le droit anglais semble emprunter de plus en plus la conception matérielle dans sa vision du service public. Le droit français semble même avoir influencé cette définition. Il faut dire que la France est le seul pays qui peut se targuer d'avoir poussé la notion de service public à son plus haut degré de spécificité et d'importance.

c) La notion de service public utilisée en droit québécois et dans notre thèse

Le droit québécois emprunte ses fondements et ses règles à la fois au droit français et au droit anglais. Contrairement à leurs voisins du sud, les Québécois présentent un préjugé favorable à l'égard des activités érigées en service public. En fait, « [d] e ce point de vue, la société québécoise apparaît plus proche des sociétés continentales européennes que de ses voisines »[50]. De même, les juristes québécois tendent à appliquer la notion française du service public, tel que l'ont fait Patrice Garant et René Dussault lors de la construction du droit administratif québécois[51].

C'est ainsi que le législateur québécois utilise principalement la notion de service public en son sens matériel. L'article 6 de la *Loi sur l'Agence*

---

48. Ian HARDEN, *The contracting State*, Buckingham, Open University Press, 1992, p. 9.
49. N. THIRION, *op. cit.*, note 44, n° 241, p. 274.
50. ÉCOLE NATIONALE D'ADMINISTRATION PUBLIQUE, « L'attachement singulier des Québécois aux "services publics" », *Le Soleil*, 3 octobre 2005, p. A-15.
51. P. GARANT, *op. cit.*, note 28 ; René DUSSAULT, *Traité de droit administratif*, t. 1, Québec, PUL, 1974, p. 508.

des partenariats public-privé du Québec[52] prévoit qu'un contrat de partenariat public-privé peut avoir pour objet la prestation d'un service public. L'article 25 b) de la Loi sur la Caisse de dépôt et de placement[53] octroie le pouvoir à la Caisse de dépôt d'acquérir et de détenir sans restriction des obligations d'une autorité publique ayant notamment pour objet d'exploiter un service public. Le Chapitre II de la Loi sur Services Québec[54] est consacré à la mission et aux pouvoirs de l'organisme public Services Québec. Suivant l'article 4, sa principale mission est « [...] d'offrir aux citoyens et aux entreprises un guichet unique multiservice afin de leur permettre un accès simplifié à des services publics ». L'article 5 nous confirme que la notion de service public est utilisée suivant son sens matériel puisque nous pouvons y lire :

> 5. Dans la réalisation de sa mission, Services Québec exerce notamment les fonctions suivantes :
> 1° développer une approche intégrée dans la prestation des services publics de façon à en assurer l'efficacité ; [...]
> 3° exercer les fonctions ou les activités reliées à la prestation de services aux citoyens et aux entreprises qui lui sont confiées par une entente ou un décret visés par la présente loi ; [...]
> 5° encourager la concertation et le partenariat dans la prestation des services publics ; [...]
>
> 6° voir à une utilisation optimale des technologies de l'information dans la prestation des services publics. (Nos soulignements)

L'article 23 de la *Charte de la langue française*[55] prévoit que des organismes majoritairement anglophones doivent s'assurer que leurs services au public sont disponibles en français. L'article 14 de la *Loi sur les Commissions d'enquête*[56] prévoit que le Lieutenant-gouverneur peut, par arrêté en conseil, lorsqu'il le juge à propos dans l'intérêt du service public, conférer un pouvoir d'enquête à tout organisme qui en fait la demande.

De plus, la notion française de service public est la plus achevée. C'est pourquoi nous avons choisi de nous y attarder plus en profondeur et de la lier avec l'entreprise publique, qui fait l'objet tant en France qu'en Angleterre d'une remise en cause importante. La France est décidément le *berceau* de la notion de service public et de l'entreprise publique.

Nous tendons donc à appliquer la notion de service public dans son sens matériel tout au long de notre thèse. D'ailleurs, Patrice Garant a indiqué

52. LRQ, c. A-7.002, ci-après désignée « *Loi sur l'Agence des PPP* » ou « LAPP ».
53. LRQ, c. C-2, ci-après désignée « *Loi sur la Caisse de dépôt et de placement* ».
54. LRQ, c. S-6.3, ci-après désignée « *Loi sur Services Québec* ».
55. LRQ, c. C-11.
56. LRQ, c. C-37.

qu'en droit québécois la notion de service public est plus fréquemment utilisée au sens matériel, ajoutant qu'il n'existe pas de définition jurisprudentielle précise de cette notion[57]. L'article 36 de la *Loi constitutionnelle de 1982*[58] utilise aussi la notion de service public en son sens matériel indiquant que le Parlement canadien s'engage à fournir aux Canadiens « les services publics essentiels ». Ainsi, selon nous, le service public est une activité de l'action administrative. À cet égard, la citation suivante provenant de Jean-Louis De Corail rejoint fortement notre pensée :

> Cet attrait exercé par une analyse matérielle du service public s'explique. Les notions matérielles sont souvent considérées comme permettant de mieux saisir la nature profonde des choses. Définir le service public en fonction des caractères d'une activité, c'est exprimer la finalité de l'État, déterminer le domaine de l'intervention publique et peut-être légitimer le droit spécifique et la compétence juridictionnelle qui sont propres au régime administratif. La conception matérielle est aussi liée à l'évolution des structures et de l'action administratives qui a conduit à examiner la nature des fonctions ainsi que celles des organismes qui en sont chargés.[59]

À notre avis, l'entreprise publique investie d'une mission de service public fournit des prestations essentielles aux citoyens. C'est dans ce sens que nous utilisons principalement la notion, bien que parfois la frontière soit incertaine.

En effet, face au déclin de ses services publics, l'Angleterre a tenté de renouveler les modes d'action de l'État. Les changements se sont opérés au niveau structurel de l'Administration anglaise et sur le fonctionnement des organismes de service public. Maintenant, en Angleterre, la conception du service public tourne autour de la notion de l'État contractant[60]. Les méthodes utilisées par l'Administration anglaise ont changé. Cette conception nous aidera à appréhender une mutation de l'entreprise publique puisque dans la deuxième partie de notre thèse nous exposerons diverses pratiques assimilées aux *publics services* du droit anglais, dont la régulation. De même, depuis quelques années, comme ailleurs dans le monde, l'Administration publique québécoise se réfère essentiellement à la vision anglaise du service public dans l'élaboration de ses réformes et de ses politiques. Le Québec puise donc aux deux sources afin d'enrichir ses propres activités de service public.

---

57. P. GARANT, *op. cit.*, note 23, p. 6.
58. LRC (1985), app. II, n° 44, ci-après désignée « *Loi constitutionnelle de 1982* ».
59. Jean-Louis DE CORAIL, « L'approche fonctionnelle du service public : sa réalité et ses limites », *AJDA* 1997.20, numéro spécial, p. 20.
60. Francis MCGOWAN, « Le modèle britannique », dans Christian STOFFAËS (dir.), *L'Europe à l'épreuve de l'intérêt général*, Paris, ASPE Europe, 1995, p. 71, à la p. 73.

Dans un article datant de 1968, Paul Amselek indique que toutes les activités de l'Administration ne sont pas des activités de service public[61] de sorte que cette notion ne dessert pas l'ensemble du droit administratif. Selon lui, les actes de l'Administration auxquels s'applique un régime juridique de droit privé ne sont pas touchés par le concept de service public. L'entreprise publique est visée par cette opinion puisqu'elle est une entité hybride qui emprunte à la fois aux règles du droit public et du droit privé.

Nous sommes en désaccord avec cette opinion. Il ne faut pas se situer au niveau des règles juridiques applicables. Il faut plutôt tenir compte du lien étatique de l'entité et de sa mission d'intérêt général. Malgré le fait que l'entreprise publique puisse parfois être visée par les règles du droit privé, elle continue d'être une entité appartenant à l'État, dotée d'une mission d'intérêt général et de ce fait, rattachée au droit administratif. Dans son cas, tel que nous l'expliquerons plus loin c'est la présence de l'intérêt général de son activité qui permet de conclure à un lien avec le service public.

Nous croyons que la notion de service public doit être appliquée d'une manière extensive plutôt que restrictive. Après tout, il ne faut pas perdre de vue que cette notion étant plutôt englobante, son application ne se limite pas au droit administratif. Il faut dire que,

> [...] la notion de service public ne peut pas, à notre avis, être figée dans une théorie exclusivement juridique. Il est certain que les juristes ont joué un rôle déterminant dans son apparition et dans sa formulation, mais la notion de service public ne prend corps que par sa mise en œuvre, laquelle traduit avant tout un projet politique et social.[62]

De plus, le service public englobe des activités diverses qui se modifient selon les époques : notamment la santé, les télécommunications, la distribution de l'eau, le gaz, l'électricité, la distribution du courrier, les transports, l'élimination des déchets ou la protection sociale. Il semble même possible de parler de « droit du service public »[63] par lequel l'État fournit des services aux citoyens. Selon nous, il s'agit plutôt du droit administratif dans son ensemble puisque l'essence même de ce dernier est la prestation de services aux citoyens.

---

61. Paul AMSELEK, « Le service public et la puissance publique : réflexions autour d'une étude récente », *AJDA* 1968.492, p. 498 à 500.
62. Gilles-J. GUGLIELMI, Geneviève KOUBI et Gilles DUMONT, *Droit du service public*, 2e éd., Paris, Montchrestien, 2007, p. 1.
63. Attention, « Le droit du service public n'est pas le droit « des » services publics. Le droit des services publics en révèle des fragmentations s'attachant à énumérer les différents domaines où le droit du service public trouve à s'appliquer suivant des aménagements spécifiques » – *Id.*, p. 7.

Spécifions que l'État fédéral renforce la notion de service public québécoise. Les programmes à frais partagés le pouvoir de dépenser attribué aux provinces et la délégation administrative de certains pouvoirs contribuent au développement d'activités de service public. De même, l'effet d'organismes de régulation fédéraux sur des entreprises publiques québécoises assure le contrôle de leurs activités de service public et, ultimement leur essor. À cet égard, dans le cadre de son mandat de réglementation des activités internationales et nationales d'électricité et de gaz, l'Office national de l'énergie régit les exportations d'Hydro-Québec. Il contribue à l'expansion commerciale d'Hydro-Québec tout en assurant la protection de l'environnement et la sécurité. Dans la même lignée, l'article 36 (2) de la *Loi constitutionnelle de 1982* prévoit que l'État fédéral s'engage à donner aux provinces des revenus suffisants afin qu'elles assurent des services publics de qualité équivalente.

La notion de service public provenant du droit français étant donc principalement utilisée en droit québécois, nous référons à cette dernière dans les pages suivantes. Cependant, n'oublions pas que la conception anglaise du service public nous permettra d'assurer la mutation l'entreprise publique.

1.2. Les manifestations historiques de la notion de service public en droit français

Effectuer l'historique des manifestations de la notion de service public en droit français n'est pas une mince affaire. En fait, le terme même de « service public » est apparu pour la première fois dans un édit relatif aux transports de 1638[64]. Ses manifestations étant donc fort anciennes, nous avons choisi de débuter notre historique par un jugement du XIXe siècle qui a largement contribué à implanter la notion dans le domaine juridique. La notion a pris racine en droit parallèlement à une période de développement important des entreprises publiques. En Europe la fin du XIXe siècle laisse place à la mise en place de réseaux et de monopoles en matières d'énergie, de communication et de transport. Dès lors, la notion de service public permet de justifier l'interventionnisme de l'État dans l'économie. Cependant, son évolution juridique a véritablement débuté au siècle suivant : « [...] le service public est né dans l'arène juridique [...], à la fin du siècle dernier, c'est-à-dire à une époque de questionnement intense de l'État, de ses fins, de ses relations ambiguës avec le droit ou avec les citoyens »[65]. Cette évolution n'est pas terminée. Après avoir été l'objet d'une longue élaboration, il semble que la notion soit présentement en mutation.

---

64. Frédéric COLIN, *Droit public économique*, Paris, Gualino éditeur, 2005, p. 31 ; B. DU MARAIS, *op. cit.*, note 30, p. 72.
65. F. MODERNE, *loc. cit.*, note 31, p. 9.

En droit français, la notion de service public légitime le rôle de l'État en tant que maître de la solidarité sociale. Il semble cependant, qu'elle soit persécutée par les défenseurs de l'intégration économique :

> Clé de voûte de notre conception de l'économie et de la société, les services publics français font aujourd'hui figure de particularisme en Europe et dans le monde, et sont pris comme cible privilégiée par l'idéologie libérale anglo-saxonne tout comme par de puissants intérêts industriels. Pourtant ils ont des résultats positifs à préserver dans les comparaisons internationales en terme de performance technique.[66] (Nos soulignements).

Dans la deuxième partie de notre étude, nous exposerons la façon d'assurer la mutation de l'entreprise publique en réponse à cette contestation contemporaine.

a) L'essor jurisprudentiel de la notion de service public

La notion de service public fit son apparition en droit français grâce à l'arrêt *Blanco*[67] rendu par le Tribunal des conflits le 8 février 1873. Cette notion a alors pris sa place aux côtés de la notion de puissance publique en droit administratif. Cet arrêt constitue une étape charnière en ce qui a trait à l'apparition de la notion de service public dans le domaine juridique et pourtant, il a été longtemps ignoré par les juristes pour n'être reconnu qu'au début du XXe siècle. Depuis ce temps, il a été l'objet de nombreux écrits et analyses. Nous croyons nécessaire de nous y attarder dans le cadre de cette étude étant donné sa méconnaissance en droit québécois ceci, d'autant plus qu'il s'agit d'un jugement fondamental au regard de l'étude de la notion de service public.

L'arrêt *Blanco* consacre à la fois la responsabilité de l'État suite à des dommages qu'il a causés et la compétence de la juridiction administrative pour décider de l'issue du litige en découlant. L'accident causé à une jeune fille par le wagonnet d'une manufacture de tabac exploitée par l'État constitue le point de départ du litige qui a donné suite à cet arrêt. Les parents intentèrent une action en responsabilité contre l'État devant le juge judiciaire alléguant l'imprudence des préposés qui conduisaient le wagonnet. Après avoir contesté la compétence du juge judiciaire le préfet de la Gironde renvoya la cause au Tribunal des conflits afin qu'il détermine quelle était la juridiction compétente pour statuer sur cette action.

66. M. WALRAVE (dir.), *op. cit.*, note 19, p. 12.
67. T. confl. 8 février 1873, *Blanco*, *D.* 1873.3.20, concl. David, ci-après désigné « *Blanco* ».

Dans ses conclusions, le commissaire du gouvernement David indique que les tribunaux judiciaires sont incompétents pour « [...] connaître de toutes les demandes formées contre l'administration à raison des services publics »[68]. De ce fait, la compétence des juridictions administratives pour statuer sur les demandes d'indemnités dirigées contre l'État à l'occasion de l'exercice d'un service public est alors reconnue : « [...] par la création dans le sein de l'administration d'une juridiction pour statuer sur tous les litiges auxquels pourrait donner lieu l'action administrative dans la gestion des divers services publics »[69]. Ainsi, le service public devient le critère de répartition des compétences judiciaires et le fondement du droit administratif.

D'autre part, le commissaire David établit la distinction entre l'État personne privée et l'État personne publique. Il reconnaît l'application à l'État d'un régime juridique distinct du droit privé lorsqu'il agit en tant que puissance publique chargée d'assurer le fonctionnement des services administratifs, auquel cas, il est soumis à la compétence du juge administratif. De nos jours, cette interprétation est inapplicable au Québec alors que l'État et ses entreprises publiques sont soumis à diverses règles du *Code civil du Québec*[70]. Notamment, « [c]'est en vertu de l'article 1376 C.c.Q. que les personnes morales de droit public sont assujetties au livre cinquième traitant des obligations. Ainsi, Hydro-Québec est soumise aux articles 1457 à 1469 portant sur la responsabilité civile, malgré son statut de mandataire de la Couronne »[71].

L'arrêt *Blanco* n'a pas consacré une définition précise de la notion de service public, le juge n'en ayant pas indiqué les limites. Malgré tout, cet arrêt a contribué à établir le lien entre la notion de service public et celle d'intérêt général. Il intégra le concept juridique du service public au cœur du droit administratif français.

b) L'École du service public

L'arrêt *Blanco* a entraîné l'essor d'une école de pensée développée chez les juristes français dans le premier tiers du XXe siècle. Les théoriciens de l'École du service public, aussi appelée École de Bordeaux, ont développé une conception idéologique et juridique de la notion de service public. Une « doctrine » a été introduite autour de la notion de service public. Cette École a fait du service public le critère principal de l'application du droit adminis-

---

68. *Id.*, p. 21.
69. *Id.*
70. LQ 1991, c. 64, ci-après désigné « C.c.Q. » ou « *Code civil du Québec* ». Afin d'obtenir de plus amples précisions à propos de l'application du *Code civil* en droit administratif québécois veuillez consulter : Denis LEMIEUX, « L'impact du Code civil du Québec en droit administratif », (1994) 15 *Admin. L.R.* 275 ; Denis LEMIEUX, « Le rôle du Code civil du Québec en droit administratif », (2005) 18 *CJALP* 119.
71. M.-L. PELLETIER, *op. cit.*, note 15, n° 42, p. 38.

tratif. Il est intéressant de noter que « [c] es changements conceptuels se déroulent parallèlement à l'extension des réseaux français d'intérêt collectif, et à des changements progressifs de leurs modalités d'organisation »[72]. Donc, l'essor d'une théorie du service public répond à un besoin réel de compréhension des changements qui se déroulent au sein même de l'État par le biais de l'extension et du développement des entreprises publiques.

Les principaux théoriciens français de l'École du service public sont Léon Duguit, Gaston Jèze et Louis Rolland. Malgré le fait qu'ils manifestaient des préoccupations et des visions différentes, ils ont contribué à enrichir la doctrine du service public chacun à leur manière.

Duguit est le fondateur de cette école de pensée. Pour lui, « Le service public est le fondement et la limite du pouvoir gouvernemental »[73] et l'État est une « coopération de services publics organisés et contrôlés par des gouvernants »[74]. Sa conception juridique de l'État, qui gravite autour du service public, prend appui sur la sociologie. L'État est selon lui l'architecte de la solidarité sociale. Suivant la théorie duguiste, le service public représente l'ensemble des missions qui justifient l'action des pouvoirs publics. En effet,

> Depuis Duguit le service public reste la « légitimité contemporaine du pouvoir » et par là il a durablement converti toute analyse de l'action de la puissance publique en terme d'activités de service et, ce faisant il a permis l'extension du concept de service public hors des institutions publiques.[75]

Ainsi, le droit administratif tire sa raison d'être des besoins sociaux auxquels l'État est censé répondre. Tel que nous le verrons plus loin, Duguit a été l'instigateur de la définition originelle de la notion de service public.

Jèze se distingue de Duguit par le souci d'une réflexion plus juridique que sociologique[76]. Il a donné au droit administratif un critère opérationnel. On dit qu'il a une conception subjective du service public dont il précise les critères d'identification que nous étudierons plus loin. Bien qu'il qualifiât le service public de « pierre angulaire du droit administratif », Jèze ne partageait pas totalement la vision de Duguit. La théorie développée par Jèze jeta de l'ombre sur celle de Duguit :

---

72. C. STOFFAËS, *op. cit.*, note 42, p. 49.
73. Léon DUGUIT, *Traité de droit constitutionnel*, 2e éd., t. 2 – *La théorie générale de l'État*, Paris, de Boccard, 1923, p. 56.
74. *Id.*, p. 54.
75. Alain-Serge MESCHERIAKOFF, *Droit des services publics*, 2e éd., Paris, PUF, 1997, p. 62.
76. Jean-Paul VALETTE, *Le service public à la française*, Paris, Ellipses, 2000, p. 35.

> L'insistance mise par Jèze sur le critère matériel de compétence occulta pour beaucoup les apports déterminants de Duguit sur la notion de service public et déplaça le débat sur un terrain jurisprudentiel, qui aurait pu être plus juridique, mais qui se révéla au contraire très passionnel.[77]

De plus, il est d'avis que le droit, dont le service public est une création du législateur, ce que conteste Duguit :

> [...] si une loi positive attribue expressément le caractère de service public à une activité déterminée, le juge sera obligé d'appliquer la disposition législative. Mais il n'en résultera pas que dans la réalité il y ait un service public ; et celle-ci l'emportera tôt ou tard sur la décision arbitraire du législateur.
>
> D'autre part, j'estime ici, comme dans tout domaine social, que le juriste manque à sa mission s'il n'indique pas au législateur quel est le droit, s'il ne détermine pas, [...], le donné social, c'est-à-dire la norme juridique que le législateur ne fait que constater et mettre en œuvre.[78]

Soulignons que, selon Jèze, il est impossible d'effectuer une discrimination entre les services publics basée sur le fait que certains de ces services soient comparables à une entreprise privée et d'autres non. Cette position est partagée par Duguit. Globalement, nous pouvons affirmer que Jèze a précisé la notion de service public reconnue au départ par Duguit.

Pour sa part, Rolland a développé les critères du service public contribuant ainsi à raffiner la notion de service public mise en place par Duguit et Jèze. Nous exposerons ces critères dans un développement ultérieur afin d'en préciser l'application à l'entreprise publique.

À la suite des développements apportés à la théorie du service public développée par l'École de Bordeaux, la doctrine publiciste s'est concentrée sur son évolution qui ne s'est pas faite sans heurts...

c) Place à la crise de la notion de service public

Après une période faste, le service public a vécu une période noire qualifiée par la doctrine de « crise du service public ». Avant 1920, les activités de service public étaient l'apanage unique des personnes publiques.

---

77. *Id.*, p. 37.
78. L. DUGUIT, *op. cit.*, note 73, p. 67 et 68.

Ce point de vue fort simple en apparence a commencé à se compliquer suite à l'arrêt *Société commerciale de l'Ouest africain*[79] rendu le 22 janvier 1921 par le Tribunal des conflits. En fait, la crise du service public a été amorcée suite à cet arrêt suivant lequel une personne publique peut exploiter un service dans les mêmes conditions qu'une entreprise privée et, ainsi relever de la juridiction judiciaire. Cet arrêt est le point de départ de la création de la catégorie du service public à caractère industriel et commercial, sur lequel nous nous attarderons plus loin. Il vise les entreprises publiques qui sont affectées d'une mission d'intérêt général et d'objectifs de rentabilité à la fois. Christian Stoffaës écrit à ce sujet que :

> Peu à peu est clairement reconnu, à la fois, qu'une entreprise publique peut exploiter un service dans les mêmes conditions que le privé et qu'elle relève alors du juge judiciaire – c'est le célèbre arrêt de 1921 du Tribunal des conflits, dit *Bac d'Eloka* –, puis que, lorsqu'une entreprise privée exerce une activité qui a les caractéristiques d'un service public [...], alors elle doit être traitée comme une entreprise publique [...].[80]

Ensuite, en 1935, dans l'arrêt *Établissements Vézia*[81] le Conseil d'État a reconnu la possibilité pour des entreprises privées d'exercer des activités d'intérêt public. Il est donc reconnu que les missions de service public peuvent être accomplies par des personnes privées. Une scission s'installe alors dans le champ juridique du service public. La distinction entre la gestion privée et la gestion publique du service public étant reconnue, le lien d'origine est rompu entre le service public et le droit administratif.

Deux conclusions fondamentales s'imposent à partir de ces arrêts. Premièrement, ce ne sont pas toutes les activités des personnes publiques qui sont des activités de service public. Tel que nous l'exposerons ultérieurement, ce ne sont pas toutes les entreprises publiques qui accomplissent des activités de service public. Deuxièmement, les activités de service public ne sont pas toujours le fait de personnes publiques. La deuxième partie de notre étude étayera ce constat. Ces conclusions nous suivront donc tout au long de notre thèse.

---

79. T. confl. 22 janvier 1921, *Société commerciale de l'Ouest africain dit « Bac d'Eloka »*, Rec. CE, p. 91 ; *D.* 1921.3.1, concl. MATTER, ci-après désigné « *Bac d'Eloka* ».

80. Ch. STOFFAËS, *op. cit.*, note 42, p. 51.

81. CE, 20 décembre 1935, *Établissements Vézia*, *Rec. CE*, p. 1212 ; *RDP* 1936.119, concl. R. Latournerie.

d) Un renouveau envisagé pour la notion de service public

Selon nous, cette innovation jurisprudentielle, perçue comme une crise à l'époque, est aujourd'hui la clé permettant au service public d'évoluer positivement dans l'intégration économique. Dans la deuxième partie de notre thèse, nous exposerons diverses techniques qui assurent la mutation de l'entreprise publique de service public. Il ne faut pas oublier que de nos jours, le service public est une activité qui peut être accomplie par une personne privée sous le contrôle d'une personne publique. La notion de service public est désormais assujettie aux règles du droit public et du droit privé.

Malgré notre point de vue, nous comprenons qu'à son époque la décision *Bac d'Eloka* ait entraîné la crise de la notion de service public. En 1947, Georges Morange rédigea d'ailleurs une chronique percutante à ce sujet[82]. Il constata que la dilution du concept de service public a provoqué son déclin et celui du droit public. Selon lui, c'est la crise du système juridique du droit administratif qui est en cause. Cependant, nous devons reconnaître que :

> L'opinion de G. Morange est reconnue exacte mais incomplète. Une notion qui évolue ne décline pas automatiquement. La notion de Service public a bien évolué, la simplicité en vigueur au début du XXe siècle a bien décliné. Mais aujourd'hui, le concept juridique de Service public reste l'une des clés de notre système juridique garantissant le respect des droits et libertés fondamentales par la puissance publique.[83]

Dans les années cinquante, le service public reprendra sa place dans le domaine juridique. Aujourd'hui, sa crise étant apaisée, la notion de service public demeure le fondement du droit administratif.

En 1967, le Rapport Nora[84] relie le secteur public à la notion de service public. Il clarifie les rapports entre les entreprises publiques et l'État ainsi que la nécessaire modernisation du service public. La seconde moitié du XXe siècle voit s'affirmer un lien plus étroit entre le service public, l'entreprise publique et le droit administratif.

Par ailleurs, depuis les trois dernières décennies une menace pèse sur l'avenir du service public et particulièrement sur la survie des entreprises publiques. L'intégration économique affecte directement les entreprises

---

82. G. MORANGE, *loc. cit.*, note 29.
83. C. RIBOT, *loc. cit.*, note 38, p. 51.
84. Simon NORA, *Rapport sur les entreprises publiques*, Paris, La Documentation française, 1968.

publiques de service public et porte ainsi atteinte à la notion fondamentale du droit administratif, la notion de service public. Cette situation nouvelle est le point de départ de notre thèse. Elle suscite une volonté et une nécessité de renouveler le service public et les entreprises qui en sont le flambeau. Désireuse d'adapter la conception du service public à l'heure de la mondialisation, la doctrine juridique tente de développer une conception contemporaine du service public ainsi que l'a proposé notamment Renaud Denoix de Saint Marc, alors vice-président du Conseil d'État[85].

Tel que nous l'expliquerons dans les prochains développements, la notion de service public doit se renouveler. L'évolution du concept de service public à l'heure de l'intégration économique est en cours, entraînant l'entreprise publique de service public dans son sillage. Par exemple, en Europe, « [l]'avenir des services publics dépendra [...] avant tout de la volonté politique des États membres, qui devront tout d'abord accepter de les adapter aux exigences de la construction européenne. C'est à ce prix et à ce prix seulement qu'ils auront la chance d'être conservés... »[86].

Le service public vit présentement une nouvelle étape qui engendre une modification du rôle des États et du droit administratif. La problématique abordée dans le cadre de notre thèse, s'appuie sans contredit sur cette situation contemporaine. Les juristes doivent s'efforcer de trouver des solutions adaptées à la nouvelle conjoncture, tel que nous tenterons de le faire.

2. Les éléments propres à la notion de service public

Cette sous-section est consacrée aux éléments propres à la notion de service public. Les critères et les principes du service public y seront donc étudiés, en lien avec l'entreprise publique.

2.1. Les critères du service public

Positionner la notion de service public dans une définition précise a toujours été problématique pour les juristes français. Malgré tout, un important effort doctrinal a été accompli et une jurisprudence a été développée par les tribunaux dans le but d'en préciser la définition. Pensons à l'arrêt *Blanco* évoqué précédemment. À cet effet, il sera intéressant de comparer la notion d'utilité publique, largement utilisée par les tribunaux québécois, avec celle de service public. À la lumière de ces

---

85. Renaud DENOIX DE SAINT MARC, *Le service public*, Paris, La Documentation française, 1996.
86. Jean-Louis CLERGERIE, « L'Union européenne et les services publics », *Rev. adm.* 1998.639, p. 644.

constatations, nous tenterons de définir la notion de service public afin d'être en mesure de la lier avec l'entreprise publique par la suite.

a) La difficulté de définir la notion de service public

À première vue, cette notion d'application très large, n'est pas aisée à cerner. On tend même à considérer que la notion de service public est devenue un *label*[87] apposé au besoin, selon les circonstances. Selon plusieurs juristes, « [l] e concept de service public est sans doute l'un des plus difficiles à cerner ; il relève même, comme nous le verrons, de l'indéfinissable [...] »[88]. La plasticité de la notion peut expliquer en partie sa pérennité et sa capacité d'adaptation à différents contextes. Son évolution est marquée de diverses étapes et de crises. Il faut aussi comprendre que cette notion recouvre des réalités fort différentes les unes des autres qui sont appelées à se modifier au gré des époques.

Plus précisément, nous distinguons quatre causes à l'origine de cette difficulté. D'abord, la notion est perceptible à deux niveaux. Il ne s'agit pas uniquement de l'identification de l'activité de l'État par laquelle il répond aux demandes des citoyens. En effet, tel qu'expliqué précédemment, il s'agit d'un véritable symbole, d'un mythe ou d'une idéologie. En France, cette notion a été sacralisée. Deuxièmement, aucune définition de la notion n'est officialisée par le droit positif. En effet, étant donné que la doctrine s'est attardée à élaborer diverses définitions, il est difficile d'en dégager une qui soit reconnue et définitive. Cette situation crée un vide juridique qui, selon nous, est inquiétant étant donné la place primordiale occupée par le service public en droit administratif et dans l'ensemble du droit public. Troisièmement, les activités de service public varient d'un endroit à un autre, de sorte que ce qui est considéré comme étant un service public à un endroit, ne l'est pas nécessairement à un autre. Par exemple, alors qu'au Canada nous avons privatisé des entreprises publiques de transport ferroviaire, ces entreprises fonctionnent très bien en France, tout en demeurant publiques et sont considérées comme fournissant un service public aux citoyens qu'il ne faut pas privatiser. Finalement, la notion de service public désigne tantôt l'organisme de production du service, tantôt la mission d'intérêt général confiée à celui-ci[89].

---

87. Didier TRUCHET, « Label de service public et statut du service public », *AJDA* 1982.427, p. 428 ; Pierre DELVOLVÉ, « Service public et libertés publiques », *RFDA* 1985.1, p. 5.

88. Benoît JEANNEAU, *Droit des services publics et des entreprises nationales*, Paris, Dalloz, 1984, p. 19.

89. (Auteur inconnu), « Service public, universel ou d'intérêt économique général », *Le Monde*, 16 juillet 2005, p. 9 ; Jean-François LACHAUME, Claudie BOITEAU et Hélène PAULIAT, *Droit des services publics*, 3e éd., Paris, Armand Colin, 2004, p. 5.

À la lumière de ces causes, nous avons poussé notre réflexion plus loin. Nous en sommes arrivés à la conclusion qu'il n'est pas « impossible » de définir la notion de service public. La lecture des nombreuses définitions développées par la doctrine spécialisée en la matière le prouve. C'est plutôt son application (ou utilisation) qui est ardue. Il peut être très complexe de déterminer à quelle activité la notion s'applique. Par exemple, nous verrons qu'elle ne s'applique pas à toutes les entreprises publiques compte tenu de la diversité de leurs activités.

À défaut de retrouver une définition précise de la notion de service public dans la législation et la jurisprudence, plusieurs juristes l'ont définie à leur manière. À l'origine, le père de la notion, Léon Duguit la définissait ainsi :

> C'est toute activité dont l'accomplissement doit être assuré, réglé et contrôlé par les gouvernants, parce que l'accomplissement de cette activité est indispensable à la réalisation et au développement de l'interdépendance sociale, et qu'elle est de telle nature qu'elle ne peut être réalisée complètement que par l'intervention de la force gouvernante.[90]

Elle a beaucoup évolué depuis le temps ! L'objectif de cette sous-section est donc de rapporter certaines définitions élaborées par la doctrine pour nous permettre par la suite, de dégager les éléments constitutifs de la notion. Nous indiquons en caractère gras les éléments communs à chaque définition.

Selon Marc Debène et Olivier Raymundie, en droit administratif français, « le service public est une **activité d'intérêt général**, assurée par une **personne publique ou privée** et soumise à un régime juridique particulier [...] »[91].

Renan Le Mestre fournit une définition plus large de la notion de service public : « Elle se présente, en revanche, d'un point de vue matériel, comme une **mission d'intérêt général** relevant, [...] d'une **personne publique** [...] »[92].

Les professeurs Jean-Louis Autin et Catherine Ribot perçoivent aussi la notion comme étant une activité, réputée **d'intérêt général**, génératrice de prestations et dont le but est la satisfaction des besoins du public. Ils

---

90. L. DUGUIT, *op. cit.*, note 73, p. 55.
91. Marc DEBÈNE et Olivier RAYMUNDIE, « Sur le service universel : renouveau du service public ou nouvelle mystification ? », *AJDA* 1996.183, p. 186.
92. Renan LE MESTRE, *Droit du service public*, Paris, Gualino éditeur, 2005, n° 141, p. 127.

indiquent aussi que la charge des services publics appartient aux **personnes morales de droit public**[93].

Plus près de nous, selon Patrice Garant, le service public est l'activité assumée par **l'Administration publique** dans **l'intérêt général**[94]. Pour sa part Raoul P. Barbe estime que :

> [...] il y a service public chaque fois qu'une **collectivité**, estimant qu'une tâche ne peut être totalement laissée à l'initiative privée, décide soit d'y pourvoir directement, soit d'en confier ou en maintenir la gestion à une entreprise privée, mais en se réservant d'intervenir soit réglementairement, soit financièrement, pour sauvegarder le souci de **l'intérêt public**, l'entreprise étant alors placée, totalement ou partiellement, sous un **régime de droit public**.[95]

Dans sa définition, Bertrand du Marais distingue nettement trois critères propres à la notion : « On peut donc donner la définition suivante du service public : *c'est une activité **d'intérêt général** (1er critère), soumise à un **régime juridique particulier** (2e critère) et exercé sous le contrôle de **la puissance publique** (3e critère)* »[96].

Nous avons relevé des commentaires intéressants reliés à la définition de service public dans le journal *Le Monde*. On y mentionne que des obligations de service public peuvent être imposées par **l'autorité publique** à l'organisme de production du service, dans le but de favoriser l'accomplissement de la **mission d'intérêt général** et que ces obligations peuvent s'exercer à l'échelon national ou régional[97].

Nous constatons donc qu'il n'existe pas *une*, mais *des* définitions du service public. Il est alors compréhensible que l'éparpillement dont elle est l'objet entraîne son ambiguïté et des difficultés d'application. Il est compréhensible que, dans ces circonstances, la définition de la notion de service public souffre d'une certaine inconsistance. Dans cette étude, nous tentons donc d'en dégager les principales composantes.

La notion de service public ne doit pas être confondue avec d'autres notions propres au droit administratif[98]. Au Québec, nous constatons que la

---

93. Jean-Louis AUTIN et Catherine RIBOT, *Droit administratif général*, 5e éd., Paris, LexisNexis/Litec, 2007, n°s 286 et 287, p. 152.
94. P. GARANT, *op. cit.*, note 28, p. 22.
95. Raoul P. BARBE, *Les organismes québécois de régulation des entreprises d'utilité publique*, Montréal, Wilson & Lafleur Ltée, 1980, p. 19.
96. B. DU MARAIS, *op. cit.*, note 30, p. 79 [Les italiques sont de B. du Marais].
97. (Auteur inconnu), *loc. cit.*, note 89, p. 9.
98. Bertrand DU MARAIS spécifie qu'il faut éviter de la confondre avec d'autres notions telles que celles de « secteur public » et d'« agents publics » – *op. cit.* note 30, p. 76.

législation, la jurisprudence, et la doctrine appliquent parfois la notion d'utilité publique en lieu et place de celle de service public. L'utilisation répandue de cette notion d'origine anglo-saxonne[99] (*public utility* en anglais), est probablement due au fait que le régime juridique québécois emprunte ses règles à la fois au droit français et au droit anglais. En droit américain la notion de public utility peut être définie comme étant le résultat de la réunion de plusieurs éléments : l'intérêt public, un processus de transport ou de distribution, l'universalité du service et des conditions d'application équitables et non discriminatoires[100]. Cependant, en droit français, la notion d'utilité publique sert de justification à l'exercice des limitations au droit de propriété ou à la dépossession elle-même (expropriation, servitude), ainsi qu'à l'exécution de travaux. Les aménagements dédiés aux besoins du service public sont d'utilité publique[101]. Par ces deux conceptions, nous constatons que l'utilité publique est liée à l'équipement, à l'environnement servant de support à la fourniture du service public.

Au Québec, la notion d'utilité publique a déjà été utilisée afin de désigner l'ancienne Régie des services publics. En effet, à ses débuts la Régie des services publics s'appelait « Commission des services d'utilité publique ». Cette dénomination fut empruntée aux organismes américains appelés « Public Utility Commissions ». Cet organisme créé en 1909 avait pour tâche d'émettre des permis d'opération notamment aux compagnies de téléphone et de télégraphe. Pour cette Commission, « [é] taient d'utilité publique toute entreprise de télégraphe, de téléphone, de transport par train ou tramway, de chaleur, de lumière ou de force motrice, dispensant des services au public ou pour le public »[102]. À cette époque, l'influence anglaise était palpable. En 1920, le nom de la Commission changea pour celui plus *français* de Commission des services publics. En 1949, la Commission était devenue la Régie des services publics, C'est alors que « [l] es termes "utilité publique" et "entreprise de services publics" disparurent, et furent remplacés par la notion "d'entreprise publique" »[103].

---

99. Les provinces canadiennes anglaises telles que l'Ontario, l'Alberta et la Nouvelle-Écosse utilisent couramment l'expression « public utility » en lieu et place de la notion de « service public » : *Public utilities Act*, RSO (1990), c. P-52 ; *Public utilities board Act*, RSA (2000), c. P-45 ; *Public utilities Act*, RSNS (1989), c. 380.

100. B. DU MARAIS, *op. cit.* note 30, p. 95.

101. Agathe VAN LANG, Geneviève GONDOUIN et Véronique INSERGUET-BRISSET, *Dictionnaire de droit administratif*, 4e éd., Paris, Armand Colin, 2005, p. 330 et 331.

102. Patrice GARANT, *La Régie des services publics*, Travaux du Laboratoire de recherche sur la justice administrative, Québec, 1977, p. 5 ; *Loi sur la Commission des services d'utilité publique*, SRQ 1909, c. 16, art. 1 b.

103. P. GARANT, *Id.* ; *Loi relative à la surveillance et au contrôle de certains services publics*, 13 Geo VI, c. 47, 1949.

Au Québec, nous retrouvons maintenant la définition suivante du concept d'utilité publique dans le Dictionnaire de droit québécois et canadien d'Hubert Reid : « Avantage qu'un bien peut procurer au public en général ou à un groupe important d'individus »[104]. Pour sa part, au sujet des biens d'utilité publique, Denys-Claude Lamontagne traite des biens destinés à l'usage direct du public et des biens affectés à un service public, soit les biens essentiels à la collectivité locale ou à l'établissement public concerné[105]. Dans un article concernant le contrat de service public, Claude Masse indique que « [R] aoul P. Barbe est l'un des seuls québécois à avoir tenté de cerner d'assez près la notion de services publics. Il utilise le concept "d'entreprise d'utilité publique" qui s'inspire fort de la notion de public utilities du droit américain [...] »[106]. Raoul P. Barbe définit la notion d'entreprise d'utilité publique ainsi :

> [...] une entreprise offrant un service public à des abonnés ou à des usagers. L'entreprise d'utilité publique peut être soit une entreprise privée, soit une entreprise publique, c'est-à-dire du secteur public. [...] Ces entreprises ont pour activités la distribution d'énergie électrique, la téléphonie, le transport ferroviaire, routier, aérien et maritime. Ce sont généralement les entreprises des secteurs : énergie, transport et communication.[107] (Nos soulignements)

Pour notre part, nous utilisons plutôt l'expression « entreprise publique de service public » car nous croyons que la référence à la notion d'utilité publique n'est pas appropriée afin de qualifier l'entreprise publique. L'entreprise publique de service public utilise des installations d'utilité publique, tel que des câbles ou des barrages, et s'approprie des terrains afin d'exercer ses activités. Ces terrains deviennent donc « d'utilité publique ». Un bien d'utilité publique sert à l'accomplissement d'une activité de service public. Dans la décision *Bois-des-Filion (Ville de)* c. *Guay*[108], la Cour d'appel analyse l'article 14 du règlement de zonage de la ville qui prévoit que le service d'utilité publique comprend le réseau d'alimentation en eau potable, les réseaux d'égouts, ainsi que les réseaux locaux de distribution électrique, de distribution de gaz naturel, d'éclairage, de téléphone et de

---

104. Hubert REID, *Dictionnaire de droit québécois et canadien*, 3e éd., Montréal, Wilson & Lafleur, 2004, p. 583.

105. Denys-Claude LAMONTAGNE, *Biens et propriété*, 5e éd., Cowansville, Éditions Yvon Blais, 2005, p. 146.

106. Claude MASSE, « Le *Code civil du Québec* et les contrats de services publics : quelques pistes de réflexion », dans SERVICE DE LA FORMATION PERMANENTE DU BARREAU DU QUÉBEC, *Congrès annuel du Barreau du Québec 1994*, Service de la formation permanente, Barreau du Québec, Montréal, 1994, p. 853, à la p. 855.

107. Raoul P. BARBE, *Les entreprises publiques*, Montréal, Wilson & Lafleur/Sorej Ltée, 1985, p. 8.

108. JE 2005-94 (CA), par. 51.

câblodistribution. Par exemple, les barrages électriques permettent la production de l'électricité fournie par Hydro-Québec.

Le législateur québécois semble opiner dans notre sens. En effet, le *Code civil du Québec* prévoit à son article 913 que « [l]'air et l'eau qui ne sont pas destinés à l'utilité publique sont toutefois susceptibles d'appropriation s'ils sont recueillis et mis en récipient ». Son article 916 indique que « [n] ul ne peut non plus s'approprier les biens des personnes morales de droit public qui sont affectés à l'utilité publique ». Les articles 952 et 3042 C.c.Q. utilisent le terme dans le même sens[109]. L'article 37 de la *Loi sur les terres du domaine de l'État*[110] indique que : « [l] e ministre peut [...] céder à titre gratuit des terres sous son autorité, ainsi que les bâtiments, les améliorations et les meubles qui s'y trouvent, pour un usage d'utilité publique prévu par le gouvernement par voie réglementaire [...] ». Dans la *Loi sur la protection du territoire agricole et des activités agricoles* le législateur utilise aussi la notion d'utilité publique[111].

La jurisprudence québécoise n'est pas toujours claire à ce sujet. À l'instar de Raoul P. Barbe, nous y retrouvons aussi l'expression entreprise (ou société) d'utilité publique. Par exemple, nous pouvons lire dans le jugement *Hydro-Québec* c. *Ottoni*, qu'Hydro-Québec est une société d'utilité publique qui a le mandat du législateur de fournir un service public essentiel[112]. Cette décision a tout de même le mérite de différencier les notions de service public et d'utilité publique. Au contraire dans l'affaire *Gaz métropolitain inc.* c. *Bacon America inc.* le juge utilise indépendamment les expressions « entreprise de service public » et « entreprise d'utilité publique »[113].

Certains jugements ont tenté de définir la notion d'utilité publique. Dans la décision *École de technologie supérieure* c. *Société d'ingénierie CIMA*, le juge John Bishop indique : « Maintenant, l'expression "utilité publique" semble viser plutôt la destination ou l'affectation du bien, plutôt que son usage en fait [...] »[114]. Suivant la décision rendue dans l'affaire *Commission scolaire de la Côte-du-Sud* c. *Construction Cloutier et Fils inc.*

---

109. **Art. 952 :** « Le propriétaire ne peut être contraint de céder sa propriété, si ce n'est par voie d'expropriation faite suivant la loi pour une cause d'utilité publique et moyennant une juste et préalable indemnité » ; **art. 3042 :** « [...] municipalités qui sont autorisées par la loi à s'approprier [...] un droit de propriété en superficie, en surface ou dans le tréfonds d'un immeuble, pour une cause d'utilité publique ».
110. LRQ, c. T-8.1.
111. *Loi sur la protection du territoire agricole et des activités agricoles*, LRQ, c. P.-41.1, arts. 41 et 58.
112. *Hydro-Québec* c. *Ottoni*, [1994] RDI 556 (CA).
113. *Gaz métropolitain inc.* c. *Bacon America inc.*, [2002] RJQ 215 (CS), par. 22 et 57.
114. *École de technologie supérieure* c. *Société d'ingénierie CIMA*, [1997] RJQ 2852 (CS), p. 2865.

une école ne constitue pas un bien affecté à l'utilité publique au sens de l'article 916 C.c.Q. puisqu'elle ne présente pas un caractère d'usage général[115]. Tentant de déterminer si un entrepôt à sel et à sable appartenant à la ville de Rimouski est un bien affecté à l'utilité publique, la juge Mailhot lie les biens publics au concept d'utilité publique. Elle indique dans la décision *Bâtiments Kalad'Art inc.* c. *Construction D.R.M. Inc.* qu'un bien sera considéré comme étant affecté à l'utilité publique s'il est destiné à l'usage public et général, s'il est essentiel au fonctionnement de la municipalité ou s'il est gratuitement mis à la disposition du public en général[116]. Il en est de même dans la décision *Larose c. Montréal (Ville de)*[117].

En conclusion, nous pouvons affirmer que la notion d'utilité publique est distincte de celle de service public. Un bien d'utilité publique permet la fourniture d'un service public aux citoyens.

b) Une tentative de définition de la notion de service public

Nous tenterons de définir la notion de service public. À partir des définitions exposées précédemment nous dégageons deux critères qui nous aident à qualifier une activité de service public : l'intérêt général et le rattachement au secteur public. L'application de ces critères présente cependant certaines difficultés qui se répercutent invariablement sur la notion de service public. Nous verrons dans les développements subséquents, qu'il est plus que jamais essentiel de s'entendre sur une définition précise de la notion de service public afin d'assurer sa pérennité dans le cadre de l'intégration économique. Cela étant fait, les juristes pourraient désormais se consacrer à adapter la notion aux nouveaux enjeux de notre siècle.

L'intérêt général est considéré comme étant le critère fonctionnel ou l'élément matériel du service public. La satisfaction de l'intérêt général est la finalité du service public, son objectif essentiel. Marie-José Guédon indique même que le service public est la quintessence de l'intérêt général[118]. Nous pouvons considérer l'intérêt général comme étant un principe suivant lequel la puissance publique est tenue de répondre aux besoins des administrés[119]. Il est même possible de « [...] soutenir que la raison d'être de la politique est justement de constituer cet intérêt général, en fonction duquel il paraîtra

---

115. *Commission scolaire de la Côte-du-Sud* c. *Construction Cloutier et Fils inc.*, [1998] RDI 440 (CS), p. 444.
116. *Bâtiments Kalad'Art inc.* c. *Construction D.R.M. inc.*, [2000] RJQ 72. (CA), par. 21.
117. *Larose c. Montréal (Ville de)*, [2004] RDI 571 (CS), par. 21 à 23.
118. Marie-José GUÉDON, « Service public et intérêt économique » dans M.-J. GUÉDON (dir.), *Sur les services publics*, Paris, Économica, 1986, p. 6, à la p. 11.
119. Marie-Agnès SABIRAU PEREZ, *Secteur public et concurrence*, Perpignan, Presses universitaires de Perpignan, 1998, p. 172.

légitime, du côté de l'État, de satisfaire [...] certaines demandes [...] »[120] par la création d'organismes fournissant des activités de service public.

À l'instar du service public, le droit administratif ne fournit pas de définition précise de l'intérêt général, ce qui contribue à une utilisation large de la notion de service public, de même qu'à son inconsistance. Ainsi, la notion d'intérêt général est un peu étriquée, raison pour laquelle nous croyons qu'il est plus approprié de définir la notion de service public à l'aide de l'expression « satisfaction des besoins collectifs ». Une multitude de besoins fondamentaux sont assurés par les organismes de service public. Les autorités et les agents de l'administration travaillent afin d'assurer le bien-être des citoyens.

La création d'un organisme de service public permet de répondre aux besoins essentiels de la collectivité. Les entreprises publiques de service public exercent des activités d'intérêt général en ce sens qu'elles répondent aux besoins essentiels et collectifs des citoyens. Cette affirmation est cependant difficile d'application à des services qui ne répondent pas à des besoins essentiels à la collectivité, tel que le commerce de l'alcool[121]. Plus loin, nous tenterons de résoudre cette question en procédant à une catégorisation des entreprises publiques. Il est intéressant de noter qu'en général les entreprises publiques de service public offrent des produits de consommation qui sont impossibles à conserver et qui doivent être disponibles en tout temps, tel que l'électricité.

En Europe, la Directive Services relative aux libertés d'établissement des prestataires de service et libre circulation des services dans le marché intérieur[122] fournit une illustration intéressante de l'expression « besoins essentiels ». Ainsi, les besoins essentiels comme l'eau, l'énergie, l'éducation, la santé, l'administration publique, les services et réseaux de communication électronique et les services de transport sont exclus de l'application de la Directive puisqu'ils sont d'intérêt général.

Le deuxième critère que nous dégageons est le contrôle étatique de l'activité. Il s'agit du critère institutionnel ou l'élément organique de la notion de service public. De façon générale, les activités de service public sont le fait d'entités publiques. Fondamentalement, l'activité d'une personne publique est présumée de service public et l'activité d'une personne privée

---

120. Gérard MARCOU, « De l'idée de service public au service d'intérêt général », dans Franck MODERNE et G. MARCOU, *L'idée de service public dans le droit des États de l'Union européenne*, Paris, L'Harmattan, 2001, p. 365, à la p. 383.
121. B. DU MARAIS, *op. cit.*, note 30, p. 85.
122. Directive 2006/123/CE du 12 décembre 2006 relative aux services dans le marché intérieur, *JOCE*, n° L 376 du 27 décembre 2006, p. 36, ci-après désignée « directive Bolkenstein ».

est présumée de droit privé[123]. Cependant, il est maintenant reconnu qu'une activité de service public puisse être accomplie par une entreprise privée sous le contrôle de l'État. À ce titre, nous verrons dans la deuxième partie de notre étude que l'assouplissement de ce critère contribue à assurer la mutation de l'entreprise publique. La délégation d'une activité de service public à une entreprise privée sera notamment étudiée.

Dans le cas d'une activité exercée par une entreprise privée, le contrôle exercé par la puissance publique est fondamental dans la détermination du service public. Il faut dégager l'intervention directe ou indirecte d'une personne (ou d'une autorité) publique dans l'exercice de l'activité. La notion de service public est inapplicable aux activités à caractère *purement* privé exercées par les entreprises privées. Cependant, une activité de service public peut être déléguée à une entreprise privée par une autorité publique. À notre avis, pour que l'activité ainsi exercée soit qualifiée de service public, il faut que le lien entre l'autorité publique et l'entreprise privée demeure présent tout au long de l'accomplissement de l'activité. Le contrôle exercé par l'entité publique sur l'entité privée est primordial. Par exemple, Hydro-Québec veut distribuer de l'énergie éolienne afin de remplir sa mission essentielle de fournisseur d'électricité. Pour ce faire, elle procède à des appels d'offres publics afin d'acheter l'énergie éolienne produite par des entrepreneurs privés.

La théorie du service public virtuel dégagée par la jurisprudence française[124] est particulièrement intéressante en ce qu'elle constitue une exception à la règle du « contrôle public ». Suivant cette théorie, diverses activités créées et gérées par le secteur privé peuvent être qualifiées de service public étant donné leur caractère d'intérêt général. Les activités visées par cette théorie sont exercées sur le domaine public. La personne privée soumise à la réglementation en vigueur doit obtenir une autorisation d'utilisation ou d'occupation du domaine public de la part des autorités publiques. Ainsi, l'activité qu'elle exerce est considérée comme étant un service public. Par exemple,

> [...] les services de transports en commun privés dépendent du domaine public pour exercer leur activité. Dès lors les municipalités réglementent l'utilisation du domaine public et peuvent soumettre les entreprises de dessertes locales à des obligations de service public (horaires, tarifs, itinéraires). Cette réglementation de l'utilisation du domaine public et l'octroi des permissions de voirie qu'elle implique

---

123. D. TRUCHET, *loc. cit.*, note 87, p. 432.

124. CE, 29 janvier 1932, *Société des autobus Antibois, Rec. CE*, p. 117 ; CE, 5 mai 1944, *Cie maritime de l'Afrique orientale*, Rec. CE, p. 129 ; CE, 6 février 1948, *Sté Radio-Atlantique et Cie carcassonnaise de transports, RDP* 1948.244, concl. CHENOT.

peuvent être considérés comme des procédés d'organisation du service public.[125]

Malgré l'intérêt qu'elle a suscité à l'époque, cette théorie n'est heureusement plus reconnue par les juristes français. L'application de la théorie du service public virtuel tendrait, selon nous, à une extension trop importante de la notion de service public. En plus, il est erroné de prétendre que le fait que l'entreprise privée ait obtenu l'approbation de la personne publique afin d'exercer une activité a pour effet de transformer cette dernière en service public. Ceci, d'autant plus qu'il n'existe pas de lien entre l'entreprise privée et la personne publique dans l'exercice de l'activité.

Le contrôle étatique entraîne l'application de règles tirées du droit public. En effet, contrairement aux entreprises privées, les entreprises publiques sont soumises au droit public lors de l'accomplissement de leurs activités. Il s'agit d'entités étatiques ayant pour fonction de répondre aux besoins fondamentaux des citoyens. Par exemple, au Québec, les entreprises publiques sont soumises à la *Loi sur l'administration financière* qui leur impose des obligations[126]. Dans ce contexte, certains auteurs ajoutent les prérogatives de puissance publique aux critères qui permettent de déceler une activité de service public. Notamment, Bertrand Du Marais présente les prérogatives comme étant le critère matériel permettant d'identifier le service public. Pour notre part, nous ne croyons pas qu'il s'agisse d'un critère formel du service public. Il peut s'agir certes d'un indice de la présence d'une activité de service public, mais n'oublions pas qu'une prérogative est un pouvoir conféré à une entité publique d'imposer des obligations particulières aux administrés, usagers ou tiers au service[127] de sorte que nous croyons que l'existence des prérogatives n'est pas nécessairement toujours liée à la reconnaissance d'une activité de service public. Pour preuve, des entreprises privées peuvent se faire consentir des droits de passage ou d'expropriation par l'État[128].

À la lumière des critères qui viennent d'être dégagés, nous définissons la notion de service public ainsi : *activité accomplie par une entité publique ou privée soumise à un contrôle public ayant pour objectif la satisfaction de besoins collectifs*. Cette définition nous sera très utile

---

125. J.-P. VALETTE, *op. cit.*, note 76, p. 134.
126. *Loi sur l'administration financière*, LRQ, c. A-6.001, art. 89, 90 et 91.
127. B. DU MARAIS, *op. cit.*, note 30, p. 87.
128. Pour les personnes privées, s'ajoute ou se substitue maintenant au critère des prérogatives le critère des obligations dont le respect est soumis au contrôle de la personne publique compétente. Voir notamment à ce sujet : CE, 22 février 2007, *Association du personnel relevant des établissements pour inadaptés (APREI)*, n° 264541 ; CE, 6 avril 2007, *Commune d'Aix-en-Provence*, n° 284736 ; CE, 5 octobre 2007, *Société UGC Ciné-Cité*, n° 298773.

pour la suite de notre développement concernant la mutation de l'entreprise publique.

2.2. Les principes du service public

La reconnaissance d'une activité de service public entraîne l'application de trois principes fondamentaux qui furent élaborés par le publiciste Rolland au début du XXe siècle, d'où leur appellation « Lois de Rolland » : le principe d'égalité, le principe de continuité, et le principe d'adaptation. Ces principes feront l'objet des prochains développements. Tel que nous le démontrerons dans cette sous-section, dans l'accomplissement de leur mission de service public les entreprises publiques sont soumises à ces principes.

Ces principes permettent d'assurer la mutation de l'entreprise publique investie d'une mission de service public dans le cadre de l'intégration économique. Mais quelles sont les manifestations de ces principes au Québec sur les entreprises publiques fédérales et provinciales ? À l'aide de quelques exemples, nous illustrerons la place occupée par les principes du service public en droit québécois et canadien. Bien que diverses entreprises publiques fassent l'objet de notre recherche, nous avons décidé de limiter notre propos à certains exemples spécifiques.

a) Le principe d'égalité

En droit administratif français, le principe d'égalité, considéré comme étant un principe général du droit, a été consacré par l'arrêt du 9 mars 1951, *Société des concerts du conservatoire*[129]. Au Canada, ce principe est consacré par l'article 15 de la *Charte des droits et libertés*[130] dont le premier alinéa se lit ainsi :

> La loi ne fait acception de personne et s'applique également à tous, et tous ont droit à la même protection et au même bénéfice de la loi, indépendamment de toute discrimination, notamment des discriminations fondées sur la race, l'origine nationale ou ethnique, la couleur, la religion, le sexe, l'âge ou les déficiences mentales ou physiques.

La généralité de cet article a été amoindrie par la Cour suprême notamment dans l'affaire *Andrews c. Law Society of British Columbia* pour laquelle le juge McIntyre a jugé que le principe d'égalité qui y est reconnu n'est pas

---

129. CE, 9 mars 1951, *Société des concerts du conservatoire*, *S.* 1951.3.81, note C.H. ; *Dr Soc.* 1951.168, concl. LETOURNEUR, note RIVERO.

130. *Charte canadienne des droits et libertés*, partie I de la *Loi constitutionnelle de 1982*, LRC (1985), app. II, n° 44, ci-après désignée « *Charte canadienne* ».

général ou abstrait[131]. La discrimination doit porter sur des motifs liés aux caractéristiques personnelles de chaque individu ou d'un ensemble d'individus. Le principe d'égalité est également reconnu dans une certaine mesure par la *Déclaration canadienne des droits* et par la *Charte des droits et libertés de la personne* québécoise[132]. Le préambule de la *Charte québécoise* prévoit que tous les êtres humains sont égaux en valeur et en dignité et ont droit à une égale protection de la loi. Plus spécifiquement, l'article 10 de cette charte énonce la règle de l'égalité en visant limitativement certaines distinctions, contrairement à ce que fait la *Charte canadienne*. Nous retrouvons aussi le principe de l'égalité à l'individu devant la loi à l'article 1 (b) de la *Déclaration canadienne*.

Le principe d'égalité devant le service public vise l'égalité des usagers du service, l'égalité entre les employés de l'Administration et l'égalité des cocontractants du service public. L'égalité des usagers du service constitue notre centre d'intérêt. Dans ce cas, le principe s'apparente à une absence de discrimination dans l'usage, l'accès et le fonctionnement du service public. D'ailleurs, « [l] a logique d'un service qui est public dans ce sens, implique qu'il soit ouvert à tous, qu'il soit disponible en vue de la satisfaction des besoins de tous les administrés sans exception »[133]. Les entreprises publiques de fourniture d'électricité doivent fournir leur électricité au même tarif à tous les habitants du territoire dans lequel elles exercent cette activité. Par exemple, au Québec :

> C'est cette règle qu'on a invoquée en 1962 pour nationaliser les grandes compagnies privées d'électricité. L'Hydro-Québec, société d'État, a pris en charge toute la production et la distribution de l'énergie hydro-électrique, afin de mettre un terme à la situation pénible des régions défavorisées et uniformiser les conditions de service et de tarif ; en 1965, l'Hydro, afin de mieux être présente dans toutes les régions a déconcentré ses structures en créant huit régions administratives[134].

Le principe d'égalité se perçoit notamment dans la fixation des tarifs et des conditions de distribution de l'électricité d'Hydro-Québec. En principe, tous les citoyens paient les mêmes tarifs. De nos jours, la Régie de l'énergie, s'attarde à assurer aux citoyens l'égalité des tarifs d'électricité produite par Hydro-Québec. À cet égard, l'article 49 (11) de la *Loi sur la Régie de*

---

131. [1989] 1 RCS 143, p. 163 et 164.
132. *Déclaration canadienne des droits*, LRC (1985), App. III, ci-après désignée « *Déclaration canadienne* » ; *Charte des droits et libertés de la personne*, LRQ, c. C-12, ci-après désignée « *Charte québécoise* ».
133. P. GARANT, *op. cit.*, note 28, p. 155.
134. *Id.*, p. 263.

l'énergie[135] prévoit qu'elle doit maintenir l'uniformité territoriale de la tarification sur l'ensemble du réseau de transport d'électricité lorsqu'elle fixe ou modifie les tarifs de transport d'électricité ou de gaz naturel. Une exception à ce principe est cependant prévue à l'article 22.0.1 de la *Loi sur Hydro-Québec*[136], suivant lequel le gouvernement peut fixer à l'égard d'un contrat spécial qu'il détermine les tarifs et les conditions auxquels l'électricité est distribuée par Hydro-Québec à un consommateur ou à une catégorie de consommateurs.

De même, les services audiovisuels offerts à la population québécoise par la Société de télédiffusion du Québec sont disponibles à tous sans discrimination. Ainsi, l'article 16 de sa loi constitutive[137] édicte qu'elle doit assurer par tout mode de diffusion l'accessibilité de ses produits au public. Pour ce faire, elle peut exploiter un service de production et de distribution de documents audiovisuels, multimédias et de télédiffusion. Elle doit donc déployer tous les efforts nécessaires afin d'assurer l'accès de tous les Québécois à ses services.

Le principe d'égalité est cependant relatif en ce sens que les usagers ne peuvent réclamer dans tous les cas une égalité intégrale. Les discriminations sont légales lorsqu'elles sont justifiées par des considérations d'intérêt général[138] ou des différences de situation appréciables. Par analogie, la Société des loteries du Québec (ci-après désignée « Loto-Québec ») ne peut vendre des billets de loterie à une personne mineure. C'est ainsi que toute personne peut être requise de prouver qu'elle est majeure lorsqu'elle désire acheter un billet de loterie[139]. Cette situation est une dérogation justifiée au principe d'égalité.

L'égalité se traduit donc par un traitement identique des usagers faisant l'objet d'une même situation ou, en d'autres mots, pouvant être classés dans une même catégorie. Il est possible pour l'autorité publique de traiter de

---

135. *Loi sur la Régie de l'énergie*, LRQ, c. R-6.01, ci-après désignée « *Loi sur la Régie de l'énergie* ».
136. LRQ, c. H-5, ci-après désignée « *Loi sur Hydro-Québec* ».
137. *Loi sur la Société de télédiffusion du Québec*, LRQ, c. S-12.01.
138. « Pour être régulière, une différence de traitement devrait donc être justifiée non seulement par une différence objective de situation mais également par l'intérêt général. Pour d'autres auteurs, au contraire, les différences de traitement entre catégories d'usagers pourraient être fondées, soit sur une différence appréciable de situation au regard du service public, soit sur l'intérêt général ». – Joël CARBAJO, « Remarques sur l'intérêt général et l'égalité des usagers devant le service public », *AJDA* 1981.176, p. 176 ; À ce sujet : Cons. constit., 79-107 DC, 12 juillet 1979, *Ponts à péage*, *Rec. Cons. constit.*, p. 31 ; *AJDA* 1975.46 ; *RDP* 1979.1726.
139. *Loi sur la Société des loteries du Québec*, LRQ, S-13.1, art. 25.1, ci-après désignée « *Loi sur la Société des loteries* ».

manière différente les citoyens qui utilisent le même service public en établissant des régimes différents pour des catégories distinctes d'usagers[140].

Les entreprises publiques de transport présentent selon nous les cas les plus flagrants d'application de cette dérogation au principe d'égalité. Les entreprises publiques d'aviation, de transport ferroviaire ou de transport en commun établissent des catégories d'usagers. L'exploitation d'un réseau de transport d'autobus public à l'intérieur d'une ville est un bon exemple d'application de cette dérogation. Tous peuvent utiliser le service d'autobus, cependant le prix des billets est ventilé par catégories de personnes : étudiants, enfants, personnes âgées et adultes. Plus particulièrement, l'article 90 de la *Loi sur les sociétés de transport en commun*[141] prévoit que les tarifs de chaque société de transport sont fixés suivant les modalités et les catégories d'usagers qui sont déterminées. Ici, le principe d'égalité des usagers est rompu pour l'ensemble des usagers, mais est reconnu à l'intérieur même de chaque catégorie.

L'application de la discrimination pose la délicate question de la tarification inégale des services publics. En effet, la tarification doit respecter le principe d'égalité « [...] ce qui n'interdit pas des discriminations légales [...] »[142]. Dans bien des cas, il s'agit d'une égalité *d'accès* au service, mais pas d'une égalité de *tarification*. Le revenu familial, la nature du service ou le lieu de résidence de l'utilisateur sont quelques critères permettant de justifier les différences de tarification. Notamment, la discrimination basée sur le lieu de résidence permet aux habitants d'une collectivité de bénéficier d'un tarif moins élevé que ceux qui n'y habitent pas. Ceci est normal étant donné que ce sont les habitants de la collectivité qui financent les services. Soulignons que l'application du principe d'égalité a entraîné un débat sur la gratuité du service sur lequel nous nous attarderons plus loin.

Terminons notre réflexion concernant le principe d'égalité en soulignant sa teneur en droit communautaire européen. De nature essentiellement économique, le droit communautaire s'intéresse davantage aux relations entre les entreprises qu'à celles qui existent entre les citoyens. Il revient donc aux États membres de gérer le principe d'égalité entre leurs propres citoyens. Comme nous le verrons bientôt, le droit communautaire n'exerce aucune discrimination entre les entreprises, qu'elles soient publiques ou privées. Cette position est maintenue par la Cour de justice des Communautés européennes, pour laquelle le principe d'égalité veut que des situations comparables ne soient pas traitées de manière différente et que des situations différentes ne soient pas traitées

140. J.-L. AUTIN et C. RIBOT, *op. cit.*, note 93, n° 393, p. 200.
141. LRQ, c. S-30.01, ci-après désignée « *Loi sur les sociétés de transport en commun* ».
142. Marie-Thérèse SUR-LE LIBOUX, « Les prix et les services », *AJDA* 1996.642, p. 645.

de manière égale, à moins qu'un tel traitement soit objectivement justifié[143].

b) Le principe de continuité

Le principe de continuité est lié à une obligation de fourniture d'un service public de façon continue. En 1918, dans l'arrêt *Heyriès*[144] le Conseil d'État a reconnu le pouvoir de l'État d'assurer la continuité du service public en période de crise. Le principe de continuité est justifié par le fait que les activités de service public sont indispensables au bien-être des citoyens. En conséquence, leur interruption est contraire aux besoins de la population et de l'intérêt général. Les privilèges et les immunités de puissance publique dont jouissent les entreprises publiques contribuent à assurer la continuité du service. Nous pensons plus spécialement à l'immunité de poursuite et au privilège d'insaisissabilité dont sont affectées plusieurs entreprises publiques. La prise en charge des activités de service public par des fonctionnaires de même que la délégation du pouvoir discrétionnaire sont aussi des illustrations de l'omniprésence du principe de continuité dans le fonctionnement de l'État.

Certains services fonctionnent en permanence, tandis que d'autres fonctionnent de façon régulière selon des horaires fixes. Pour ces derniers, le degré de continuité peut varier selon les époques et les besoins. Par exemple, alors qu'autrefois en France, le courrier était distribué plusieurs fois par jour, maintenant la distribution s'effectue une fois par jour. Le courrier n'est pas distribué les jours de congé et les jours fériés.

D'autre part, le principe de continuité impose-t-il à l'Administration un fonctionnement parfait du service ? Non, l'usager n'a pas le droit à un service parfait, mais plutôt à celui d'un bon fonctionnement général. L'État bénéficie d'une obligation de moyen et non pas d'une obligation de résultat[145]. La reconnaissance d'une obligation de résultat pourrait entraîner la responsabilité de l'État en cas de mauvais fonctionnement ou de retard.

L'électricité devant être disponible en tout temps pour les citoyens, il est évident que le principe de continuité s'applique de façon importante à Hydro-Québec. C'est ainsi que les raisons d'interruption du service, qui représentent des exceptions au principe de continuité, sont prévues à la section V du *Règlement numéro 634 sur les conditions de fourniture de*

---

143. A. VAN LANG, G. GONDOUIN et V. INSERGUET-BRISSET, *op. cit.*, note 101, p. 134 et 135.

144. CE, 28 juin 1918, *Heyriès*, *Rec. CE*, p. 651 ; *S.* 1922.3.49, note HAURIOU.

145. Agnès DUPIE, « Le principe de continuité des services publics », dans Marie-José GUÉDON (dir.), *Sur les services publics*, Paris, Économica, 1986, p. 39, à la p. 44 ; J.-P. VALETTE, *op. cit.*, note 76, p. 88.

l'électricité[146] intitulée « Refus ou interruption du service ». D'abord, une interruption peut avoir lieu pour les fins du réseau ce qui signifie qu'en cas d'urgence, d'accident, de bris d'équipement ou de déclenchement de l'appareillage de protection du réseau il est légitime qu'Hydro-Québec interrompe son service[147]. En vertu de l'article 95 du *Règlement numéro 634* il est aussi possible pour l'entreprise d'interrompre son service aux fins de l'entretien, de la réparation, de la modification ou de la gestion du réseau ou pour des fins d'utilité publique ou de sécurité publique. Si les justifications de l'interruption du service évoquées précédemment sont admises facilement, les interruptions du service d'électricité suivant les raisons prévues à l'article 96 du *Règlement numéro 634* sont souvent contestées devant les tribunaux[148]. Cet article vise principalement l'interruption ou le refus de livraison d'électricité qui est du aux faits et gestes des citoyens. Par exemple, en vertu de l'article 96 lorsqu'un client manipule ou dérange l'appareillage, qu'il s'est raccordé au réseau sans l'autorisation de l'entreprise, qu'il ne paie pas sa facture à échéance ou qu'il refuse l'accès chez lui aux représentants de l'entreprise, cette dernière peut passer outre au principe de continuité[149].

Malgré ces dispositions, Hydro-Québec est consciente du fait que son service est assujetti de manière très importante au principe de continuité. Dans son *Plan stratégique* 2006-2010, l'entreprise prévoit diverses stratégies afin d'améliorer son service. Plus particulièrement, l'amélioration de l'aide aux clients en sérieuse difficulté de paiement constitue la stratégie n° 5. Hydro-Québec n'entend pas priver d'électricité les clients résidentiels en cas de non-paiement durant l'hiver. Elle tente même d'offrir de l'aide aux citoyens qui vivent des difficultés financières[150].

---

146. (1996) 128 GO II, 2998 [RRQ, c. H-5, r. 0.2], ci-après désigné « *Règlement numéro 634* ». Ce règlement remplace l'ancien *Règlement n° 411 établissant les conditions de fourniture d'électricité*, (1987) 119 GO II 1918 [RRQ, c. H-5, r. 0.1].
147. *Id.*, art. 94.
148. *Atelier d'usinage de Mont-Laurier inc.* c. *Hydro-Québec*, [1994] RRA 960 (CS) ; *Compagnie American Home* c. *Hydro-Québec*, [2005] RRA 87 (CS) ; *Glykis c. Hydro-Québec*, [2004] 3 RCS 285 ; *Godbout* c. *Hydro-Québec*, [2001] RDI 106 (CS) ; *Hydro-Québec c. Lépine*, JE 2006-1001 (CS) ; *ING Groupe Commerce c. Hydro-Québec*, [2005] RRA 149 (CS) ; *Lévesque c. Hydro-Québec*, [2004] RRA 363 (CS) ; *Solunac c. Hydro-Québec*, JE 2001-1421 (CQ).
149. Art. 96, al. 1 (3) et (7) ; al. 2 (1) et (4).
150. HYDRO-QUÉBEC, *Plan stratégique 2006-2010*, 2006, p. 37, [En ligne] http://www.hydroquebec.com/publications/fr/plan_strategique/2006-2010/index. html (Page consultée le 1er janvier 2009) ; « Il faut dire qu'entre le 1er décembre et le 31 mars, Hydro-Québec a comme politique de ne pas débrancher les clients traînant des arrérages importants » – Pierre COUTURE, « Les mauvaises créances en hausse chez Hydro », *Le Soleil*, 12 février 2005, p. B-1, à la p. B-3.

La Société de télédiffusion du Québec est tenue d'assurer la continuité de son service. À cet égard l'article 72 du *Règlement sur l'exercice général des pouvoirs de Télé-Québec*[151] indique que :

> Lorsqu'un événement provoque ou risque de provoquer l'interruption totale ou partielle des activités de la Société [...], le président-directeur général ou, en son absence, le vice-président exécutif, peut prendre ou décréter toutes les mesures d'urgence qui s'imposent pour remédier à la situation.

De même, l'article 3 (b) de la *Loi sur la Société des traversiers du Québec*[152] prévoit que la Société des traversiers peut acquérir, posséder ou aliéner les biens nécessaires à l'exécution de ses services de transport, et exécuter ou faire exécuter tous les travaux destinés à assurer ces services. Finalement, l'article 79, al. 2 de la *Loi sur les sociétés de transport en commun* octroie le pouvoir au directeur général de prendre provisoirement toute décision au regard d'un parcours ou d'un circuit s'il est d'avis que les services de transport en commun de la société sont perturbés ou risquent de l'être.

La grève constitue une limite certaine au principe de continuité. Il n'est pas de notre propos d'analyser toutes les implications de la grève sur la continuité des services publics. Nous devons cependant en souligner quelques éléments tant cette situation est partie intégrante du principe. À cet égard, selon nous la grève dans le secteur public va à l'encontre du principe de continuité : « Il est clair que le principe de continuité du service public s'oppose directement au *droit de grève*. C'est précisément au nom de ce principe que le juge déclarait illégales les grèves avant 1946 »[153]. Par exemple, une grève chez les chauffeurs d'autobus du Réseau de transport de la Capitale, qui est une entreprise publique municipale québécoise, paralyse le réseau des transports en commun. La même réflexion peut s'appliquer au réseau hospitalier ou au réseau de l'enseignement. La population souffre d'une interruption de service conséquente à une grève[154].

---

151. RRQ, 1981, c. S-12.01, r. 6.

152. LRQ, c. S-14, ci-après désignée « *Loi sur la Société des traversiers* ».

153. Jean-Marie PONTIER, *Les services publics*, Paris, Hachette, 1996, p. 78 ; Le Conseil d'État dans l'arrêt *Winkell* a aussi évoqué cette opinion [CE, 7 août 1909, *Winkell*, *Rec. CE*, p. 826 et 1296, concl. TARDIEU ; *S.* 1909.3.145, concl. TARDIEU, note HAURIOU ; *RDP* 1909.494, note JÈZE].

154. *Gagnon c. Hydro-Québec*, [1977] CP 244, p. 245.

Cependant, l'instauration d'un service minimum durant la grève[155] assure la continuité du service et rend plus « acceptable » cette situation, même si à notre avis la grève n'a pas sa place dans les activités de service public. Dans l'affaire *Syndicat des employés de métier d'Hydro-Québec, section locale 1500 c. Eastern Coated Papers Ltd.* la Cour d'appel a jugé que malgré une grève, les employés d'Hydro-Québec se devaient de réparer une panne afin d'éviter de causer des dommages aux usagers[156]. À cet égard, au Québec la *Loi assurant le maintien des services essentiels dans le secteur de la santé et des services sociaux*[157] prévoit la continuité des services dans le secteur hospitalier et diverses activités de service public. En France, la *Loi n° 2007-1224 du 21 août 2007 sur le dialogue social et la continuité du service public dans les transports terrestres de voyageurs*[158] a été promulguée en août 2007. Elle tend à instaurer un service minimum dans les transports en commun en cas de grève. Ce dernier cas est un cas isolé par rapport à l'ensemble du droit français qui constitutionnalise le droit de grève, sans reconnaître expressément le droit au service minimum, tel que cela est le cas au Québec.

La section II du chapitre V du Code du travail est d'application plus générale. Cette section s'applique aux relations de travail en cas de grève dans les services publics[159]. Elle peut sans contredit s'appliquer aux entreprises publiques. En vertu de l'article 111.0.16 le terme « service public » vise les entreprises de téléphone, les entreprises de transport terrestre tels un chemin de fer et les entreprises de transport par autobus, les entreprises de production, de transport, de distribution ou de vente de gaz ou d'électricité ainsi que les entreprises d'emmagasinage de gaz, les entreprises qui exploitent ou entretiennent un système d'aqueduc, d'égout, d'assainissement ou de

---

155. La question relative à la continuité du service public en cas de grève est toujours d'actualité : CE 1er décembre 2004, *Onesto et autres, Rec. CE,* p. 446 ; *RDP* 2005.1087, note NOGUELLOU ; *RDP* 2005.1105, concl. COLLIN ; CE 8 mars 2006, *Onesto et autres, RFDA* 2006.1236, concl. KELLER ; Lydie DORÉ, « Le service minimum dans les services publics en cas de grève », *RDP* 2005.885 ; Laurence Léa FONTAINE, *Le service minimum – Les services essentiels : approche française et québécoise*, Thèse de doctorat, Montréal/Toulouse, Université de Montréal/Université des Sciences sociales de Toulouse, 2006.

156. *Syndicat des employés de métier d'Hydro-Québec, section locale 1500 c. Eastern Coated Papers Ltd.* [1986] RJQ 1895 (CA) ; *Association des juristes de l'État* c. *Conseil des services essentiels*, JE 2007-91 (CA) ; *Syndicat canadien de la fonction publique, section locale 301* c. *Montréal (Ville)*, [1997] 1 RCS 793.

157. LRQ, c. M-1.1.

158. *JO* 22 août 2007, p. 13956.

159. LRQ, c. C-27, arts. 111.0.15 et s.

traitement des eaux et finalement, les organismes mandataires de l'État[160]. L'article 111.0.17 prévoit que :

> [...] le gouvernement peut, par décret, s'il est d'avis que dans un service public une grève pourra avoir pour effet de mettre en danger la santé ou la sécurité publique, ordonner à un employeur et à une association accréditée de ce service public de maintenir des services essentiels en cas de grève. (Nos soulignements)

La limite au droit de grève prévue dans cet article a peut-être été inspirée par l'arrêt Dehaene[161] rendu par le Conseil d'État en 1950 qui reconnaît au gouvernement le pouvoir de réglementer ce droit. On peut d'ailleurs y lire :

> [...] en l'absence de cette réglementation la reconnaissance du droit de grève ne saurait avoir pour conséquence d'exclure les limitations qui doivent être apportées à ce droit ou à tout autre en vue d'en éviter un usage abusif ou contraire aux nécessités de l'ordre public [...].

Que signifie l'expression « mettre en danger la santé ou la sécurité publique » contenue à l'article 111.0.17 ? Nous répondrons à cette question à l'aide de décisions rendues en matière de droit de grève dans les transports en commun d'autobus.

Par exemple, dans la décision *Québec (Société de transport de la Communauté urbaine de) et Syndicat des employés du transport public du Québec métropolitain inc.*, le Conseil des services essentiels a jugé que les services essentiels fournis durant la grève des employés de l'entreprise publique de transport en commun de la Ville de Québec étaient suffisants. Il n'a pas tenu compte de l'argumentation de l'employeur concernant les impacts de la grève sur les usagers et sur l'organisation du transport. L'employeur a pourtant soulevé les questions suivantes : la durée des déplacements, le nombre d'autobus supplémentaires qui pourraient être requis, la nouvelle configuration du service, les secteurs géographiques qui ne seront pas couverts par le réseau de base et les modalités opérationnelles comme la fin des parcours et l'allongement du délai de transport des usagers. Plus précisément,

> [a] u soutien de sa demande de service en fin de soirée, l'employeur évoque l'évolution de la société. S'en tenir, en 1994, aux seuls critères

---

160. Art. 111.0.16 (3), (4), (5), (5.1), (6) et (8). En vertu de l'article 111.0.16 (8), la Société des alcools du Québec constitue une exception à l'application de la notion de « service public » utilisée dans cette loi.

161. CE, 7 juillet 1950, *Dehaene*, *Rec. CE*, p. 426, *RDP* 1950.691, concl. Grazier, note M. WALINE ; *JCP*. 1950.II.5681, concl. GAZIER.

de la santé ou de la sécurité publique est faire fausse route dit-il. Il faut, selon l'employeur, tenir compte des nouveaux besoins, par exemple les services de garde, physiques, psychologiques et sociaux. Ce sont sur ces nouvelles réalités, dit-il, que ses demandes d'ajouts à la liste sont fondées.[162] (Nos soulignements).

Pourtant, le Conseil est d'avis qu'il :

> [...] ne peut prendre en considération, pour établir la suffisance d'une liste de services essentiels, des critères d'ordre économique, ou des critères reliés au bien-être ou au confort des citoyens ou encore de l'ordre du nécessaire pour accomplir son travail, poursuivre ses études. L'examen de la suffisance des services doit donc constamment subir l'éclairage de ces deux seuls éléments que sont la santé ou la sécurité publique.[163] (Nos soulignements).

Nous trouvons que l'argumentation de l'employeur dans cette affaire est extrêmement pertinente. Elle tient compte des intérêts réels et actuels de la société moderne. Elle mériterait que le législateur s'y attarde afin d'assurer le respect du principe de continuité dans le contexte du mode de vie actuel. C'est ainsi que l'Honorable juge France Thibault de la Cour d'appel dans l'affaire *Association des juristes de l'État* c. *Conseil des services essentiels* reconnaît le pouvoir discrétionnaire dont jouit le Conseil des services essentiels dans l'appréciation des services essentiels qui doivent être maintenus en cas de grève. La juge France Thibault utilise l'expression très intéressante de « niveau de perturbation qui est inacceptable pour le public »[164]. Ceci nous semble appréciable compte tenu de la restriction imposée par l'utilisation des termes santé et sécurité du public.

Afin de compléter cette sous-section consacrée au principe de continuité, penchons-nous sur une mise en garde d'Agnès Dupie[165]. Elle indique que la mise en concurrence actuelle des entreprises publiques risque de porter atteinte au principe de continuité dont elles sont garantes. Elles risquent de négliger les prestations de services non rentables au profit des services rentables. Pour elle, la rentabilité est peu compatible avec le principe

---

162. *Québec (Société de transport de la Communauté urbaine de) et Syndicat des employés du transport public du Québec métropolitain inc.*, DTE 94T-1359 (CSE), p. 7 du jugement intégral.
163. *Id.*, p. 3 du jugement intégral. Le Conseil a réitéré cette argumentation notamment dans l'affaire *Laval (Société de transport de la Ville de) et Syndicat des chauffeurs de la Société de transport de la Ville de Laval (CSN)*, DTE 2002T-68 (CSE), p. 3 du jugement intégral.
164. *Association des juristes de l'État* c. *Conseil des services essentiels*, JE 2007-91 (CA), par. 85 et 90.
165. A. DUPIE, *loc. cit.*, note 145, p. 53 et 54.

de continuité. Ce qu'elle semble oublier, c'est que l'entreprise publique est et a toujours été un organisme public qui doit fournir des activités de service public, mais qui exerce aussi des fonctions industrielles et commerciales à caractère économique.

Par contre, sa mise en garde s'applique parfaitement à la dérégulation survenue au Canada dans le domaine de la téléphonie. Avant l'ouverture à la concurrence, toutes les entreprises de téléphonies détenaient le monopole à la fois sur le service d'interurbains et sur le service local. Les profits du service d'interurbains servaient à financer le développement du service local. Ceci est logique puisque la viabilité du service d'interurbains est tributaire du service local et que le service d'interurbains utilise les voies téléphoniques du service local. Or, en 1992 l'ouverture à la concurrence dans les services interurbains a fait en sorte que toutes les entreprises qui le désiraient ont pu se lancer sur le marché sans obligation de pourvoir au service local. Ainsi, des entreprises de téléphonie surtout américaines ont profité de cette situation sans avoir à débourser afin de financer le service local. Cette concurrence a entraîné une hausse des tarifs du service local pour tous les citoyens[166].

Depuis l'adoption de la nouvelle *Loi sur les télécommunications* en 1993, le Conseil de la radiodiffusion et des télécommunications canadiennes peut soustraire une catégorie d'entreprises de l'application de cette loi s'il estime que la concurrence est suffisante afin de protéger les intérêts des citoyens[167]. En 1998, le service de téléphonie locale canadienne a été ouvert à la concurrence, laissant cependant la réglementation planer sur les anciens monopoles. Les entreprises offrant leurs services louent alors des parties de réseau des anciens monopoles à des prix de gros réglementés. En décembre 2006, le gouvernement fédéral a annoncé la déréglementation accélérée du service de téléphonie locale dans les régions où au moins trois fournisseurs de service se font concurrence. Cette situation diminuera la surveillance réglementaire des tarifs, ce qui désavantagera probablement les citoyens des régions éloignées et les démunis. De même, des petites entreprises seront placées en compétition directe avec des multinationales. La déréglementation totale permettra aux anciens monopoles de fixer librement leurs tarifs, suivant chaque région et de répondre à la concurrence. Par exemple, actuellement, Bell Canada est tenue d'offrir le même prix partout au pays. En avril 2007, elle a donc déposé une demande de déréglementation de la téléphonie dans les six plus grands marchés urbains du pays.

---

166. Martin POIRIER, « L'électricité », dans M. POIRIER, François PATENAUDE, Martin PETIT et Gino LAMBERT, *À qui profite le démantèlement de l'État ?*, Montréal, Chaire d'études socio-économiques de l'UQAM, 1998, p. 198, aux p. 247 à 248.

167. *Loi sur les télécommunications*, LC 1993, c. 38, arts. 7 (f) et 9.

c) Le principe d'adaptation

Le troisième principe applicable au service public est celui d'adaptation aussi parfois appelé principe de mutabilité, d'évolution, d'adaptabilité[168] ou de changement. L'Administration doit satisfaire les besoins sociaux suivant l'intérêt général. C'est ainsi qu'en vertu du principe d'adaptation, elle doit adapter l'organisation et le fonctionnement de ses activités de service public aux évolutions des besoins collectifs et des transformations techniques, économiques et sociales[169]. Il ne s'agit pas nécessairement d'une amélioration du service. Il s'agit réellement d'une adaptation nécessitée par de nouvelles conditions, le progrès, l'efficacité ou la rentabilité. Selon nous, ce principe est primordial afin d'assurer la survie des activités de service public dans le contexte mondial actuel. Il assure l'évolution de la notion de service public et par le fait même, nous permet d'appréhender la mutation de l'entreprise publique.

Hydro-Québec applique continuellement le principe d'adaptation. Plus particulièrement, l'entreprise consacre une partie de ses activités à la recherche afin de toujours s'améliorer. La recherche de nouvelles filières énergétiques est une manifestation de cette volonté d'adapter l'entreprise aux nouvelles réalités. L'essor de l'énergie éolienne en est un exemple évocateur.

Loto-Québec est aussi appelée à adapter ses modes de pratique aux évolutions de la société de consommation. Tel que nous pouvons le lire dans son *Plan de développement* 2004-2007, l'adaptation de ses produits traditionnels constitue son principal défi. Au surplus, elle tente toujours d'introduire de nouveaux produits afin de répondre aux tendances récentes du marché[170]. L'une des valeurs de la Société des traversiers du Québec est l'adaptation car elle s'engage à améliorer de façon continue la qualité des services offerts et à reconnaître l'innovation[171].

---

168. Par exemple – **Adaptation** : J.-F. LACHAUME, C. BOITEAU et H. PAULIAT, *op. cit.*, note 89, p. 365 ; Didier LINOTTE et Raphaël ROMI, *Droit du service public*, Paris, Litec, 2007, n° 245, p. 53 ; J.-P. VALETTE, *op. cit.*, note 76, p. 91 ; Georges VEDEL et Pierre DELVOLVÉ, *Droit administratif*, 12e éd., t. 2, Paris, PUF, 1982, p. 742. **Mutabilité** : Jean CATSIAPIS, *Guide du droit administratif*, Paris, Ellipses, 2006, p. 119 et s. ; J. CHEVALLIER, *op. cit.*, note 32, p. 21 ; G.-J. GUGLIELMI, G. KOUBI et G. DUMONT, *op. cit.*, note 62, n° 1316, p. 597 ; J.-M. PONTIER, *op. cit.*, note 153, p. 90. **Évolution** : Ch. DEBBASCH, *op. cit.*, note 45, p. 87. **Adaptabilité** : P. GARANT, *op. cit.*, note 28, p. 138 et s.

169. J.-L. AUTIN et C. RIBOT, *op. cit.*, note 93, n° 391, p. 199.

170. SOCIÉTÉ DES LOTERIES DU QUÉBEC, *Plan de développement 2004-2007*, p. 37, [En ligne] http://www.loto-quebec.com/pdf/plan_de_developpement_fr. pdf (Page consultée le 1er janvier 2009).

171. SOCIÉTÉ DES TRAVERSIERS DU QUÉBEC, *Plan stratégique 2001-2004*, p. 4, [En ligne] http://www.traversiers.gouv.qc.ca/publications/Plan-str2k1-2k4.pdf (Page consultée le 1er janvier 2009).

Depuis l'année 2000, la Société des alcools du Québec (ci-après désignée « SAQ ») a considérablement modifié sa structure commerciale afin de s'adapter aux besoins des citoyens et au marché. Dans son rapport annuel de l'année 2006, l'entreprise indique plus spécifiquement qu'elle a remplacé ses magasins traditionnels par des magasins plus ciblés suivant le type de produit vendu et la clientèle visée. Elle impose aussi désormais à ses employés une formation en œnologie, leur permettant ainsi de mieux répondre aux besoins des clients[172].

L'article 5 (2) a) et b) de la *Loi sur la Société canadienne des postes* prévoit explicitement l'application du principe d'adaptation par l'entreprise. On peut y lire qu'elle doit tenir compte de l'opportunité d'adapter, qualitativement et quantitativement, ses prestations et ses produits à l'évolution de la technologie des communications. D'autre part, elle doit veiller à l'autofinancement de son exploitation dans des conditions de normes de service adaptées aux besoins de la population du Canada. Dans son rapport annuel 2005 la présidente de l'entreprise reconnaît son succès malgré l'évolution constante du marché. Elle indique que Postes Canada a toujours dû s'adapter afin de suivre la croissance et la transformation du Canada. Elle ajoute que, conséquemment aux changements constants de l'environnement concurrentiel, l'entreprise est rendue à une croisée des chemins et qu'elle doit décider quelle direction prendre dans son évolution vers la poste moderne[173].

Malgré son impact considérable sur les citoyens, ce principe a beaucoup moins attiré l'attention des juristes que les deux autres. Il se manifeste pourtant constamment dans l'action de l'Administration. La modification d'une loi, la suppression d'un ministère, le changement des heures d'ouverture d'un service, la mise en œuvre d'un nouveau règlement ou la modification des clauses d'un contrat conclu avec une entreprise privée sont quelques exemples de l'application de ce principe. Il est intéressant de noter que Jean-Claude Venezia considère que, contrairement aux principes d'égalité et de continuité, le principe d'adaptation ne constitue pas une obligation pour l'Administration. La modification dépend de la volonté de l'Administration. Il donne l'exemple des règlements qui peuvent être

---

172. SOCIÉTÉ DES ALCOOLS DU QUÉBEC, *Rapport annuel 2006*, p. 13, [En ligne] http://www.saq.com/pls/devsaq/generator.pp_afficher_page ? P_iden_tran = 27266483 & P_modi_url = 1017073441 & P_nom_page = info_saq_rapp_annu. saq & P_tab_para = VIDE ! VIDE & P_tab_para = P_TEXT_TYPE ! 3 (Page consultée en 2006-2007, mais introuvable au 1er janvier 2009).

173. *Loi sur la Société canadienne des postes,* LRC (1985), c. C-10, ci-après désignée « *Loi sur la Société canadienne des postes* » ; SOCIÉTÉ CANADIENNE DES POSTES, *Rapport annuel 2005*, [En ligne] http://www.postescanada.ca/corporate/about/annual_report/Contents_FR/president-f.html (Page consultée le 1er janvier 2009).

modifiés ou abrogés à tout moment[174]. Pour sa part, Jean-Paul Valette indique que :

> [...] le principe d'adaptation lie l'administration par des obligations : en cas de changement de circonstances elle doit aménager le service en conséquence, changer sa réglementation. [...] elle peut également supprimer un service devenu inutile [...].[175]

Nous partageons cette dernière opinion. Le principe d'adaptation ne peut être utilisé à n'importe quel moment. L'Administration est liée par ce principe car elle doit adapter les modes de prestation du service public en cas de nécessité. Nous ne croyons pas qu'un règlement, pour reprendre l'exemple de Venezia, puisse être modifié ou abrogé pour n'importe quelle raison et n'importe quand de façon aléatoire.

À première vue, le principe d'adaptation semble être relié au principe de continuité. Affirmer que le principe d'adaptation est le prolongement du principe de continuité n'est pas totalement farfelu. Cependant, le principe d'adaptation n'assure pas toujours la continuité du service. En effet, l'adaptation peut impliquer la suppression ou la délégation au secteur privé d'un service devenu désuet ou trop coûteux à exploiter pour la collectivité. Le Conseil d'État l'a reconnu pour la première fois dans l'arrêt *Compagnie nouvelle du gaz de Deville-les-Rouens*[176]. Dans cette affaire, il fut jugé que la Compagnie devait adapter son système d'éclairage en utilisant de l'électricité au lieu du gaz. À notre avis il s'agit là d'une nécessité d'agir dans un but d'intérêt général plutôt que de continuité du service. De même, l'amélioration ou la modification d'un service procède de la même logique selon nous. Il est essentiel de comprendre que les usagers n'ont aucun droit acquis au maintien d'un service quel qu'il soit. Très distincte de la continuité, l'adaptation implique que l'Administration puisse modifier le service public à tout moment au nom de l'intérêt général. Au même titre que les usagers n'ont pas droit au maintien du service, ils n'ont pas droit au maintien du contenu des prestations. L'Administration peut modifier les tarifs, les horaires et les prestations selon le besoin[177].

Il est intéressant de constater que l'application de ce principe entraîne divers questionnements ou situations auxquels l'Administration doit réagir. À première vue, il semble que l'Administration puisse modifier un service sans égard à l'opinion de ses usagers, en l'occurrence des citoyens. Les

---

174. Jean-Claude VENEZIA, « Le principe d'adaptation », dans UNIVERSITÉ PANTHÉON ASSAS/PARIS-II, *Clés pour le siècle*, Paris, Dalloz, 2000, p. 1661, à la p. 1663.
175. J.-P. VALETTE, *op. cit.*, note 76, p. 93.
176. CE, 10 janvier 1902, *Compagnie nouvelle du gaz de Déville-lès-Rouens*, *Rec. CE*, p. 5 ; *S.* 1902.3.17, note HAURIOU.
177. A.-S. MESCHERIAKOFF, *op. cit.*, note 75, n° 83, p. 188.

usagers ont un pouvoir limité face à l'adaptation du service public. Les augmentations des tarifs d'électricité sont un bon exemple de cette réalité.

Cependant, il faut tenir compte du fait que les citoyens ont de plus en plus leur place au sein des prises de décision de l'État. Nous pensons ici aux processus tels que les commissions parlementaires préalables à l'adoption d'un projet de loi et aux audiences publiques tenues par des organismes de régulation comme la Régie de l'Énergie et la Commission des transports. Dans ces deux cas, les citoyens affectés par une mesure étatique disposent d'une tribune pour faire valoir leur point de vue. Les évaluations environnementales tiennent aussi compte des points de vue des citoyens[178]. Deuxièmement, conséquemment au progrès technologique, le principe d'adaptation est susceptible d'entraîner une « compétition » entre les différents services. La situation par laquelle l'informatique remplace le courrier à bien des égards est évocatrice de cette situation. Ainsi, de nouveaux services apparaissent, faisant décliner ou disparaître d'autres services. Troisièmement, il est dommage de constater que le principe d'adaptation est souvent évoqué par les médias et l'Administration de manière négative. L'abolition d'un service, la diminution des heures d'ouverture ou l'augmentation des tarifs sont régulièrement mises sur la sellette au détriment des conséquences positives pouvant résulter de l'adaptation des services.

N'oublions pas que l'intérêt général est sauvegardé grâce au principe d'adaptation. Après tout, l'Administration doit « [...] avoir à cœur de satisfaire le mieux possible, et dans les meilleures conditions, les demandes des usagers. *Meilleur accueil* de ces derniers, *simplification des procédures* font partie, de ce point de vue, de l'adaptation administrative [...] »[179]. Par exemple, le gouvernement québécois a créé en 2004 et en 2005 de nouveaux organismes publics afin d'offrir une plus grande expertise aux citoyens. Ainsi, Services Québec offre aux citoyens et aux entreprises du Québec un guichet unique multiservice afin de leur permettre un accès simplifié à des activités de service public[180]. Pour sa part, l'Agence des partenariats public-privé du Québec contribue au renouvellement des infrastructures publiques et à l'amélioration de la qualité des services aux citoyens. Finalement, le Centre de services partagés du Québec fournit ou rend accessibles aux organismes publics les biens et les services administratifs dont ils ont besoin dans l'exercice de leurs fonctions[181] de façon à assurer un meilleur service pour les citoyens. Le

---

178. *Bellefleur c. Québec (Procureur général)*, [1993] RJQ 2320 (CA) ; *Hydro-Québec c. Regroupement national des conseils régionaux de l'environnement du Québec*, JE 2001-1074 (CA).
179. J.-M. PONTIER, *op. cit.*, note 153, p. 90.
180. *Loi sur Services Québec*, art. 4.
181. *Loi sur le Centre de services partagés du Québec*, LRQ, c. C-8.1.1, art. 4.

principe d'adaptation permet donc à l'État d'évoluer vers un meilleur service aux citoyens.

d) Les principes limitrophes

Nous avons repéré à travers la doctrine divers principes qui, sans être fondamentaux comme le sont les principes d'égalité, de continuité et d'adaptation, sont apparus peu à peu. Il s'agit des principes de neutralité et de gratuité. Ces principes sont limitrophes en ce sens qu'ils gravitent autour des autres. À la différence des grands principes qui régissent tous les services publics (Lois de Rolland), ces principes n'ont jamais bénéficié d'un tel traitement. Ils n'ont été que ponctuellement consacrés pour certains services. Nous entendons aussi nous pencher sur la multiplication actuelle des principes du service public.

Le principe de neutralité est celui en vertu duquel l'Administration demeure impartiale, indépendante, objective et fait preuve de non-discrimination dans ses relations avec les citoyens. Les agents de l'État doivent agir dans le sens de l'intérêt général et non pas suivant leur intérêt personnel, comme c'est le cas pour l'entreprise privée. Contrairement aux autres principes, ce principe est lié de très près au politique alors que les citoyens demandent aux politiciens de faire preuve de neutralité dans leurs actes et leurs décisions.

Ce principe est régulièrement lié au principe d'égalité. Nous pouvons dire que le principe de neutralité permet la mise en œuvre du principe d'égalité. Il garantit aux citoyens l'égalité à l'accès et à la prestation du service[182]. Ce principe est aussi parfois considéré comme étant un aspect du principe de continuité, son complément. L'évaluation des besoins, le maintien d'un service donné, l'analyse du fonctionnement d'un service ou la détermination des responsabilités réfèrent à des fonctions d'intérêt public, incluses dans la définition du principe de neutralité[183]. Ils permettent aussi d'adapter le service aux nouveaux besoins. Le principe de neutralité assure l'évolution de l'État dans le respect des citoyens.

Formulons maintenant des remarques essentielles relativement au principe de gratuité applicable à certaines activités de service public. En tant qu'instrument juridique, le principe de gratuité s'applique directement aux usagers du service public auquel il facilite l'accès. L'application du terme « gratuité » en droit administratif est bien trompeuse. En effet, l'État doit payer pour les services dits « gratuits ». Le financement de ces services a priori « gratuits » est en fait assuré par les redevances fiscales, l'impôt que paient les citoyens en tant que contribuables. Ainsi, il est préférable

---

182. A.-S. MESCHERIAKOFF, *op. cit.*, note 75, n° 69, p. 159.
183. Geneviève KOUBI, « Le principe de neutralité des services publics, un principe corollaire à la modernisation de l'État ? », *Rev. adm.* 1993.9, p. 11.

d'employer le terme « gratuité à l'égard des usagers du service » que simplement « gratuité du service public ». Il est aussi intéressant de noter que ce principe est inapplicable à la catégorie du service public industriel et commercial dont font partie les entreprises publiques. Ce type de service public est payant. Pour y avoir accès, le citoyen doit payer une contrepartie financière qui est « visible » et « directe » selon nos termes. Au contraire, le principe de gratuité s'applique aux activités qui relèvent de la catégorie du service public administratif, tels les hôpitaux et les établissements d'enseignement.

Par ailleurs, soulignons que des organismes de régulation autofinancent leurs activités de surveillance majoritairement par la perception de prélèvements auprès des entreprises dont ils surveillent les activités. Ces prélèvements peuvent prendre la forme de tarifs de droits exigibles pour la prestation de certains services ou celle d'une redevance exigible lors de la délivrance d'une autorisation ou périodiquement durant la validité de celle-ci[184]. Par exemple, l'article 91 de la *Loi sur l'Autorité des marchés financiers*[185] prévoit que les frais engagés par l'Autorité des marchés financiers dans le cadre de procédures d'inspections sont à la charge des organismes d'autoréglementation reconnus. Pour sa part, l'article 102 de la *Loi sur Régie de l'énergie* prévoit l'obligation pour un distributeur d'énergie de payer une redevance annuelle à la Régie de l'énergie.

Une question se profile : Est-ce que le principe de gratuité est en fait un élément constitutif du principe d'égalité ou mérite-t-il une place distincte au sein des principes du service public ? Monique Willemin et Jean-Luc Pothet penchent pour la seconde solution :

> L'égalité que doit faire régner le service public gratuit est d'une autre qualité que le principe juridique d'égalité devant le service public. La gratuité peut en effet dépasser le cadre de l'accès au service pour devenir un instrument juridique à finalité politique, ce qui traduit la contingence de ses fondements actuels.[186]

Cette opinion n'est pas dénuée de tout intérêt. Il est vrai que la gratuité peut être considérée comme étant un instrument juridique primordial dans l'action administrative. Par contre, nous croyons plutôt que le principe de gratuité est sous-jacent au principe d'égalité. Nous avons vu plus tôt que la gratuité assure l'égalité. La gratuité est un élément permettant de parvenir à

---

184. P. ISSALYS et D. LEMIEUX, *op. cit.*, note 1, n° 6.18, p. 397.
185. LRQ, c. A-33.2.
186. Monique WILLEMIN et Jean-Luc POTHET, « La gratuité du service public à l'égard de ses usagers », dans Marie-José GUÉDON, *Sur les services publics*, Paris, Économica, 1986, p. 15, à la p. 18.

l'égalité devant le service public. Un service est gratuit, alors tous les citoyens y ont accès. L'égalité est ainsi assurée. Séparer la gratuité de l'égalité réduit considérablement la portée de ce principe fondamental.

Selon notre analyse, le management public a entraîné la naissance d'une pléthore de nouveaux « principes » du service public. Permettons-nous ici de citer les principaux : simplicité, accessibilité, participation, responsabilité, neutralité, impartialité, efficacité et qualité. L'ensemble du secteur public, dont font partie les entreprises publiques, est donc désormais, soumis à diverses obligations contemporaines. Dans la deuxième partie de notre étude nous verrons de quelle manière ces « principes » contribuent à assurer la mutation de l'entreprise publique de service public en particulier par l'application des règles du gouvernement d'entreprise. Terminons cette sous-section par une réflexion extrêmement pertinente de Jean-Paul Valette à laquelle nous adhérons en totalité :

> Il a forcément une dimension circonstancielle car les principes du service public ne cessent de se développer et de se modifier. En tout cas les principes essentiels du service public à la française nous semblent aujourd'hui continuer à comprendre : la continuité, l'adaptation, l'égalité.[187]

Les juristes doivent faire preuve de prudence. Il faut éviter de multiplier les principes limitrophes car nous aboutirions à une dilution du service public lui-même, qui fait déjà l'objet de multiples incertitudes. Il est important de laisser les trois principes fondateurs au premier plan en y incorporant les « nouveaux » principes. Après tout, ces derniers prennent appui sur les premiers...

SECTION II
LA RELATION ENTRE L'ENTREPRISE PUBLIQUE ET LA NOTION DE SERVICE PUBLIC

À première vue, nous pouvons croire que le déclin de l'entreprise publique lié à celui du service public s'applique à toutes les entreprises publiques. Cela est-il adéquat ? C'est ce que nous éluciderons dans cette section portant sur la relation entre le service public et l'entreprise publique. Afin de répondre à nos questions, nous procédons en deux temps. Premièrement, nous constatons la portée du caractère indissociable des notions de service public et d'entreprise publique, pour ensuite effectuer

---

187. J.-P. VALETTE, *op. cit.*, note 76, p. 86.

une catégorisation des entreprises publiques. Nous verrons donc ce que nous entendons par « entreprise publique de service public ».

1. La notion de service public et l'entreprise publique : indissociables ?

Nous répondrons en deux temps à la question qui consiste à se demander si l'entreprise publique et le service public sont indissociables. Ainsi, nous verrons si l'association entre le service public et l'entreprise publique est inévitable ou facultative et nous identifierons les indices applicables à cette problématique.

1.1. L'association entre le service public et l'entreprise publique : inévitable ou facultative ?

Puisqu'il est facile de conclure que l'État se dote d'entreprises publiques afin de fournir des prestations de service public aux citoyens, l'association entre l'entreprise publique et le service public s'effectue naturellement. Nous verrons cependant que cette présomption de service public applicable à l'entreprise publique peut être renversée. De plus, nous présenterons le cas de l'entreprise privée de service public qui démontre la diversification possible de l'application de la présomption.

a) Une présomption de service public

Nous identifions l'application d'une présomption de service public aux entreprises publiques. À première vue, une entreprise publique fournit des prestations de service public. Cette affirmation est tellement évidente, que les auteurs de la doctrine et de la jurisprudence ont peu abordé le sujet, faisant de la présomption la règle applicable. Ainsi, pour plusieurs juristes, entreprise publique égale service public.

Pour notre part, nous présentons quelques réticences relativement à l'application systématique de cette présomption à toutes les entreprises publiques. En effet, la notion de service public s'applique à diverses activités exercées par diverses entités publiques. Ainsi, à la vue de cette application large de la notion de service public, nous pouvons nous demander si elle est intrinsèquement liée à la notion d'entreprise publique ou, en d'autres mots, si toutes les entreprises publiques font partie de la catégorie du service public industriel et commercial. Nous ne le croyons pas.

Faisant appel à deux notions imprécises, ce questionnement revêt une grande importance en droit administratif et ce, depuis longtemps. À cet égard, en 1958 André G. Delion a écrit : « Il n'y a aucun rapport obligé entre la notion de service public et celle d'entreprise publique, la première définissant un régime de gestion et la seconde un organisme de gestion. Affirmer qu'une entreprise publique est un service public est un non-sens. Certaines entreprises publiques gèrent un service public. D'autres pas »[188]. Nous sommes parfaitement d'accord avec cette opinion.

Ainsi, malgré le fait que toutes les entreprises publiques revêtent un caractère industriel et commercial, elles ne sont pas toutes incluses dans la catégorie du service public industriel et commercial. Dans la même veine, n'oublions pas que cette catégorie n'inclut pas uniquement des entreprises publiques. Les propositions effectuées dans la deuxième partie de cette étude consacrée à la mutation de l'entreprise publique sont une démonstration forte intéressante de cette dernière affirmation.

Les deux critères d'identification du service public dégagés auparavant sont l'intérêt général et le rattachement à l'État. Dans le cas de l'entreprise publique, l'identification de ces critères peut parfois être ardue étant donné que cette entité exerce ses activités dans les mêmes conditions que l'entreprise privée. Dans cette optique, la présomption de service public peut être facile à renverser. La suite de cette section consacrée à la relation entre le service public et l'entreprise publique nous permettra de mettre en place cette proposition suivant laquelle la présomption de service public applicable à l'entreprise publique peut être renversée.

Notre thèse porte plus spécifiquement sur « l'entreprise publique de service public ». Cette expression n'est pas souvent utilisée. Cela est probablement dû au fait de l'application systématique de la présomption de service public.

Néanmoins, l'identification de l'entreprise publique de service public mérite d'être approfondie puisqu'« [a] ucune définition claire n'a jamais été donnée de ce qu'il faut reconnaître en tant qu'entreprise publique de service public »[189]. Ce travail peut paraître difficile étant donné l'incertitude qui plane sur les concepts de service public et d'entreprise publique. De plus,

> [l] es réticences de la Commission européenne à admettre la notion française de service public et ses préférences pour la notion de service universel ont conduit à obscurcir un peu plus un concept dont les deux composantes, – entreprise publique, d'une part, et service public, d'autre part – ne correspondent à aucune catégorie juridique précise et stable.[190]

C'est donc dans ce contexte que nous élaborons et proposons la mutation de l'entreprise publique.

---

188 André G. DELION, *L'État et les entreprises publiques*, Paris, Sirey, 1958, p. 23.
189. A. G. DELION et M. DURUPTY, *loc. cit.*, note 13, p. 758.
190. *Id.*

b) L'entreprise privée exerçant une activité de service public

La reconnaissance de l'appartenance de l'activité de service public confiée à une entreprise privée à la catégorie du service public industriel et commercial permet de mettre en exergue les critères de qualification d'une entreprise publique de service public. Il s'agit alors de constater que la présomption de service public peut s'appliquer à une entreprise privée. Rappelons-nous les deux critères propres au service public : la satisfaction des besoins collectifs dans l'intérêt général et le rattachement au secteur public.

Contrairement aux entreprises privées, les organes de l'État sont créés dans un but d'intérêt général. Par contre, l'entreprise privée soumise aux seules lois du marché n'a pas une telle obligation d'intérêt général. Son seul intérêt étant le profit, elle n'est pas obligée d'agir en tenant compte de la collectivité et des citoyens.

Cette réflexion a été notamment nuancée par un auteur britannique. En effet, parlant des entreprises publiques privatisées – le téléphone, l'eau, l'électricité et le gaz furent privatisés en Grande-Bretagne – R. Simpson est d'avis qu'« [...] il est dangereux de considérer que ces industries ne sont pas des services publics parce qu'elles ne sont pas étatiques, car cet argument leur permet de se dégager de leurs responsabilités sociales »[191]. Il poursuit en indiquant que c'est leur statut de monopole qui leur impose une responsabilité sociale. À son avis les entreprises privées jouissant d'un monopole sont des services publics au sens anglais de la notion.

Cette opinion est contraire à celle des juristes français et à la nôtre, suivant laquelle un service public se caractérise par son appartenance à l'État. Tel que nous le démontrerons dans la deuxième partie de notre thèse, la continuité de l'entreprise publique est possible grâce à la reconnaissance d'organisations qui sont liées à l'État. Selon nous, ce n'est pas le statut de monopole qui permet de conclure au caractère de service public des activités exercées par ces entreprises privatisées qui fournissent des prestations de service public. C'est plutôt la présence de l'État, qui les encadre à l'aide de diverses méthodes, qui leur octroie le caractère de service public. Nous reviendrons sur l'organisation en monopole dans un développement subséquent.

Ainsi, la présence d'un lien de rattachement entre l'entreprise privée et l'État permet de conclure au caractère de « service public » des activités qu'elle exerce. Il s'agit d'une constatation de premier ordre pour la compréhension de la deuxième partie de notre thèse. Jean Virole effectue un lien

---

191. Robin SIMPSON, « Les relations services publics-usagers », dans Pierre BAUBY et Jean-Claude BOUAL (dir.), *Pour une citoyenneté européenne : quels services publics ?*, Paris, Les Éditions de l'Atelier, 1994, p. 72, à la p. 73.

intéressant entre ce critère et celui de l'intérêt général : « Les Entreprises Publiques ne sont pas d'ailleurs les seules à exercer des activités d'intérêt général ou de service public ; de nombreuses entreprises privées remplissent aussi de telles missions, par exemple lorsqu'elles sont titulaires d'une concession de service public. »[192]

Une entreprise privée ne devient pas « publique » du seul fait qu'elle collabore avec l'État pour la fourniture de services aux citoyens. Elle demeure « privée » puisqu'elle ne fait pas partie du patrimoine de l'État et n'est pas soumise à celui-ci pour l'ensemble de ses activités. Par exemple, une entreprise privée se lie contractuellement avec l'État pour la fourniture de services publics. Elle peut cependant exercer en même temps d'autres activités pour des particuliers. L'expiration de son contrat avec l'État marque la fin de l'association et du rattachement de l'entreprise avec l'État. Elle n'est jamais devenue pour autant une entreprise publique durant l'exécution du contrat.

À cet égard, le concept d'entreprise publique est maintenant régulièrement remplacé par celui de « participations de l'État »[193]. En 2004, la France a d'ailleurs créé l'Agence pour les participations de l'État[194]. Cette appellation souple est un reflet de la mutation de l'entreprise publique dans le respect des règles du marché et des citoyens.

1.2. Les indices dégagés afin de déterminer le caractère d'une entreprise publique

Nous avons dégagé deux indices afin de déterminer le caractère de service public d'une entreprise publique.

a) Les raisons de la création de l'entreprise publique

Les raisons à l'origine de la création d'une entreprise publique sont variables. De manière générale, l'entreprise publique a un objectif collectif et un impact sur la société. Roland Parenteau identifie plus spécifiquement les causes d'intérêt national, politique, social et économique[195]. La création d'une entreprise publique peut être justifiée par l'une ou un mélange de ces causes. Selon nous, il est important d'identifier les causes justificatives de la

---

192. Jean VIROLE, « Le rôle actuel et les relations des entreprises publiques dans l'économie française (1) », *CJEG.* 1975.85, p. 86.
193. A. G. DELION et M. DURUPTY, *loc. cit.*, note 13, p. 759.
194. Michel BAZEX et Sophie BLAZY, « L'institutionnalisation de l'État actionnaire », Dr adm. 2004.12.28 ; Catherine MALECKI, « L'État actionnaire, l'exemple atypique d'un grand actionnaire », Cah. dr. entr., 2005.5.61.
195. Roland PARENTEAU (dir.), *Sociétés d'État : autonomie ou intégration*, Montréal, École des Hautes études commerciales, 1980, p. 30.

création d'une entreprise publique afin de comprendre les raisons de son existence et ensuite la situer dans l'une ou l'autre des catégories.

Plus précisément, au Québec, nous constatons que la création de chacune des entreprises publiques était justifiée par le désir de développement de la province et de l'identité québécoise. Cependant, en plus de ces deux raisons, la création d'Hydro-Québec fut justifiée par la volonté d'uniformiser les tarifs d'électricité partout dans la province. La SAQ, qui fut créée à l'époque de la prohibition, permettait à la province de contrôler la vente d'alcool. En créant la Caisse de dépôt et de placement du Québec, la province s'est dotée d'un instrument économique de grande importance puisque l'entreprise permet de réunir la gestion des épargnes des régimes publics de pension et d'assurance. La Caisse de dépôt est un bel exemple de nationalisme économique. La création de Loto-Québec fut justifiée par le fait qu'il était impensable de laisser le secteur privé gérer les loteries et les jeux, probablement dans l'illégalité[196].

Les raisons qui étaient à l'origine de la création d'une entreprise publique sont susceptibles d'évoluer avec le temps, changeant ainsi la catégorie à laquelle elle appartient ou la faisant disparaître. L'évolution technologique et l'ouverture à la concurrence sont souvent à l'origine de ce changement. Ainsi, au Canada la guerre entraîna la création d'entreprises publiques :

> C'est durant la Seconde Guerre mondiale que le nombre de sociétés de la Couronne devait augmenter le plus rapidement. Pressé par ce conflit, le gouvernement du Canada a dû tendre de plus en plus vers une forme d'organisation capable d'échapper aux contraintes auxquelles les ministères devaient normalement se plier sur le plan des effectifs. [...] le gouvernement instituait aussi une forme d'organisation qui serait familière aux hommes d'affaires du secteur privé auxquels on ferait appel pour participer à l'administration des programmes de guerre essentiels et saurait attirer ces compétences.[197]

Les Canadiens ont donc assisté à la création de 33 entreprises publiques qui ont été dissoutes pour la plupart à la fin de la guerre[198]. Par ailleurs, en France, soupçonnée d'avoir collaboré avec l'ennemi, la société de construction d'automobiles Renault fut nationalisée durant la seconde guerre

---

196. GOUVERNEMENT DU QUÉBEC, Ministère des Finances, Ministre délégué à la Privatisation, *De la révolution tranquille... à l'an deux mille*, Montréal, Direction des communications du ministère des Finances, 1986, p. 45 à 47.

197. BUREAU DU CONSEIL PRIVÉ, *Corporations de la Couronne, direction, contrôle, imputabilité*, Ottawa, 1977, p. 12.

198. CONSEIL ÉCONOMIQUE, *op. cit.*, note 7, p. 16.

mondiale. Les raisons à l'origine de sa création ont disparu progressivement entraînant sa privatisation.

Selon nous, certaines entreprises publiques devraient reconsidérer leurs activités afin de demeurer des entreprises de service public. Par exemple, Radio-Canada, dont la programmation télévisuelle est de plus en plus semblable à celle des réseaux privés, s'éloigne de sa mission essentielle d'éducation et de cohésion nationale, ce qui donne lieu à plusieurs questionnements sur son rôle en tant qu'entreprise publique de service public. Radio-Canada fera-t-elle bientôt partie de la catégorie des entreprises publiques économiques ? Seul l'avenir le dira... Par contre, son homologue québécoise la Société de télédiffusion du Québec conserve cette mission d'éducation en ne semblant pas se soucier de la concurrence. Malgré sa popularité moins importante, elle conserve une programmation télévisuelle basée sur la culture et l'information. Il est donc plus aisé de la qualifier d'entreprise publique de service public.

Au Québec, un débat a lieu au sujet de la nationalisation de l'énergie éolienne. La nationalisation de cette forme d'énergie propre et complémentaire aurait été impensable il y a 20 ans, de même que la création d'une « société d'État du vent »[199]. Cette situation démontre à quel point les besoins et les mentalités évoluent relativement à l'entreprise publique.

b) La mission de l'entreprise publique

Les entreprises publiques sont créées afin de répondre à différents besoins. Il est possible de repérer la mission confiée à une entreprise publique à la lecture de sa loi constitutive. Par exemple, l'article 5 (1) de la *Loi sur la Société canadienne des postes* prévoit que cette dernière a pour mission de créer et d'exploiter un service postal. En vertu de l'article 22 de la *Loi sur Hydro-Québec*, Hydro-Québec doit pour sa part fournir de l'énergie et œuvrer dans le domaine de la recherche et de la promotion relatives à l'énergie, de la transformation et de l'économie de l'énergie, de même que dans tout domaine connexe ou relié à l'énergie. La Société générale de financement a plutôt une mission de développement économique, suivant la politique élaborée par le gouvernement et ce, en vertu de l'article 4 de sa loi

199. Pierre COUTURE, « Il n'y aura pas de société d'État du vent », *Le Soleil*, 20 mai 2005, p. C-1 ; Alain BOUCHARD, « À qui appartient le vent ? », *Le Soleil*, 6 novembre 2006, p. 7 ; (Auteur inconnu), « Québec solidaire veut nationaliser l'éolienne », *Le Soleil*, 26 novembre 2006, p. 15 ; Martin PELCHAT, « L'éolien souffle un vent de division » *Le Soleil*, 30 octobre 2006, p. 2 ; Martin PELCHAT, « Tornade éolienne en vue au PQ » *Le Soleil*, 31 octobre 2006, p. 6 ; Martin PELCHAT, « L'éolien revient hanter Boisclair dans Rimouski » *Le Soleil*, 7 décembre 2006, p. 19.

constitutive[200]. Finalement, la Société des traversiers du Québec a pour mission de fournir des services de transport par traversier et des services d'excursion ainsi que celle d'acquérir, de posséder ou d'aliéner les biens nécessaires à ces services, et d'exécuter ou de faire exécuter tous les travaux destinés à assurer ces services[201].

Nous constatons que les missions que les entreprises publiques sont appelées à remplir sont très variées. De plus, compte tenu de leur appartenance à l'État, elles poursuivent des objectifs tirés d'une politique gouvernementale. Certaines missions sont manifestement de service public compte tenu de leur caractère fondamental et de leur répartition égalitaire sur l'ensemble du territoire. D'autres entreprises publiques exercent plutôt des missions d'intérêt général en ce qu'il ne s'agit pas d'activités de service public proprement dites.

Le monopole réfère au critère institutionnel du service public, soit la structure de l'organisme. Bien qu'il s'agisse d'une caractéristique présentée par une grande majorité d'entreprises publiques, l'organisation en monopole n'est pas nécessairement liée au service public. Il est donc important de mettre fin au réflexe d'assimiler automatiquement le service public à un monopole. La fin de cette assimilation est une manière de penser courante sous la pression communautaire. Dans le même sens, le monopole n'est pas lié automatiquement à l'entreprise publique :

> Ce serait [...] une erreur de considérer que l'activité des Entreprises Publiques est par essence, d'ordre monopolistique. Nombreuses sont celles qui agissent dans un secteur concurrentiel. Au surplus, cette distinction [...] connaît actuellement une certaine atténuation étant donné que, même où il y a monopole ou droits exclusifs, l'activité concernée est cependant soumise à la concurrence de produits de substitution ou de services de remplacement.[202]

Le fait qu'une entreprise publique soit organisée en monopole ne signifie pas nécessairement qu'elle accomplit une mission de service public. Par exemple, au Québec la SAQ détient le monopole du commerce de l'alcool dans la province. Tel que nous l'expliquerons plus loin, cela n'en fait pas nécessairement une entreprise publique de service public.

L'organisation en monopole n'est donc pas un indice permettant de conclure au caractère de service public d'une entreprise publique.

---

200. *Loi sur la Société générale de financement du Québec*, LRQ, c. S-17, ci-après désignée « *Loi sur la Société générale de financement* ».
201. *Loi sur la Société des traversiers*, art. 3.
202. J. VIROLE, *loc. cit.*, note 192, p. 86.

2. *Une catégorisation des entreprises publiques*

Donc, nous ne croyons pas que la notion de service public soit intrinsèquement liée à la notion d'entreprise publique. Tel que l'écrivaient Georges Vedel et Pierre Delvolvé dans leur ouvrage de droit administratif : « La coïncidence entre service public et entreprise publique n'est donc pas nécessaire : [...] toute entreprise publique ne gère pas un service public »[203]. À cet égard, nous vous référons au tableau préparé par Georges Vedel et Pierre Delvolvé en 1982 qui constitue une représentation intéressante de cette affirmation[204]. Après cet énoncé, nous tenterons de procéder à une catégorisation des entreprises publiques.

2.1. Proposition d'un classement binaire

L'entreprise publique est une entité étatique qui exerce des activités commerciales, entraînant ainsi son caractère hybride. Cependant, la présomption de service public n'étant pas applicable à toutes les entreprises publiques, il nous est possible d'en effectuer un classement binaire.

a) La recherche des deux catégories d'entreprises publiques

Rappelons-nous les deux critères propres au service public : l'intérêt général et le contrôle de l'État. Afin de procéder à une catégorisation au sein même des entreprises publiques, il convient d'utiliser le critère de l'activité essentielle pour la collectivité au lieu du critère imprécis d'intérêt général, tel que nous l'avons fait afin de définir la notion de service public. Ainsi, le critère de l'intérêt général s'affine laissant place à celui de l'activité essentielle pour la collectivité. Nous reconnaissons que le second critère du contrôle de l'État est satisfait lorsque nous sommes en présence d'une entreprise publique. Le nœud de la démarche réside plutôt dans la reconnaissance du caractère essentiel de l'activité exercée par l'entreprise publique.

Selon nous, il existe donc des *entreprises publiques de service public* et des *entreprises publiques économiques*. Les premières exercent une mission de service public, contrairement aux secondes qui accomplissent leurs activités dans des domaines ayant peu de lien avec l'accomplissement d'une mission essentielle pour la collectivité. Leurs activités pourraient être dévolues facilement au secteur privé et soumises à la concurrence.

À titre d'exemple, Hydro-Québec, Postes Canada, Via Rail et le Réseau de transport de la Capitale sont des entreprises publiques de service public. Elles remplissent une mission nécessaire pour la collectivité, ce qui nous permet de les qualifier de service public.

---

203. G. VEDEL et P. DELVOLVÉ, *op. cit.*, note 168, p. 636.
204. *Id.*

Il est intéressant d'observer que le droit français distingue les entreprises publiques organisées selon la formule du droit privé commercial et celles qui sont organisées selon la formule du droit administratif appelées « établissement public ». Dans le premier cas, la soumission au droit privé est intégrale. Dans le second cas, les notions combinées du droit public et du droit privé entraînent, dans un cadre de droit privé, la résurgence du service public[205].

Les entreprises publiques économiques ne semblent pas assumer une mission de service public. À première vue, elles permettent essentiellement de garnir les coffres de l'État. Elles poursuivent uniquement des intérêts commerciaux : « [...] certaines entreprises publiques ne sont soumises, dans leur organisation ou leur mode de gestion, à aucune contrainte spécifique qui imposeraient qu'elles agissent selon une autre logique ou d'autres procédés que celle de l'ensemble du secteur du commerce »[206]. Cette catégorie comprend les secteurs bancaire, des assurances, du crédit, de la construction automobile, du pétrole et des mines. Notons que la France a privatisé des entreprises relevant de ces secteurs dans les années 1980 et 1990, dont le fabricant d'automobiles Renault et plusieurs institutions bancaires. À première vue, ces secteurs ne répondent pas à une mission de service public. Leurs activités pourraient être supportées uniquement par l'entreprise privée, cela n'aurait aucune incidence car ces entreprises publiques ont pour seul objectif le profit. Cependant, nous croyons que si l'État a pris ces secteurs en charge c'est parce qu'il y avait une raison d'intérêt public au départ. Le mandat d'intérêt général de ces entreprises publiques ayant régressé avec le temps, leur privatisation est devenue la solution.

b) L'analyse de la distinction essentielle entre les deux catégories

Certains auteurs considèrent que les entreprises publiques économiques permettent de financer des activités d'intérêt général, ce qui leur permet de préserver un lien avec le service public[207]. Bertrand du Marais est en désaccord avec cette opinion. Pour lui, l'intérêt de l'activité d'intérêt général doit être collectif. Ainsi, « [...] l'intérêt qui s'attache à la mission

---

205. Franck MODERNE, « Les mutations des services publics en droit français », dans Actes du Colloque de Strasbourg, Travaux de la CEDECE, *Services publics et Communauté européenne : entre l'intérêt général et le marché*, t. 1, Paris, La documentation française, 1998, p. 3, à la p. 27.

206. Pierre-Laurent FRIER et Jacques PETIT, *Précis de droit administratif*, 4e éd., Paris, Montchrestien, 2006, n° 11, p. 8.

207. « Lorsqu'il ne s'agit pas d'assurer ou d'améliorer le financement d'une activité de service public, l'activité de plus grand profit ne devrait pas être considérée comme un service public » Stéphane RODRIGUES, « Les qualifications concurrentes des activités d'intérêt général en droit communautaire », *AJDA* 2006.84, p. 89 ; A. DELBLOND, *op. cit.*, note 22, p. 246.

s'apprécie au regard du *besoin de l'ensemble de la collectivité* à laquelle s'applique le service en cause »[208].

Pour notre part, nous pensons que ce point de vue mérite d'être nuancé. Nous croyons plutôt qu'une entreprise peut exercer des activités d'intérêt général, sans qu'il s'agisse nécessairement d'activités de service public et donc d'activités essentielles à la collectivité. L'imprécision inhérente au critère d'intérêt général est intéressante puisqu'elle lui accorde la souplesse lui permettant de s'adapter à divers objectifs. À cet égard, l'opinion de Jean Virole rejoint la nôtre :

> Cet intérêt général n'est plus spécifique mais global. Il ne concerne pas l'activité en soi de l'Entreprise Publique, mais la fonction économique de celle-ci. L'Entreprise Publique constitue ainsi un instrument essentiel de la politique gouvernementale au niveau le plus élevé, au plan le plus général. Elle remplit là, consciemment, et indépendamment de la poursuite de son activité propre, une mission d'intérêt général d'ordre global, que ce soit dans la perspective d'une action à long ou à moyen terme, ou dans le cadre conjoncturel.[209]

Nous considérons que certaines entreprises économiques peuvent être investies d'une mission d'intérêt général, sans qu'il s'agisse nécessairement d'une mission de service public. En effet, « [...] l'entreprise publique a souvent une mission de service public, [mais] a toujours une mission d'intérêt général »[210].

Nous croyons que les entreprises publiques remplissent leur fonction suivant l'intérêt général mais ce, à différents degrés. Charles Debbasch et Frédéric Colin, vont un peu plus loin dans cette affirmation en écrivant que « [t] outes les activités des personnes publiques sont des services publics à des degrés divers : selon la dose d'intérêt général qui y est incluse elles ont à faire face à des sujétions spéciales et bénéficient de compensations financières ou juridiques particulières »[211]. Dans la même veine, Jacques Chevallier écrit : « Cependant, une analyse plus fine fait ressortir que les services publics forment en réalité des *strates relativement différenciées* selon le moment de leur apparition et leur secteur d'implantation »[212].

Nous voyons donc qu'il est possible de procéder à une catégorisation des entreprises publiques qui tienne compte du degré d'intérêt général propre à chacune d'elles. Nous effectuerons une distinction « [...] entre les

---

208. B. DU MARAIS, *op. cit.*, note 30, p. 85.
209. J. VIROLE, *loc. cit.*, note 192, p. 87.
210. Jean-Louis JOLIOT, *Les entreprises publiques en question*, Paris, Les Éditions Ouvrières, 1991, p. 171 et 172.
211. Ch. DEBBASCH et F. COLIN, *op. cit.*, note 35, p. 350.
212. J. CHEVALLIER, *op. cit.*, note 32, p. 66.

Entreprises Publiques du secteur financier (crédit et assurance) et celles des autres secteurs (principalement secteur industriel et secteur de transport), fondée sur la moins grande charge des obligations d'intérêt général qui pesait sur les premières par rapport aux secondes »[213].

À partir de ces prérogatives, nous avons procédé à une classification juridique des entreprises publiques. Nous verrons que la mission de service public se manifeste différemment selon l'activité confiée à l'entreprise.

2.2. L'entreprise publique économique par rapport à l'entreprise publique de service public

Avant d'analyser la catégorisation que nous avons effectuée, il importe d'étudier deux secteurs dont la prise en charge par l'entreprise publique est régulièrement contestée. Par la suite, il nous sera plus facile de distinguer les entreprises publiques de service public des autres et de procéder à une classification au sein même de la catégorie des entreprises publiques économiques.

a) Les secteurs controversés

À première vue, certaines entreprises publiques semblent faire partie de la catégorie « économique ». Au Québec, les deux secteurs les plus représentatifs à ce sujet sont ceux de l'alcool et des loteries. Il est difficile de déterminer s'ils répondent à un besoin d'intérêt général. Il peut même sembler étrange que l'État, pour qui l'intérêt public doit être la principale préoccupation, fasse la promotion et la vente d'alcool et du jeu pour les citoyens.

Au Québec, un débat est en cours relativement à la privatisation de la SAQ qui a pour fonction de faire le commerce des boissons alcoolisées et d'établir et exploiter des usines ou autres établissements pour la fabrication de boissons alcooliques[214]. Il s'agit d'une société publique qui exerce un mandat commercial et qui est dotée d'un statut quasi-identique à celui d'une entreprise privée[215]. Le secteur dans lequel œuvre la SAQ est comparable à celui de la Société d'exploitation industrielle des tabacs et des allumettes (ci-après désignée « SEITA »), entreprise publique française monopolistique qui gérait la production et le commerce des tabacs et des allumettes et qui fut privatisée en 1995.

---

213. J. VIROLE, *loc. cit.*, note 192, p. 88.
214. *Loi sur la Société des alcools du Québec*, LRQ, c. S-13, art. 16, ci-après désignée « *Loi sur la Société des alcools* ».
215. *Brasserie seigneuriale* c. *Société des alcools du Québec*, JE 2003-2230 (CA), par. 19.

Selon Patrice Garant, le commerce de l'alcool ne répond pas à une mission de service public : « [...] l'État s'en est emparé principalement pour des raisons parafiscales et non à cause de l'insuffisance de l'entreprise privée dans le domaine, ou parce que le whisky et le vin répondent à un besoin essentiel [...] »[216]. Dans le cadre de nos recherches, il nous est apparu que l'État est intervenu dans ce domaine afin de limiter le commerce illicite de ces produits suite au régime de la tempérance en cours au Canada dans les années 1900. Les mouvements de tempérance réclamaient que ce commerce soit placé sous contrôle gouvernemental[217].

De nos jours, le trafic illégal de l'alcool est encore possible et l'alcool est un produit réservé aux adultes. Il est d'intérêt général que l'État gère le commerce de l'alcool même s'il ne s'agit pas d'un besoin essentiel. Ce contrôle étatique assure l'ordre social, la santé publique et le bien-être collectif. Il permet aussi à l'État de développer des politiques valorisant la consommation raisonnable.

À plusieurs endroits dans le monde, l'encadrement et le contrôle des activités de loterie et de jeux sont attribués à l'État. Ainsi, au Canada, le *Code criminel*[218] prévoit que nonobstant quelques exceptions, l'exploitation des loteries et des jeux est la responsabilité des provinces.

En France, le Conseil d'État a considéré dans l'affaire *Rolin* que la Française des jeux n'est pas investie d'une mission de service public[219]. La Cour indiqua cependant que le statut monopolistique de l'entreprise est justifié par d'autres motifs que le service public tels que l'ordre public et social ainsi que la protection des consommateurs[220]. Notons qu'il fut reconnu par la jurisprudence française, qu'un casino est un service public lorsqu'il entraîne le développement touristique local[221].

Cette réflexion peut être appliquée à Loto-Québec, l'homologue québécoise de la Française des jeux, dont la mission est de conduire et d'administrer des systèmes de loterie et d'exercer les commerces contribue à l'exploitation d'un casino d'État[222]. Nous pouvons lire dans le bilan de responsabilité sociale de Loto-Québec que :

> L'octroi de ce monopole aux provinces assure non seulement que l'ensemble des profits issus du jeu se retrouvent dans les coffres de

---

216. P. GARANT, *op. cit.*, note 23, p. 125.
217. CONSEIL ÉCONOMIQUE, *op. cit.*, note 7, p. 14.
218. *Code criminel*, LRC (1985), c. C-46, art. 207 (1) a).
219. CE, 27 octobre 1999, *Rolin*, *CJEG*. 2000.24, concl. DAUSSUN.
220. Jean-David DREYFUS, « Entreprise publique, service public et monopole : quand un intérêt chasse l'autre », *Dr adm.* 2000.6.4, p. 5.
221. CE, 25 mars 1988, *Commune d'Hyères*, *Rec. CE*, p. 668.
222. *Loi sur la Société des loteries*, art. 16.

> l'État, lui permettant ainsi de financer une partie significative de sa mission, mais évite aussi que ce soit les règles de concurrence qui dictent l'évolution de l'industrie. En effet, le monopole de l'État dans ce secteur permet de gérer l'offre de jeu dans son ensemble, de s'assurer que cela se fait dans l'ordre et la mesure, en tenant compte de l'ensemble des répercussions sociales et économiques liées à l'exploitation de ce champ d'activité. De plus, la présence de l'État fournit davantage d'assurance quant à l'intégrité du jeu, à la protection du consommateur et à la prévention du jeu illégal.[223]

Malgré tous ces motifs d'intérêt général favorables à la prise en charge des loteries et des jeux par une entreprise publique, la question du jeu pathologique est régulièrement soulevée afin de dénigrer Loto-Québec[224]. Il ne faut cependant pas oublier que même si cette activité relevait du secteur privé, le jeu pathologique ferait des victimes sans que l'activité offre les avantages d'ordre et d'égalité liés au critère d'intérêt général.

b) Une distinction au sein de la catégorie des entreprises publiques économiques

Si l'identification d'une mission de service public permet d'effectuer une catégorisation binaire des entreprises publiques, l'intérêt public permet d'effectuer une distinction entre les entreprises publiques économiques d'intérêt général et les entreprises publiques d'intérêt purement économique.

Après avoir effectué une première distinction entre les entreprises publiques de service public et les entreprises publiques économiques, nous avons précisé trois familles d'entreprises publiques :

Les entreprises publiques

A) Entreprise publique de service public Gaz, électricité, poste, transport, eau, télécommunications, téléphone.
B) Entreprise publique économique d'intérêt général Loterie, alcool, tabac.
C) Entreprise publique purement économique Fabrication de véhicules, banques.

*** *Les secteurs présentés dans ce graphique ne sont pas exhaustifs.*

---

223. SOCIÉTÉ DES LOTERIES DU QUÉBEC, *Bilan de responsabilité sociale de Loto-Québec, 2004-2005*, p. 1, [En ligne] lotoquebec. com/corporatif/pdf/bilan_fr_v. pdf (Page consultée le 1er janvier 2009).

224. *Brochu* c. *Société des loteries du Québec (Loto-Québec)*, JE 2007-83 (CS) ; Brigitte BRETON, « Jouer franc-jeu », *Le Soleil*, 7 décembre 2006, p. 28.

Les entreprises publiques faisant partie du groupe *A)* ont incontestablement des missions de service public. Elles sont créées afin de fournir des services essentiels à la population. En matière d'entreprise publique, il s'agit de la règle plutôt que de l'exception. Bien que plusieurs pays aient nationalisé ces services, certains d'entre eux évoluent actuellement dans un secteur ouvert à la concurrence. Le processus de privatisation a donc touché certaines de ces entreprises publiques. Par contre, lorsqu'elles ne sont pas privatisées, ces entreprises doivent développer diverses stratégies afin de conserver la clientèle de jadis[225].

Les entreprises publiques du groupe ***B)*** agissent dans l'intérêt général, sans que leurs activités soient liées au service public. Nous vous référons à notre réflexion précédente à propos de la SAQ et de Loto-Québec. Nous les incluons dans le groupe des entreprises publiques économiques d'intérêt général car, à notre avis la mission d'ordre public dont elles sont dépositaires est inhérente à l'intérêt général. La santé publique est aussi incluse dans cette mission. Il y a un risque élevé de corruption et de fraude dans ces domaines ; l'État a donc tout intérêt à les prendre en charge :

> En effet, le monopole de l'État dans ce secteur permet de <u>gérer l'offre de jeu</u> dans son ensemble, de s'assurer que cela se fait dans <u>l'ordre et la mesure</u>, en tenant compte de l'ensemble des répercussions sociales et économiques liées à l'exploitation de ce champ d'activité. De plus la présence de l'État fournit davantage <u>d'assurance quant à l'intégrité du jeu, à la protection du consommateur et à la prévention du jeu illégal</u>.[226] (Nos soulignements).

Un recours collectif intenté contre Loto-Québec par des joueurs pathologiques a été autorisé le 6 mai 2002. Selon les demandeurs, l'entreprise a propagé l'usage des appareils de loterie sans avoir pris les mesures appropriées pour informer le public du danger de dépendance[227]. Une entreprise privée ne serait sûrement pas investie d'une telle obligation envers les citoyens, à moins d'en être officiellement obligée par un juge ou le

---

225. Annie KAHN, « Près d'un million d'abonnés ont déjà coupé le cordon avec France Télécom », *Le Monde*, 17 avril 2006, p. 10 : Par ailleurs, 2,2 millions d'abonnés à France Télécom ont opté pour le « dégroupage partiel », c'est-à-dire qu'ils ont conservé leur abonnement, mais ont choisi un autre opérateur pour les nouveaux services à haut débit (télévision et connexion à Internet en ADSL). De même au Canada, la Société Radio-Canada a développé de nouveaux types d'émission télévisuelle afin d'attirer le public, qui a maintenant le choix entre elle et des chaînes privées.
226. SOCIÉTÉ DES LOTERIES DU QUÉBEC, *op. cit.*, note 223, p. 2.
227. *Brochu c. Société des loteries du Québec*, [2002] RJQ 1351 (CS), par. 57 du jugement intégral. L'audition du recours collectif a débuté le 15 septembre 2008.

législateur. Soulignons également que les dirigeants de Loto-Québec et de la SAQ sont soumis à un code d'éthique et de déontologie[228].

Les entreprises publiques appartenant à la catégorie ***C)*** ne remplissent aucune mission de service public ou d'intérêt général. Elles sont notamment présentes dans les secteurs des banques, des assurances, du crédit et de la fabrication de véhicules. Elles agissent comme les entreprises privées et ont pour seul objectif le profit, contrairement aux entreprises appartenant aux catégories ***A)*** et ***B)***. François Chevallier nuance notre opinion en indiquant que « [...] dans l'hypothèse où l'activité d'une entreprise publique n'est pas en soi d'intérêt général, comme c'est le cas par exemple de la Régie Renault, des contraintes d'intérêt général pèsent néanmoins sur elle »[229]. À première vue, cette citation paraît fondée puisqu'une entreprise publique est soumise aux contrôles étatiques. Cependant, la privatisation de ces entreprises ne changerait rien à la fourniture du service. L'entreprise publique purement économique met sur le marché des produits à titre individuel. Cette satisfaction individuelle des besoins relève habituellement du secteur privé[230].

Nous pouvons conclure ce chapitre en affirmant que le déclin de l'entreprise publique est lié au déclin de la notion de service public dans la mesure où il s'agit d'une entreprise publique de service public. Compte tenu de ses implications sociales, notre thèse est consacrée spécifiquement à l'entreprise publique de service public. Par ailleurs, nous ne répéterons pas cette expression tout au long de notre développement, nous restreignant à utiliser celle d'« entreprise publique ». Il faut dire que l'entreprise publique économique constitue l'exception plutôt que la règle.

---

228. SOCIÉTÉ DES ALCOOLS DU QUÉBEC, *Rapport annuel 2006 – Code de déontologie des dirigeants*, p. 62, [En ligne] http://www.saq.com/img/ent/rapport06/Code_ethique. pdf (Page consultée en 2006-2007, mais introuvable au 1er janvier 2009) ; LOTO-QUÉBEC, *Rapport annuel 2006 – Code d'éthique et de déontologie*, p. 81, [En ligne] http://lotoquebec.com/corporatif/pdf/Rapportannuel2006.pdf#page = 1 (Page consultée le 1er janvier 2009).
229. F. CHEVALLIER, *op. cit.*, note 5, p. 10.
230. Charles CÉLIER, *Droit public et vie économique*, Paris, PUF, 1949, p. 227.

CHAPITRE II

LE DÉCLIN DE L'ENTREPRISE PUBLIQUE LIÉ À CELUI DE LA NOTION DE SERVICE PUBLIC

Après avoir établi les liens juridiques existants entre la notion de service public et l'entreprise publique, il est temps de constater le déclin de la notion de service public. Cette étape est nécessaire afin de démontrer que le déclin de l'entreprise publique est une manifestation du déclin de la notion de service public. Cela est aussi utile à la suite de notre propos concernant la mutation de l'entreprise publique.

SECTION I
LE REFLET DE L'AMBIGUÏTÉ DE LA NOTION DE SERVICE PUBLIC SUR L'ENTREPRISE PUBLIQUE

Dans la poursuite de notre section consacrée à la notion de service public en droit administratif, nous ne pouvons passer sous silence le fait que cette notion souffre d'une ambiguïté certaine. Afin de compléter ce chapitre consacré aux liens juridiques entre l'entreprise publique et la notion de service public, il est essentiel d'analyser le reflet de cette réalité sur l'entreprise publique. De manière générale nous constatons que l'ambiguïté de la notion de service public provient de son caractère épars. Plus précisément, le service public industriel et commercial est caractérisé par une imprécision qui se répercute directement sur l'entreprise publique, entité considérée comme faisant partie de cette dernière catégorie.

1. Le caractère épars de la notion de service public

Nous avons identifié deux caractéristiques permettant d'illustrer le caractère épars de la notion de service public. C'est ainsi que nous assistons à son dédoublement en plus de constater sa fragmentation.

1.1. Le dédoublement de la notion de service public

Tel que nous l'avons constaté précédemment, la définition de la notion de service public ne fait pas l'unanimité. Il faut dire qu'elle varie selon la situation ou la personne qui l'utilise. Elle fait régulièrement l'objet d'un dédoublement qui favorise son ambiguïté.

Le service public peut être défini suivant un sens organique ou un sens matériel. Cette situation affecte l'entreprise publique puisque la notion est utilisée soit pour qualifier l'entreprise publique elle-même, soit pour qualifier l'activité exercée par l'entreprise publique. La notion de service public peut s'entendre dans un sens organique, telle qu'elle est utilisée en droit anglais, ou un sens matériel, telle qu'elle est utilisée en droit français. Nous vous référons à nos propos antérieurs à ce sujet[231].

1.2. La fragmentation de la notion de service public

La notion de service public ne forme pas un tout uniforme. En effet, il est possible de distinguer deux grandes catégories de service public. Cette fragmentation de la notion de service public contribue à accentuer son caractère épars et par conséquent, son ambiguïté. Cette situation affecte directement l'entreprise publique qui fait partie de l'une des deux catégories. À travers le développement qui suit nous retracerons l'apparition de cette fissure au sein de la notion ainsi que le mode d'identification de la deuxième catégorie.

a) Une fissure au sein de la notion

Compte tenu du fait que la notion de service public est éparse, ses secteurs d'application sont très nombreux et peuvent faire l'objet d'une catégorisation. N'oublions pas que le concept de service public est fédérateur et englobant en plus de s'appliquer à l'ensemble des activités publiques[232].

---

231. *Supra*, Partie I, titre I, chapitre I, section I, point 1.1. a) et b).
232. J. FOURNIER, *loc. cit.*, note 33, p. 33.

i. À l'origine : le service public administratif

Initialement, le droit français ne reconnaissait qu'un type de service public : le service public administratif (ci-après désigné « SPA »). Le SPA peut aussi être dénommé service public proprement dit[233] compte tenu du fait que « [l] a seule définition employée est négative : le service public administratif est le service public qui n'a pas un caractère industriel ou commercial »[234]. Il existe une présomption à l'effet qu'un service public soit avant tout administratif. Il importe de faire la preuve du contraire afin de la renverser. Le seul objectif du SPA est d'assurer l'intérêt public. Les activités relevant de la catégorie du service public administratif sont soumises entièrement au droit public et aux règles du droit administratif, sujet dont nous traiterons ultérieurement.

La catégorie des SPA est la plus importante quant à la quantité de services qui s'y retrouvent. C'est à cette catégorie que les citoyens recourent majoritairement. Ils comprennent en premier lieu les services publics régaliens, tels la défense, la justice, la police, le recouvrement des impôts et l'administration générale[235] et en deuxième lieu, les services publics sociaux, tels les services hospitaliers et l'aide aux démunis.

Malgré l'omniprésence du SPA, l'extension du rôle de l'État dans la vie économique a entraîné une fissure au sein de la notion de service public. Alors que cette notion formait à l'origine un ensemble homogène, elle fit par la suite l'objet d'une scission occasionnée par le développement du droit administratif et des activités de l'État. C'est à ce stade que la qualité de prestataire de service public de l'entreprise publique fut reconnue pleinement.

ii. L'innovation jurisprudentielle : le service public industriel et commercial

La fissure de la notion de service public est principalement le fait de deux décisions jurisprudentielles rendues au début du XXe siècle par les tribunaux français.

La décision rendue par le Conseil d'État en 1903 dans l'affaire *Terrier*[236], constitue la première étape du processus de fragmentation de la notion. Dans ses conclusions auxquelles le Conseil a fait droit, Romieu, alors commissaire du gouvernement, établissait la distinction entre la gestion publique et la gestion privée des services publics ; cette dernière représentant

233. J. CATSIAPIS, *op. cit.*, note 168, p. 115.
234. Ch. DEBBASCH, *op. cit.*, note 45, p. 37.
235. J. FOURNIER, *loc. cit.*, note 33, p. 35.
236. CE, 6 février 1903, *Terrier*, *Rec. CE*, p. 94 ; *D.* 1904.3.65, concl. ROMIEU ; *S.* 1903.3.25, concl. ROMIEU, note HAURIOU.

l'exception de la première. Selon Romieu, en principe, l'organisation et le fonctionnement des activités de services publics relèvent de la gestion publique en ce qu'ils constituent une opération administrative. Il soulève une exception à ce principe : la gestion privée. Selon lui, l'État agit parfois comme un simple particulier se trouvant alors soumis aux mêmes règles et aux mêmes juridictions qu'une personne privée. La qualification du type de gestion s'apprécie alors suivant la nature du service ou de l'action.

Par la suite, la décision rendue le 22 janvier 1921 dans l'affaire *Bac d'Eloka* a considérablement étendu la réflexion du commissaire Romieu. Elle est à l'origine de la fragmentation de la notion de service public. Par cette décision le Tribunal des conflits a admis le fait qu'une personne publique puisse exploiter un service dans les mêmes conditions qu'une entreprise privée. Elle a ainsi donné naissance à la catégorie du service public industriel et commercial (ci-après désigné « SPIC »). Cette décision a entraîné un virage important « [...] parce que ce ne sont plus, comme par le passé, *certains* aspects de la gestion mais le service entier qui passe sous l'empire du droit privé et relève de la compétence judiciaire »[237].

La catégorie des SPIC comprend les activités de service public qui sont assumées à l'aide de moyens semblables à ceux employés par les entreprises privées. Malgré que les SPIC soient liés de près au marché et à l'économie, leur création et leur fourniture sont justifiées par l'intérêt public et collectif des citoyens. En effet, « [l] e but essentiel des services publics industriels et commerciaux n'est pas de réaliser des opérations commerciales, qui ne revêtent qu'un aspect accessoire, mais plutôt de satisfaire une finalité d'intérêt général par le moyen d'une activité commerciale »[238].

Grâce à l'essor de l'interventionnisme public, les activités de service public relevant de la catégorie des SPIC se sont multipliées. Dès la reconnaissance de cette catégorie, les services publics de distribution d'eau et d'électricité y furent progressivement intégrés compte tenu de leur caractère d'intérêt général et de leur mode de gestion semblable à celui du secteur privé[239]. De plus, les SPIC peuvent être tout aussi bien assumés par des administrations municipales que nationales.

La fragmentation de la notion de service public a eu un effet direct sur l'entreprise publique qui assure la fourniture d'activités de service public industriel et commercial. Il s'agit d'une entité publique hybride qui assume des activités commerciales dans l'intérêt général des citoyens. Cependant, bien que toutes les entreprises publiques assument des activités commerciales, elles n'assument pas toutes des activités de service public de sorte qu'elles ne peuvent pas toutes être dans la catégorie des

---

237. J. CHEVALLIER, *op. cit.*, note 32, p. 28.
238. M. WILLEMIN et J.-L. POTHET, *loc. cit.*, note 186, p. 23.
239. J.-F. LACHAUME, C. BOITEAU et H. PAULIAT, *op. cit.*, note 89, p. 54.

SPIC. Nous développerons cette idée plus en profondeur ultérieurement puisqu'elle nous suivra tout au long de notre thèse.

iii. Autres catégories existantes ?

La fissure au sein du service public a-t-elle généré d'autres catégories ? Nous répondons à cette question par la négative, bien que certains auteurs aient reconnu la reconnaissance des catégories du service public social[240] et du service public culturel[241]. Cette nouvelle catégorisation mènerait à une dilution importante de la notion, amplifiant ainsi son ambiguïté. Elles ne donnent cependant pas lieu à une différence de régime juridique, sous réserve de dispositions législatives particulières.

Nous sommes cependant d'accord avec la reconnaissance des activités de service public mixtes dites aussi « à double visage »[242]. Suivant cette théorie, certains services publics appartiennent simultanément aux deux catégories selon leur activité et leur finalité. À cet égard, le service public rattaché au secteur culturel devrait être qualifié ainsi : « La qualification juridique montre que, si les services publics culturels devraient être du fait de leur mode de délivrance, plutôt des services publics à caractère industriel et commercial, la notion de service public administratif y est loin d'être absente. Elle aurait même tendance à y être dominante »[243]. Notamment, la Société du Grand théâtre de Québec peut être classée dans cette catégorie. Elle a pour objets *d'exploiter une entreprise* de diffusion des arts de la scène et *d'administrer* le Grand Théâtre de Québec ou tout autre établissement dont le gouvernement lui confie la gestion[244]. Aux fins de la réalisation de ces objets, elle peut notamment produire, coproduire ou accueillir des œuvres artistiques du Québec et de l'étranger, offrir des services particuliers aux organismes artistiques et aux producteurs et établir une politique de fonctionnement à cet égard ou se doter d'équipements techniques spécialisés afin de

---

240. André DE LAUBADÈRE, « La notion et le régime juridique des services publics sociaux en droit administratif français », *Dr soc.* 1959.494. C'est l'arrêt *Naliato* [T. confl. 22 janvier 1955, *Naliato*, *Rec. CE*, p. 694 ; *RPDA*. 1955.53, concl. CHARDEAU], dans lequel une colonie de vacances fut considérée comme un service public social géré tel qu'une activité privée, qui a élaboré la catégorie du service public social.
241. Jean-François AUBY, « Services publics culturels et concurrence », *AJDA* 2000.22, numéro spécial ; Jean-Marie PONTIER, « Le service public culturel existe-t-il ? », *AJDA* 2000.8, numéro spécial. On peut parler de « renouvellement des catégories des services publics » – Sabine BOUSSARD, « L'éclatement des catégories de service public et la résurgence du service public par nature », *RFDA* 2008.43, p. 47.
242. Jean-François LACHAUME, « Brèves remarques sur les services publics à double visage », *RFDA* 2003.362. Reconnus notamment dans la décision : C. adm. Lyon, 27 juin 2002, *Daniel Brindel*, *AJDA* 2002.1409, note BRONDEL [Transports urbains].
243. J.-F. AUBY, *loc. cit.*, note 241, p. 23.
244. *Loi sur la Société du Grand théâtre de Québec*, LRQ, c. S-14.01, art. 20.

répondre aux besoins spécifiques des organismes artistiques et des producteurs[245].

La Société de l'assurance automobile du Québec est un autre exemple intéressant d'organisme public québécois à double visage. Il s'agit d'une entreprise québécoise et d'une compagnie d'assurances à la fois. Elle a notamment pour fonction l'immatriculation des véhicules routiers, en plus de s'occuper des permis et des licences, des normes de sécurité routière concernant les véhicules ainsi que des obligations en cas d'accident. Elle assure aussi la surveillance et le contrôle du transport routier des personnes et des marchandises[246]. D'autre part, elle doit administrer, en qualité de fiduciaire, le Fonds d'assurance automobile du Québec[247].

b) La détermination du service public industriel et commercial

Tel que nous l'avons souligné précédemment, la présomption d'administrativité du service public doit être renversée afin de prouver son caractère industriel et commercial. Pour y arriver, la jurisprudence française a développé la technique de détermination du SPIC par le biais d'un faisceau d'indices.

Lorsque le législateur ou le rédacteur du contrat a omis de qualifier un service public, cette tâche revient aux tribunaux. C'est ainsi qu'un faisceau d'indices fut développé dans la décision du Conseil d'État *Union syndicale des industries aéronautiques*[248]. Trois indices cumulatifs permettent de distinguer les services publics administratifs et les services publics industriels et commerciaux : l'objet du service, l'origine des ressources et les modalités de fonctionnement du service.

À première vue ces critères semblent évidents, permettant ainsi une détermination facile du caractère industriel et commercial du service public. Didier Linotte et Raphaël Romi ont cependant nuancé cette vision. Ils indiquent que « [l] e critère qui permet de définir le service public industriel et commercial s'est diversifié et complexifié, rendant très incertaines les

---

245. *Id.*, art. 20.1 (1), (3) et (4).

246. *Loi sur la Société de l'assurance automobile du Québec*, LRQ, c. S-11.011, art. 2 (1) *c)* et *e)*.

247. *Id.*, art. 2 (1) a).

248. CE, 16 novembre 1956, *Union syndicale des industries aéronautiques*, *Rec. CE*, p. 434 ; *S.* 1957, p. 38, concl. LAURENT ; Voir aussi la décision : CJCE 19 janvier 1994, *SAT c. Eurocontrol*, aff. C-364/92, *Rec. CJCE*, p. 43 ; *D.* 1995.33, note LHUILLIER.

frontières de cette catégorie, qui en est devenue, [...] “diaphane” »[249]. Ils ajoutent :

> Quoi qu’il en soit, la méthode utilisée du faisceau d’indices, [...], laisse très incertain le tracé des frontières entre service public administratif et service public industriel et commercial, puisqu’un même service pourra avoir tantôt l’une tantôt l’autre qualité. Il en va ainsi par exemple de l’enlèvement des ordures ménagères qui revêt le caractère d’un service industriel et commercial s’il fonctionne comme une entreprise privée ordinaire [...] ou d’un service public administratif s’il est géré par le syndicat communautaire d’une ville nouvelle et entièrement financé par le produit d’une taxe fiscale [...].[250]

Suivant ces citations, nous sommes enclins à conclure que la méthode du faisceau d’indices tend à amplifier le caractère épars de la notion de service public. Il est réaliste de considérer que l’application des indices peut s’être complexifiée de nos jours étant donné le développement considérable des techniques utilisées par l’État afin de remplir sa mission ainsi que l’incursion de plus en plus importante du secteur privé dans les activités étatiques. Mais, malgré tout, nous considérons que la méthode du faisceau d’indices doit être appliquée de manière souple suivant les circonstances.

Le premier indice que le juge doit prendre en compte est celui de l’*objet du service*. Cela correspond au type d’opération exécutée. Le juge recherche la raison d’être profonde du service[251]. En présence d’un SPIC, l’objet du service correspond à une activité économique habituellement exercée par une entreprise privée. L’achat, la vente et la production de biens ou de services constituent les principaux aspects propres à cet indice. La qualification de SPA est dévolue aux missions traditionnellement confiées à l’État telles l’aide aux démunis ou la police.

Cet indice se révélerait insuffisant si le juge décidait de l’appliquer seul ou de rechercher les ressemblances avec d’autres activités. Par exemple, les services de soins de santé fournis par les cliniques privées ne peuvent être qualifiés de SPIC. Nous constatons qu’il s’agit bel et bien d’un SPA lorsque les deux autres indices sont appliqués.

L’un de ces deux indices est celui du *mode de financement* du service. Un SPA est financé par les prélèvements fiscaux, tandis qu’un SPIC est financé par les redevances versées par les usagers. À première vue un SPA est « gratuit » contrairement au SPIC, pour lequel les usagers doivent verser

---

249. D. LINOTTE et R. ROMI, *op. cit.*, note 168, n° 107, p. 26.
250. *Id.*, n° 146, p. 65.
251. B. DU MARAIS, *op. cit.*, note 30, p. 123.

directement un montant d'argent en échange de la prestation demandée. Ceci est la règle générale. Cependant, au Canada, cette règle s'amenuise. En effet, la tarification de prestations entrant dans la catégorie du SPA est de plus en plus fréquente étant donné qu'elle permet la réduction de la charge purement fiscale des citoyens. Par exemple, les officiers de la publicité des droits perçoivent certains droits en contrepartie de services rendus. De plus, au Québec en vertu de la *Loi sur les compagnies*, des droits et des honoraires sont payables lors d'une demande de lettres patentes ou en contrepartie d'actes accomplis par les fonctionnaires chargés d'appliquer la loi. Le dépôt de demandes de brevet fait aussi l'objet d'une tarification[252].

Le *mode de fonctionnement* du service constitue le dernier critère à analyser afin de qualifier le service public. Un SPIC est censé fonctionner selon les mêmes conditions qu'un organisme privé. Ainsi, une organisation, des procédés de gestion, une comptabilité et des règles empruntées au secteur commercial laissent présager la présence d'un SPIC.

En 1970, Pierre Delvolvé écrivait que, « [c] e sont les conditions d'organisation et de fonctionnement du service qui paraissent en définitive décisives pour caractériser le service ; elles l'emportent le plus souvent sur les autres critères »[253]. De nos jours, cette opinion n'est pas acceptée par tous. Commentant la décision du Tribunal des conflits *Alberti-Scott*, Jean-François Lachaume se dit en faveur de la neutralisation du critère relatif au mode de fonctionnement du service[254]. Selon lui, la seule prise en compte de l'objet du service tel que l'a fait le juge dans la décision précitée serait suffisante afin de parvenir à une détermination correcte du SPIC. Pour notre part, nous croyons que M. Lachaume n'a pas tout à fait tort lorsqu'il affirme que les modalités de gestion paraissent artificielles par rapport à l'objet[255]. Tel que nous le démontrerons dans la deuxième partie de notre thèse, nous assistons présentement à une extension considérable des moyens utilisés par l'État afin de servir les citoyens. Cette situation est causée notamment par la

252. P. ISSALYS et D. LEMIEUX, *op. cit.*, note 1, n° 9.9, p. 629 et 630 ; *Loi sur les bureaux de la publicité des droits*, LRQ, c. B-9, art. 8 ; *Loi sur les compagnies*, LRQ, c. C-38, art. 23, ci-après désignée « *Loi sur les compagnies* » ou « LcQ » ; *Loi sur les brevets*, LRC (1985), c. P-4, art. 12.

253. Pierre DELVOLVÉ, « Problèmes actuels des services publics industriels et commerciaux », *Proche-Orient, Études juridiques*. 1970.423, p. 436.

254. Tr. conflits, 21 mars 2005, *Alberti-Scott c. Commune de Tournefort*, n° C3413 ; *RFDA* 2006.119, obs. LACHAUME, p. 125.

255. Jean-François LACHAUME, « L'identification d'un service public industriel et commercial : la neutralisation du critère fondé sur les modalités de gestion du service », *RFDA* 2006.119, p. 124 et 125. Voir aussi : Laetitia JANICOT, « L'identification du service public géré par une personne privée », *RFDA* 2008.67, p. 78 et 79.

mondialisation et la libéralisation des marchés. Il y a donc une diversification accrue d'organisations et de procédés étatiques qui risque de réduire le critère du mode de fonctionnement à une coquille vide.

2. Le caractère imprécis du service public industriel et commercial (SPIC)

Le caractère imprécis du SPIC se reflète de deux façons : par son ambivalence et par son inconstance.

2.1. L'ambivalence du SPIC

Nous considérons que la notion de SPIC est ambivalente. La dualité juridique dont elle est l'objet, contribue à affirmer ce caractère. L'entreprise publique, entité hybride, est soumise à la fois au droit public et au droit privé. Elle doit aussi tenter de maintenir un équilibre entre ses activités de service public et son objectif de rentabilité.

a) La dualité juridique du SPIC

L'organisme qui remplit une mission de SPIC est assujetti à un régime juridique dualiste. Bien qu'à première vue cette affirmation paraisse sans importance étant donné que les organismes érigés en SPA sont dans la même situation, cela soulève la question de l'ambivalence du SPIC.

Les organismes qui remplissent des missions de SPA sont soumis majoritairement au droit public (droit administratif). Les règles du droit administratif s'appliquent entièrement à eux. Par contre, « [i] l est cependant toujours possible à l'administration de sortir, *ponctuellement*, de la soumission au droit administratif pour agir dans les conditions d'un particulier en effectuant des opérations régies par le droit privé dont le contentieux est judiciaire [...] »[256]. Donc, pour le SPA, l'assujettissement au droit public est la règle générale, tandis que son assujettissement au droit privé est occasionnel. Cela est logique compte tenu du fait que les organismes en charge d'un SPA sont rattachés à l'État d'une manière ou d'une autre.

Par ailleurs, en ce qui concerne les SPIC, la situation est moins évidente. C'est précisément ce point qui nous intéresse aux fins de cette sous-section. En fait, les organismes qui remplissent une mission de SPIC sont en principe assujettis au droit privé (droit civil et droit commercial) de par leurs activités économiques. Il s'agit en quelque sorte d'une exception à l'application habituelle du régime de droit public à laquelle sont soumises les activités de l'État. Dans le cas du SPIC, l'application du droit privé domine sur

---

256. Ch. DEBBASCH, *op. cit.*, note 45, p. 37.

celle du droit public. Ainsi, « [d] ans tout ce qui concerne les activités juridiques qu'elles ont en commun avec les personnes privées, elles sont soumises au droit commun sauf si la loi y déroge expressément »[257]. À cet égard, l'article 300 C.c.Q. prévoit que les personnes morales de droit public sont d'abord régies par les lois qui les constituent et par celles qui leur sont applicables.

Ce principe est cependant limité. Le degré de soumission au droit administratif varie selon la catégorie de service public en cause. Ce degré se trouve à son niveau le plus élevé dans le cas du SPA et à son niveau le plus bas pour un SPIC. L'organisme public érigé en SPIC est soumis au droit public dans le cadre de ses activités d'intérêt public. À ce titre, l'entreprise publique jouit de privilèges et d'immunités qui lui permettent de remplir sa mission[258]. Elle est aussi soumise aux principes d'égalité, de continuité et d'adaptation comme toutes les entités publiques de service public. L'article 300, al. 2 C.c.Q. prévoit qu'elles sont régies par le *Code civil du Québec* lorsqu'il y a lieu de compléter les dispositions de ces lois, notamment quant à leur statut de personne morale, leurs biens ou leurs rapports avec les autres personnes.

La dualité juridique de l'entreprise publique de service public, entité publique constituant un SPIC, représente sans contredit une dérogation au principe de l'application systématique du droit public aux activités publiques. Cela tient au fait que, tel que nous le verrons dans la prochaine sous-section, le SPIC a une activité économique importante, similaire à celle des entreprises privées.

b) Le caractère économique du SPIC

L'ambivalence du SPIC se perçoit à travers les deux objectifs poursuivis. Premièrement, l'entité érigée en SPIC est habituellement prestataire d'un service public suivant l'intérêt collectif. Deuxièmement, telle une entreprise privée, l'entité doit être rentable et à cet égard est redevable envers le gouvernement. Ces deux objectifs opposés peuvent créer une tension parfois difficile à gérer de sorte qu'un équilibre doit être atteint dans la poursuite de ces deux objectifs inconciliables à première vue.

Nous avons expliqué précédemment les indices jurisprudentiels utilisés afin d'identifier un SPIC. Pour sa part, la doctrine française a tenté de développer des critères de caractérisation du SPIC dont la commercialité et la réalisation de bénéfices[259].

---

257. P. GARANT, *op. cit.*, note 23, p. 108.
258. Voir à ce sujet : M.-L. PELLETIER, *op. cit.*, note 15, n°s 13 à 18, p. 11 à 18.
259. Joël CARBAJO, *Droit des services publics*, 3e éd., Paris, Dalloz, 1997, p. 25.

Au-delà de la volonté de servir les citoyens, le SPIC accomplit des actes commerciaux qui lui permettent de réaliser des bénéfices. Il semble même qu'aujourd'hui cet impératif de rentabilité prenne le pas sur l'objectif d'intérêt général :

> Or, le souci de rentabilité dans lequel baigne le secteur public industriel et commercial a atteint la quasi-totalité des services publics (entre autres les postes et télécommunications, le service hospitalier, la voirie, et même l'enseignement). Les « contraintes budgétaires », conséquences des tensions économiques nationales et internationales ont produit des réactions bouleversant le schéma traditionnel. La recherche de l'équilibre des comptes, d'une question rationnelle est valable en elle-même ; mais la dynamique va beaucoup plus loin et débouche sur les critères de productivités et de rentabilité qui deviennent primordiaux.[260] (Nos soulignements).

Malheureusement, l'image véhiculée à propos des entreprises publiques est souvent celle de l'entreprise qui fait de l'argent au détriment des citoyens. Au Québec, les expressions « vache à lait du gouvernement » ou « caisse enregistreuse du gouvernement » sont utilisées afin d'exprimer le fait qu'une entreprise publique ne serve qu'à remplir les coffres de l'État. De par ses hausses des tarifs d'électricité, Hydro-Québec est une cible privilégiée de ce type de remarque.

L'entreprise publique est confrontée à l'intégration économique ce qui ne fait qu'accroître cet impératif de rentabilité. Soumise à la concurrence et aux règles du libre-échange, l'entreprise publique tend à agir telles les entreprises privées afin de conserver sa place. Au Québec, l'impératif de rentabilité est aussi accru du fait que l'entreprise publique doive déclarer des dividendes au gouvernement. Ainsi, l'article 15.1 de la *Loi sur Hydro-Québec* prévoit : « Les dividendes à être versés par la Société sont déclarés une fois l'an par le gouvernement dans les trente jours suivant la transmission par la Société au gouvernement des renseignements financiers relatifs au surplus susceptible de distribution. Ils sont payables suivant les modalités que détermine le gouvernement ». Nous retrouvons aussi la disposition suivante dans diverses lois constitutives d'entreprises publiques québécoises : « Les dividendes payés par la Société sont fixés par le ministre des Finances et non par les administrateurs »[261]. Un article de journal est d'ailleurs révélateur en ce qui concerne le rôle du ministre des Finances quant à l'exigence de rentabilité. On peut y lire :

---

260. M.-J. GUÉDON, *loc. cit.*, note 118, p. 8.

261. Exemples : *Loi sur la Société des établissements de plein air du Québec*, LRQ, c. S-13.01, art. 29 ; *Loi sur la Société des loteries*, art. 23 ; *Loi sur la Société des traversiers*, art. 17.

Enfin, la société d'État a dû revoir ses prévisions de profits à la hausse pour cette année, puisque le ministre des Finances Michel Audet, a augmenté ses exigences d'un cran au dernier budget. Le ministre a alors sommé la SAQ, véritable vache à lait du gouvernement, d'engager un profit supplémentaire de 25 millions $ pour l'année qui vient. La SAQ a donc haussé à 682 millions $ sa prévision de dividendes pour l'exercice 2005-2006.[262]

L'impératif de rentabilité du SPIC, et plus particulièrement de l'entreprise publique, provient donc à la fois d'éléments extérieurs à son organisation, telle la mondialisation, et d'éléments intrinsèquement liés à elle, tel le contrôle gouvernemental qui lui est imposé. De plus, il y a toujours le risque que les gestionnaires des entreprises publiques soient plus soucieux des performances financières de leur organisation que de la satisfaction des besoins des citoyens, surtout quand ces gestionnaires proviennent du secteur privé.

Au sein des SPIC, la nécessité de répondre aux besoins collectifs coexiste avec l'impératif de rentabilité. Une entreprise publique fait des affaires et vend ses produits. Elle réalise une œuvre altruiste avec des moyens égoïstes[263]. Les problèmes vécus par l'entreprise publique de loterie Loto-Québec sont une illustration pertinente de cette problématique. Alors que Loto-Québec est appelée à contribuer à résoudre les problèmes du jeu pathologique, elle doit continuer d'être rentable et de remplir les coffres de l'État en incitant les citoyens au jeu et à la loterie. Un équilibre doit donc être atteint entre ces deux objectifs contradictoires.

À notre avis, il est tout à fait légitime qu'une entreprise publique soit rentable et cherche à augmenter ses revenus. Malgré les bénéfices importants qui sont générés par diverses entreprises publiques, il ne faut pas perdre de vue que leur priorité doit être la satisfaction des besoins de la collectivité par le biais d'activités économiques. De plus, les bénéfices amassés sont collectifs. Ils servent à financer d'autres services et permettent d'envisager des investissements futurs. En fait, « [i] l est préférable que les bénéfices soient eux aussi collectifs, ce qui est le cas quand Hydro fait des profits et verse des dividendes à son actionnaire, le gouvernement du Québec. Il n'y a aucun scandale là-dedans, au contraire ». De plus, « [c] e n'est pas en affirmant que les profits d'Hydro sont énormes, à deux milliards de dollars, que l'on fera avancer le débat. Les profits d'Hydro sont énormes parce que la société

---

262. Maxime BERGERON, « Le patron de la SAQ veut générer plus de profits », *Le Soleil*, 27 avril 2005, p. C-3.

263. Pierre SANDEVOIR, « Les vicissitudes de la notion de service public industriel et commercial », dans *Mélanges en l'honneur du professeur Michel Stassinopoulos : Problèmes de droit public contemporain*, Paris, LGDJ, 1974, p. 317, à la p. 317.

d'État est énorme, ses ventes colossales et ses besoins financiers gigantesques »[264]. Les bénéfices permettent en plus d'adapter le SPIC aux nouveaux besoins et de répondre aux besoins collectifs.

Il est possible que « [l] es exigences de l'intérêt général peuvent conduire le gestionnaire du service public industriel et commercial, en particulier quand il s'agit d'une personne publique, à renoncer à la réalisation de bénéfices et se contenter d'équilibrer recettes et dépenses [...] »[265]. À cet égard, l'article 19 (2) de la *Loi sur la Société canadienne des postes* prévoit que les tarifs de port doivent permettre d'assurer des recettes qui, jointes à celles d'autres sources, suffisent à équilibrer les dépenses engagées par la Société pour l'exécution de sa mission.

De plus, il peut arriver qu'une entreprise publique gère un budget déficitaire. Cela n'est pas à espérer étant donné le risque de privatisation qui plane sur une entreprise publique non rentable. Cependant, fermer une entreprise publique en invoquant cette raison équivaut à une négation du véritable motif de son existence soit, la prestation de services aux citoyens. Tel que l'écrit Jean Rivero au sujet des lignes de transport ferroviaire : « [...] il y a, de toute évidence, des lignes ferroviaires non rentables. Les fermer pour ce seul motif est économiquement raisonnable, mais risque de condamner à mort les collectivités victimes de cet abandon. Le service rendu doit prévaloir sur le souci financier »[266]. Après tout, il ne faut pas perdre de vue que tout service public a pour objectif premier d'assurer des besoins sociaux et collectifs.

La mission de service public constitue la principale différence entre l'entreprise publique et l'entreprise privée, alors que l'exigence de rentabilité les réunit[267]. Ainsi, la reconnaissance et le respect de la mission de service public dévolue à plusieurs entreprises publiques permettraient d'équilibrer les deux objectifs.

---

264. Alain DUBUC, « Électricité : Il faudra payer », *Le Soleil*, 2 octobre 2004, p. D-4.

265. J. CARBAJO, *op. cit.*, note 259, p. 26. L'article L. 2224-1 du *Code général des collectivités territoriales* prévoit que : « Les budgets des services publics à caractère industriel ou commercial exploités en régie, affermés ou concédés par les communes, doivent être équilibrés en recettes et en dépenses ».

266. Jean RIVERO, « Les deux finalités du service public industriel et commercial », *CJEG*. 1994.375, p. 378.

267. CE, 30 mai 1930, *Chambre syndicale du commerce en détail de Nevers*, *Rec. CE*, p. 583 ; *S.* 1931.3.73, concl. JOSSE : Le Conseil d'État décida que les entreprises ayant un caractère commercial restent, en règle générale, réservées à l'initiative privée et que les conseils municipaux ne peuvent ériger des entreprises de cette nature en services publics communaux que si, en raison des circonstances particulières de temps et de lieu, un intérêt public justifie leur intervention en cette matière.

2.2. L'inconstance du SPIC

L'imprécision du SPIC provient certes de son ambivalence, mais aussi de son inconstance. Pour toutes les raisons évoquées précédemment, l'identification d'un SPIC met souvent l'administrativiste dans l'embarras. De plus, le fait que les activités faisant partie de cette catégorie fassent l'objet d'une diversification importante selon les endroits (ou les systèmes juridiques) où elles s'exercent et selon les modes d'organisation, ne simplifie pas la démarche ! L'inconstance du SPIC se traduit aussi par sa fragilité actuellement amplifiée du fait de la dilution de sa spécificité et de la mutation du droit administratif. Cette inconstance contribue nettement à accentuer l'ambiguïté de la notion de service public.

a) Diversification des activités érigées en SPIC

Les activités érigées en SPIC font l'objet d'une grande diversité. Premièrement, elles varient selon les endroits où elles sont exercées. Deuxièmement, bien que l'entreprise publique soit le sujet principal de cette étude, nous verrons que d'autres modes d'organisation font partie de la catégorie des SPIC.

i. Diversification selon les endroits

Compte tenu du fait que nous étudions principalement la notion de service public en droit français, il n'est pas de notre propos d'exposer de quelle manière elle est interprétée et reçue dans tous les systèmes juridiques. Tout au plus, tenterons-nous de dresser un portrait sommaire de la situation en présentant des exemples pertinents. Nous voulons surtout cerner la raison de cette diversification.

Illustrons cette diversification du SPIC à l'aide de l'entreprise publique. Dans certains pays, les transports ferroviaires sont ou étaient assumés par une entreprise publique ou semi-publique, alors que dans d'autres, ce secteur est du ressort de l'entreprise privée. L'organisation de l'électricité fait l'objet de la même logique[268]. Le service postal est presque toujours assumé par une entreprise publique. Pourquoi en est-il ainsi ? Certes, la diversification du SPIC selon les endroits peut être le résultat de diverses causes telles que l'évolution historique du pays, les demandes des citoyens, les ressources naturelles présentes ou les capacités financières de l'État. Cependant, selon nous cette situation est causée principalement par la variation de la portée de la notion de service public suivant les systèmes juridiques[269].

La France fournit la conception la plus achevée de la notion de service public, c'est pourquoi nous y référons dans notre thèse. Sans jouir du statut

---

268. Pour plus de détails, consultez : Ch. STOFFAËS *op. cit*, note 42, p. 416 et 422.
269. ÉCOLE NATIONALE D'ADMINISTRATION (ENA), *op. cit*, note 27, p. 449.

qu'elle revêt en France, la notion de service public est néanmoins reconnue en droit administratif dans les pays d'influence romaine tels que la Belgique, l'Espagne (*servicio publico*), la Grèce, l'Italie (*servizio publico*) ou le Portugal (*servicio pùblico*). À l'opposé, dans les pays de tradition anglo-saxonne, tels les États-Unis, le Canada anglais ou l'Angleterre, la notion de service public ne fait pas partie du langage juridique[270]. Entre ces deux systèmes, nous retrouvons un groupe mixte dans lequel l'absence d'une reconnaissance juridique de la notion de service public se mêle néanmoins avec un mode d'organisation de fourniture des prestations du service public majoritairement laissé au secteur public ou du moins à capitaux mixtes. Le Danemark, la Suède, la Finlande, les Pays-Bas, l'Irlande et l'Allemagne réfèrent donc plutôt à la notion européenne et contemporaine de service universel.

En pratique, cette conception revêt une large influence sur l'identification des activités érigées en SPIC. Ainsi, la France tient à sa longue tradition d'entreprises publiques contrairement à l'Angleterre ou aux États-Unis qui n'hésitent pas à faire appel au secteur privé dans la réalisation de diverses activités de service public. L'intégration économique tend à modifier cette affirmation. Ainsi, malgré l'importance qu'elle accorde à la notion de service public, la France, prise dans le tourbillon de l'Union européenne, ouvre le capital de plusieurs de ses entreprises publiques ou les privatise. Nous croyons néanmoins que

> [l] a finalité – répondre à un besoin d'intérêt général –, et l'objet – une prestation fournie aux membres de la collectivité –, constituent donc les points de référence minimale communs aux différents services [...] existants au sein de l'Union, quel que soit l'organe chargé de les assumer (par exemple, un organisme plus souvent de nature publique en France, de nature privée en Grande-Bretagne) et quel que soit le niveau de compétence (par exemple à l'échelon fréquemment national en France, local en Allemagne).[271]

Mais, tel que nous le verrons dans la seconde partie de notre thèse, l'entreprise publique se présente désormais sous d'autres formes. Ainsi, les systèmes juridiques qui reconnaissent la notion de service public, tendent à privilégier les organisations dans lesquelles les secteurs privé et public sont partenaires. Par ailleurs, dans les systèmes juridiques dans lesquels la notion de service public ne revêt aucune importance, la privatisation totale de

---

270. Malgré le vide juridique causé par son absence dans ces systèmes juridiques, la notion de service public est néanmoins utilisée dans le discours politique. – J. BELL, *loc. cit.*, note 41, p. 62.
271. Ch. STOFFAËS, *op. cit.*, note 42, p. 345.

l'entreprise publique est privilégiée et la mise en place d'un système de régulation prend le relais.

La diversification du SPIC selon les endroits nous permet de constater que « [...] le domaine du service public est contingent et surtout qu'il n'est pas immuable ; il est aujourd'hui plus incertain que jamais »[272]. Cela contribue incontestablement à l'inconstance du SPIC.

ii. Diversification selon les modes d'organisation

L'État utilise diverses formes juridiques d'organisation pour l'exercice de ses activités industrielles et commerciales. La diversification du SPIC selon les modes d'organisation fait appel au sens organique de la notion de service public. La deuxième partie de notre étude nous permettra de présenter divers modes d'organisation applicables aux SPIC qui assurent la mutation de l'entreprise publique de service public.

La diversification selon les modes d'organisation des SPIC se perçoit à deux niveaux : le choix entre le recours au secteur privé ou au secteur public dans la prestation de service public ainsi que la forme particulière d'organisation de l'entité qui fournit le service. Chaque pays choisit le mode d'organisation selon ce qui lui convient le mieux et selon ses ressources financières. C'est ainsi qu'à certains endroits, l'accès aux autoroutes est payant, tandis qu'il est gratuit à d'autres.

Il est logique à première vue de lier le SPIC à une organisation sous forme d'entreprise. Ainsi, l'entreprise publique est la forme la plus achevée de SPIC selon nous. Néanmoins, nous verrons dans la deuxième partie de notre thèse que la mutation de l'entreprise publique peut mener à l'identification de diverses formes juridiques d'organisation servant à la prestation de SPIC. Il n'en demeure pas moins que, nonobstant le type d'organisation utilisé, une activité de service public implique la présence d'une activité d'intérêt général en lien avec l'État.

La diversification des SPIC selon les modes d'organisation peut aussi varier suivant le palier administratif qui gère le service. Ainsi, nous retrouvons des activités érigées en SPIC tant à un niveau local (municipal) qu'à un niveau national. De même, au Canada, les provinces et le gouvernement fédéral se partagent les prestations de service public. Malgré le fait que notre thèse soit consacrée majoritairement aux entreprises publiques nationales, il est difficile de passer sous silence leurs homologues locales. Nous retrouvons notamment des entreprises publiques municipales dans les domaines du transport en commun, de l'eau et de l'électricité. D'ailleurs, en

---

272. G. MARCOU, *loc. cit.*, note 120, p. 371.

Finlande, en Suède et au Danemark, l'essentiel des activités de service public est géré par les municipalités[273].

Face au phénomène d'intégration économique actuel et du désengagement accru de l'État, la diversification du SPIC selon les modes d'organisation pose un questionnement majeur. En effet,

> Il est bien connu que les classifications classiques, dans l'admiration desquelles toute une génération a été élevée, éclatent par suite de la pression des faits. Le bouleversement récent de la structure cellulaire traditionnelle des administrations publique, bouleversement dont l'entreprise publique est une des manifestations capitales, transforme de fond en comble les formes anciennes, en fonction des changements de la mission administrative et en particulier de l'essor de la fonction prestatrice.[274] (Nos soulignements).

Étant donné la mutation permanente du secteur des entreprises publiques du fait du mouvement de privatisation et des phénomènes de restructuration qui modifient constamment le visage des entreprises publiques[275], l'avenir des SPIC est impossible à prévoir. À titre d'exemple, alors qu'aujourd'hui il s'agit d'un secteur fortement libéralisé, les télécommunications faisaient autrefois l'objet de monopoles publics. De même, la privatisation des entreprises publiques nationales causée par l'extension de l'Union européenne, laisse présager la possibilité d'une création d'entités européennes.

Notre thèse s'inscrit dans un essai de légitimation de cette diversification des modes utilisés par l'État afin de fournir des SPIC et ce, malgré l'intégration économique et une demande de plus en plus contraignante de son retrait des activités économiques.

b) La fragilité actuelle du SPIC

Dans un deuxième temps, l'inconstance du SPIC se traduit par sa fragilité actuelle. Cette fragilité est due à la dilution de sa spécificité et à la mutation actuelle du droit administratif. Il faut laisser le temps au SPIC de s'adapter à la nouvelle réalité juridique et sociale dont il fait partie.

La notion de service public elle-même n'est pas une notion facile à identifier. En fait, « [o] n peut dire que l'ensemble des services publics forme aujourd'hui une palette de services, pour lesquels le caractère de service

---

273. G. MARCOU, *loc. cit.*, note 120, p. 394.
274. Georges LANGROD, « L'entreprise publique en droit administratif comparé », *Revue internationale de droit comparé*. 1956.213, p. 217.
275. C. BAILLON, *op. cit.*, note 4, p. 24.

public est plus ou moins affirmé »[276]. En effet, la notion même de service public n'est pas la catégorie figée et uniforme qu'on a voulu constituer. Elle est une donnée qui s'apprécie de façon relative. De même, la notion de SPIC a toujours entraîné divers questionnements causés par son caractère imprécis et ses différences importantes avec le SPA. Selon Jean-François Auby :

> Il apparaît en effet que la spécificité du régime juridique des services publics industriels et commerciaux tend progressivement à s'estomper, pour se noyer dans l'ensemble plus vaste des services publics, dont chacun tend à se différencier des autres par des différences qui font plus appel au degré qu'à la nature.[277]

L'auteur justifie cette affirmation par le fait que pour les SPIC le caractère d'obligation n'existait pas à l'origine contrairement aux SPA. Par exemple, au départ l'égalité d'accès ne signifiait pas que tous les citoyens devaient bénéficier d'un service, mais que ceux qu'il était possible de desservir puissent en profiter.

Il semble qu'actuellement cette distinction s'affaiblisse. En effet, « [l]'eau, l'électricité, le gaz sont ressentis comme des besoins essentiels dont la collectivité publique doit assurer la fourniture, au même titre que les équipements scolaires, par exemple »[278]. Donc, au même titre que pour les SPA, l'État a de plus en plus l'obligation de garantir à tous les citoyens l'accès aux SPIC. Plus loin, nous verrons que cette obligation représente une limite importante à la privatisation de l'entreprise publique. S'agissant d'un moyen efficace de fourniture des services essentiels, l'entreprise publique ne doit pas disparaître, c'est pourquoi nous proposons sa mutation. Il semble donc que la spécificité du SPIC tende à se diluer pour le rapprocher de plus en plus du SPA.

La fragilité actuelle du SPIC est aussi causée par une mutation du droit administratif. De par sa propriété publique, l'entreprise publique est appelée à refléter les perturbations de ce domaine du droit en constante évolution. Pour nous, le déclin de l'entreprise publique représente une modification du rôle de l'État ou du moins, de ses rapports avec les citoyens. Cette situation affecte l'ensemble des SPIC et surtout les entreprises publiques :

> L'élément nouveau est que le débat porte aujourd'hui sur le *devenir* même des entreprises publiques, leur existence à terme, et qu'il y a prise de conscience – qui dépasse la question des entreprises publiques –

---

276. Jean-François AUBY, « Le déclin de la spécificité des services publics industriels et commerciaux », *AJDA* 1981.508, p. 512.
277. *Id.*, p. 508.
278. *Id.*, p. 509.

qu'il faut *refonder* les bases de notre droit, notamment celles du droit administratif.[279]

Le droit administratif traditionnel prend une dimension nouvelle tant du point de vue de son organisation interne que de ses manifestations externes. Il s'assouplit afin de s'adapter aux règles de l'intégration économique et à une vision renouvelée du rôle de l'État. Deux aspects de la mutation du droit administratif affectent particulièrement le SPIC, dont l'entreprise publique.

Premièrement nous assistons à l'érosion des catégories binaires[280] propres au droit administratif. Le droit administratif tel que connu auparavant tend à s'estomper. Le droit administratif traditionnel affectionne particulièrement les catégorisations hybrides, mais répugne à considérer les catégories tierces. Par exemple, les entités *sui generis* n'y sont pas reconnues. Diverses manifestations révèlent cet état de fait, dont la société à capital public mixte, dont nous traiterons dans la deuxième partie de notre étude. Le juriste doit désormais faire face à une multitude de procédés utilisés couramment par l'Administration, lesquels se révèlent ardus à insérer dans une catégorie ou une autre. La régulation est un exemple de cette affirmation. L'utilisation par l'Administration de nouveaux procédés tels les programmes, les plans stratégiques ou les chartes, entraîne un glissement du droit administratif de l'impératif vers le permissif[281]. L'application des normes du gouvernement d'entreprise à l'entreprise publique est une illustration de cette réalité. L'érosion des catégories binaires s'explique par le fait que le droit administratif doit s'adapter à l'intégration économique qui affecte les États et le droit interne ; droit qui leur est applicable. Dans la même veine, les sources juridiques sont plus nombreuses que dans le passé entraînant une nécessaire mutation du droit administratif. Désormais, le public et le privé s'enchevêtrent, créant ainsi de nouveaux procédés difficiles à insérer dans des catégories spécifiques. La vision traditionnelle du SPIC se modifie sous l'effet de tous ces bouleversements. Notre thèse est le reflet de cette réalité.

Deuxièmement, il semble que l'entreprise privée soit désormais utilisée comme référence en droit administratif, plus particulièrement dans le cadre du fonctionnement des activités érigées en SPIC. En 1956, Georges Vedel écrivait : « Il n'y a pas de compatibilité entre la vie

---

279. Michèle VOISSET, « Les entreprises publiques et l'Europe », dans Roland DRAGO (dir.), *Quel avenir pour les entreprises publiques ?*, Paris, PUF, 2001, p. 5, à la p. 11.

280. Roland DRAGO, « La tenaille. Réflexions sur l'état du droit administratif », dans UNIVERSITÉ PANTHÉON-ASSAS/PARIS-II, *Clés pour le siècle*, Paris, Dalloz, 2000, p. 436, à la p. 444.

281. Didier TRUCHET, « La structure du droit administratif doit-elle demeurer binaire ? À propos des catégories en droit administratif », dans UNIVERSITÉ PANTHÉON-ASSAS/PARIS-II, *Clés pour le siècle*, Paris, Dalloz, 2000, p. 443, à la p. 445.

commerciale et la domanialité publique : c'est évident. »[282] Cette assertion n'est plus aussi évidente aujourd'hui, alors que le droit administratif est en pleine mutation. Le réaménagement du droit administratif se manifeste par l'intrusion de plus en plus importante du modèle du secteur privé au sein des activités publiques. La deuxième partie de notre thèse constitue une démonstration de cette nouvelle réalité. L'application des principes du gouvernement d'entreprise, la délégation d'une activité de service public à une entreprise privée, la société à capitaux mixtes et la filialisation de l'entreprise publique constituent des exemples de cette implication des règles du secteur privé dans le secteur public. Certes, « [l]'idée est séduisante car elle se pare des atours du dynamisme et de la modernité ; mais elle suscite aussi inquiétudes et interrogations »[283]. La principale inquiétude est probablement celle qui consiste à se demander ce qu'il adviendra de la notion de service public et de son application conséquemment à cette invasion du secteur privé. Le souci de procurer des services essentiels à la collectivité est la principale différence entre l'État et l'entreprise privée. Il est primordial de ne pas perdre cet objectif de vue car c'est ce qui justifie le rôle joué par l'État dans l'économie. Après tout, « [...] l'efficacité administrative doit rejoindre le dynamisme de l'entreprise privée »[284].

SECTION II
LE DÉCLIN DE LA NOTION DE SERVICE PUBLIC

Penchons-nous maintenant plus précisément sur le déclin de la notion de service public elle-même. Demandons-nous s'il s'agit d'un véritable déclin ou plutôt d'une adaptation de la notion aux nouveaux enjeux. Mais avant d'effectuer cette démarche, il importe de constater comment la notion est remise en cause dans le cadre de l'intégration économique et quelles en sont les conséquences. Cette dernière section du titre I constitue une conclusion tout à fait logique concernant le déclin de l'entreprise publique que nous lions à celui de la notion de service public.

---

282. Georges VEDEL, « Le régime des biens des entreprises nationalisées », *CJEG.* 1956.177, p. 177.
283. J.-L. AUTIN et C. RIBOT, *op. cit.*, note 93, n° 498, p. 246.
284. René DUSSAULT et Louis BORGEAT, *Traité de droit administratif*, 2e éd., t. 1, Québec, PUL, 1984, p. 186 ; *Québec (Procureur général)* c. *Bertrand*, [1997] RJQ 487 (CS), p. 492.

1. La remise en question de la notion de service public

La notion de service public est présentement remise en question par le fait de l'intégration économique. Dans la Communauté européenne cette situation a donné naissance à de nouvelles notions apparentées à celle du service public.

1.1. L'ébranlement provenant de l'intégration économique

À notre avis, l'intégration économique constitue le point de départ du déclin de la notion de service public. Occupant auparavant une place centrale en droit administratif, la notion de service public recule désormais face à l'intégration économique, entraînant ainsi le désengagement de l'État particulièrement en matière économique. Cette considération nous fait revenir à notre question de départ : *le recours à l'entreprise publique investie d'une mission de service public est-il encore envisageable dans le cadre de l'intégration économique et du désengagement de l'État ?*

a) L'intégration économique en tant que point de départ

L'intégration économique représente le point de départ du déclin de la notion de service public. Étant donné que nous étudions le service public à la française, l'intégration européenne nous intéresse plus particulièrement. C'est aussi en Europe que les débats à ce sujet sont les plus vifs et les plus importants.

Malgré son aspect fondamental en droit administratif français et québécois, la notion de SPIC est présentement affectée par l'intégration économique. Le maintien des missions de service public représente l'enjeu central du déclin de l'entreprise publique dans le cadre de l'interventionnisme public. Nous vivons sans contredit une remise en cause de la notion de service public face à une approche communautaire et internationale en construction, ce qui accentue et accompagne le déclin de l'interventionnisme public et de l'entreprise publique. Nous pouvons même parler d'une « banalisation » du service public ou de son « ébranlement »[285]. Cette réalité est présente à différents degrés dans tous les États et surtout en en France où l'intégration européenne est omniprésente.

Les consommateurs exigeants, l'abondance des produits et la concurrence représentent quelques réalités inhérentes au nouvel ordre mondial. Les services publics sont maintenant la cible de diverses critiques. Sous la pression des évolutions technologiques et sociales, les citoyens demandent de plus en plus d'obtenir des biens et des services de qualité. Ainsi, la notion de

---

285. F. MODERNE, *loc. cit.*, note 31, p. 43 ; J. CHEVALLIER, *op. cit.*, note 32, p. 44.

service public a été affectée par l'ouverture des marchés. Nous observons une corrélation directe entre le déclin de la notion de service public et celui de l'entreprise publique. Nous traiterons plus en profondeur de ce sujet dans le titre II de cette première partie de notre thèse.

Applicable au niveau international, l'*Accord général sur le commerce des services*[286] constitue un exemple pertinent de l'impact de l'intégration économique sur le service public. Son objectif est la libéralisation totale de tous les services. En vertu de cet accord, les États ont la liberté de choisir les services libéralisés. Cependant, leur choix est irréversible. L'AGCS pose la délicate question de la définition exacte d'un service public. L'article 1, al. 3 *b)* de l'AGCS indique que les « services » comprennent tous les services de tous les secteurs à l'exception des services fournis dans l'exercice du pouvoir gouvernemental. Il précise qu'un « service fourni dans l'exercice du pouvoir gouvernemental » s'entend de tout service qui n'est fourni ni sur une base commerciale, ni en concurrence avec un ou plusieurs fournisseurs de services. Ces cas sont plutôt rarissimes à notre ère de partenariat public-privé, d'ouverture des marchés et de concurrence accrue. Bien que nous n'entendions pas répondre à cette question complexe dans le cadre de notre thèse, nous croyons néanmoins que la majorité des SPIC sont susceptibles d'être affectés par cet accord. Ils sont maintenant positionnés de plus en plus en situation concurrentielle et ont un objectif commercial. De plus, il ne faut pas négliger le fait qu'un service puisse être pris en charge par l'État à un endroit et laissé entre les mains du secteur privé à un autre endroit. Cette situation complique l'application de l'article 1, al. 3. En conséquence, il est du devoir des pays contractants de ne pas inscrire ces services sur leurs listes d'engagement. Ainsi, ils seront soustraits à l'application de l'Accord.

Ce phénomène mondial porte en lui des valeurs d'ordre économique telles que la libre-concurrence, la liberté de circulation, la déréglementation des marchés, la performance, la productivité et la rentabilité. Ces concepts semblent s'opposer fortement à la conception française du service public[287] suivant laquelle l'objectif premier est la satisfaction des besoins des citoyens. Ainsi, l'intégration économique se situe au niveau de l'activité économique et vise principalement les entreprises.

L'intégration économique entraîne aussi une réforme de l'Administration publique. La concurrence entre les États mène à un besoin de réviser la structure étatique et ses procédés d'action. Au Québec, divers rapports

---

286. *Accord général sur le commerce des services*, [En ligne] http://www.wto.org/french/docs_f/legal_f/26-gats_01_f. htm (Page consultée le 1er janvier 2009), ci-après désigné « AGCS ».

287. Ch. DEBBASCH et F. COLIN, *op. cit.*, note 35, p. 380 ; « L'intégration européenne est fondée sur une logique marchande qui ignore les prémisses et les stratégies du service public » – Francis MALLOL, « Divorce à l'européenne ? Ou l'épineuse question des services publics », *JCP*. 1996. 3963.371, p. 372.

gouvernementaux ont été élaborés à ce sujet. Citons principalement le rapport Gobeil de 1986 et le rapport Facal de 1997[288] qui avaient pour objectif de réduire la taille de l'État. En 2003, le gouvernement libéral de Jean Charest a lancé le terme « réingénierie de l'État » afin de qualifier ce processus de désengagement de l'État impulsé par le courant d'intégration économique. Le rapport de la ministre Jérôme-Forget présentait alors les moyens de le mettre en œuvre[289]. Les entreprises publiques sont indéniablement prises sous le coût de cette réingénierie de l'État. Cela se manifeste principalement par des propositions de privatisations afin de renflouer les coffres de l'État ou de fusions d'entreprises publiques dans le but d'alléger les structures.

L'intégration économique n'affecte pas encore systématiquement la catégorie des services publics administratifs. L'intégration économique européenne distingue

> [...] les activités économiques ordinaires des entreprises du secteur public et les services présentant effectivement un haut degré d'intérêt général. Les premières seront, conformément au principe d'égalité de concurrence, soumises à l'ensemble du droit communautaire des affaires. Seuls les accords pourront, dans la mesure où cela est strictement nécessaire à l'accomplissement de leur mission, bénéficier d'un régime dérogatoire.[290] (Nos soulignements).

Seule la catégorie des services publics industriels et commerciaux, dont font partie les entreprises publiques, semble donc affectée par la situation actuelle. Nous croyons que cette situation est due au fait que la catégorie des SPA réunit des activités de service public non marchandes, contrairement à la catégorie des SPIC dans laquelle nous retrouvons des activités marchandes. Cette réflexion nous permet de passer à l'exemple du déclin du service public en droit communautaire européen.

Afin d'illustrer notre propos au sujet du déclin du service public par l'intégration économique, nous nous inspirons essentiellement de la situation européenne. Il faut rappeler que :

---

288. GOUVERNEMENT DU QUÉBEC, *Rapport Gobeil – Rapport du Groupe de travail sur* la *révision des fonctions et des organisations gouvernementales*, Québec, Gouvernement du Québec, 1986 ; GOUVERNEMENT DU QUÉBEC, *Rapport Facal – Rapport du Groupe de travail sur l'examen des organismes gouvernementaux*, [En ligne] http://www.mce.gouv.qc.ca/publications/rapport_organismes_gouv_1997.pdf (Page consultée le 1er janvier 2009).
289. GOUVERNEMENT DU QUÉBEC, *op. cit.*, note 17.
290. Gabriel ECKERT, *Droit administratif et commercialité*, Thèse de doctorat, Strasbourg, Université Robert Schuman, 1994, p. 417.

> Dès 1987, la Commission a amorcé un programme de déréglementation. [...]. Nous englobons sous ce même vocable, l'ensemble des mesures prises par les institutions européennes qui poursuivent les buts suivants : ouverture de marchés à la libre concurrence, démantèlement de monopoles d'État, abolition de droits exclusifs et spéciaux, harmonisation et libéralisation. Il est important de se rappeler que le but recherché par la Commission est double : d'une part, l'élaboration d'un système juridique unique, la création d'un marché intérieur et, d'autre part, l'encouragement de la concurrence.[291]

C'est en Europe que le déclin du service public est le plus flagrant au point de vue juridique. La reconstruction de la notion de service public constitue un élément central de la politique européenne.

Malgré cet objectif, la notion de service public n'est pas visée expressément ou définie dans les textes fondateurs de la Communauté européenne. Seul l'article 73 du *Traité instituant la Communauté européenne*[292] applicable en matière de transport mentionne le terme « service public ». Cela paraît étrange mais « [à] dire vrai, la notion n'a pu être ignorée des Pères fondateurs, parmi lesquels les Français ont tenu un rôle privilégié, ils ont pu choisir de ne pas en faire un élément de discussion central, tant la référence aux compétences étatiques reste forte pour le service public »[293]. Cependant, aujourd'hui le service public se situe au cœur des débats entourant la construction européenne. La libéralisation des services au niveau communautaire a entraîné l'apparition de notions apparentées à la notion de service public, tel que nous l'expliquerons plus loin. Les principes communautaires de libre circulation des biens et des services et de la libre concurrence[294] contrastent avec la notion de service public suivant laquelle l'intérêt général est primordial. Le droit communautaire accorde une large place à l'économie. Les activités de service public, dont celles exercées par les entreprises publiques, sont donc opposées à l'idéologie européenne.

---

291. Hélène DESLAURIERS, « Une décennie de déréglementation dans l'Union européenne : entre libre-concurrence et service public », dans SERVICE DE LA FORMATION PERMANENTE DU BARREAU DU QUÉBEC. *L'accès au marché de l'Union européenne et le droit européen des affaires (1995)*, Cowansville, Éditions Yvon Blais, 1995, p. 107, à la p. 120.

292. [En ligne] *http://eur-lex.europa.eu/LexUriServ/site/fr/oj/2006/ce321/ce32120061229fr00010331.pdf* (Page consultée le 1er janvier 2009). Il s'agit de la version consolidée du Traité, ci-après désigné « *Traité de Rome* ».

293. Stéphane RODRIGUES, « Prospective du service public en Europe », dans Christian STOFFAËS (dir.), *L'Europe à l'épreuve de l'intérêt général*, Paris, ASPE Europe, 1995, p. 357, à la p. 362.

294. Les articles 30 à 37 du *Traité de Rome* répriment les entraves au commerce entre les États et les articles 85-86 et 90 prohibent les pratiques anti-concurrentielles.

La libéralisation des activités de service public est appliquée depuis les années 1980. Libéraliser revient en quelque sorte à diminuer les interventions de l'État dans l'économie. Il s'agit d'ouvrir à la concurrence les activités de service public, habituellement exercées par le biais d'un monopole d'État étant donné la mission d'intérêt collectif qu'elles revêtent. Le transport aérien fut le premier service public libéralisé dans l'Union européenne. Des compagnies privées à bas tarif ont été autorisées à entrer sur le marché. La situation est semblable au Canada où l'État s'est départi de ses compagnies aériennes entraînant ainsi l'arrivée de plusieurs entrepreneurs privés. L'adoption de la directive du 29 juillet 1991 a contribué à la libéralisation des transports ferroviaires en Europe[295]. Elle prévoyait les principes facilitant l'adaptation du marché du transport ferroviaire au marché unique européen. Les télécommunications ont aussi été ouvertes à la concurrence[296]. De plus, les secteurs liés à l'énergie ont fait l'objet de directives de libéralisation[297]. L'ouverture à la concurrence des services postaux[298] fut limitée puisque les États peuvent maintenir certains services sous monopole. Seuls les envois postaux excédant certains critères de poids et de prix sont automatiquement ouverts à la concurrence.

Ces étapes de libéralisation touchent les entreprises publiques qui sont les outils privilégiés afin de rendre les services. Nous verrons plus loin de quelle manière les libéralisations ont modifié les entreprises publiques.

---

295. Directive 91/440 du 29 juillet 1991 relative au développement de chemins de fer communautaires, *JOCE* n° L 237 du 24 août 1991, p. 25 ; Directive 2004/51 du 29 avril 2004 modifiant la directive 91/440 relative au développement de chemins de fer communautaires, *JOCE* n° L 164 du 30 avril 2004, p. 164.

296. Directive 90/387 du 28 juin 1990 relative à l'établissement du marché intérieur des services de télécommunications par la mise en œuvre de la fourniture d'un réseau ouvert de télécommunications, *JOCE* n° L 192 du 24 juillet 1990, p. 1.

297. **Électricité :** Directive 96/92 du 19 décembre 1996 relative aux règles communes pour le marché intérieur de l'électricité, *JOCE* n° L 27 du 30 janvier 1997, p. 20 ; Directive 2003/54 du 26 juin 2003 concernant des règles communes pour le marché intérieur de l'électricité et abrogeant la directive 96/92, *JOCE* n° L 176 du 15 juillet 2003, p. 37. **Gaz :** Directive 98/30 du 22 juin 1998 concernant les règles communes pour le marché intérieur du gaz naturel, *JOCE*, n° L 204 du 21 juillet 1998, p. 1 ; Directive 2003/55 du 26 juin 2003 concernant des règles communes pour le marché intérieur du gaz naturel et abrogeant la directive 98/30, *JOCE* n° L 176 du 15 juillet 2003, p. 57.

298. Directive 97/67 du 15 décembre 1997 concernant les règles communes pour le développement du marché intérieur des services postaux de la Communauté et l'amélioration de la qualité du service, *JOCE*, n° L 15 du 21 janvier 1998, p. 14 ; Directive 2002/39 du 10 juin 2002 modifiant la directive 97/67/CE en ce qui concerne la poursuite de l'ouverture à la concurrence des services postaux la Communauté, *JOCE* n° L 176 du 5 juillet 2002, p. 21.

b) Le désengagement de l'État en tant que conséquence

L'intégration économique étant le point de départ du déclin de la notion de service public, le désengagement de l'État est l'une de ses conséquences. Nous constatons donc dans cette sous-section que la principale conséquence du déclin de la notion de service public par l'intégration économique est le désengagement de l'État. Ceci engendre la remise en cause de l'existence des instruments étatiques telles les entreprises publiques. Plus particulièrement, nous assistons à une crise de la légitimité de l'État ainsi qu'à la régression de sa puissance juridique.

Point de mire de l'intégration économique, la notion de service public permet de justifier les actions de l'État, surtout dans le domaine économique. Ainsi, il est logique de constater que le déclin de la notion de service public est une prémisse à la crise de légitimité de l'État. Constatant la banalisation du droit de la puissance publique, Jean-Bernard Auby indique que la notion de service public est désormais « [...] mise en cause dans sa fonction de légitimation »[299]. Tel que nous l'avions indiqué en introduction, la justification de l'interventionnisme public par le service public a longtemps été acceptée et reconnue. Malheureusement, la construction de l'Europe favorise les règles du marché tout en minant les actions étatiques dans leur forme et leur légitimité même.

Le déclin de la notion de service public face à l'intégration économique, est un reflet percutant de la crise de la légitimité de l'État : « [...] la notion de service public a vécu une profonde crise [...]. À travers cette crise, c'est le rôle de l'État, le degré de son interventionnisme, qui sont en question »[300]. Malgré cette crise, nous croyons encore à la légitimité de l'action publique à l'aide de la notion de service public. D'ailleurs, ne proposons-nous pas le renouveau de l'entreprise publique ? La notion de service public est porteuse de valeurs primordiales sans lesquelles l'intérêt général de la population ne serait pas assuré. Il ne faut pas la réduire à néant aux profits de considérations purement économiques. Le droit administratif est trop fortement imprégné du service public pour s'en séparer si facilement[301]. Les juristes doivent identifier des moyens adaptés à l'intégration économique afin de permettre à l'État de continuer de fournir des services essentiels aux

---

299. Jean-Bernard AUBY, « Le mouvement de banalisation du droit des personnes publiques et ses limites », dans *Études offertes à Jean-Marie Auby,* Paris, Dalloz, 1992, p. 3, à la p. 9 ; « La mondialisation affecte la *légitimité* de l'État par le haut et par le bas ». – Philippe MOREAU DESFARGES, *La mondialisation,* 6e éd., coll. « Que sais-je ? », n° 1687, Paris, PUF, 2005, p. 57.
300. Ch. DEBBASCH et F. COLIN, *op. cit.*, note 35, p. 380.
301. « La notion de service public [...] a été, et [...] elle demeure dans une certaine mesure une clef de l'explication du particularisme des règles de droit public applicables à l'administration ». – J.-B. AUBY, *loc. cit.*, note 299, p. 9.

citoyens suivant les principes d'égalité, d'adaptation et de continuité. ce que nous proposons dans la deuxième partie de notre étude.

L'intégration économique entraîne la globalisation des décisions, des organisations et des règles juridiques. La marge de manœuvre des États quant à la réalisation et la mise en œuvre de leur droit interne s'en trouve affectée considérablement. Il ne fait pas de doute que « [...] la globalisation s'accompagne d'une régression de la puissance économique et politique des États. Les décisions de ceux-ci sont de plus en plus abondamment enfermées dans des contraintes internationales – mondiales ou régionales »[302]. Ainsi, le régime juridique suivant lequel les États agissent en matière économique est affecté par l'intégration économique.

Il est possible de se demander « [...] quel rôle doit jouer l'État, quelles sont les limites des monopoles d'État, la libre concurrence est-elle vraiment souhaitable à tous les niveaux et sous toutes les formes ? Quelle place la libre concurrence laisse-t-elle à la notion de service public ? »[303]. Une lueur d'espoir peut être reconnue dès lors que les États ont un rôle à jouer dans la mise en œuvre des normes d'intégration économique sur leur territoire et qu'ils bénéficient toujours d'une marge d'intervention quant à leur législation interne.

Par exemple, les États de l'Union européenne doivent adapter leur législation nationale afin de se conformer aux directives qui leur sont adressées. La directive est une loi supranationale destinée aux États membres[304]. À cet égard, la directive Bolkenstein est un exemple intéressant de la régression de la puissance juridique de l'État en ce qu'elle nie le droit aux États d'exercer une régulation sur les activités des entreprises multinationales. Elle devrait aussi éliminer les contrôles dont disposent les États afin de contrôler les services fournis. Une directive n'a pas la précision d'une loi. Il s'agit plutôt d'un cadre juridique de référence applicable par les États. Ces derniers l'appliqueront par le biais de leur législation nationale.

1.2. Les nouvelles notions provenant du droit communautaire

Prise sous le joug de la construction européenne, la notion de service public coexiste désormais avec des nouvelles notions provenant du droit communautaire : le *service d'intérêt économique général* et le *service universel.* Ces dernières semblent entraîner un recul de la notion de service public et conséquemment, affectent directement l'entreprise

---

302. Jean-Bernard AUBY, *La globalisation, le droit et l'État,* Paris, Montchrestien, 2003, p. 63, à la p. 96. Le titre de ce point est tiré de ce volume, à la p. 96.
303. H. DESLAURIERS, *loc. cit.*, note 291, p. 112.
304. *Id.*, p. 121.

publique de service public. Les trois notions ne doivent pas être confondues. C'est pourquoi nous expliquerons en quoi consistent les deux nouvelles notions dans cette sous-section. Ce développement sera aussi utile lorsque nous démontrerons la mutation possible de l'entreprise publique.

a) La notion de service d'intérêt économique général

Le service d'intérêt économique général est une autre notion développée par le droit communautaire européen et apparentée au service public. La Commission européenne définit ainsi le service d'intérêt économique général : « services de nature économique que les États membres ou la Communauté soumettent à des obligations spécifiques de service public en vertu d'un critère d'intérêt général »[305].

On y fait notamment référence à l'article 86 (2) du *Traité de Rome* : « Les entreprises chargées de la gestion de services d'intérêt économique général ou présentant le caractère d'un monopole fiscal sont soumises aux règles du présent traité, notamment aux règles de concurrence [...]. » Cette notion désigne les activités de service marchand ayant pour objet des missions d'intérêt général, qui sont conséquemment soumises à des obligations de service public. Les activités en réseaux des entreprises publiques de service public sont visées par cette définition. Plus précisément, la jurisprudence communautaire a qualifié les domaines suivants de services d'intérêt économique général : les entreprises de télécommunications, les services postaux et de télégraphe, la fourniture d'énergie électrique, le transport par chemins de fer, les activités de pompes funèbres et les services de distribution d'eau[306]. L'accès aux services d'intérêt économique général afin de promouvoir la cohésion sociale et territoriale de l'État est prévu à l'article II-96 de la *Charte des droits fondamentaux de l'Union européenne*[307].

---

305. COMMISSION EUROPÉENNE, *Livre blanc sur les services d'intérêt général*, COM (2004) 374, p. 23, [En ligne] *http ://eur-lex. europa. eu/LexUriServ/site/fr/com/2004/com2004_0374fr01.pdf* (Page consultée le 1er janvier 2009).

306. Dans l'ordre : CJCE 20 mars 1985, *Commission c/Italie* (dite *British Telecom*), aff. 41/83, Rec. p. 873 ; CJCE 19 mai 1993, *Paul Corbeau*, aff. C-320/91, Rec. p. I-2533, ci-après désignée « *Corbeau* » ; CJCE 27 avril 1994, *Commune d'Almelo et autres*, aff. C-393/92, Rec. p. I-1477, ci-après désignée « *Commune d'Almelo* » ; CJCE 4 juin 2002, *Commission c/Belgique*, aff. C-503/99, Rec. p. 1909 ; CJCE 10 décembre 1991, *Merci Convenzionali Porto Di Genova Spa et Siderurgica Gabrielli Spa*, aff. C-179/90, Rec. p. 5923.

307. [En ligne] *http://www.europarl.europa.eu/charter/pdf/text_fr. pdf* (Page consultée le 1er janvier 2009).

Dans les décisions *Corbeau* et *Commune d'Almelo*[308], la Cour de justice des Communautés européennes a identifié cinq critères permettant de déterminer si une entité fournit des services d'intérêt économique général. Voici ces critères : l'entité doit assurer une mission d'intérêt général ; au profit de tous les usagers ; sur l'ensemble du territoire de l'État membre concerné ; à des tarifs uniformes et à des conditions de qualité similaires, sans égard aux situations particulières et au degré de rentabilité économique de chaque opération individuelle ; les conditions de variation des tarifs devant être objectives.

i. La notion de service d'intérêt général

Le service d'intérêt économique général est un sous-ensemble du service d'intérêt général. Ainsi, nous constatons que l'ensemble des services d'intérêt général recouvre les services d'intérêt économique général et les services d'intérêt général non économique[309]. Le service d'intérêt général non économique sert à la qualification de services non marchands.

Il représente les services non marchands de l'État tels que l'éducation, la police ou les services de santé qui ne sont pas visés en principe par la libéralisation des services et la concurrence. En effet, il semble que ce soit la *mission* du service d'intérêt général non économique, soit le respect des règles d'intérêt général, qui est exclu de la libéralisation, contrairement à son *instrument*. Ainsi utilisant l'exemple des services sociaux, la Commission reconnaît leur particularité (ils mettent en œuvre le principe de solidarité), mais elle souligne tout de même que leur fourniture, leur développement et leur modernisation impliquent l'application de règles de libre prestation de service[310]. L'utilisation du partenariat public-privé est l'une des illustrations de la libéralisation de l'instrument du service d'intérêt général non économique. À cet égard, il peut être considéré comme offrant un service nécessaire aux citoyens mais où l'intervention de l'État est indirecte. Nous en parlerons plus abondamment dans la deuxième partie de cette étude relative à la mutation de l'entreprise publique.

Selon Jean-François Auby, « [t] ous les services d'intérêt général ont une dimension économique car aucun n'est totalement situé hors marché. Tous les services d'intérêt général ont besoin de prestations

---

308. *Corbeau*, point 15 ; *Commune d'Almelo*, point 48.
309. Béatrice BOISSARD, « Le traitement communautaire des services d'intérêt général non économique », *RDP* 2005.1306.
310. *Id.*, p. 1315 ; COMMISSION EUROPÉENNE, *Livre vert sur les services d'intérêt général*, COM (2003) 270, [En ligne] http://eur-lex.europa.eu/LexUriServ/site/fr/com/2003/com2003_0270fr01.pdf (Page consultée le 1er janvier 2009).

extérieures pour fonctionner »[311]. Cette réflexion est conforme à la position de la Cour de justice qui s'est reconnue compétente pour des missions ayant une incidence sur le marché sans être proprement économiques en autant qu'elles soient exercées par des personnes privées[312].

ii. Distinction de la notion d'intérêt économique général de la notion de service public

Des analogies peuvent être effectuées entre le service d'intérêt économique général et le service public. Il est possible de lier le service d'intérêt général au SPA et le service d'intérêt économique général au SPIC.

Les principes du service public s'appliquent dans une certaine mesure au service d'intérêt économique général. Plus particulièrement, le principe d'égalité entre les citoyens propre au service public, se transpose dans le cas du service d'intérêt économique général en une égalité entre les entreprises. Le droit communautaire favorise la liberté dans un marché au sein duquel toutes les entreprises, qu'elles soient publiques ou privées, sont placées à égalité. L'article 86 (2) du *Traité de Rome* met en place cette philosophie, en y apportant toutefois une exception sur laquelle nous nous pencherons plus loin. Nous retrouvons l'application du principe de continuité au service d'intérêt économique général puisque les usagers doivent le trouver en bon état de fonctionnement en tout temps même s'ils décident de ne pas y avoir recours. L'objectif des services d'intérêt économique général de créer les conditions d'un développement durable pour les générations futures[313] peut être relié au principe d'adaptation, au même titre que l'adaptation à la nouvelle technologie.

b) La notion de service universel

La notion de service universel est apparue pour la première fois dans le Livre Vert de la Commission européenne consacré aux services de télécommunications[314]. La directive du 28 juin 1990 relative à la concurrence dans les marchés des services de télécommunications[315] a consacré l'application

---

311. Jean-François AUBY, « Une directive communautaire sur les services d'intérêt général », *RFDA* 2006.786.
312. CJCE 23 avril 1991, *Hofner et Elser c. Macroton*, aff. C-41/90, *Rec. CJCE*, p. I-1979, concl. Jacobs ; CJCE 19 janvier 1994, *SAT c. Eurocontrol*, aff. C-364/92, *Rec. CJCE*, p. 43 ; *D.* 1995.33, note LHUILLIER.
313. Élisabeth GUIGOU et *al.*, *En Europe, le service public est d'intérêt général*, p. 14, [En ligne] http://www.europartenaires.net/FTP/rapport_groupe_de_travaildef. pdf (Page consultée le 1er janvier 2009).
314. COMMISSION EUROPÉENNE, *Vers une économie européenne dynamique – Livre vert sur le développement du marché commun des services et équipements des télécommunications*, COM (87) 290, juin 1987.
315. Directive 90/387, précitée, note 296.

de cette nouvelle notion aux services de télécommunications. Le service universel fut ensuite lié aux services postaux par le biais du Livre Vert consacré aux services postaux et de la Directive 97/67 du 15 décembre 1997[316]. La directive du 26 juin 2003 relative à la fourniture d'électricité définie le service universel comme étant le droit appartenant aux clients d'être approvisionnés, sur leur territoire, en électricité d'une qualité bien définie, et ce, à des prix raisonnables, aisément et clairement comparables et transparents[317].

Elle fut introduite pour la première fois dans le droit interne français par l'article 3 de la *Loi n° 96-659 du 26 juillet 1996 relative à la réglementation des télécommunications*[318] :

> L'article L. 32-2 du code des postes et télécommunications est ainsi modifié :
>
> I. – Le premier alinéa est complété par trois phrases ainsi rédigées : « Elle veille également au respect des principes du service public et notamment du service universel dans le secteur des télécommunications. [...] Elle peut saisir l'Autorité de régulation des télécommunications sur des questions concernant la compétence de cette autorité en matière de contrôle et de sanction du respect, par les opérateurs, des obligations de service public et service universel résultant des dispositions législatives et réglementaires qui leur sont applicables en vertu du présent code et des autorisations dont ils bénéficient ».

Cette insertion d'une notion de droit communautaire dans la législation de l'un des membres de la Communauté européenne est une démonstration intéressante de l'interaction nécessaire entre les règles du droit interne et du droit communautaire dans le cadre de la construction d'un marché unique.

i. L'identification du service universel

Cette notion de service universel, d'origine anglo-saxonne, est utilisée par le droit communautaire et le droit national pour tout ce qui concerne l'accès au service[319]. Il s'agit d'une notion économique ou commerciale. Frédéric Colin a identifié trois conditions qui doivent être réunies afin qu'il soit possible de conclure à la présence d'un service universel : un accès ouvert à tous ceux qui en font la demande dans un territoire déterminé ; une prestation présentant un niveau de qualité préalablement fixé ; un service

---

316. COMMISSION EUROPÉENNE, *Livre vert sur le développement du marché unique des services postaux*, COM (91) 476, juin 1991 ; Directive 97/67, précitée, note 298.
317. Directive 2003/54, précitée, note 297, art. 3 (3).
318. *Loi n° 96-659 du 26 juillet 1996 relative à la réglementation des télécommunications*, *JO* 27 juillet 1996, p. 11398.
319. J.-L. AUTIN et C. RIBOT, *op. cit.*, note 93, n° 366, p. 190.

rendu à un prix abordable[320]. La notion de service universel peut donc être définie comme étant l'ensemble des services minimaux devant être offerts à l'ensemble des usagers d'un territoire donné à un tarif abordable.

Le service universel assure le maintien de l'accessibilité et de la qualité des services pendant le passage d'une situation de prestation de services monopolistiques à un marché ouvert à la concurrence[321]. Par cette notion, les usagers du service public deviennent des « consommateurs », ou en d'autres mots des « clients ». Ils ont le choix de choisir entre les services des divers opérateurs opérant sur le marché. Contrairement à la notion de service public, la notion de service universel évolue dans un environnement concurrentiel. Dans ce cadre, le principe de qualité est associé au service universel. Les services à valeur ajoutée sont ceux qui ne sont pas compris dans le service universel. Ils impliquent le paiement d'un montant supplémentaire par les usagers.

La notion de service universel s'applique uniquement à des secteurs libéralisés dotés d'une fonction sociale. Pour l'instant, ce sont les secteurs des télécommunications, de la poste et de la fourniture d'électricité qui y sont liés. Avant la libéralisation, ces secteurs étaient confiés à des entreprises publiques en situation de monopole. Plusieurs services locaux ou urbains, tels que le transport en commun ou la distribution et l'assainissement de l'eau, pourraient entrer dans cette catégorie. Ils en sont cependant exclus puisqu'ils ne relèvent pas du champ de compétence communautaire ou ne sont pas soumis directement à la concurrence[322]. De plus, le service universel « [...] correspond en fait à un type particulier de service public, le service en réseaux couvrant l'ensemble du territoire, voire même à certaines prestations d'un service public donné (par exemple le téléphone fixe pour les télécommunications) ; tous les autres excluent l'idée d'universalité »[323]. Nous verrons dans le prochain titre de notre étude que les entreprises publiques sont régulièrement structurées en réseaux.

ii. Liens avec les notions de service public et de service d'intérêt économique général

La modification du vocabulaire n'est pas fortuite, elle exprime la nécessité d'adopter une conception communautaire du service public, tout en restant dans la même logique[324]. La notion de service universel renvoie à l'idée de service minimal et est plus restrictive que la notion de service

---

320. F. Colin, *op. cit.*, note 64, p. 163.
321. Philippe Ricard, « Bruxelles assouplit les règles de financement des services publics », *Le Monde*, 16 juillet 2005, p. 9.
322. J. Chevallier, *op. cit.*, note 32, p. 100.
323. *Id.*, p. 100.
324. J.-M. Rainaud, *op. cit.*, note 29, p. 100.

public, puisqu'elle est centrée uniquement sur le service rendu aux usagers et non sur la prise en charge de missions d'intérêt général[325]. Cependant, à l'image du service public, le service universel renvoie à une idée de cohésion sociale.

Les Lois de Rolland, les principes de continuité, d'égalité et d'adaptation, propres au service public semblent s'appliquer à la notion de service universel. En fait, il est possible de faire un parallèle entre l'accessibilité d'accès et le principe de continuité ainsi qu'entre le principe d'égalité et la tarification abordable. Le service universel doit aussi évoluer suivant les changements et les avancées technologiques. D'ailleurs le point n° 25 de la Directive 2002/22 concernant le service universel[326] indique que : « Les marchés des communications ne cessent d'évoluer [...]. Les obligations de service universel, qui sont définies au niveau communautaire, devraient être périodiquement revues afin d'en modifier ou d'en redéfinir la portée ». Les principes d'universalité et de qualité s'ajoutent aux Lois de Rolland. Le principe d'universalité correspond à l'accès de tous les usagers à des services dont les prix sont abordables. Pour sa part, le principe de qualité correspond naturellement à la qualité du service, mais en plus à la présence de lignes de conduite saines et à une gestion transparente[327].

Pourquoi utiliser la notion de service universel plutôt que celle de service public ? Il semble que la notion de service public soit utilisée par les autorités communautaires lorsque les États ne sont pas tenus de prévoir l'existence de missions de service public, lorsqu'il s'agit d'une simple faculté. Par ailleurs, le service universel est obligatoire pour les États étant donné qu'il s'agit du service minimal[328].

Le service universel est plus restreint que le service d'intérêt économique général. Ce dernier englobe le service universel. Il ne faut pas oublier que le service universel correspond aux activités de base et qu'ainsi, l'apparition de services à valeur ajoutée, tels que le téléphone portable ou le courrier rapide, est possible. Les services d'intérêt général correspondent aux services qui vont au-delà des obligations du service universel.

---

325. J. CHEVALLIER, *op. cit.*, note 32, p. 100.
326. Directive 2002/22 du 7 mars 2002 concernant le service universel et les droits des utilisateurs au regard des réseaux et services de communications électroniques (directive « service universel »), *JOCE* n° L 108 du 24 avril 2002, p. 51.
327. J. CARBAJO, *op. cit.*, note 259, p. 1.
328. Martine LOMBARD, « Service public et service universel ou la double inconsistance », dans Christian-Albert GABAR, *Mélanges Benoît Jeanneau : Les mutations contemporaines du service public*, Paris, Dalloz, 2002, p. 491, aux p. 509 et 510.

2. Un véritable déclin ou une adaptation de la notion de service public ?

Malgré le fait que la notion de service public décline au profit de l'intégration économique et de l'idéologie du désengagement de l'État, nous considérons qu'il est possible d'arrêter ce déclin à l'aide de son adaptation. Afin d'adapter la notion il importe d'assurer sa reconnaissance et de l'intégrer au cadre juridique imposé par l'intégration économique.

2.1. Une notion à reconnaître dans le cadre de l'intégration économique

Nous pensons qu'il est nécessaire de sauvegarder la spécificité de la notion de service public et qu'elle est compatible avec les nouvelles notions provenant du droit communautaire.

a) La sauvegarde de la spécificité de la notion de service public

La reconnaissance de la notion de service public dans le cadre de l'intégration économique est essentielle afin de l'adapter aux nouvelles règles juridiques. Cette reconnaissance sera assurée par la sauvegarde de la spécificité de la notion et par sa possible interaction avec les notions de service universel et d'intérêt économique général. Après tout, tel que l'écrit Éric Delacour : « Le droit communautaire ne menace pas la notion de service public mais il oblige à revoir certains éléments de celle-ci »[329].

La notion de service public occupe encore une place essentielle en droit et dans l'ensemble des activités étatiques. Elle doit s'enrichir afin de faire face aux nouvelles conditions dans lesquelles elle évolue. Son adaptation ne doit pas nous faire perdre de vue son caractère fédérateur.

En effet, le droit communautaire est fondé sur une logique économique. L'idéologie libérale qui prône des valeurs telles que la prospérité, la richesse et la productivité est sous-jacente au phénomène de l'intégration économique. Cependant, il est aussi important dans une société de sauvegarder les valeurs de cohésion sociale, d'égalité et de protection de l'environnement auxquelles répond la notion de service public. Il faut atteindre un équilibre entre ces deux objectifs qui sont, à première vue contradictoires, mais qui doivent être réunis afin d'assurer la sauvegarde de la notion de service public et de sa prestation.

---

329. Éric DELACOUR, « Service public et construction européenne : la guerre des droits n'aura pas lieu », *Pet. aff.* 1997.114.4, p. 4.

Il ne faut pas oublier que l'intégration économique affecte principalement le SPIC. Dans leur ouvrage de droit public économique, Didier Linotte et Raphaël Romi argumentent en faveur de la reconnaissance de la catégorie du *service public économique* : « Entre les services publics administratifs et les services publics industriels et commerciaux traditionnels n'y a-t-il pas place pour une catégorie intermédiaire de services qui, tout en gérant une activité économique, sont soumis au droit public ? »[330]. Ils introduisent une nouvelle catégorie du service public en effectuant la distinction entre les services publics de réglementation (services publics de police, services publics économiques) et les services publics de prestation (services publics administratifs, services publics industriels et commerciaux). Le service public économique permet un encadrement des actions du secteur privé dans le contexte de l'ouverture des marchés, comme le fait un organisme de régulation. La reconnaissance de cette nouvelle catégorie du service public économique permettrait à la notion de service public de survivre à l'intégration économique[331]. Cette proposition nous fait prendre conscience du fait qu'il serait pertinent de proposer un concept européen du service public[332].

Nous avons étudié précédemment les trois principes de base du service public. Nous avons aussi démontré que de nouveaux principes s'y sont rattachés. Afin d'assurer l'adaptation du service public, nous ne croyons pas que ces nouveaux principes doivent prendre la place des principes fondateurs. Ces nouveaux principes sont cependant utiles afin d'enrichir les principes de base qui ne suffisent plus à apporter aux usagers de réelles garanties, cela jouant parfois à leur détriment. De plus, les citoyens sont de plus en plus critiques et sévères à l'égard du fonctionnement des services[333]. Les nouveaux principes du service public assurent la reconnaissance de la notion en ce qu'ils permettent de l'adapter aux nouveaux enjeux de l'intégration économique et ainsi assurer sa pérennité.

b) L'interaction possible de la notion de service public avec les nouvelles notions

L'apparition des nouvelles notions de service universel et de service d'intérêt général a bouleversé, avec raison, l'ordre précédemment établi et suscité divers questionnements. Plus particulièrement,

---

330. D. LINOTTE et R. ROMI, *Services publics et droit public économique*, 5e éd., Paris Litec, 2003, n° 158, p. 71 ; Au même effet : D. LINOTTE et R. ROMI, *op. cit.*, note 168, n° 145, p. 33.
331. *Id.*, n° 159, p. 72.
332. F. MODERNE, *loc. cit.*, note 37, p. 64.
333. M. LONG, *loc. cit.*, note 29, p. 498.

> [l]'utilisation de ce nouveau concept de « service universel » peut donc susciter à la fois espoir et crainte. Pour tenter d'éclairer son devenir, la réflexion doit être prolongée. S'il n'est toujours pas envisageable de donner *a priori* une définition universelle, sinon en renvoyant à l'approche méta-juridique qui peut y voir un « construit social », la problématique tant juridique qu'économique et politique doit s'attacher à un questionnement susceptible d'apporter les premiers éléments des réponses conditionnant les avenirs possibles du service universel.[334]

Il importe de se demander si l'apparition de ces nouvelles notions est le reflet d'une adaptation ou du déclin de la notion de service public. Selon nous, l'application de la notion de service public, soumise au principe d'adaptation, est en éternel changement. Nous vivons présentement une phase de déclin de la notion qui laissera ensuite place à son adaptation. La dimension économique rattachée aux nouvelles notions, doit être prise en compte par les autorités tout comme doit l'être la mission d'intérêt général propre à la notion de service public.

Les nouvelles notions développées par le droit communautaire peuvent cohabiter avec la notion de service public : « Rien n'exclut en effet que la notion de service public ne disparaisse au profit de celle de service universel après qu'elles auront coexisté sur des plans différents »[335]. Il faut tenir compte du fait que ces nouvelles notions peuvent enrichir la notion de service public.

S'adressant à la fourniture de services de base, la notion de service universel ne doit pas avoir pour effet de faire diminuer les standards imposés par la notion de service public. C'est pourquoi il nous semble essentiel de distinguer les services de base des autres services. À ce sujet, nous avons intérêt à suivre les enseignements des décisions *Commune d'Almelo* et *Corbeau* qui prévoient que :

> Les entreprises visées à l'article 90 (1), peuvent bénéficier d'une protection contre la concurrence seulement pour ce qui concerne le service de base. Cette protection ne saurait donc jouer pour des services spécifiques, dissociables du service d'intérêt économique général, qui répondent à des besoins particuliers des opérateurs économiques ou qui exigent certaines prestations supplémentaires que le service traditionnel n'offre pas.[336]

334. M. DEBÈNE et O. RAYMUNDIE, *loc. cit.*, note 91, p. 188.
335. Lucien RAPP, « L'expérience américaine », *AJDA* 1997.159, n° spécial, p. 163.
336. M. DEBÈNE et O. RAYMUNDIE, *loc. cit.*, note 91, p. 187.

Dans le cadre des services publics qu'elle offre, l'entreprise publique a le fardeau de distinguer le service de base. Dès lors, il est important de définir la notion de service de base adéquatement.

La ressemblance entre les notions de SPIC et de service d'intérêt économique général doit être considérée afin de pouvoir adapter la notion de SPIC à l'environnement actuel. La notion d'entreprise, qui peut être envisagée dans le sens de « procédés d'entreprise », semble être la clé permettant un rapprochement entre les deux notions. Selon Bertrand Seiller :

> [...] la notion d'entreprise semble devoir jouer à nouveau le premier rôle. Ce retour au point de départ, cette révolution sans révolution, éloignerait la menace sur la distinction entre les services publics administratifs et industriels et commerciaux. Cette dernière conserverait sa place et sa portée en droit interne mais s'insérerait de manière plus cohérente dans l'ensemble des règles gouvernant les services publics contemporains.[337]

Sur la base de cette affirmation, nous proposons la mutation de l'entreprise publique investie d'une mission de service public.

2.2. Une notion à intégrer aux règles de l'intégration économique

Cette mutation fortement perceptible en droit français se répercute directement en droit québécois. Les juristes québécois ne peuvent ignorer cette réalité qui atteint une notion phare du droit administratif et qui remet en cause la légitimité de l'action étatique en matière économique. Ainsi, « [p] our sortir de l'incompréhension mutuelle, pour dépasser le conflit, il faut désormais procéder à un double compromis : adapter l'Europe aux services publics certes mais aussi adapter les services publics à l'Europe »[338]. C'est pourquoi nous croyons qu'il est nécessaire d'intégrer la notion de service public aux règles de l'intégration économique. Cette intégration et l'adaptation des structures juridiques fournissant les prestations de service public semblent être les solutions envisageables.

Il importe, et cela est possible, de concilier la réalisation des objectifs de service public et le respect des règles de concurrence. Il est essentiel que l'ouverture à la concurrence se fasse adéquatement « [...] afin que la liberté des échanges réalisée par l'établissement d'un marché ouvert ne puisse nuire à la protection légitime d'intérêts fondamentaux,

---

337. Bertrand SEILLER, « L'érosion de la distinction SPA-SPIC », *AJDA* 2005.417, p. 422.
338. Ch. STOFFAËS, *op. cit.*, note 21, p. 269.

qui sont supérieurs au principe de la libre circulation et de la libre concurrence »[339].

a) L'insertion de la notion de service public dans les règles de l'intégration économique

L'adoption d'un traité constitutionnel aurait permis d'inscrire dans le corpus législatif du droit européen des règles protectrices du service public[340]. Étant donné les différences qui existent entre les différentes nations formant l'Union européenne une ligne de pensée unitaire à ce sujet aurait été la bienvenue. À défaut de se doter d'une constitution européenne, les autorités devraient rédiger une charte européenne des services publics. Il est aussi possible d'imaginer la création d'une Commission du service public chargée de suivre la mise en œuvre des principes de la charte[341].

Au moins, il faut reconnaître que la notion de service public est un concept juridique fondamental autant en ce qui concerne le droit administratif, le droit public économique que le droit européen. Le travail d'intégration de la notion de service public en droit communautaire entamé dans les décisions *Corbeau* et *Commune d'Almelo* doit être continué.

L'adoption d'un cadre de référence permettrait d'établir des équivalences entre les normes nationales et les normes communautaires. La notion de service public devrait aussi être reconnue comme étant fondamentale et nécessaire afin d'assurer la satisfaction de certains besoins procurés par l'entreprise publique de service public. L'adoption d'une charte des services d'intérêt général constituerait une bonne alternative[342]. On y retrouverait des définitions claires des trois notions étudiées précédemment ainsi que l'élaboration de leur portée et de leurs modalités d'application. À cet effet, les juristes ont un travail important à accomplir. Une réflexion approfondie et des solutions appropriées seraient les bienvenues en ce domaine.

---

339. Anne WASHSMANN et Frédérique BERROD, « Les critères de justification des monopoles : un premier bilan après l'affaire *Corbeau* », *Rev. trim. dr. eur.* 1994.39, p. 61.
340. Philippe BUSQUIN *et al.*, « Services publics, l'immense progrès qui force l'approbation », *Le Monde*, 20 novembre 2004, p. 22.
341. Jean-Louis BIANCO, « Pour une initiative européenne », dans Christian STOFFAËS (dir.), *L'Europe à l'épreuve de l'intérêt général*, Paris, ASPE Europe, 1995, p. 465, à la p. 470.
342. *Proposition pour une Charte des Services d'intérêt général*, [En ligne] *http://www.vie-publique.fr/dossier_polpublic/regulation_sp/charte_fr. pdf* (Page consultée le 1er janv. 2009).

b) L'adaptation des structures juridiques fournissant les prestations de service public

Dans le cadre de notre thèse, nous proposons une alliance entre le secteur public et le secteur privé afin d'assurer la survie de l'entreprise publique et de sa mission de service public pour tout ce qu'elle représente tant du point de vue juridique que social. La deuxième partie de notre thèse est particulièrement représentative de cet effort. Compte tenu du fait que les règles de l'intégration économique sont d'ordre économique, l'État doit s'intégrer à cette logique marchande en adaptant sa manière d'intervenir dans l'économie, notamment par l'utilisation de règles juridiques ou administratives applicables au secteur privé. Cela permettrait peut-être de réconcilier le service public avec la concurrence.

Ainsi, il est intéressant de se pencher sur le concept d'État contractant. Soulignons que, « [...] dans cet esprit les fonctions inhérentes au service public sont exercées dans le respect de la concurrence et des responsabilités prises vis-à-vis des gouvernements ou des régulateurs »[343].

Cette manière d'appréhender la situation peut sembler être le souhait d'un retrait de l'État de la sphère économique et de la banalisation de l'intérêt des citoyens au profit d'une logique libérale. Cela n'est pas le cas puisque « [s] i cela implique un certain retrait de l'État, la délimitation du périmètre du service public, la définition de ses enjeux et des règles régissant son fonctionnement continuent à être une responsabilité de l'État, puissance publique »[344]. Dans le contexte actuel, l'État a tout intérêt à s'inspirer du secteur privé afin de moderniser sa manière de fournir les prestations de service public aux citoyens.

> Ceci ne signifie pas la fin du service public mais le passage à la conception fonctionnelle d'un service conçu sous la forme souple d'obligations d'intérêt général, imposées, de manière différenciées, à des opérateurs dont le statut devient exclusif de tout aspect dérogatoire ou monopolistique.[345]

C'est pourquoi nous croyons fortement au renouvellement des formes institutionnelles d'organisation des services publics.

Est-il inapproprié de chercher à effectuer la mutation l'entreprise publique ? Jean-Marie Pontier indique :

> Le débat sur les services publics tend à se centrer, donc à se réduire et, finalement, se fausser, sur les entreprises publiques. Il est facile d'en

---

343. F. McGowan, *loc. cit.*, note 60, p. 73.
344. M. Long, *loc. cit.*, note 29, p. 503.
345. J. Chevallier, *op. cit.*, note 32, p. 94.

comprendre les raisons. Les entreprises publiques se trouvent au premier plan de l'actualité et du débat à la fois parce que c'est à leur propos que l'on s'interroge le plus sur la transformation de l'usager en difficultés financières et sont en déficit, parce qu'elles concentrent les contradictions résultant de la juxtaposition d'une logique économique, d'une logique nationale et d'une logique sociale, et parce qu'elles sont le plus directement mises en cause par les règles communautaires relatives à la concurrence[346].

Nous croyons que les organisations internationales et gouvernementales devraient chercher à rendre compatible le fonctionnement des entreprises publiques avec les règles internationales. Malgré la réalité de l'intégration économique, il faut tenir compte de l'importance de la mission d'intérêt général assurée par l'État, notamment par le biais de ses entreprises. Nous devons reconnaître la place importante occupée par l'entreprise publique au sein de l'État et à l'échelle mondiale afin d'assurer sa survie et sa mutation. L'introduction des nouveaux principes du service public, dont la transparence, l'imposition de règles déontologiques aux dirigeants, la reconnaissance du rôle des citoyens et l'identification législative des missions de service public pourraient être le début de la mutation de l'entreprise publique de service public.

Nous avons vu à travers ce titre que le déclin de la notion de service public est une manifestation du déclin de l'entreprise publique de service public. Le déclin de l'entreprise publique est lié de manière importante à celui de la notion de service public.

Il est maintenant temps de constater les conséquences de ce déclin sur l'entreprise publique.

346. Jean-Marie PONTIER, « Sur la conception française du service public », *D.* 1996.2.9, p. 12

TITRE II

LE DÉCLIN DE L'ENTREPRISE PUBLIQUE : PERCEPTIBLE À TRAVERS LE DÉCLIN DE SES PARTICULARITÉS TRADITIONNELLES ET SA PRIVATISATION

Pour les fins du Titre II, nous exposerons les manifestations du déclin de l'entreprise publique suite au déclin de la notion de service public. Le déclin de l'entreprise publique est perceptible à travers le déclin de ses particularités traditionnelles et sa privatisation.

Nous assistons à une réduction considérable de l'application des particularités traditionnelles de l'entreprise publique propres à son organisation et aux modalités d'exercice de ses activités. Ce démantèlement de l'entreprise publique est une conséquence de la diminution considérable de la reconnaissance de la notion de service public et de sa réduction à une peau de chagrin. Ainsi, le déclin de l'entreprise publique est perceptible à travers le déclin de ses particularités traditionnelles qui faisaient autrefois sa spécificité et qui lui permettaient de réaliser sa mission de service public au nom du bien-être collectif.

Le déclin de l'entreprise publique est aussi perceptible à travers sa privatisation. Étant donné que ce terme correspond à plusieurs réalités, nous verrons à laquelle nous adhérons afin de constater le déclin de l'entreprise publique. L'Angleterre, où la notion de service public n'est pas reconnue et sacralisée comme en France, a été la pionnière en matière de privatisation d'entreprises publiques. La France suit maintenant la tendance mondiale et européenne et privatise plusieurs entreprises publiques. Le gouvernement français avait privatisé des entreprises publiques purement économiques auparavant, mais là le mouvement de privatisation est plus que jamais important. Cela est probablement dû au déclin de la notion de service public. Influencés par cette vague pro-privatisations, le Canada et le Québec se sont aussi délestés d'entreprises publiques au cours des dernières années. Nous en verrons les raisons dans les pages qui vont suivre. En plus de les avoir privatisées, ces États ne créent presque plus de nouvelles entreprises publiques.

Dans ce titre nous exposerons donc précisément les éléments propres au déclin de l'entreprise publique conséquemment au déclin de la notion de service public.

CHAPITRE I

LE DÉCLIN DES PARTICULARITÉS TRADITIONNELLES DE L'ENTREPRISE PUBLIQUE

L'entreprise publique jouit traditionnellement de certaines particularités perceptibles tant au niveau de son organisation qu'au niveau des modalités d'exercice de ses activités qui lui permettent d'accomplir adéquatement sa mission de service public. Ces particularités traditionnelles accentuent la différence entre l'entreprise publique et l'entreprise privée.

Le déclin de l'entreprise publique conséquemment au déclin de la notion de service public est visible par le biais du déclin de ses particularités traditionnelles.

SECTION I
LES PARTICULARITÉS TRADITIONNELLES DE L'ENTREPRISE PUBLIQUE

Cette section constitue un rappel des principales particularités traditionnelles de l'entreprise publique. Nous exposerons donc les particularités propres à son organisation qui sont de deux ordres : son appartenance à l'État et sa situation monopolistique et en réseau. Nous distinguerons aussi les particularités relatives aux modalités d'exercice de ses activités que représentent les prérogatives de puissance publique et le principe de spécialité.

1. Les particularités propres à son organisation

Nous avons choisi d'aborder le lien de l'entreprise publique avec l'État ainsi que sa situation monopolistique et en réseau afin d'exposer les particularités traditionnelles propres à l'organisation de l'entreprise publique.

1.1. L'appartenance de l'entreprise publique à l'État

L'entreprise publique appartient à l'État. En effet, traditionnellement ce dernier est le seul propriétaire du patrimoine de l'entreprise publique. Nous verrons dans la deuxième partie de notre travail que ce n'est plus toujours le cas aujourd'hui. Le caractère public de l'entreprise publique se caractérise à la fois par son rattachement et par son autonomie par rapport à l'État.

a) Le rattachement à l'État

L'entreprise publique est une entité étatique qui exerce des activités industrielles et commerciales suivant l'intérêt général. Elle a un caractère hybride de par son statut public qui lui confère une mission d'intérêt général et ses activités économiques. Le caractère industriel et commercial est inhérent à l'entreprise publique. De même, toute entreprise publique est nécessairement rattachée à l'État. Ceci nous permet de la qualifier de *publique*, contrairement à l'entreprise *privée*. Dans la deuxième partie de notre thèse, nous verrons que sa mutation soulève constamment la question de son lien avec l'État.

Malgré tous les contrôles dont elle fait l'objet, l'entreprise publique est l'entité étatique la plus autonome par rapport à l'Administration centrale. En fait, l'autonomie représente l'une des caractéristiques les plus importantes de l'entreprise publique[347]. L'équilibre entre le contrôle et l'autonomie peut être parfois ardu à obtenir car un contrôle trop important restreint l'autonomie de l'entreprise publique et annule les pouvoirs qu'elle exerce en vertu du mandat qui lui est accordé tandis qu'un contrôle insuffisant met en péril son rôle et son utilité comme instrument de l'action gouvernementale et de politique publique[348].

Dans le cadre de l'intégration économique, l'autonomie est une facette très importante. Tel que l'avait écrit (ou prédit !) Jean Virole en 1975 :

> Par ailleurs, l'Entreprise Publique, d'une manière générale a moins besoin de privilèges et de dérogations aux lois ordinaires du marché économique que d'autonomie pour affronter les règles de la concurrence, tant sur le plan national qu'européen ou international. La soumission des Entreprises Publiques aux lois du marché conduit les

---

347. GOUVERNEMENT DU QUÉBEC, Ministère des Finances, Ministre délégué à la Privatisation, *Privatisation des sociétés d'État du gouvernement du Québec : rapport d'étape*, Montréal, Direction des communications du ministère des Finances, 1987, p. 117.
348. *Id.*, p. 128.

> Pouvoirs publics à une plus grande souplesse dans l'exercice de leur contrôle [...].[349] (Nos soulignements).

Cet extrait démontre parfaitement le besoin d'autonomie de l'entité, surtout dans le contexte actuel.

Son organisation étant calquée sur celle de l'entreprise privée, l'entreprise publique est l'entité étatique qui jouit de la plus grande marge de flexibilité. En fait, « [l] a flexibilité demeure l'avantage majeur des sociétés d'État sur les instruments de politique économique »[350]. Ce caractère flexible est certainement rendu nécessaire par l'accomplissement de prestations de service public dans un cadre économique. En effet, « [o] n reconnaît généralement que, en raison des exigences du marché et de la nécessité de faire place aux initiatives de gestion, il est indispensable de confier à ce type d'organisme une liberté d'action toute spéciale qui s'exercerait largement en marge du contrôle de l'État »[351]. De même, l'application à l'entreprise publique de règles issues du droit privé et du droit public lui permet d'être flexible.

Cette flexibilité nous permet d'appréhender sa mutation suivant d'autres contours organisationnels.

b) Survol des contrôles étatiques exercés sur l'entreprise publique

En 1966, dissertant à propos du contrôle des entreprises publiques, Patrice Garant écrivait que :

> « [...] il y a encore des lacunes si l'on compare avec la situation française. Les conseils d'administration n'obéissent pas à l'idée de gestion tripartite ou bipartite ; il n'y a pas de commissaire du gouvernement, ni de commission des comptes publics. Enfin [...], le contrôle parlementaire frise l'insignifiance »[352].

Aujourd'hui, la situation est différente. L'entreprise publique est soumise à diverses formes de contrôle étatique. Nous distinguons plus précisément les contrôles gouvernemental, parlementaire et judiciaire. C'est ainsi que divers acteurs contrôlent de manière plus ou moins importante l'entreprise publique. Nous faisons ici référence au Premier ministre, au ministre responsable, au ministre des Finances, au

---

349. J. VIROLE, *loc. cit.*, note 192, p. 90.
350. Luc BERNIER, « L'évolution des sociétés d'État au Québec depuis 1960 », dans Alain-Gustave GAGNON, *Québec : État et société*, Montréal, Québec/Amérique, 1994, p. 243, à la p. 251.
351. R. DUSSAULT et L. BORGEAT, *op. cit.*, note 284, p. 182. Voir dans le même sens : *Québec (Procureur général)* c. *Bertrand*, [1997] RJQ 487 (CS), p. 492.
352. P. GARANT, *op. cit.*, note 28, p. 327.

Vérificateur général, au Conseil du trésor, à l'ensemble des parlementaires et aux juges. Ces contrôles s'exercent autant au niveau des budgets et des activités locales de l'entreprise qu'au niveau de son expansion internationale et de ses prévisions annuelles. Nous n'entendons pas ici exposer la situation de manière détaillée, mais plutôt faire un survol des formes de contrôle et de leurs principaux exemples[353].

i. Contrôle gouvernemental

Au Québec, le contrôle gouvernemental, exercé par le Conseil exécutif formé du Premier ministre et des ministres, le ministre délégué (ou ministre responsable) et le ministre des Finances, se présente sous diverses formes. Le contrôle gouvernemental exercé sur une entreprise publique est prévu expressément dans sa loi constitutive.

Le Conseil exécutif, encadre l'activité de chaque entreprise publique. Il prend des décisions ayant des répercussions sur tout un secteur de son activité financière et touchant divers aspects reliés à sa gestion. La nomination des membres du conseil d'administration de l'entreprise constitue une forme de contrôle exercé par le Conseil exécutif. Par contre, ce dernier doit éviter de s'ingérer de manière trop importante dans les activités du conseil d'administration.

L'élaboration et le dépôt d'un plan stratégique constituent une autre forme de contrôle gouvernemental exercé sur l'entreprise publique. Le plan stratégique présente sur quelques années à venir des informations relatives aux buts de l'entreprise publique, à ses objectifs et à ses prévisions budgétaires. Par exemple, l'article 11.12 de la *Loi sur Hydro-Québec* impose à Hydro-Québec l'obligation d'établir un plan stratégique suivant la forme, la teneur et la périodicité fixées par décret du gouvernement. Ensuite, le plan doit être soumis à l'approbation gouvernementale suivant un processus précis. Le financement de l'entreprise publique est donc soumis au contrôle du Conseil exécutif.

Le second intervenant du contrôle gouvernemental est le ministre responsable de l'entreprise qui rend compte au Parlement de l'entreprise dont il a la charge. Le ministre responsable a un pouvoir de recommandation auprès du conseil des ministres en ce qui concerne la nomination des dirigeants et les projets de l'entreprise. Dans certains cas, le ministre responsable doit aussi approuver les budgets de l'entreprise qui est sous son contrôle. Il peut arriver que le contrôle par le ministre responsable se manifeste par l'élaboration d'une directive d'orientation portant sur des aspects déterminés et généraux des activités de l'entreprise.

---

353. Ce texte est tiré de M.-L. PELLETIER, *op. cit.*, note 15, n°s 62 à 87, p. 53 à 66.

Le ministre des Finances contrôle les entreprises publiques conjointement avec le ministre responsable. Il exerce une tutelle financière sur les activités des entreprises publiques. En tant que détenteur du capital-actions de l'entreprise, il en est l'actionnaire au nom de l'État.

Le gouvernement peut aussi exercer son contrôle sur l'entreprise publique par l'entremise d'organismes autonomes de régulation sur lesquels il exerce une tutelle et dont il nomme les membres. Nous étudierons plus précisément la fonction de régulation dans la deuxième partie de notre thèse.

Le contrôle gouvernemental exercé sur l'entreprise publique peut être illustré ainsi : « Le Gouvernement souhaite dresser à chaque entreprise d'État un corridor à l'intérieur duquel il lui demande de courir. Il évaluera périodiquement la performance réalisée et agira en conséquence à l'égard des dirigeants auxquels il a délégué son autorité »[354].

ii. Contrôle parlementaire

L'article 88 de la *Loi sur la gestion des finances publiques*, prévoit que les entreprises publiques sont responsables *a posteriori* devant le Parlement. Au Québec, le contrôle parlementaire est exercé de diverses façons par les élus siégeant à l'Assemblée nationale.

L'adoption et la modification des lois constitutives des entreprises publiques constituent des modes de contrôle parlementaire. De même, la période des questions lors de la session parlementaire constitue un autre mode de contrôle parlementaire suivant lequel les ministres responsables doivent rendre compte des actes des entreprises dont ils ont en charge. La formation de commissions parlementaires permet la discussion publique des orientations et des politiques des entreprises publiques. Les commissions parlementaires impliquent divers acteurs tels le ministre responsable, les dirigeants de l'entreprise ainsi que des groupes sociaux intéressés à faire part de leur opinion. Elles constituent aussi le lieu privilégié de l'étude détaillée des projets de lois et des plans stratégiques des entreprises publiques. De même, les rapports annuels et les plans stratégiques doivent faire l'objet d'un dépôt devant l'Assemblée nationale.

Au Québec, le Vérificateur général est nommé par l'Assemblée nationale afin de notamment vérifier les comptes des entreprises publiques et en faire rapport annuellement au Parlement. Les entreprises publiques québécoises sont soumises à son contrôle et à celui de vérificateurs privés. À cet égard, l'article 21.5 de la loi constitutive d'Hydro-Québec prévoit que ses livres et ses comptes sont vérifiés chaque année par le Vérificateur général et par un vérificateur externe nommé par le gouvernement. Ils présentent alors un rapport conjoint.

---

354. R. PARENTEAU (dir.), *op. cit.*, note 195, p. 150.

iii. Contrôle judiciaire

Malgré le fait qu'au Canada les juges bénéficient d'une garantie d'indépendance, le pouvoir judiciaire peut être appelé à exercer un certain contrôle sur les pouvoirs exécutif et législatif. À cet effet, dans l'affaire Procureur général du Canada c. Inuit Tapirisat l'Honorable juge Estey mentionne :

> Cependant, à mon avis, l'essentiel du principe de droit applicable en l'espèce est simplement que dans l'exercice d'un pouvoir conféré par la loi, le gouverneur en conseil, comme n'importe quelle autre personne ou groupe de personnes, doit respecter les limites de la loi édictée par le Parlement ou la Législature. Y déroger déclenchera le rôle de surveillance de la Cour supérieure qui a la responsabilité de faire appliquer la loi, c'est-à-dire de s'assurer que les actes autorisés par la loi sont accomplis en conformité avec ses dispositions ou qu'une autorité publique ne se dérobe pas à une obligation qu'elle lui impose.[355]

De fait, les actes de l'Administration publique sont soumis au contrôle des tribunaux, il s'agit là du contrôle judiciaire. En tant qu'entité de l'État, l'entreprise publique n'échappe pas à ce contrôle. L'abondante jurisprudence citée dans cette thèse tend à démontrer cette réalité. Le contrôle judiciaire présente des caractéristiques particulières : il s'agit d'un contrôle *a posteriori* ; il n'est pas automatique, il doit donc y avoir saisine ; il est assorti de garanties d'impartialité[356].

Bien qu'il n'agisse pas du contrôle le plus significatif par rapport aux autres[357], nous sommes d'avis que le contrôle judiciaire exercé sur l'entreprise publique est justifié et nécessaire. Selon nous, les tribunaux sont tenus de préserver la mission d'intérêt public dont doivent être teintés les actes de l'entreprise publique dans le cadre de ses prestations de service public. Pour ce faire, lorsqu'ils rendent des décisions impliquant l'entreprise publique, les juges doivent tenir compte de l'intérêt des citoyens.

1.2. Sa situation monopolistique et en réseau

L'entreprise publique jouit habituellement d'une situation monopolistique en plus d'exercer ses activités en réseau.

---

355. [1980] 2 RCS 735, p. 752.
356. P. GARANT, *op. cit.*, note 28, p. 425.
357. « L'objet du contrôle de la validité des actes administratif exercé par le juge est la vérification de la conformité de ces actes à la loi et au Droit. Le juge comme tel ne détient aucune responsabilité politique ; aussi son contrôle doit-il en être un de la légalité. [...] être conçue de façon élargie [...] ». – P. GARANT, *op. cit.*, note 28, p. 429.

a) Aux sources de l'organisation monopolistique et en réseau

Dans le cadre de notre exposé concernant l'organisation monopolistique et en réseau, nous définissons le monopole et le réseau et évaluons les raisons inhérentes à la constitution d'une entreprise publique sous cette organisation.

Le terme monopole est apparu pour la première fois dans la *Politique* d'Aristote. Il était alors formé des mots « seul » et « vendre », décrivant ainsi une situation dans laquelle un vendeur est seul dans un marché[358].

De nos jours, portée par diverses théories économiques cette définition a évolué. Par ailleurs, le droit s'y étant aussi attardé, nous pouvons dire que

> [p] our le juriste, le monopole s'apparente plus volontiers à l'existence de privilèges, de droits exclusifs ou spéciaux accordés ou reconnus à une entreprise pour l'exercice d'une activité, généralement érigée en service public, ceci expliquant cela. Cette approche du monopole postule donc quelque part, l'existence d'une intervention publique, extérieure au marché, ayant pour effet d'éliminer la concurrence [...].[359]

À la lecture de cette citation, nous constatons que divers éléments concourent à la reconnaissance juridique d'un monopole : privilèges, droits exclusifs, activité de service public, élimination de la concurrence. Le monopole jouit d'une position dominante sur le marché. Il est interdit à toute autre personne d'intervenir dans le domaine du monopoleur, ce qui implique une absence de concurrence absolue ou relative. Cette situation ne concorde pas vraiment avec la situation actuelle favorable à la libre-concurrence et à l'ouverture des marchés !

Ainsi, traditionnellement l'entreprise publique est érigée en monopole. Elle est de ce fait, la seule fournisseuse de produits sur un territoire donné.

La doctrine distingue plusieurs types de monopoles. Par exemple, Christian Stoffaës en distingue quatre :

> – le monopole de production, régime dans lequel les produits de l'entreprise se trouvent en concurrence, sur le marché, avec des produits étrangers ;
>
> – le monopole de commercialisation, qui fixe un circuit d'écoulement obligatoire pour la vente de produits ou de services pouvant s'exercer à divers stades de la commercialisation : vente en gros, en demi-gros, au détail etc.

---

358. Jean MAGNAN DE BORNIER, *Le monopole*, coll. « Que sais-je ? », n° 2324, Paris, PUF, 1986, p. 3.
359. Jean-Philippe COLSON, *Droit public économique*, 3e éd., Paris, LGDJ, n° 438, p. 452.

– le monopole d'importation et/ou d'exportation, qui concerne les échanges avec l'étranger ;

– le monopole d'approvisionnement, par lequel l'entreprise bénéficiaire se voit réserver le droit de satisfaire la demande, en excluant d'autres offres, notamment extérieures.[360] (Nos soulignements)

Pour sa part, Michèle Voisset considère qu'il existe trois catégories de monopoles : le monopole du produit qui entraîne celui du service rendu (électricité), le monopole du produit qui n'inclut pas le monopole du service rendu (transport) ainsi que le monopole qui a cessé d'être naturel (communications)[361]. Jean Magnan de Bornier nous entraîne plutôt dans une distinction entre le monopole institutionnel et le monopole naturel. Le monopole institutionnel est lié à l'attribution d'une activité à une entreprise particulière. Dans ce cas, l'entreprise ne peut transmettre son droit à l'exclusivité du service à d'autres fournisseurs. Par exemple, Hydro-Québec ne peut vendre à une autre entreprise d'électricité son droit à l'exclusivité du marché[362].

L'entreprise publique peut aussi être considérée comme un « monopole naturel ». Un monopole naturel est reconnu lorsque les conditions d'un secteur font en sorte qu'une seule entreprise sert mieux les consommateurs ou rendent la coexistence de plusieurs entreprises inconcevable[363]. Par exemple, il serait absurde de créer deux entreprises de chemin de fer circulant sur deux voies concurrentes qui font l'objet d'un même trajet. Ce dédoublement serait un gaspillage. Dans le cas d'un monopole naturel, les coûts de production étant moins élevés que si plusieurs producteurs desservaient le marché, il est préférable qu'un monopole public soit formé afin d'exercer certains types d'activités suivant la nature du bien alors produit ou les conditions de sa production. Il y a notamment reconnaissance d'un monopole naturel dans les domaines qui engendrent d'importantes économies d'échelle tels l'énergie, les transports et les communications[364].

Précédemment, nous avons affirmé que le monopole peut être absolu ou relatif. En effet, « [...] même où il y a monopole ou droits exclusifs, l'activité concernée est cependant soumise à la concurrence de produits de

---

360. Ch. STOFFAËS, *op. cit.*, note 21, p. 124.
361. M. VOISSET, *loc. cit.*, note 279, p. 16.
362. J. MAGNAN DE BORNIER, *op. cit.*, note 358, p. 31.
363. *Id.*, p. 19.
364. Philippe FAUCHER, *L'entreprise publique comme instrument de politique économique*, Montréal, Université de Montréal, Département de science politique, 1981, p. 6 ; Ejan MACKAAY et Stéphane ROUSSEAU, 2e éd., *Analyse économique du droit*, Montréal/Paris, Thémis/Dalloz, 2008, n° 383, p. 108 ; Ch. STOFFAËS, *op. cit.*, note 21, p. 210.

substitution ou de services de remplacement »[365]. Roland Parenteau distingue le monopole absolu et le monopole atténué de la concurrence réglementée et de la concurrence véritable. Le monopole absolu est caractérisé certes par la présence d'un seul fournisseur, mais aussi par l'obligation imposée aux clients de s'adresser à lui étant donné le caractère essentiel du produit, tel la fourniture d'eau potable.

Le monopole atténué est celui pour lequel une possibilité de concurrence subsiste par le phénomène de la substitution du produit ou du service. Ainsi, l'électricité peut être produite par des petits producteurs. Le domaine des transports fait l'objet d'une concurrence réglementée c'est-à-dire que plusieurs entreprises se partagent le même circuit.

Finalement, la concurrence véritable fait en sorte que le consommateur a le choix entre plusieurs fournisseurs et que la concurrence est réelle. C'est le cas aujourd'hui dans le domaine des télécommunications[366]. Pour Jean Virole, le monopole absolu n'existe pas puisque « [...] subsistent des producteurs autonomes, des autoproducteurs, des distributeurs en régie [...]. D'autre part, ce monopole, même s'il existe en ce qui concerne un produit, est aussi contrebattu par la concurrence que lui font d'autres produits de substitution »[367]. La limite imposée au monopole postal est un bon exemple de monopole atténué. L'article 15 (1) de la *Loi sur la Société canadienne des postes* prévoit que le privilège exclusif octroyé à la Société canadienne des postes ne s'applique pas à divers types de documents tels que les lettres urgentes transmises par porteur moyennant une rétribution au moins égale à trois fois le port exigible pour la distribution au Canada de lettres de destination comparable pesant cinquante grammes (e) et les lettres en cours de transmission par des moyens électroniques ou optiques (h). Cependant, bien qu'elle fasse l'objet d'un monopole atténué, « [...] la Société canadienne des postes occupe une très grande part du marché domestique »[368].

Partout, les principales entreprises publiques qui sont ou qui ont été des monopoles ont œuvré dans les domaines du service des eaux, de l'électricité, du gaz, du transport ferroviaire et aérien, des télécommunications et du service postal. Ces entreprises présentent aussi la particularité d'être constituées en réseau. La constitution d'activités en réseau assure la prestation du service sur tout le territoire. Pensons par exemple aux réseaux de chemins de

---

365. J. VIROLE, *loc. cit.*, note 192, p. 86.
366. Roland PARENTEAU, « Concurrence et monopoles dans les entreprises publiques », dans Maurice LEMELIN, R. PARENTEAU et Francine SÉGUIN, *La concurrence dans le secteur public*, Montréal, Agence d'Arc, 1989, p. 127, à la p. 130.
367. J. VIROLE, *loc. cit.*, note 192, à la p. 87.
368. C. MASSE, *loc. cit.*, note 106, p. 855.

fer ou aux réseaux de fils électriques. L'organisation en réseau est avantageuse à maints égards puisqu'en

> [...] général, [...] une même zone ne peut être desservie par plusieurs réseaux indépendants, en raison de la rentabilité réduite des investissements, des dépenses accrues de maintenance, comme de la gêne certaine pour les riverains par la multiplication des ouvrages. Un tel contexte ne profiterait guère au consommateur.[369]

L'organisation en réseau est étroitement liée à celle du monopole en ce sens que les activités en réseau entraînent l'apparition d'un monopole naturel. C'est le caractère de monopole naturel d'une activité qui engendre sa prise en main par l'État et donc, la prestation d'obligations de service public. De surcroît, pour implanter leurs réseaux, ces entreprises empruntent des voies publiques ou le sous-sol[370]. Ainsi, s'agissant de propriété étatique, il est naturel que ce soit celui-ci qui exploite, par l'entremise de ses entreprises publiques, le sol et les ressources naturelles.

b) La raison d'être de l'organisation de l'entreprise publique en monopole et en réseau

Nous avons identifié des raisons à caractère économique justifiant l'organisation traditionnelle en monopole et en réseau de l'entreprise publique, mais aussi des raisons liées à la prestation d'activités de service public.

De manière générale, « [...] il incombe à la puissance publique la bonne marche de l'économie capitaliste : en fournissant les équipements collectifs et d'infrastructure que le système est incapable de réaliser et sans lesquels il ne peut pas fonctionner [...] »[371]. Le réseau de transport d'électricité est un bon exemple de cette réalité. Le secteur privé n'étant pas intéressé à exercer ses activités dans des secteurs peu rentables ou en territoire éloigné. L'État a alors confié les activités de service public à de puissants opérateurs nationaux en situation de monopole, dès lors que ces activités présentaient des rendements d'échelle significatifs ou comportaient des enjeux jugés stratégiques[372]. Michèle Voisset explique que :

---

369. Maxime KLEINPETER, « Monopole et service public en France et en Allemagne », *CJEG*. 1994.513, p. 513.
370. Marcel BOITEUX, « Entreprises publiques et monopoles », dans Roland DRAGO (dir.), *Quel avenir pour les entreprises publiques ?*, Paris, PUF, 2001, p. 13, à la p. 16.
371. Georges VLACHOS, *Droit public économique français et européen*, 2e éd., Paris, Armand Colin, 2001, p. 20.
372. Jean BERGOUGNOUX, *Services publics en réseau : perspectives de concurrence et nouvelles régulations*, Paris, Rapport au Commissariat Général du Plan, La documentation française, p. 259.

> [l] es activités de réseaux sont foncièrement, en effet, des activités à rendement croissant. Pour distribuer deux fois plus de kilowattheures sur une zone de 1 kilomètre carré, la dépense passe de 100 à 140 si l'on est seul à renforcer le réseau. Elle double de 100 à 200 si l'on se met à deux pour doubler le réseau initial. On a donc intérêt à opérer seul le plus tôt possible, donc à constituer un monopole.[373]

Dans l'arrêt *ATCO Gas & Pipelines Ltd.* c. *Alberta (Energy & Utilities Board)*, rendu par la Cour suprême, le juge Bastarache indique au nom de la majorité que :

> [l] es services publics sont habituellement des monopoles naturels : la technologie requise et la demande sont telles que les coûts fixes sont moindres lorsque le marché est desservi par une seule entreprise au lieu de plusieurs faisant double emploi dans un contexte concurrentiel [...]. Ce modèle favorise l'efficience de la production.[374]

L'organisation en monopole et en réseau permet donc d'effectuer des économies d'échelle importantes. Le coût unitaire d'un produit ou d'un service dont la demande est grande tend à baisser. La consommation à grande échelle est assurée par l'organisation en monopole et en réseau. Roland Parenteau fait une mise en garde en indiquant que :

> [...] si l'on veut comparer équitablement la performance des entreprises publiques avec les entreprises privées, il faut aller au-delà de la simple lecture des états financiers. Il faut en général se livrer à certaines opérations correctrices : il faudra, par exemple, tenir compte du phénomène à peu près généralisé de sous-capitalisation des entreprises publiques qui leur impose des charges d'intérêt parfois exorbitant sur leurs emprunts ou tenir compte des pressions gouvernementales en faveur de prix ou de tarifs maintenus à des niveaux artificiellement bas pour des motifs d'ordre politique, etc. En contrepartie, il faudra aussi calculer les avantages économiques accordés par le gouvernement sous forme d'exonérations fiscales, de subventions ouvertes ou déguisées, de prêts de services ou de personnel, etc. En un mot, il faudra utiliser des pratiques comptables permettant de connaître la situation véritable de l'entreprise, comme si celle-ci avait à se présenter devant des actionnaires.[375]

---

373. M. VOISSET, *loc. cit.*, note 279, p. 15.
374. [2006] RCS 140, p. 151.
375. R. PARENTEAU, *loc. cit.*, note 366, p. 133.

Il est aussi reconnu qu'il est préférable de confier un monopole au secteur public plutôt qu'au secteur privé, et cela quelle que soit la rentabilité de l'entreprise[376]. Voyons maintenant pourquoi.

Les entreprises publiques monopolistiques organisées en réseau doivent tenir compte de préoccupations reliées à la fourniture d'un service public. L'organisation monopolistique n'égale pas nécessairement la fourniture d'un service public et l'inverse est aussi vrai. Si la position monopolistique de l'entreprise publique semble la favoriser, il ne faut pas considérer le monopole uniquement comme un privilège de production ou de distribution[377]. L'entreprise publique placée en situation de monopole a aussi l'obligation première de répondre aux impératifs du service public, ce qui peut parfois s'avérer contraignant mais qui assure le respect des citoyens.

Le caractère de service public des entreprises organisées en réseau tient entre autres au caractère de monopole naturel qui leur est propre mais aussi au fait que ces entreprises « [...] sont amenées à emprunter des voies publiques ou leur sous-sol [...] Qu'elle autorise l'usage de la voie publique [...] la collectivité est amenée à invoquer l'intérêt général, et donc à garantir des contreparties de caractère social, qui sont celles du service public »[378].

Il est logique de se demander s'il existe un risque d'abus envers les consommateurs de la part d'une entreprise placée en situation de monopole ? Nous serions tentés de répondre affirmativement à cette question dans le cas où le monopole serait confié à une entreprise privée. Cependant, dans le cas d'une entreprise publique placée en situation monopolistique « [...] l'abus est à peu près impossible à démontrer dans la mesure où les entreprises publiques poursuivent dans tous les cas un but d'intérêt général qui justifie leur domination »[379]. En plus, l'État crée divers organismes de régulation ayant pour fonction de surveiller les tarifs imposés par le monopole afin qu'ils soient justes, raisonnables et non discriminatoires. Ce type de réglementation « [...] vise à protéger la population contre un comportement monopolistique et l'inélasticité de la demande qui en résulte tout en assurant la qualité constante d'un service essentiel »[380]. Nous verrons d'ailleurs dans la deuxième partie de notre thèse de quelle manière l'entreprise publique, traditionnellement organisée en monopole, peut se modifier par des outils de régulation.

---

376. *Id.*, p. 131.
377. M.-A. SABIRAU PEREZ, *op. cit.*, note 119, n° 270, p. 183.
378. M. VOISSET, *loc. cit.*, note 279, p. 15.
379. Jacques CHEVALLIER, « Le pouvoir de monopole et le droit administratif français », *RDP* 1974.21, n° 77, p. 114.
380. *ATCO Gas & Pipelines Ltd.* c. *Alberta (Energy & Utilities Board)*, [2006] 1 RCS 140, p. 151.

2. Les particularités des modalités d'exercice de ses activités

Les prérogatives de puissance publique et le principe de spécialité représentent les particularités des modalités d'exercice des activités de l'entreprise publique sur lesquelles nous nous attardons dans cette étude.

2.1. Les prérogatives de puissance publique

Dans l'accomplissement de ses activités, l'entreprise publique se différencie de l'entreprise privée par le fait qu'elle jouit d'un statut de mandataire de l'État qui lui octroie des prérogatives lorsqu'elle agit en son nom et dans le cadre de son mandat[381]. Alors que les notions de monopole et de réseau relèvent de l'économie, celle de prérogative de puissance publique est de nature juridique. Les prérogatives constituent en fait « [...] les différents *pouvoirs exorbitants du droit commun* dont dispose le gestionnaire du service et qui lui ont été *confiés par la puissance publique pour poursuivre sa mission d'intérêt général* »[382]. Les prérogatives impliquent donc pour l'entreprise publique à la fois la jouissance de droits et l'exercice d'obligations.

a) Les droits liés aux prérogatives de puissance publique

Les prérogatives de puissance publique attribuées à l'entreprise publique constituent un autre aspect qui lui est propre. Nous sommes d'accord avec Catherine Ribot qui affirme que l'organisation même du service public est une prérogative dont l'entreprise publique peut bénéficier[383]. Cette spécificité la distingue nettement de ses homologues privés.

À notre avis, l'application des prérogatives de puissance publique est mieux adaptée à une situation monopolistique qu'à une situation concurrentielle. Dans le cadre de l'intégration économique, tous les acteurs économiques doivent être placés dans une situation égalitaire. Il ne doit y avoir aucune entrave au commerce. Dans cette optique, les prérogatives peuvent être considérées comme des éléments fournissant un statut particulier à l'entité publique et empêchant d'atteindre l'objectif d'égalité entre les acteurs. De même, constituée en monopole, l'entreprise

---

381. *Hydro-Québec* c. *Hampstead (Ville de)*, [2000] RJQ 683 (CA) ; *Conseil des ports nationaux* c. *Langelier*, [1969] RCS 60.
382. B. DU MARAIS, *op. cit.*, note 30, p. 87.
383. Catherine RIBOT, « Les prérogatives de puissance publique sont-elles un moyen d'exclure l'application du Droit de la concurrence dans le Droit des contrats administratifs français ? », dans Jean-Philippe COLSON et Denis LEMIEUX (dir.), *Le droit supranational et les techniques contractuelles*, Ste-Foy, Institut national des hautes études internationales, Université Laval, 1997, p. 233, à la p. 243. Aussi à ce sujet : T. confl. 6 juin 1989, *Préfet de la Région Île-de-France c. Sté d'Exploitation et de Distribution d'Eau (SAEDE)*, *Rec. CE*, p. 292 ; *AJDA* 1989.467, note M. BAZEX.

publique dispose de droits *spéciaux*, *réservés* ou *exclusifs*[384] incluant les prérogatives de puissance publique.

b) La diversification des prérogatives de puissance publique

Les prérogatives de puissance publique sont diversifiées. En fait l'ensemble de ce que nous nommons « prérogatives » comprend des privilèges (ou pouvoirs) et des immunités propres à l'État et à ses organismes. S'agissant d'un sujet qui aurait pu faire l'objet unique d'une thèse de doctorat, nous effectuons ici un survol des principaux privilèges et immunités susceptibles d'être attribués à une entreprise publique.

La première prérogative, prévoit que la Couronne n'est pas liée par une loi sanctionnée à moins d'une disposition législative expresse. Il s'agit de la règle de la soumission volontaire à la loi. Cette prérogative, qui est un vestige de notre héritage anglais, découle de la *common law*. L'article 17 de la *Loi d'interprétation* fédéral prévoit d'ailleurs que nul texte ne lie Sa Majesté ni n'a d'effet sur ses droits et prérogatives et l'article 42 de la *Loi d'interprétation québécoise* indique que nulle loi n'a d'effet sur les droits de l'État[385]. Étant habituellement qualifiée de mandataire de l'État par sa loi constitutive, l'entreprise publique peut invoquer cette prérogative lorsqu'elle agit dans le cadre de son mandat.

L'entreprise publique peut aussi profiter d'une immunité fiscale. L'article 125 de la *Loi constitutionnelle de 1867*[386] confère à cette immunité un caractère absolu. En effet, le législateur a prévu que les terres et les propriétés appartenant au Canada ou à une province ne sont pas imposables. Malgré le caractère restrictif de cette disposition, l'immunité fiscale s'applique en fait à toute forme de taxation ou d'impôt pris au sens strict du terme[387] et ce, en vertu de principes de *common law*. Tel que nous le verrons, l'application de cette immunité aux entreprises publiques est aujourd'hui tempérée.

Au Québec, les biens meubles et immeubles appartenant à l'État sont insaisissables. Ainsi ce privilège d'insaisissabilité suivant lequel l'État ne peut faire l'objet d'une exécution forcée, peut aussi être conféré à une entreprise publique, bien que des exceptions à cette règle soient régulièrement prévues dans les lois constitutives. Ce principe est consacré par l'article 94.9 du *Code de procédure civile*[388]. Par ailleurs, l'article 94.10 prévoit

---

384. Pierre BAUBY et Jean-Claude BOUAL, « Les services publics entre l'État et le marché », dans Bernard BELLON et *al.* (dir.), *L'État et le marché*, Paris, Économica, 1994, p. 133, à la p. 136.
385. *Loi d'interprétation*, LRC (1985), c. I-21 ; *Loi d'interprétation*, LRQ, c. I-16.
386. LRC (1985), App. II, n° 5.
387. *Ministre de la Justice du Dominion* c. *Cité de Lévis*, [1919] AC 505.
388. LRQ, c. C-25, ci-après désigné « C.p.c. » ou « *Code de procédure civile* » ; D'ailleurs, en France les biens des entreprises publiques sont aussi insaisissables : *Soc. nationale*

l'obligation pour l'État québécois de payer les sommes dues suite à une condamnation par jugement.

L'entreprise publique dispose d'une immunité à l'encontre de certains recours dont les recours extraordinaires (le *mandamus*, l'évocation, l'*habeas corpus* et le *quo warranto*) et l'injonction. Les articles 94.2 et 100 du C.p.c. prévoient d'ailleurs qu'il n'y a lieu à aucun recours extraordinaire contre le gouvernement ni contre une personne agissant pour lui. Cependant, cette immunité ne s'applique pas lorsque l'entreprise publique abuse de ses droits et excède ses pouvoirs[389].

L'application à l'entreprise publique des immunités de puissance publique en matière de responsabilité pénale ou criminelle est intéressante à étudier. L'immunité en matière de responsabilité s'applique d'une manière relative. Ainsi, l'entreprise publique jouit de cette immunité lorsqu'elle agit dans le cadre des pouvoirs qui lui sont conférés par sa loi habilitante ou pour la mise en œuvre d'une loi à laquelle elle est assujettie[390]. Lorsqu'une entreprise publique commet un acte illégal elle ne jouit d'aucune immunité. En 1968 la Cour suprême se prononça ainsi à ce sujet dans l'affaire *Conseil des ports nationaux* c. *Langelier* :

> But, as already stated, there was always recourse in the common law courts in respect of acts done, without legal justification, by an agent of the Crown, and the Board, on that principle, is liable if il commits itself, or orders or authorizes its servants to commit, an act done without legal justification.[391]

En terminant, soulignons que l'État et ses mandataires disposent d'un pouvoir d'expropriation. Nous nous attarderons plus loin à ce pouvoir[392].

En somme, les prérogatives de puissance publique s'appliquent aux entreprises publiques mandataires du gouvernement et sont généralement prévues à leur loi constitutive.

c) Les obligations liées aux prérogatives de puissance publique

Les prérogatives recouvrent à la fois des droits et des obligations légales, dont le fondement est la sauvegarde de l'intérêt général. Elles

---

des entreprises de presse c. *Camacho* et *Soc. Nationale des entreprises de presse c. Arthur et autres*, Cour de Cassation, 9 juillet 1951, *D.* 1952, 141, note BLAEVOET.

389. *Conseil des ports nationaux c. Langelier*, [1969] RCS 60.
390. *Société Radio-Canada* c. *La Reine*, [1983] 1 RCS 339, p. 351 ; P. GARANT, *op. cit.*, note 23, p. 57.
391. *Conseil des ports nationaux* c. *Langelier*, [1969] RCS 60, p. 74.
392. *Infra*, Partie II, titre I, chapitre II, section II, point 1.1. c).

constituent en quelque sorte une assurance à l'effet que l'entreprise publique monopolistique remplira sa mission de service public adéquatement. Il s'agit certes d'un avantage concurrentiel octroyé à l'entreprise publique[393], mais aussi d'un outil afin qu'elle assure au mieux sa fonction de prestataire de service public. L'application des prérogatives constitue la principale manifestation de l'application du droit public aux entreprises publiques.

À titre d'exemple, spécifions que l'immunité d'insaisissabilité a pour fondement la solvabilité de l'État. Cela entraîne une présomption suivant laquelle l'État et ses organismes vont rembourser les montants dus sans difficulté. De même, la prérogative d'expropriation permet à l'État d'obtenir les terres nécessaires à l'accomplissement de sa mission de service public.

Nous considérons qu'une entreprise publique qui ne disposerait pas de prérogatives de puissance publique « [...] perd toute signification et se trouve réduite à l'état d'ectoplasme. Juridiquement et pratiquement, [elle] n'a plus aucune consistance »[394]. L'affaiblissement actuel des prérogatives de puissance publique peut contribuer au déclin de la notion de service public et de l'entreprise publique. Cet affaiblissement se manifeste de diverses manières. Par exemple, en vertu de l'article 16 de sa loi constitutive, Hydro-Québec « [...] ne paie aucun loyer ou redevance au gouvernement, à l'exception des redevances prévues au deuxième alinéa de l'article 32 et à l'article 68 de la *Loi sur le régime des eaux* (chapitre R-13) ». De plus, elle doit payer la taxe sur le capital prévue à la partie IV de la *Loi sur les impôts* ainsi que la taxe sur les services publics prévue à la partie VI.4 de cette même loi[395]. De plus, les entreprises publiques québécoises sont assujetties au paiement des taxes foncières municipales. Leurs immeubles ne font pas parties des exceptions prévues à l'article 204 de la *Loi sur la fiscalité municipale*[396]. Dans l'affaire *Farm Credit Corp.* c. *A.G. of Manitoba*[397], il fut jugé qu'une entreprise publique fédérale devait acquitter les droits de mutation immobilière car ils constituent la contrepartie du service de publicité des droits réels.

2.2. Le principe de spécialité

Le principe de spécialité encadre l'accomplissement des activités de l'entreprise publique traditionnelle. Il s'agit *a priori* d'un principe statique qui tend de plus en plus à s'assouplir sous l'effet de l'évolution des

---

393. Christophe LEMAIRE, « Les avantages concurrentiels des personnes publiques », *RJEP*. 2004.404.
394. Jean-Baptiste GEFFROY, « Service public et prérogative de puissance publique. Réflexions sur les déboires d'un couple célèbre », *RDP* 1987.45, p. 71.
395. *Loi sur les impôts,* LRQ, c. I-3.
396. LRQ, c. F-2.1.
397. [1988] 3 WWR 613.

règles du marché et de la diversification des activités de l'entreprise publique.

a) Un principe rigide à l'origine

Dans le cadre de l'exercice de ses activités, l'entreprise publique est traditionnellement soumise à la rigidité du principe de spécialité. Ce principe s'appliquant à diverses entités, impose des limites dans l'exercice d'activités commerciales.

Le principe de spécialité a pris naissance en droit français et s'impose à toute entreprise, qu'elle soit privée ou publique. En fait, ce principe est étroitement lié à la personnalité morale. Son application s'étend donc bien au-delà des entreprises publiques, puisque plusieurs organismes publics ont la personnalité morale[398]. La spécialité appliquée aux organismes publics « [...] est un élément de la répartition des compétences au sein de l'administration et est donc plus rigoureusement étendue que la spécialité des personnes morales de droit privé »[399].

Selon nous, la personnalité morale attribuée à l'entreprise publique accentue le degré d'autonomie dont elle doit profiter afin d'exercer convenablement ses activités commerciales tout en lui permettant de réaliser des missions spécifiques. Dans ce contexte, le principe de spécialité compense pour cette autonomie en limitant les activités ainsi exercées.

En effet, le principe de spécialité limite l'exercice des activités de l'entreprise publique à la mission qui lui a été assignée par le législateur[400]. En vertu de ce principe, une entreprise publique traditionnelle se contente d'accomplir uniquement la mission première pour laquelle elle a été créée. Elle ne peut donc s'impliquer dans des domaines étrangers à cette mission. Par exemple, l'article 1 de la *Loi n° 46-628 du 8 avril 1946 sur la nationalisation de l'électricité et du gaz*[401] s'appliquant à Électricité de France et Gaz de France, indique limitativement que sont nationalisées les activités de production, de transport, de distribution, d'importation et d'exportation d'électricité et de gaz combustible. Les entreprises publiques ont donc l'obligation d'exercer leurs activités dans le cadre de la mission qui leur est confiée. Soulignons que le principe de spécialité ne tient pas compte du contenu de la mission.

---

398. *Fonds de développement économique local* c. *Canadian Pickles Corp.*, [1991] 3 RCS 388, p. 406 et 407.
399. Jean-Yves CHÉROT, *Droit public économique*, 2e éd., Paris, Économica, 2007, n° 321, p. 484.
400. *Canadian Pacific Railway Co. v. City of Winnipeg*, [1952] 1 RCS 424, p. 485 ; *Canadian Pacific Ltd. v. Telesat Canada* (1982), 133 DLR (3d) 321 (CA Ont.).
401. *D.* 1946.161, ci-après désignée « *Loi n° 46-628* ».

Ce principe présente divers avantages. En plus de limiter les activités exercées par l'entreprise publique, le principe de spécialité limite les possibilités de concurrence lors de l'exercice d'activités publiques d'intérêt général. Il assure le respect des compétences respectives octroyées aux divers organismes de l'Administration en plus d'éviter leur immixtion dans les activités de la sphère privée. Nous pouvons donc affirmer qu'il s'agit à la fois d'une règle d'organisation administrative et d'une garantie à la liberté du commerce[402].

En pratique, le principe de spécialité est néanmoins ardu à appliquer aux activités des entreprises publiques étant donné la formulation large et imprécise employée dans la majorité des lois constitutives, tel que dans l'article 1 de la *Loi n° 46-628*. Au lieu d'être restrictive, cette situation laisse place à une marge de manœuvre importante. De même, la réalité des marchés impose désormais de la souplesse et du dynamisme de la part de toutes les entreprises, qu'elles soient publiques ou privées. Appliqué strictement, le principe de spécialité équivaut à freiner l'adaptation de l'entreprise publique au nouveau cadre économique et juridique dans lequel elle évolue. Tel que nous le verrons, son application à l'entreprise publique a dû évoluer par l'effet de l'intégration économique.

b) Un principe assoupli

Autrefois considéré comme étant rigide, le principe de spécialité est aujourd'hui appliqué avec souplesse. Certains auteurs considèrent même qu'il n'est plus respecté[403], ce que nous ne croyons pas. Nous considérons que ce principe est inhérent à l'entreprise publique, mais qu'il est désormais appliqué et interprété différemment.

Le mouvement d'assouplissement du principe de spécialité n'est pas surprenant compte tenu de la difficulté à le mettre en pratique et de l'impact de l'intégration économique sur les activités commerciales.

C'est ainsi que la jurisprudence française l'a assoupli en reconnaissant par l'application de la théorie de l'accessoire, les *activités annexes* (ou connexes, ou complémentaires) à la mission première de l'entreprise publique. Ces activités annexes sont acceptées s'il s'agit d'un complément normal

---

402. Gérard DUPIELLET, « L'adaptation du principe de spécialité à l'évolution du secteur public », *CJEG*. 1985.429, p. 432.

403. « Actuellement la plupart des grandes entreprises publiques françaises ne respectent plus le principe de spécialité ». – Michel DURUPTY, « Existe-t-il un critère de l'entreprise publique ? », *Rev. adm.* 1984.7, p. 17 ; CE, Avis « diversification des activités d'EDF/GDF », 7 juillet 1994, *RFDA* 1994.1146, ann. S. RODRIGUES ; Conseil de la concurrence, « Avis n° 94-A-15 relatif à une demande d'avis sur les problèmes posés par la diversification des activités d'EDF et de GDF au regard du droit de la concurrence », 10 mai 1994, *Lamy concurrence*, 1994.588, ann. J.-L. AUTIN.

et nécessaire à l'activité principale de service public et si elles permettent d'améliorer l'accomplissement de cette activité principale[404]. Selon notre interprétation, ces activités annexes peuvent déborder le cadre de la simple prestation de service public pour s'étendre aux activités à caractère commercial qui permettent d'atteindre une amélioration du service public ou du moins, qui complètent la mission principale. Malgré cette extension considérable du principe de spécialité, les activités annexes ne doivent pas avoir un lien trop éloigné avec l'activité principale ni être inutiles à son accomplissement. Ces activités annexes doivent être porteuses d'une finalité d'intérêt général et être cohérentes avec la mission de service public propre à l'entreprise publique. Nous croyons que l'*utilité* de l'activité annexe est primordiale puisqu'il s'agit d'un ajout à l'activité principale de l'entreprise. Que ce soit à travers une amélioration de l'équilibre budgétaire de l'entreprise ou une évolution justifiée des techniques qu'elle emploie, ce caractère utilitariste se perçoit de différentes manières.

Suite à son assouplissement considérable, est-il exact d'affirmer que le principe de spécialité n'existe plus ou qu'il a été vidé de sa substance ? Nous pensons qu'il continue d'exister, mais qu'il s'agit désormais d'un point de repère à la détermination des activités d'une entreprise publique bien plus que d'une obligation à remplir. De même, il permet de déterminer le caractère de « service public » des activités exercées par une entreprise publique.

Dans l'environnement économique actuel, il est compréhensible que toute entreprise nationale, qu'elle soit publique ou privée cherche à prendre de l'expansion, à développer de nouveaux marchés et à s'internationaliser. C'est ainsi que l'assouplissement du principe de spécialité permet à une entreprise de diversifier ses activités.

Un allégement du principe de spécialité est perceptible dans la législation. Par exemple, l'article 22 de la *Loi sur Hydro-Québec* prévoit qu'Hydro-Québec « a pour objets de fournir de l'énergie et d'œuvrer dans le domaine de la recherche et de la promotion relatives à l'énergie, de la transformation et de l'économie de l'énergie, de même que dans tout domaine connexe ou relié à l'énergie ». À la lecture de cet article nous constatons une acceptation de l'assouplissement du principe de spécialité par le biais du terme *domaine connexe* qui est analogue à celui d'activité annexe. Cependant, la précision concernant la liaison du domaine connexe à l'énergie évite un éparpillement injustifié des activités. Hydro-Québec peut donc diversifier ses activités dans des domaines différents, mais connexes à son activité principale.

---

404. CE, 4 juin 1954, *Dame Berthod, Rec. CE*, p. 355 ; CE, 18 décembre 1959, *Delansorme, Rec. CE*, p. 692 ; *AJDA* 1960.213, concl. MAYRAS ; *D.* 1960.371, note LESAGE.

Outre son application aux activités elles-mêmes, la diversification des activités concerne aussi l'expansion internationale de l'entreprise. D'ailleurs, nous étudierons dans la deuxième partie de notre thèse le cas de la création des filiales, manifestation principale de l'assouplissement du principe de spécialité. Profitant d'une situation de monopole au niveau national, l'entreprise publique qui exerce des activités à l'étranger s'expose à la concurrence. Appliqué de manière restrictive, le principe de spécialité limite les mouvements de l'entreprise publique soumise à la concurrence. Il est donc raisonnable que le législateur soit intervenu afin de l'assouplir compte tenu du contexte actuel. Dans les faits, seules les activités provenant de la diversification devraient être soumises à la concurrence et conséquemment, ne devraient pas profiter des prérogatives de puissance publique. Cependant, tel que nous l'avons indiqué, même les activités annexes doivent poursuivre directement ou non un but d'intérêt général. Dans ce cas, est-il justifié de les soumettre à la concurrence ? Étant donné la situation actuelle d'internationalisation nous croyons que oui. Après tout, comme l'a écrit Gérard Dupiellet,

> [m] algré le caractère apparemment antinomique des deux notions de spécialité et d'entreprise, l'une passive évoquant l'obligation de rester confiner aux missions originelles, l'autre plus active conçue comme l'ensemble des moyens humains techniques et financiers, impliquant l'adaptation permanente à un marché en constante évolution, voir la diversification des activités, la théorie de la spécialité fit mieux que résister ; elle s'imposa, malgré l'intervention accrue des pouvoirs publics en matière économique.[405]

Face à cette résistance au principe de spécialité, assisterons-nous dans les prochaines années à un retour du balancier en faveur d'une application stricte du principe de spécialité maintenant très dilaté ? Sans pouvoir le prédire, nous observons du moins diverses manifestations de cette possibilité dont l'article 44 de la *Loi n° 2000-108 du 10 février 2000 relative à la modernisation et au développement du service public d'électricité*[406] qui expose de manière restrictive et avec une grande précision la mission attribuée à Électricité de France. Cette situation handicape l'entreprise publique vis-à-vis ses concurrents et l'empêche de s'adapter aux nouvelles règles du marché. Nous espérons que le principe de spécialité continuera à être appliqué d'une manière souple afin de permettre aux entreprises publiques ainsi qu'à l'ensemble des organismes publics de tirer leur épingle du jeu dans le cadre de l'intégration économique.

---

405. G. DUPIELLET, *loc. cit.*, note 402, p. 430.
406. *JO* 11 février 2000, p. 2143.

En résumé de cette section I, traditionnellement les entreprises publiques sont placées en situation monopolistique, appartiennent entièrement à l'État, bénéficient de prérogatives de puissance publique, tout en étant soumises au principe de spécialité dans l'exercice de leurs activités en réseau.

SECTION II
LE DÉCLIN DE L'ENTREPRISE PUBLIQUE À TRAVERS LE DÉCLIN DE SES PARTICULARITÉS TRADITIONNELLES

Il était reconnu jadis que l'organisation particulière de l'entreprise publique lui permettait d'accomplir adéquatement ses activités de service public. De nos jours, la survie de l'entreprise publique telle que connue traditionnellement est contestée par l'effet de l'intégration économique. Quel que soit le secteur dans lequel elle œuvre, elle fait face à une évolution et à des changements majeurs qui résultent des manifestations de l'intégration économique. Il est indéniable que *« [...] the main impetus for the changing views on the role of state enterprise has come from the international environment »*[407]. C'est ainsi, qu'après avoir exposé les particularités traditionnelles de l'entreprise publique, il est temps d'analyser de quelle manière elles représentent une manifestation de son déclin.

1. L'entreprise publique face à l'intégration économique

Nous verrons que les accords d'intégration économique ont eu divers effets sur les particularités traditionnelles de l'entreprise publique, conduisant ainsi à son déclin. À titre d'exemple, « [...] les accords de l'ALÉNA et de l'OMC affectent en premier lieu la mission économique de l'État. Celle-ci s'exerce [...] notamment par l'intermédiaire des entreprises publiques »[408].

L'entreprise publique fait désormais face à l'intégration économique. Plus précisément les accords de l'Organisation mondiale du commerce, l'*Accord de libre-échange nord américain*[409] et les accords de la

---

407. Allan TUPPER et G. Bruce DOERN, « Canadian public enterprise and privatization », dans A. TUPPER et G. B. DOERN (dir.), *Privatization, Public Policy and Public Corporations in Canada*, Montréal, Institut de recherches politiques, 1988, p. 1, à la p. 3.
408. Denis LEMIEUX et Francine DES ROCHES, « L'incidence des accords de l'OMC et de l'ALÉNA sur la justice administrative », (2002) 27 *Queen's L.J.* 577, p. 579.
409. Mis en œuvre par L.C. 1993, c. 44. [En ligne] http://www.dfait-maeci.gc.ca/nafta-alena/agree-fr.asp (Page consultée le 1er janvier 2009), ci-après désigné « ALÉNA ».

Communauté européenne affectent nettement les entreprises publiques constituées en réseau et jouissant d'une situation monopolistique afin d'accomplir leurs activités de service public. De plus, l'ouverture à la concurrence, la libéralisation des marchés et l'évolution technologique sont diverses manifestations de l'intégration économique qui affectent l'entreprise publique.

1.1. Les accords de l'Organisation mondiale du commerce

L'Organisation mondiale du commerce (ci-après désignée « OMC ») a engendré un processus de libéralisation des marchés qui affecte incontestablement les entreprises publiques[410]. Bien que le Canada soit membre de l'OMC, il tient à conserver son pouvoir d'appliquer des règlements d'intérêt public sur son territoire. Il tient aussi à ce que chaque pays membre conserve ses spécificités culturelles.

L'article XVII de L'*Accord général sur les tarifs douaniers et le commerce de 1994*[411] est la disposition fondamentale en ce domaine. Pour l'OMC, les entreprises publiques font partie de la catégorie des *entreprises commerciales d'État* qui comprend les entreprises gouvernementales, les entreprises non gouvernementales et les offices de commercialisation, qui exportent et/ou importent des marchandises. La notion d'*entreprise commerciale d'État* souffre cependant d'un manque de clarté si bien que, malgré le fait que l'article XVII-1 *a)* en fournisse une définition simple et succincte, le besoin d'une définition précise se fait sentir. C'est la raison pour laquelle une liste indiquant les types de relations entre les entreprises commerciales d'État et les pouvoirs publics ainsi que les types d'activités exercées par ces entreprises est en préparation. Une telle liste permettra de déterminer si une entité doit être notifiée comme entreprise commerciale d'État. Les monopoles publics et les entreprises nationalisées font partie de cette catégorie.

L'article XVII prévoit que les entreprises commerciales d'État se conformeront, dans leurs achats ou leurs ventes se traduisant par des importations ou des exportations, aux principes généraux de non-discrimination et qu'elles s'inspireront uniquement de considérations d'ordre commercial, telles que le prix ou la qualité, lorsqu'elles prendront des décisions en matière d'importation ou d'exportation. En vertu du deuxième paragraphe de cet article, les achats résultant d'appels d'offres publics ne sont pas visés par

---

410. Les informations contenues dans cette section sont tirées des sites suivants : OMC, *Les entreprises commerciales d'État*, [En ligne] http://www.wto.org/french/tratop_f/statra_f/statra_f. htm (Page consultée le 1er janvier 2009) ; AFFAIRES ÉTRANGÈRES ET COMMERCE INTERNATIONAL CANADA, [En ligne] http://www.international.gc.ca (Page consultée le 1er janvier 2009).

411. [En ligne] http://www.wto.org/french/docs_f/legal_f/legal_f. htm (Page consultée le 1er janvier 2009), ci-après désigné « Gatt de 1994 ».

cette disposition. Selon les termes du troisième paragraphe, les parties contractantes reconnaissent la possibilité que les entreprises commerciales d'État entravent le commerce. Nous constatons que les rédacteurs de cet accord ont essayé de réduire les entraves au commerce tout en permettant à l'État d'exercer ses activités d'intérêt général, dont les activités de service public, par le biais de ses entreprises.

Cet article est complété par le *Mémorandum d'accord sur l'interprétation de l'article XVII du GATT de 1994*, en vertu duquel l'article 1 prévoit que les Membres doivent notifier chaque année à l'OMC leurs entreprises commerciales d'État. Une entreprise commerciale d'État est définie ainsi :

> Entreprises gouvernementales et non gouvernementales, y compris les offices de commercialisation, auxquelles ont été accordés des droits ou privilèges exclusifs ou spéciaux, y compris des pouvoirs légaux ou constitutionnels, dans l'exercice desquels elles influent, par leurs achats ou leurs ventes, sur le niveau ou l'orientation des importations ou des exportations.

Un groupe de travail examine les notifications et les contre-notifications. Suite à cet examen, le Conseil du commerce des marchandises formule des recommandations à propos des notifications.

L'AGCS constitue la pièce maîtresse permettant la privatisation complète de tous les services. Soumis à cet accord, les États doivent renoncer à leur législation spécifique et se soumettre à la concurrence. Avant de nous attarder spécifiquement à la place de l'entreprise publique au sein de l'AGCS, il nous semble important de constater dans quelle mesure les prestations de service public sont soumises à cet accord qui régit le commerce des services. L'article 1, al. 3 (b) indique que le terme « services » comprend tous les services à l'exception de ceux fournis dans l'exercice du pouvoir gouvernemental. Suivant le paragraphe (c) du même article, un service fourni dans l'exercice du pouvoir gouvernemental s'entend de tout service qui n'est fourni ni sur une base commerciale, ni en concurrence avec un ou plusieurs fournisseurs de services. Les activités de service public industriel et commercial entrent-elles dans cette définition et conséquemment échappent-elles à l'application de l'AGCS ? Il est aujourd'hui difficile de pouvoir affirmer qu'un service public échappe parfaitement à la concurrence, d'autant plus s'il s'agit d'un SPIC ! Les seules exceptions semblent être les services régaliens tels que la police, l'armée et la justice.

Aux termes de cet accord, les Membres sont soumis aux obligations fondamentales suivantes : la non-discrimination, l'absence de restrictions quantitatives, la préservation de la valeur des concessions tarifaires et la transparence. Selon nous, l'obligation la plus importante est la transparence. Elle fait spécifiquement l'objet de l'article III de l'AGCS qui oblige les

Parties à publier toutes les mesures qui affectent l'application de l'accord. Malgré cet article, nous croyons que l'OMC devrait faire preuve de plus transparence en ce qui concerne les négociations et ses décisions.

Des obligations spécifiques s'imposent aussi aux Membres. Ainsi, l'article II impose aux Membres la règle de la nation la plus favorisée. Suivant cette règle, chaque Membre accordera immédiatement et sans condition aux services et fournisseurs de services de tout autre Membre, un traitement non moins favorable à celui qu'il accorde aux services similaires et fournisseurs de services similaires de son pays ou de tout autre pays. Ainsi, un État doit accorder à une entreprise étrangère le même traitement que celui accordé à ses entreprises nationales. Si un Membre accorde une subvention à l'une de ses entreprises publiques, il doit l'accorder aussi à toute entreprise privée œuvrant dans le même domaine sur son territoire. Pour sa part, l'article XVII prévoit la règle du traitement national suivant laquelle chaque Membre doit accorder à tous les autres Membres le même traitement qu'à ses propres ressortissants, dont les entreprises publiques. Un pays doit donc autoriser à toutes les entreprises de tous les pays membres de l'OMC ce qu'il autorise aux entreprises d'un autre pays. La règle de l'accès égal au service est prévue à l'article XVI de l'AGCS. Selon cette règle, un pays ne peut limiter sous quelque forme que ce soit le nombre de fournisseurs de services, la valeur totale des transactions ou avoirs en rapport avec les services, le nombre total des opérations ou la quantité totale des services produits, le nombre total des personnes employées, les types spécifiques d'entités juridiques et la participation de capitaux étrangers.

Ces obligations spécifiques entraînent des conséquences dommageables pour l'entreprise publique. L'application d'un traitement national à un secteur spécifique entraîne la disparition de toute forme de distinction entre les types d'entreprises œuvrant dans ce secteur. En effet, il est interdit d'accorder à toute entreprise des avantages (dons, prêts, garanties) qui pourraient restreindre la concurrence. L'engagement d'un pays à accorder sans restriction un accès égal à tous les fournisseurs de services, entraîne l'abolition des monopoles ou, du moins, un amoindrissement notable de leur portée.

Soulignons que l'article XIX prévoit que des négociations successives auront lieu périodiquement en vue d'élever progressivement le niveau de libéralisation. Durant ces négociations, les gouvernements doivent déposer une liste d'engagements spécifiques précisant les modalités, les limites et les conditions en matière d'accès au marché et de traitement national. Il s'agit en fait d'inscrire sur une liste le degré accepté de libéralisation d'un service. L'engagement pris est quasi-irréversible puisque l'article XXI prévoit que si un Membre veut se retirer d'un secteur, il doit compenser en offrant un autre secteur équivalent. Cette obligation est susceptible de restreindre fortement les pouvoirs des gouvernements en matière d'élaboration de politiques conformes aux besoins spécifiques des citoyens.

L'article VIII de l'AGCS est consacré aux monopoles et aux fournisseurs exclusifs de services. Le premier alinéa de cet article impose aux Membres de l'OMC de s'assurer que tout fournisseur monopolistique d'un service sur leur territoire n'agit pas d'une manière incompatible avec les obligations prévues à l'article II et leurs engagements spécifiques. La clause de la nation la plus favorisée, telle que décrite précédemment, doit donc être formellement respectée par le Membre qui accorde un « avantage » à l'une de ses entreprises publiques monopolistiques. Une entreprise monopolistique ne peut pas user de son monopole afin d'entrer en concurrence avec d'autres entreprises sur d'autres marchés. L'article VIII, al. 2 prévoit que le fournisseur monopolistique d'un Membre ne peut pas abuser de sa position monopolistique dans les cas où il entrerait en concurrence pour la fourniture d'un service qui se situe hors du champ de ses droits monopolistiques et qui fait l'objet d'engagements de la part du Membre. Les alinéas 4 et 5 de l'article VIII prévoient que la nationalisation d'un secteur ou l'imposition de restrictions d'accès pour d'autres entreprises doit faire l'objet d'une communication préalable aux Membres qui imposent alors une restriction correspondante. Pensons ici par exemple aux taxes à l'importation. L'article IX indique qu'outre celles prévues à l'article VIII certaines pratiques commerciales des fournisseurs de services peuvent limiter la concurrence et par là restreindre le commerce des services. Nous voyons donc que l'ouverture à la concurrence et la privatisation des prestataires de service public sont des objectifs ultimes de l'AGCS.

En définitive, l'AGCS réduit l'application de mesures gouvernementales qui permettent la fourniture libre d'activités de service public aux citoyens. L'AGCS menace les prestations de service public et cherche à les privatiser le plus possible. Sous l'emprise de l'OMC, l'organisation en monopole est à éliminer. Il faudrait décréter expressément que l'AGCS ne s'applique pas aux prestations de service public des entreprises publiques et de tout autre organisme gouvernemental. D'autre part, il faut que les gouvernements demeurent les seuls maîtres de leur politique législative et réglementaire.

1.2. L'Accord de libre-échange nord-américain

Entré en vigueur le 1er janvier 1994, l'*Accord de libre-échange nord-américain* vise l'ouverture des marchés nord-américains en facilitant les échanges commerciaux entre les États-Unis, le Canada et le Mexique (les Parties). Cet accord constitue l'un des outils essentiels de l'intégration économique.

Alors qu'il privilégie des considérations d'ordre économique, l'ALÉNA ne laisse pas beaucoup de place aux prestations de service public économique et commercial. Plus particulièrement, le cadre établi par l'ALÉNA est hostile à l'intervention du secteur public dans l'économie. Les prestations de service public industriel et commercial y sont perçues comme étant des anomalies qui entrent en conflit avec les principes de l'accord et qui doivent se plier à l'ouverture des marchés[412]. Ainsi, les interventions étatiques par le biais d'entreprises publiques sont affectées par l'ALÉNA. Les entreprises publiques sont même présentées comme étant une menace pour le développement économique de l'Amérique du nord[413]. Contrairement à la situation qui prévaut au Canada et au Mexique, la place occupée par les entreprises publiques aux États-Unis est négligeable. Il appert qu'en tant que partenaire économique dominant au sein de l'ALÉNA les États-Unis ont établi les normes applicables. C'est ainsi que « *[t] he primary interest of both Quebec and Mexico in NAFTA was to secure access to the American market. In order to do so, state enterprises had to be privatized* »[414]. Les privatisations d'entreprises publiques seront spécifiquement abordées plus loin. En résumé, nous pouvons affirmer que l'ALÉNA contient des restrictions qui affectent tant les entreprises publiques fédérales que provinciales et qui compromettent leur capacité de mettre en œuvre des objectifs de politique publique[415]. Exposons maintenant ces restrictions.

Le chapitre XII de l'ALÉNA concerne le commerce transfrontière des services. Ce chapitre affecte l'entreprise publique en ce qu'il met en place les principes du « traitement national » et du « traitement de la nation la plus favorisée ». Suivant le principe du traitement national formulé à l'article 1202, le gouvernement canadien et ses gouvernements provinciaux doivent octroyer aux entreprises américaines et mexicaines fournisseuses de services les mêmes droits et privilèges que ceux qui sont octroyés aux entreprises canadiennes. L'article 1203 prévoit pour sa part, que chaque Partie doit accorder aux fournisseurs de services de tout autre pays un traitement équivalent à celui qu'elle accorde dans des circonstances analogues à ses propres fournisseurs. Il s'agit du principe du traitement de la nation la plus favorisée.

Le chapitre XV intitulé « Politique de concurrence, monopoles et entreprises d'État » touche directement l'entreprise publique. En vertu de l'article 1505, le terme *entreprise d'État* désigne, sauf pour ce qui contenu à l'annexe 1505, une entreprise possédée ou contrôlée au moyen d'une participation au capital par un État partie. L'annexe 1505 définit le terme entreprise

---

412. Matthew SANGER, « Public services », dans Duncan CAMERON et Mel WATKINS (dir.), *Canada under free trade*, Toronto, James Lorimer & company, 1993, p. 185, à la p. 189.
413. Luc BERNIER, « Adjusting to Nafta : State enterprises and privatization in Quebec in light of the Mexican and American Experiences » dans Guy LACHAPELLE (dir.), *Quebec under free trade : making public policy in North America*, Ste-Foy, PUQ, 1995, p. 191, à la p. 193.
414. *Id.*, p. 194.
415. M. SANGER, *loc. cit.*, note 412, p. 193 et 194.

d'État canadienne comme étant une société d'État au sens de la *Loi sur la gestion des finances publiques* ou de toute loi provinciale comparable ou une entité équivalente constituée en vertu d'autres lois provinciales applicables. De plus, l'article 1505 définit le monopole comme étant une entité désignée comme seul fournisseur ou seul acheteur d'un produit ou d'un service sur un marché donné. Il spécifie que le monopole public est possédé ou contrôlé par le gouvernement central d'une Partie ou par un autre monopole semblable.

En vertu de l'article 1501, les Parties s'engagent à maintenir ou à adopter des mesures prohibant les comportements anticoncurrentiels et à exercer toute action nécessaire en ce sens. Cependant, le paragraphe 1 de l'article 1503 prévoit qu'aucune disposition de l'ALÉNA ne peut être interprétée comme empêchant une Partie de maintenir ou d'établir une entreprise d'État. De plus, suivant le troisième paragraphe de l'article 1503 chacune des Parties fera en sorte que ses entreprises d'État accordent aux investissements effectués par des investisseurs d'une autre Partie dans la vente de leurs produits ou services, un traitement non discriminatoire aux investissements effectués par les investisseurs de son territoire. L'article 1503 (2) prévoit que les entreprises d'État doivent agir de manière compatible avec les obligations imposées à chaque Partie aux termes des chapitres XI (Investissement) et 14 (Services financiers) dans l'exercice de pouvoirs réglementaires, administratifs ou autres pouvoirs gouvernementaux délégués par la Partie. Ces derniers comprennent notamment le pouvoir d'exproprier, d'accorder des licences, d'approuver des opérations commerciales ou d'imposer des contingents, redevances ou autres frais. Afin de s'assurer du respect de cette prescription, les Parties peuvent appliquer un contrôle réglementaire, une surveillance administrative ou toute autre mesure.

L'article 1502 vise directement les monopoles publics. En vertu de l'article 1502, un Membre peut créer des monopoles. Ainsi, les monopoles publics ne sont pas considérés comme illégaux en vertu de l'ALÉNA, ils sont plutôt soumis à des normes précises. Le troisième paragraphe de l'article 1502 prévoit pour sa part qu'un monopole doit : *(a)* agir conformément aux obligations qui lui sont imparties aux termes de l'ALÉNA ; *(b)* agir uniquement en fonction de considérations commerciales au moment d'acheter ou de vendre le produit ou le service faisant l'objet du monopole sur le marché pertinent ; *(c)* accorder un traitement non discriminatoire aux investissements et investisseurs de l'ALÉNA, et aux fournisseurs de biens et de services de l'ALÉNA au moment d'acheter ou de vendre le produit ou le service faisant l'objet du monopole sur le marché pertinent ; et (d) ne pas utiliser sa situation de monopole pour se livrer sur un marché non monopolistique à des pratiques anticoncurrentielles.

Le troisième paragraphe de l'article 1502 prévoit l'application d'une surveillance administrative ou d'un contrôle réglementaire à une entreprise d'État en situation de monopole. Conséquemment au Québec, la solution retenue afin de répondre à cette exigence est celle de la création des organismes de régulation qui assurent un processus décisionnel transparent emprunté à celui des tribunaux. Dans la deuxième partie de notre thèse, nous étudierons la régulation comme étant un mode de mutation de l'entreprise publique.

Il convient de préciser le champ d'application du chapitre X de l'ALÉNA traitant des marchés publics. L'article 1001 a) précise que ce chapitre s'applique aux mesures adoptées ou maintenues par une Partie relativement aux marchés passés par une entité publique fédérale figurant à l'annexe 1001.1a-1, une entreprise publique canadienne figurant à l'annexe 1001.1a-2, ou une entité publique d'un État ou d'une province figurant à l'annexe 1001.1a-3, en conformité avec l'article 1024. L'annexe 1001.1a-2 ne vise pas directement les entreprises publiques québécoises.

1.3. Les accords européens

Le droit communautaire européen, constitué de divers accords et directives, « [...] implique, sur le plan économique un marché libre entre les parties et également un ensemble de politiques communes. Il repose sur deux principes : la libre circulation et la libre concurrence »[416]. Cette organisation affecte les entreprises publiques.

L'Union européenne est une union économique et commerciale entre les États membres. La création de cet espace juridique unique a débuté en 1958 par le *Traité de Rome* qui a instauré la libre circulation des biens, des personnes et des services en plus des règles de concurrence applicables à la Communauté. Ce traité comporte des dispositions susceptibles de s'appliquer aux entreprises publiques. Ses articles 28 et 31 visent à éliminer les mesures ayant un effet équivalent à celui des restrictions quantitatives et à éviter toute discrimination entre les États membres. Ils s'appliquent aux monopoles à caractère commercial. Plus particulièrement, l'article 31, qui fait partie de la section intitulée « La libre circulation des marchandises », s'applique directement aux monopoles d'État. En vertu de cet article, les États membres peuvent aménager des monopoles nationaux à caractère commercial à la condition qu'aucune discrimination entre les ressortissants des États membres n'en résulte. S'il est possible d'aboutir sans disparition du monopole à l'exclusion de toute discrimination, le monopole peut être maintenu[417].

---

416. François SERVOIN, *Droit administratif de l'économie*, 2e éd., Grenoble, Presses universitaires de Grenoble, 2001, p. 81.
417. Jacques MÉGRET, « L'aménagement des monopoles français en exécution de l'article 37 du traité instituant la CEE », *Rev. trim. dr. eur.* 1972.558, p. 559 ; CJCE 13 mars 1979, *Hansen*, aff. 91/78, *Rec. CJCE*, p. 935, concl. CAPOTORTI.

Cependant, un monopole peut être éliminé si l'exclusion de la discrimination l'exige.

Pour sa part, l'article 86 (1) du *Traité de Rome* prévoit que les États membres, en ce qui concerne les entreprises publiques, ne peuvent édicter ni maintenir aucune mesure contraire aux règles du traité, notamment en matière de concurrence. Il indique aussi au paragraphe 2 que les entreprises chargées de la gestion de services d'intérêt économique général ou présentant le caractère d'un monopole fiscal sont soumises aux règles du traité en autant que l'application des règles ne fasse pas échec à l'accomplissement en droit ou en fait de la mission particulière de l'entreprise. Ce paragraphe semble laisser une place importante aux activités des entreprises publiques. La Cour de justice des Communautés européennes a cependant interprété généralement restrictivement la portée de l'exception de l'article 86 (2)[418]. La dernière phrase du paragraphe indique que le développement des échanges ne doit pas être affecté dans une mesure contraire à l'intérêt de la Communauté. Il tente de maintenir l'équilibre entre les objectifs d'intérêt général et la libre concurrence.

Cet article 86 vise à concilier la possibilité pour les États membres d'utiliser des entreprises comme instruments de politique économique ou fiscale en cohérence avec les règles de la concurrence et la préservation d'un marché unique[419]. À sa lecture, nous constatons que l'unification économique est la priorité. Un État ne peut pas décider de soustraire ses entreprises aux obligations du traité, cependant il peut prendre des mesures dérogatoires en faveur de l'une de ses entreprises si ces mesures sont réellement nécessaires à l'accomplissement d'une mission d'intérêt général. À ce sujet, il importe de faire la distinction entre les services généraux et les services particuliers. D'ailleurs, l'exception prévue à l'article 86 (2) ne vise pas des catégories d'entreprises, mais les missions qu'elles accomplissent. L'entreprise n'est pas le fondement de cette exception. Aucune différence n'est effectuée entre l'entreprise publique ou privée. L'exception est liée à la réalisation de certaines missions. Cet article établit une égalité de traitement entre les entreprises publiques et privées dans l'accomplissement de missions d'intérêt général.

Cette exception s'applique aux entreprises publiques afin de leur permettre d'accomplir la mission qui leur a été attribuée. Elle ne s'applique pas lorsque ces entreprises agissent en dehors de leur mission spécifique. De plus, il faut que la dérogation soit indispensable à l'exercice de la mission de

418. Cette attitude est cependant en pleine évolution. Voir à cet effet la décision *Commune d'Almelo*.

419. Marc DEBÈNE, « Entreprises publiques et marché unique, entre assimilation et suspicion », *AJDA* 1992.243, p. 243 ; CJCE 30 avril 1974, *Sacchi*, aff. 155/73, *Rec. CJCE*, p. 409, concl. REISCHL.

l'entreprise. Par exemple, un État peut attribuer le monopole du service postal à une entreprise. Par contre, les activités du monopole ne peuvent s'étendre aux services particuliers, tel le service de courrier express. Seules les activités liées au service postal régulier peuvent faire l'objet d'un monopole. Il faut aussi que ce monopole soit nécessaire au maintien de l'égalité et de la qualité du service. Cet article n'interdit pas les monopoles de service public, mais vise à assurer qu'ils ne se comportent pas contrairement aux règles du traité lorsqu'ils agissent en dehors de leur mission première. Cette disposition restreint la liberté des entreprises publiques qui suivant le mouvement d'internationalisation, ont tendance à exercer des activités connexes à leur mission première cela, dans le cadre de l'assouplissement du principe de spécialité. Cet assouplissement est nécessaire afin que l'entreprise publique s'adapte aux nouveaux marchés.

Pour terminer, citons l'article 295 du *Traité de Rome* qui suppose l'application du principe de subsidiarité : « Le présent traité ne préjuge en rien le régime de la propriété dans les États membres ». Cet article défend aux organes communautaires d'intervenir sur le régime de la propriété de chaque État. Les entreprises publiques sont, selon nous, visées par cet article. Cependant, nous devons nous rappeler que les règles du traité ne doivent pas être affectées et qu'en pratique, les entreprises publiques sont placées en situation concurrentielle.

La Communauté européenne a démantelé des monopoles en adoptant diverses directives notamment dans les domaines des télécommunications, de l'énergie, des services postaux et des transports[420]. Conséquemment,

> [i] l en résulte un nouveau cadre pour l'activité des entreprises publiques directement fonction de la latitude dont dispose désormais la commission pour adopter des directives dans ce domaine. D'un côté la présomption de légalité des monopoles publics, même aménagés, se trouve renversée et les entreprises publiques soumises à un régime strict de concurrence.[421]

Il s'en est suivi un mouvement de libéralisation dans le domaine des télécommunications. Suivant l'article 2 de la directive n° 88/301 relative à la concurrence dans les marchés de terminaux de communication[422] les États membres doivent assurer la mise en concurrence des entreprises

---

420. Directive 88/301 du 16 mai 1988 relative à la concurrence dans les marchés de terminaux de communication, *JOCE* n° L 131 du 27 mai 1988, p. 73 ; Directive 96/92, précitée, note 297 ; Directive 98/30, précitée, note 297 ; Directive 97/67 du 15 décembre 1997, précitée note 298 ; Directive 91/440 précitée, note 295. Voir les notes infrapaginales n°s 295 à 298.
421. F. Servoin, *op. cit.*, note 416, p. 84.
422. Précitée, note 420.

auxquelles des droits spéciaux ou exclusifs sont octroyés. Les entreprises publiques monopolistiques entrent dans cette catégorie. Par ailleurs, le domaine de l'énergie fut celui où les réticences de la part des États membres se sont fait ressentir le plus fortement. Ainsi, tout comme les directives adoptées dans le secteur postal, les directives adoptées dans le domaine de l'énergie permettent le maintien de certains services sous monopole. Nous vous référons aussi à nos propos concernant la directive Bolkenstein[423].

2. Les principales manifestations du déclin des particularités traditionnelles de l'entreprise publique

Quel que soit le secteur dans lequel elles œuvrent, les entreprises publiques font face à une évolution et à des changements majeurs qui résultent de l'intégration économique. Les accords d'intégration économique contribuent à restreindre la part de marché occupée exclusivement par les monopoles. De même, il ne faut pas oublier que la notion de service public est affaiblie par les accords d'intégration économique, entraînant ainsi le déclin de l'entreprise publique. Selon Jean-Philippe Colson « [l] e développement de la libre concurrence entre les acteurs économiques heurte de plein fouet les situations monopolistiques et les droits exclusifs qui caractérisaient souvent l'action publique dans le domaine économique »[424]. Plus précisément, nous constatons diverses conséquences découlant des accords d'intégration économique :

- Restriction des situations monopolistiques par la soumission à la concurrence des secteurs connexes à la mission principale de l'entreprise publique ;
- Méconnaissance de la situation particulière de l'entreprise publique par rapport à l'entreprise privée et de la notion de service public ;
- Mise en concurrence de l'entreprise publique lors d'exercice d'activités sur des marchés extérieurs
- Prédominance de la concurrence sur le secteur public.

Nous percevons la force du lien qui existe entre le déclin de la notion de service public et le déclin des particularités traditionnelles de l'entreprise publique. L'intégration économique a des effets sur l'organisation de l'entreprise publique et sur les modalités d'exercice de ses activités.

---

423. *Supra*, Partie I, titre I, chapitre I, section I, point 2.1 *b)* et chapitre II, section II, point 1.1. *b)*.
424. J.-P. COLSON, *op. cit.*, note 359, p. 1.

2.1. Le déclin de l'organisation de l'entreprise publique

L'intégration économique entraîne un remaniement de la structure même de l'entreprise publique qui peut sembler être un premier pas vers la privatisation. La séparation des infrastructures et des services et l'accès des tiers au réseau sont les effets de l'intégration économique reliés à l'organisation de l'entreprise publique.

a) La dissociation des infrastructures et des services offerts

La dissociation des infrastructures et des services offerts aux usagers entraîne la soumission d'une partie de l'entreprise à la concurrence. C'est ainsi que « [l]'intégration verticale est remise en question [...] pour des raisons de conflits d'intérêts potentiels alors que les intermédiaires voient le jour dans le marché »[425]. La séparation peut être comptable ou institutionnelle. Par exemple, en France le transport ferroviaire est soumis à l'exigence imposée par la Directive 91/440 du 29 juillet 1991 relative au développement de chemins de fer communautaires[426] de séparer l'infrastructure ferroviaire de sa gestion. Cette séparation étant uniquement comptable, les personnes juridiques en charge des deux activités peuvent demeurer les mêmes. À l'origine, le monopole du transport ferroviaire appartenant à la Société nationale des chemins de fer, la séparation comptable s'est concrétisée à l'aide de la *Loi n° 97-135 du 13 février 1997 portant création de l'établissement public Réseau ferré de France en vue du renouveau du transport ferroviaire*[427]. Cette loi organise la délégation d'une partie des compétences du Réseau ferré de France à la Société nationale des chemins de fer. Bien que l'État conserve la gestion du réseau par l'entremise de la Société nationale des chemins de fer, cette dernière devient un opérateur comme les autres sur le marché.

Cette dissociation permet aussi de tenir compte de l'obligation de transparence fortement valorisée par l'intégration économique. La transparence dans l'organisation de l'entreprise assure le respect des conditions de la concurrence. Cette transparence est notamment assurée par la dissociation des infrastructures et des services (ainsi que des fonctions de réglementation et de commercialisation).

Le secteur de l'électricité est particulièrement touché par cette séparation. Au Québec, Hydro-Québec a procédé à la dissociation comptable de ses activités afin de s'adapter à l'intégration économique. En France, les dissociations juridique et comptable sont des obligations prévues par

425. Louis SIMARD, Alain DUPUIS et Luc BERNIER, « Entreprises publiques et intérêt général à l'heure de la gouvernance », (2006) 3 *Adm. publ. Can*, 308, p. 319.
426. Précitée, note 295.
427. JO 15 février 1997, p. 2592.

la *Loi n° 2004-803 du 9 août 2004 relative au service public de l'électricité et du gaz et aux entreprises électriques et gazières*[428].

b) L'accès des tiers au réseau

La séparation des fonctions entraîne l'introduction de la concurrence et l'atténuation de l'emprise des monopoles. En effet, l'entreprise publique, autrefois seule exploitante sur un marché, donne maintenant accès à ses réseaux à des entreprises privées concurrentes afin de fournir un service « public ». Par exemple, afin de faire affaire aux États-Unis, Hydro-Québec a ouvert son réseau de transport d'électricité aux entreprises concurrentes alors qu'elle conserve seule la gestion et l'utilisation de ses centrales hydroélectriques[429].

2.2. Le déclin lié à l'exercice des activités de l'entreprise publique

Nous identifions aussi des effets liés aux modalités d'exercice des activités de l'entreprise publique.

a) Prérogatives de puissance publique et règle de spécialité

Au Québec, la question de l'applicabilité et du renouveau des prérogatives de puissance publique se pose depuis quelques années. Nous assistons en fait à une remise en cause de la légitimité des prérogatives provenant de la *common law*. Ceci reflète la situation actuelle suivant laquelle la place de l'État est bousculée par l'économie libérale et d'une société marquée par l'émergence et la reconnaissance des droits individuels. La relation entre l'État et les citoyens, qui autrefois en était une de domination, évolue vers un lien de coopération purement administratif. Le droit administratif est maintenant envahi par divers termes tels que contractualisation, médiation, transparence, consultation, participation et droits des citoyens. Le statut et les règles applicables à l'Administration doivent désormais refléter un meilleur équilibre dans les relations entre l'Administration et les citoyens. Il semble qu'il soit nécessaire d'instaurer « [...] un cadre nouveau où pourrait apparaître un éventail plus large de garanties non contentieuses en faveur des administrés »[430]. C'est ainsi que les prérogatives de l'entreprise publique se restreignent de plus en plus afin de la positionner au même niveau que

---

428. *JO* 11 août 2004, p. 14256 ; Directive 2003/54 du 26 juin 2003 concernant des règles communes pour le marché intérieur de l'électricité et abrogeant la directive 96/92, *JOCE* n° L 176 du 15 juillet 2003, p. 37 ; Directive 2003/55 du 26 juin 2003 concernant des règles communes pour le marché intérieur du gaz naturel et abrogeant la directive 98/30, *JOCE* n° L 176 du 15 juillet 2003, p. 57.

429. M.-L. PELLETIER, *op. cit.*, note 15, n° 100, p. 77.

430. COMMISSION DE RÉFORME DE DROIT DU CANADA, *Le statut juridique de l'administration fédérale*, Document de travail n° 40, Ottawa, 1985, p. 88.

l'entreprise privée dans le cadre de l'ouverture à la concurrence de plusieurs secteurs monopolistiques.

Il est donc nécessaire d'octroyer aux prérogatives une légitimité formelle à l'aide de la loi ou de la Constitution. De même, le recours spécial aux prérogatives devrait être justifié au regard de l'intérêt public et du but recherché. Dans un avenir rapproché, les juges pourraient être appelés à tendre vers une interprétation stricte des prérogatives, tel que l'a déjà fait la Cour suprême dans l'arrêt R. c. *Eldorado Nucléaire*[431]. À cet égard, l'arrêt *Conseil des ports nationaux c. Langelier*[432], illustre bien le problème que peut poser l'application des prérogatives de puissance publique en matière de concurrence. Les intimés s'adressèrent à la Cour suprême pour obtenir une injonction interlocutoire enjoignant le Conseil des ports nationaux de cesser les travaux qu'il faisait effectuer dans le fleuve au motif que ceux-ci risquaient de dévaluer leurs propriétés. Le Conseil des ports nationaux demanda le rejet de l'injonction en opposant un moyen déclinatoire motivé par le fait qu'il était un mandataire de puissance publique jouissant d'une immunité à l'égard du recours en injonction. La Cour accorda la demande d'injonction en spécifiant que les prérogatives ne s'appliquent pas lorsque l'agent public agit illégalement. Soulignons que les lois d'interprétation des provinces de la Colombie-Britannique et de l'Île-du-Prince-Édouard, prévoient que toute loi s'applique à la l'État à moins de dérogation expresse. Dans ces provinces, le gouvernement et ses organismes sont donc assujettis expressément à la règle de l'égalité devant la loi[433]. Dans ce cadre, « [i] l est désormais nécessaire d'étudier les avantages qui pourraient éventuellement résulter de l'introduction ou de l'élargissement de notions comme celles de faute de service ou de responsabilité fondée sur le risque, ou encore, de l'instauration d'un régime compensatoire sans faute reposant sur la technique assurantielle »[434].

Tel qu'indiqué précédemment, le principe de spécialité est aussi réévalué dans le cadre de l'intégration économique. Il s'est assoupli, laissant place à une certaine diversification des activités. Le problème de cette diversification réside dans le fait que les nouvelles activités doivent demeurer dans le cadre de la mission de service public initialement attribuée à l'entreprise. Elles doivent être le complément normal de la mission principale, être d'intérêt général et être utiles de façon directe à l'entreprise publique[435].

---

431. [1983] 2 RCS 551, p. 558.
432. [1969] RCS 60.
433. P. ISSALYS et D. LEMIEUX, *op. cit.*, note 1, n° 15.45, p. 1244 à 1246 ; P. GARANT, *op. cit.*, note 23, p. 96 et 97 ; *Interpretation Act*, RSBC 1996, c. 238, s. 14 ; *Interpretation Act*, SPEI 1988, c. I-8, s. 14.
434. COMMISSION DE RÉFORME DE DROIT DU CANADA, *op. cit.*, note 430, p. 88.
435. Laurent RICHER, « La loi du 10 février 2000 sur l'électricité : entre concurrence et service public », *AJDA* 2000.239, p. 245.

b) La soumission à la concurrence

La principale résultante de l'intégration économique est l'introduction de la concurrence dans des secteurs qui en étaient autrefois écartés, tels les monopoles de service public. C'est ainsi qu'autrefois radicalement opposées, la concurrence et la notion de service public sont soumises à la même réglementation et aux mêmes restrictions. Dès que les entreprises publiques s'engagent dans l'exercice d'activités purement économiques, qui sont généralement complémentaires à leur activité principale, elles sont happées par la concurrence.

Soulignons que la Cour de justice des Communautés européennes dans l'arrêt *Hofner*[436] a tenté de définir la notion d'« entreprise » selon le droit communautaire : il s'agit de toute entité qui exerce une activité économique, donc une activité de production de biens ou de services. Cette conception est très large et ne distingue pas les secteurs public et privé. La Cour ne tient pas compte du statut juridique de l'entité ni même de son mode de financement. L'entreprise publique est donc placée au même niveau que l'entreprise privée au regard de cette définition propre au droit communautaire. Dans la décision *Eurocontrol*[437], la Cour de justice reprend cette définition afin de conclure que les activités d'Eurocontrol ne présentent pas de caractère économique qui justifie l'application des règles de concurrence du *Traité de Rome*. L'entreprise publique est, du point de vue du droit communautaire, soumise à la concurrence comme toute entreprise privée lorsqu'elle exerce des activités qui ne sont pas d'intérêt économique général. De même, les services et les biens fournis par les entreprises publiques sont considérés comme étant identiques aux autres biens et services. Leur intérêt fondamental pour la collectivité n'est pas pris en compte. Ne devrions-nous pas nous demander quelle est la manière pour éviter qu'un monopole abuse de ses droits plutôt que de l'affaiblir ?

La soumission à la concurrence de certaines activités de l'entreprise publique ne date pas d'hier. D'ailleurs, en 1977, reconnaissant l'introduction possible mais limitée de la concurrence dans les activités de service public, Gil Rémillard écrivait que « [l] a seule raison qui, à notre avis, devrait permettre une situation de concurrence dans le secteur d'un service public, serait lorsque l'État désire en prendre en charge la partie non rentable et laisser à l'entreprise privée la partie rentable »[438]. À notre avis, les accords d'intégration économique sont allés beaucoup plus loin, puisqu'ils ont

---

436. CJCE 23 avril 1991, *Hofner et Elser c. Macroton*, aff. C-41/90, *Rec. CJCE*, p. I-1979, concl. Jacobs.

437. CJCE 19 janvier 1994, *SAT c. Eurocontrol*, aff. C-364/92, *Rec. CJCE*, p. 43 ; *D.* 1995.33, note LHUILLIER.

438. Gil RÉMILLARD, « Réflexions sur la concurrence entre les entreprises privées et publiques au Canada », (1977) 8 *RDUS* 149, p. 158.

introduit sans nuance la concurrence dans des activités de service public au motif que ces activités étaient annexes à l'activité principale de l'entreprise. Les activités annexes peuvent être placées en situation concurrentielle lorsqu'elles ne sont pas qualifiées « de service public » n'étant pas le complément normal ou nécessaire de l'activité principale[439]. Dans les autres cas, elles devraient être mises à l'abri de la concurrence, mais cela est plutôt difficile à réaliser en pratique étant donné qu'elles permettent à l'entreprise publique de s'ouvrir à la concurrence en diversifiant ses activités.

---

439. Telle la vente de chauffe-eau par Hydro-Québec – *Id.*, p. 160.

CHAPITRE II

LA PRIVATISATION DE L'ENTREPRISE PUBLIQUE

Nous venons de constater certaines modifications de la structure traditionnelle de l'entreprise publique découlant de l'intégration économique. Ainsi, les monopoles publics sont remis en cause au nom du libéralisme économique et des réseaux sont démantelés. Il faut se rendre à l'évidence : désormais la notion de service public n'est plus synonyme d'entreprise publique monopolistique constituée en réseau. Ainsi, la présente sous-section est consacrée à la conséquence ultime des effets de l'intégration économique sur l'entreprise publique : la privatisation.

SECTION I
LA GENÈSE DE LA PRIVATISATION DE L'ENTREPRISE PUBLIQUE

Que désignons-nous comme étant une privatisation d'entreprise publique ? Considérant que dès que le secteur privé s'ingère dans une activité publique le terme « privatisation » ressurgit, la réponse à notre question ne fait pas l'unanimité. Pour notre part, nous analysons la privatisation en tant que processus qui contribue au déclin de l'entreprise publique contrairement à celui qui permet sa mutation.

Nous verrons aussi que la privatisation de l'entreprise publique est un phénomène mondial plus ou moins accentué selon les endroits et leur conception de la notion de service public. Pour notre part, nous présentons les privatisations d'entreprises publiques anglaises, françaises, canadiennes et québécoises. Tous ces endroits ont adopté des démarches différentes, plus radicales chez certains que chez d'autres.

Nous présentons ici notre vision de la privatisation en la définissant et en indiquant les raisons qui lui sont inhérentes. Ces dernières se rattachent au désengagement de l'État suite aux enjeux internationaux.

1. La définition de la privatisation

L'expression « privatisation » signifie rendre privé ce qui est public[440]. Plus spécifiquement, il s'agit de « [l]'opération par laquelle le contrôle exercé [...] par les pouvoirs publics sur une organisation [...] conçue en vue d'exercer [...] une activité économique, est transféré au secteur privé »[441]. Ainsi, la privatisation peut être abordée sous divers angles. Elle s'entend de l'aspect patrimonial de l'entreprise ou elle découle de l'utilisation de différentes techniques.

Pour notre part, nous abordons le cas de la privatisation **totale** de l'entreprise publique qui est l'aboutissement ultime de son déclin. Nous référons ici à l'aspect patrimonial de l'entreprise. À ce point de vue, nous adhérons à la citation qui suit :

> The word privatisation itself is an umbrella term that has come to describe a multitude of government initiatives designed to increase the role of the private sector. In its most literal sense [...] it refers to the transfer of state ownership in nationalised industries to the private sector.[442] (Nos soulignements).

Pour nous l'expression « privatisation » implique le transfert complet de la propriété (actifs, patrimoine) de l'entreprise publique à des intérêts privés et son retrait du secteur public. En ce qui a trait à la privatisation par l'utilisation de différentes techniques, nous verrons dans la deuxième partie de notre étude, que certaines opérations souvent dénommées « privatisation » assurent la mutation de l'entreprise publique plutôt que sa disparition. Nous analyserons alors certaines voies qui sont des alternatives à la privatisation totale[443] dont nous parlons dans cette sous-section.

Pour les raisons qui suivent, nous envisageons la privatisation suivant un point de vue patrimonial. Premièrement, parce que cette conception entraîne le retrait complet de l'État de l'entreprise publique et le retrait de l'entreprise publique du secteur étatique. Deuxièmement, la « privatisation » selon les autres modes de gestion ne donne pas lieu à une privatisation. Il s'agit plutôt de mesures par lesquelles l'État tente de faire contrepoids à l'intégration économique et de s'y adapter. Si ces méthodes ne fonctionnent pas, la privatisation proprement dite constituera alors la voie de sortie.

---

440. Lionel OUELLET, « La privatisation, un instrument de management public ? », (1987) 30 *Adm. Pub. Can.* 566, p. 566.
441. N. THIRION, *op. cit.*, note 44, n° 292, p. 338.
442. Kate ASCHER, *The politics of privatisation – Contracting out public services*, London, Macmillan, 1987, p. 4.
443. Cf. R. PARENTEAU, *loc. cit.*, note 366, p. 138.

Troisièmement, tel que nous le verrons la privatisation abordée sous un angle patrimonial revêt une connotation politique importante.

Le phénomène des privatisations d'entreprises publiques est l'aboutissement ultime préconisé par les partisans de la libre-concurrence. Dès lors, la privatisation permet d'appréhender un profond malaise relativement au rôle de l'État dans la nouvelle économie. Ainsi, les monopoles publics sont remis en cause au nom du libéralisme économique et les réseaux sont démantelés à plusieurs endroits dans le monde.

2. Les raisons de la privatisation de l'entreprise publique

Outre la réaction à l'intégration économique, plusieurs raisons sont évoquées afin de justifier les privatisations d'entreprises publiques. Nous les regroupons en trois grandes catégories : les raisons financières, administratives et politiques.

Divers objectifs sont sous-jacents à la privatisation accomplie pour une raison financière : l'assainissement des finances de l'État, la réduction de l'utilisation des ressources étatiques, l'amélioration des résultats économiques et l'allégement des charges publiques. La vente d'une entreprise publique à des intérêts privés constitue une source de revenu importante pour l'État. D'ailleurs, en 1995, le montant total des privatisations dans le monde a atteint 67,5 milliards de dollars[444]. Elle peut aussi permettre la réduction de la dette publique tout en favorisant des économies. La détermination du montant de la vente de l'entreprise publique dont le paiement ne s'effectue qu'en un versement est cruciale. La sous-estimation de la valeur de l'entreprise publique est possible. Par exemple, combien vaudrait Hydro-Québec ? Est-il facile d'évaluer le montant d'une telle entreprise ? Ce n'est certainement pas en comptabilisant la valeur totale de ses installations que nous aurons la réponse à cette question. Il faut aussi tenir compte du fait que l'acheteur privé refuse généralement d'assumer totalement la dette de l'entreprise publique, entraînant de ce fait une diminution de son prix de vente ou le paiement de la dette par l'État. Par exemple, le gouvernement allemand a assumé 70 % des dettes de ses entreprises lors de leur vente au secteur privé. D'une autre manière, en France le gouvernement s'est engagé à payer les retraites futures des employés de France Télécom en poste lors de la privatisation[445]. Les privatisations d'entreprises publiques canadiennes ont été notamment justifiées par le fait « [...] que l'on soupçonne de nombreuses

---

444. Xavier DENIS-JUDICIS et Jean-Pierre PETIT, *Les privatisations*, Paris, Montchrestien, 1998, p. 13.
445. *Id.*, p. 50.

entreprises d'être mal gérées et insuffisamment contrôlées par le Parlement et le gouvernement »[446].

Les raisons administratives justifiant la privatisation d'une entreprise publique peuvent aussi être de divers ordres. Il peut s'agir d'une volonté d'attirer des investisseurs étrangers ou de laisser une totale liberté d'action à l'entreprise en plus de permettre une réduction de la taille de l'État et d'adapter l'entreprise à la concurrence. La supposée efficacité supérieure de l'entreprise privée est aussi une raison évoquée afin de justifier la privatisation d'une entreprise publique, ce qui à notre avis est inadéquat. En effet « [d] ans un environnement compétitif, les entreprises publiques et privées ont une rentabilité comparable »[447]. De plus, la possibilité maintenant offerte à l'entreprise publique de s'internationaliser représente un facteur accru de succès pour celle-ci, tel que nous le verrons dans la deuxième partie de notre thèse.

Les raisons de la privatisation peuvent aussi être d'ordre politique. Un gouvernement libéral (ou de droite) est plus enclin à la privatisation qu'un gouvernement socialiste (ou de gauche). Ainsi, à l'instar des nationalisations, les privatisations surviennent généralement dans un contexte politique particulier. Des raisons d'ordre idéologique sont sous-jacentes aux raisons politiques. Cependant il faut prendre garde de faire de la privatisation une « idéologie ». En effet, « [...] faire de la privatisation une idéologie est dangereux, aussi bien sur le plan économique que social et politique : faire le procès de l'État est une chose, se servir de la privatisation comme stratégie de réalisation de ses objectifs en est une autre »[448]. Pour les pays européens, la privatisation constitue aussi un moyen de satisfaire aux exigences de la Communauté européenne.

La privatisation d'une entreprise publique de service public comporte plus de conséquences que celle d'une entreprise publique économique[449]. En effet, cette démarche va à l'encontre de la notion même de service public. Si la privatisation d'une entreprise publique économique comporte des effets positifs (gains de productivité, flexibilité accrue), il n'en va pas de même pour l'entreprise publique de service public. En fait,

---

446. Patrice GARANT, *Droit administratif*, 4e éd., Cowansville, Éditions Yvon Blais, 1996, p. 318.
447. Luc BERNIER, Patrick PETIT, Michel G. BÉDARD et André FORGET, « La performance financière des sociétés d'État au Québec », dans Marie-Michèle GUAY *et al.* (dir.), *Performance et secteur public : réalités, enjeux et paradoxes*, Sainte-Foy, PUQ, 1997, p. 97, à la p. 99.
448. L. OUELLET, *loc. cit.*, note 440, p. 583.
449. Nous ne parlons pas ici de la différence entre les entreprises privées et publiques, mais bien de celle qui existe entre les entreprises publiques économiques et les entreprises publiques de service public. Voir nos propos à ce sujet, *supra*, Partie I, titre I, chapitre I, section II, point 2.2. *b)*.

il faut se questionner sur la qualité du service offert aux citoyens et l'utilisation des biens publics suite à une privatisation totale. Les partisans de la privatisation semblent oublier que la privatisation totale d'une entreprise publique de service public comporte un coût social et qu'« [e]lle n'est pas nécessairement plus efficace qu'une "*respiration*" du secteur public convenablement maîtrisée, assortie de mécanismes de régulation du marché qu'il revient à l'État de définir »[450]. De plus, il n'est pas toujours avantageux de passer d'un monopole public à un monopole privé. Au moins, le monopole public est chargé d'une mission de service public et doit agir dans le sens de l'intérêt général.

SECTION II
LA PORTÉE DU PHÉNOMÈNE DE PRIVATISATION DE L'ENTREPRISE PUBLIQUE

Le mouvement de privatisation d'entreprises publiques débuté en Occident au début des années 1980, est rapidement devenu un phénomène mondial. Le Canada et le Québec n'y ont pas échappé.

Ce phénomène a touché des pays tels que la Nouvelle-Zélande et le Japon. De même, autrefois considérées comme un vecteur de développement dans les pays en développement, les entreprises publiques y furent privatisées massivement. Ainsi, divers pays africains, le Mexique, le Brésil, l'Argentine, le Chili, la Malaisie, l'Indonésie, le Sri Lanka, les Philippines, l'Inde, le Pakistan, la Corée du Sud, la Turquie et le Sénégal n'échappèrent pas à ce mouvement étant donné leur déficit et leur dette étrangère élevés ainsi que leur dépendance face à divers organismes internationaux[451].

Pour les besoins de notre thèse, nous nous penchons sur les privatisations survenues en Angleterre et en France ainsi que celles du Canada et du Québec.

---

450. J.-P. COLSON, *op. cit.*, note 359, n° 172, p. 175.
451. Michel G. BÉDARD, et Luc BERNIER, « Les entreprises publiques », dans Pierre P. TREMBLAY (dir.), *L'État administrateur, modes et émergences*, Ste-Foy, PUQ, 1997, p. 49, à la p. 83 ; *cf.* X. DENIS-JUDICIS et J.-P. PETIT, *op. cit.*, note 444, p. 91 à 115 ; GOUVERNEMENT DU QUÉBEC, *loc. cit.*, note 196, p. 23 ; Maureen APPEL MOLOT, « The provinces and privatizations : are the provinces really getting out of business ? », dans Allan TUPPER et G. Bruce DOERN (dir.), *Privatization, Public Policy and Public Corporations in Canada*, Montréal, Institut de recherches politiques, 1988, p. 399, à la p. 399.

1. La privatisation de l'entreprise publique en Angleterre et en France

Plusieurs entreprises publiques anglaises et françaises ont fait l'objet de privatisations, constituant ainsi une manifestation importante de leur déclin.

1.1. Les privatisations en Angleterre

L'Angleterre est la pionnière dans le domaine de la privatisation des entreprises publiques. Un important programme de privatisation y fut mis sur pied à l'arrivée au pouvoir du gouvernement dirigé par Margaret Thatcher en 1979. Cette initiative ayant eu une répercussion mondiale, il s'agit fort probablement de l'un des faits historiques les plus importants des années 1980[452]. Désireux notamment de réduire son déficit et de diminuer la force syndicale, le gouvernement Thatcher a vendu au secteur privé des entreprises publiques exerçant leurs activités dans divers domaines. En novembre 1984, plus de 50 % des actions de British Telecom furent vendues à des intérêts privés. Détentrice du monopole de la fourniture du gaz, British Gas fut privatisée en 1986. Formée en 1974 par la fusion des entreprises publiques British Overseas Airways Corporation et British European Airways, British Airways fut privatisée en 1987. Les privatisations de British Petroleum et de British Aerospace sont survenues respectivement en 1981 et en 1984. De même, les dix entreprises des eaux ont été privatisées en 1989. En résumé, en 1989 « [...] le secteur public du Royaume-Uni, qui représentait 10 % du produit national brut, 8 % de l'emploi et 17 % du capital national, est réduit à moins du cinquième de sa taille originale »[453].

La politique de privatisation s'est poursuivie au-delà des trois mandats du gouvernement Thatcher qui se sont étalés de 1979 à 1990 et durant lesquels environ 70 entreprises publiques furent cédées au secteur privé. Soulignons que l'ouverture du capital des entreprises publiques anglaises s'est majoritairement effectuée par étapes, aboutissant à des privatisations totales. Dans le cadre du processus de privatisation, l'État conservait des actions spécifiques dans des entreprises pour des questions de sécurité nationale ou afin de laisser un temps d'adaptation à l'entreprise. La conservation d'actions spécifiques évitait une prise de contrôle de plus de 15 % des capitaux de la part d'une entreprise privée dans une entreprise privatisée. La conservation d'actions spécifiques pouvait être limitée dans le temps. Concrètement, cette pratique consistait davantage en un paravent destiné à

---

452. M. G. BÉDARD et L. BERNIER, *Id.*, p. 82.
453. *Id.*

diminuer les critiques, qu'en un réel contrôle du gouvernement sur l'entreprise[454].

Par exemple, en 1993, le solde des actions détenu par l'État dans British Telecom fut vendu, faisant d'elle une entreprise privée. La privatisation du réseau national de chemin de fer appelé British Railways a suivi en 1996. Le gestionnaire du réseau devint alors l'entreprise privée Railtrack. En 2002, la propriété du réseau ferroviaire passa aux mains de Network Rail, une entreprise privée sans but lucratif. Ceci fut justifié notamment par la faillite de Railtrack et les nombreux problèmes que subissait la gestion du réseau. Malgré le fait qu'il s'agissait d'une entreprise publique de première importance, British Energy fut privatisée en 1996. Étant donné ses graves problèmes financiers, elle fut renationalisée en 2002.

1.2. Les privatisations en France

Le mouvement de privatisation d'entreprises publiques amorcé en Angleterre, a fait écho ailleurs en Europe, en même temps que la pression de la Communauté européenne sur les États se faisait de plus en plus sentir. D'ailleurs, les privatisations sont omniprésentes en Europe depuis la création du Marché commun et l'ouverture à la concurrence. En effet, « [...] si le droit communautaire n'interdit pas par principe les régimes de monopoles [...] ceux-ci ont été soumis du fait de la jurisprudence communautaire et du droit dérivé, à une érosion significative subissant, plus particulièrement [...] le régime de la « peau de chagrin »[455]. C'est ainsi que le mouvement de privatisation s'est poursuivi notamment en Allemagne, en Italie, en Espagne, en Suède, aux Pays-Bas, en Finlande, dans les pays d'Europe de l'Est et en France. Étant donné l'importance idéologique et sociale que revêt le secteur public en France, nous désirons nous pencher de manière particulière sur les privatisations survenues dans ce pays.

La France a vécu deux vagues de privatisations[456]. La première, qui a eu lieu de 1986 à 1988, a engendré la disparition de trois grandes catégories

---

454. Jeremy J. RICHARDSON, « Pratique des privatisations en Grande-Bretagne » dans Vincent WRIGHT (dir.), *Les privatisations en Europe, programmes et problèmes*, Poitiers, Institut international de Prospective, 1993, p. 73, à la p. 92.
455. Ch. STOFFAËS, *op. cit.*, note 21, p. 124 et 125.
456. Loi n° 93-923 du 19 juillet 1993 de privatisation, *JO* 21 juillet 1993, p. 10255 ci-après désignée « Loi du 19 juillet 1993 » ; Loi n° 86-793 du 2 juillet 1986 autorisant le gouvernement à prendre diverses mesures d'ordre économique et social, *JO* 3 juillet 1986, p. 8240 ; Loi n° 86-912 du 6 août 1986 relative aux modalités d'application des privatisations décidées par la loi n° 86-793 du 2 juillet 1986, *JO* 7 août 1986, p. 9695 ; Cons. constit., 86-207 DC, 25 et 26 juin 1986, Privatisations, *Rec. Cons. constit.*, p. 61 ; Cons. constit., 89-254 DC, 4 juillet 1989, Dénoyautage des entreprises privatisées, *Rec. Cons. constit.*, p. 41 ; *RTD civ.* 1990.209, note Zenati.

d'entreprises publiques : les compagnies d'assurances, les entreprises industrielles et les banques ou les compagnies financières. Des entreprises nationalisées telles la Société générale, Paribas, Suez, le Crédit commercial de France, la Mutuelle française et la Compagnie générale de construction téléphonique furent donc transférées au secteur privé.

Bien que cela surprenne, le maintien d'un secteur public fort a été reconnu dans la foulée du deuxième mouvement de privatisations. D'ailleurs, la *Loi du 19 juillet 1993* laisse une place essentielle au secteur public dans l'économie. En effet, « [l] e nouveau programme de privatisations n'envisage nullement son abolition mais plutôt son recentrage implicite sur les entreprises publiques à fortes contraintes de service public »[457]. Notamment, l'article 7 de la *Loi du 19 juillet 1993* prévoit la possibilité d'instaurer au nom des intérêts nationaux, une action spécifique (*golden share*) conservée par la Puissance publique. Alors se pose la question : pourquoi privatiser l'entreprise si elle revêt un intérêt national ?

Le programme de privatisations de 1993 a notamment touché aux entreprises suivantes : Elf-Aquitaine (pétrole), Crédit Lyonnais (finances), SEITA (tabac), Renault (construction automobile), Usinor Salicor et Rhône-Poulenc (chimie).

Ce programme tentait de ne pas affecter les entreprises publiques de service public. Il faut souligner qu'

> [e] n réalité, le passage au privé d'entreprises conservant encore une position très forte sur le marché, n'irait pas en France sans soulever de sérieuses objections, constitutionnelles et politiques. Par leur poids et leur dominance, les grandes entreprises des secteurs des transports, des télécommunications ou de l'énergie, revêtent pour l'État un caractère stratégique auquel le contrôle public apporte encore la meilleure garantie.[458]

De plus, pour être privatisée, une entreprise publique ne doit pas avoir les caractères d'un service public national ou d'un monopole de fait en vertu de l'alinéa 9 du Préambule de la *Constitution française de 1946*. Le Conseil constitutionnel a déjà jugé comme étant non constitutionnels les secteurs des banques et des assurances[459], de la télévision[460] et des

---

457. Michel DURUPTY, « La privatisation banalisée. Commentaire de la loi de privatisation du 19 juillet 1993 », *AJDA* 1993.712, p. 712.

458. Bruno LASSERRE, « L'entreprise publique du monopole à la concurrence », *CJEG*. 1994.335, p. 338.

459. Cons. constit., 86-207 DC, 25 et 26 juin 1986, *Privatisations*, *Rec. Cons. constit.*, p. 61.

460. Cons. constit., 86-217 DC, 18 septembre 1986, *Privatisations*, *Rec. Cons. constit.*, p. 39.

télécommunications[461]. Dans le cadre de l'intégration européenne, cette interdiction tend présentement à s'assouplir. Gérard Marcou indique même que l'on « [...] peut se demander ce qui reste de l'alinéa 9 du Préambule de 1946. Avec la poursuite des politiques de libéralisation on peut s'attendre à ce que d'autres entreprises publiques perdent le caractère de service public national que l'on pourrait encore leur reconnaître »[462]. L'État partage désormais de plus en plus le capital d'entreprises publiques avec le secteur privé. Jusqu'à quel point pouvons-nous affirmer qu'il s'agit bel et bien d'une privatisation au sens où nous l'entendons présentement ? C'est ce que nous tenterons d'élucider dans la deuxième partie de la présente étude.

2. La privatisation de l'entreprise publique au Canada et au Québec

Influencé par le phénomène des privatisations débuté en Europe et une vague libérale, le gouvernement fédéral canadien a privatisé plusieurs entreprises publiques dans les années 1980 et 1990. Influencé par la notion de service public à la française, le Québec s'est fait plus prudent, procédant majoritairement à des restructurations de son réseau d'entreprises publiques.

2.1. Les privatisations au Canada

Dans les années 1980, fort d'un réseau important d'entreprises publiques, le Canada s'est conformé au courant de privatisations venu d'Europe. C'est, ainsi que le gouvernement canadien progressiste-conservateur de Brian Mulroney a privatisé plusieurs entreprises publiques. En 1986, un ministre à la privatisation fut nommé et un groupe sur la privatisation et la régulation économique fut formé. De même, la même année, un sous-ministre à la privatisation fut nommé et l'Office de la privatisation et des affaires réglementaires fut créé. Une stratégie de privatisations fut adoptée en 1987. Diverses raisons furent évoquées afin de justifier le désir de privatisation d'entreprises publiques : la gestion déficiente, le manque de contrôle étatique, la dette accumulée et la critique de la performance.

C'est ainsi que durant la période s'étendant de 1985 à 1988, le Parlement fédéral a adopté une douzaine de lois concernant la liquidation, la

461. Cons. constit., 96-380 DC, 23 juillet 1996, *Loi relative à l'entreprise nationale France Télécom*, *RFD adm.* 1996.950 ; *AJDA* 1996.694, note O. SCHRAMECK.
462. Gérard MARCOU, « Que reste-t-il de l'alinéa 9 du Préambule de la Constitution de 1946 ? », *AJDA* 2007.192, p. 198.

vente ou la restructuration de plusieurs entreprises publiques[463]. Précisons que l'article 90 de la *Loi sur la gestion des finances publiques* oblige le gouvernement à procéder par l'adoption d'une loi en ce qui concerne la vente d'une entreprise publique. Durant cette période, il a notamment privatisé les entreprises publiques De Haviland et Canadair (constructeurs aéronautiques), Société des transports du nord (transports), Pêcheries Canada Inc. (agro-alimentaire) et Téléglobe Canada (télécommunications)[464]. Durant cette période une douzaine d'entreprises publiques et de filiales ont été privatisées pour une valeur de plus de trois milliards de dollars[465].

En 1991, le Parlement canadien a adopté la *Loi sur la dissolution ou la cession de sociétés d'État*[466] qui prévoyait la privatisation de certaines entreprises publiques expressément visées, telle que la Société canadienne des brevets et d'exploitation Limitée. Le transporteur aérien Air Canada fut privatisé en 1989[467], tandis que le transporteur ferroviaire Canadien national fut privatisé en 1995. En 1995, le gouvernement fédéral a vendu une part des actions de l'entreprise publique Eldorado Nucléaire (uranium) au gouvernement de la Saskatchewan, le reste appartenant à des intérêts privés. La pétrolière Pétro-Canada fut totalement privatisée en 2004 suite à l'ouverture de son capital débutée en 1991. En somme, depuis 1985, une trentaine d'entreprises publiques fédérales furent privatisées, permettant ainsi à l'État d'engranger une somme d'environ 12 milliards de dollars. En 2004, le gouvernement canadien a démontré son intention de privatiser l'entreprise publique Via Rail en présentant le projet de loi C-255 *Loi concernant la commercialisation de Via Rail Canada Inc.* qui n'a pas été adopté à ce jour.

Roland Parenteau a comparé la politique de privatisations survenue au Canada à celle de l'Angleterre. Il a constaté, avec raison, qu'au Canada les entreprises publiques ont été vendues à des entreprises privées de grande importance (Bombardier, Boeing, Canadian Airlines), accentuant par là le pouvoir économique de ces entreprises, tandis qu'en Angleterre le capital des entreprises publiques a été largement distribué dans la population, évitant ainsi une concentration poussée de la propriété[468]. Le gouvernement canadien a donc tendance à « protéger » les entreprises privatisées en leur assurant une croissance économique et une viabilité certaines.

---

463. P. GARANT, *op. cit.*, note 446, p. 319.
464. P. GARANT, *op. cit.*, note 446, p. 319, 322 et 323 ; Patrice GARANT, *Précis de droit des administrations publiques*, 3e éd., Cowansville, Éditions Yvon Blais, 1995, p. 319 ; Patrice GARANT, *Précis de droit des administrations publiques*, 4e éd., Cowansville, Éditions Yvon Blais, 2005, p. 103.
465. M. G. BÉDARD, et L. BERNIER, *loc. cit.*, note 451, p. 83.
466. L.C. 1991, c. 38.
467. La privatisation d'Air Canada s'est effectuée en deux étapes – P. GARANT, *op. cit.*, note 446, p. 324.
468. R. PARENTEAU, *loc. cit.*, note 366, p. 138.

2.2. Les privatisations au Québec

Province canadienne, dans les années 1980 le Québec a procédé à une réflexion en profondeur concernant ses entreprises publiques. Bien que le Québec soit l'une des provinces canadiennes qui accordent le plus d'importance à l'entreprise publique, une véritable remise en question du rôle de l'État s'était mise en branle. En 1984, le Parlement adopta la *Loi sur la réduction du capital-actions de personnes morales de droit public et leurs filiales*[469]. En 1985, le gouvernement libéral créa le comité Fortier sur la privatisation des entreprises publiques. Dans la même veine, le comité Scowen sur la déréglementation et le comité Gobeil sur la réduction de l'appareil gouvernemental furent mis en place. Un ministre délégué à la Privatisation fut nommé. Son rôle était d'effectuer un examen des privatisations sous le contrôle du ministre des Finances.

Le rapport du comité Fortier recommandait la privatisation des entreprises publiques suivantes : la Société générale de financement (SGF), la Société québécoise d'exploration minière (SOQUEM), la Société québécoise d'initiatives agroalimentaires (SOQUIA), la Société québécoise d'initiatives pétrolières (SOQUIP), la Société de récupération, d'exploitation et de développement forestier du Québec (REXFOR), Sidbec, la Société québécoise des transports (SQT) et sa filiale Québécair, la Société nationale de l'amiante (SNA) et la Société des établissements de plein air du Québec (SÉPAQ)[470]. Nous remarquons qu'en général le gouvernement québécois désirait privatiser des entreprises publiques œuvrant dans des secteurs très précis. Cela est probablement dû au fait qu'il est préférable de conserver des entreprises publiques flexibles et capables d'intervenir dans divers domaines plutôt que des entreprises publiques dont les activités sont limitées. En quelques années, le gouvernement du Québec a donc vendu une vingtaine d'entreprises publiques dont Québécair, la Raffinerie de Sucre du Québec, Marine Industries, Cambior Inc. et Madelipêche Inc. Ces ventes ont totalisé près d'un milliard de dollars, ce qui correspond au sixième de la valeur totale des entreprises publiques[471].

Durant les années 1990, afin de se soumettre aux règles de l'ALÉNA adopté en 1992, le Québec, tout comme le Mexique, a procédé à une deuxième vague de privatisations. En effet, « [t] he new economic framework created by NAFTA forced the Quebec government to reconsider the possibility of privatizing state enterprises as it did »[472]. Les actifs de la Société nationale de l'amiante furent privatisés, Sidbec fut vendue en 1994 à un conglomérat indonésien et la Société québécoise des transports fut abolie

---

469. L.Q. 1984, c. 45. Cette loi ne s'appliquait pas à Hydro-Québec en vertu de son art. 1.
470. GOUVERNEMENT DU QUÉBEC, *op. cit.*, note 196, p. 63.
471. M. G. BÉDARD et L. BERNIER, *loc. cit.*, note 451, p. 83.
472. L. BERNIER, *loc. cit.*, note 413, p. 200.

en 1997. Au lieu d'être privatisées, certaines entreprises publiques ont fait l'objet d'une réorganisation. C'est ainsi qu'en 1998, SOQUEM, SOQUIA, SOQUIP et REXFOR ont été intégrées à la (ci-après désignée « SGF ») en tant que filiales à part entière de cette dernière. D'ailleurs l'article 9.1 de la Loi sur la SGF se lit ainsi : « La Société est autorisée à acquérir, à leur valeur aux livres au 31 mars 1998, les actions de Rexfor, de Soquem, de Soquia et de Soquip que le ministre des Finances lui cède ». Le centre de ski Mont-Sainte-Anne sous la tutelle de la SÉPAQ a aussi été vendu. Par ailleurs, en 1998, le gouvernement québécois a créé Investissement Québec et, en 2000, la Financière agricole du Québec[473].

Les privatisations québécoises sont difficilement comparables à celles qui sont survenues en Angleterre. En effet, il s'agissait plutôt d'une rationalisation des entreprises publiques afin d'assurer leur viabilité en les adaptant aux enjeux économiques contemporains. De même, s'agissant d'importants instruments politiques, les entreprises publiques n'ont pu être totalement éliminées[474]. Le gouvernement ne fermait pas la porte à d'autres options que la privatisation pure et simple[475]. Il était aussi ouvert à une modification du statut de l'entreprise publique, à une réorientation de ses activités ou au maintien du *statut quo*. De plus, contrairement à l'Angleterre la province de Québec a privatisé des petites entreprises publiques.

Soulignons que quelques discussions et questionnements sont parfois soulevés quant à la privatisation d'Hydro-Québec et de la SAQ. La privatisation de la première n'est pas reconnue[476]. Fleuron québécois, Hydro-Québec est l'entreprise publique de service public par excellence. Cependant, comme nous l'avons indiqué précédemment, un remaniement de sa structure a été accompli et elle se rapproche de plus en plus de ses homologues privés, comme tendent à le faire les entreprises publiques de service public sous la pression de l'intégration économique.

Pour sa part, la légitimité de la SAQ, qui n'est pas une entreprise publique de service public, fut souvent attaquée depuis les années 1980 et l'est

---

473. *Loi sur la Financière du Québec*, L.Q. 1998, c.17 ; *Loi sur la Financière agricole du Québec*, L.Q. 2000, c. 53.

474. L. BERNIER, *loc. cit.*, note 350, p. 251 et 252.

475. MINISTRE DÉLÉGUÉ AU FINANCES ET À LA PRIVATISATION, *Privatisation des sociétés d'État : rapport d'étape 1986-1986*, Québec, Ministère des Finances et de la Privatisation, 1988, p. 81 [annexe I].

476. M. POIRIER, *loc. cit.*, note 166, p. 208 ; Marcel CÔTÉ, « La privatisation et Hydro-Québec », dans Yves BÉLANGER et Robert COMEAU (dir.), *Hydro-Québec, Autres temps, autres défis*, Ste-Foy, PUQ, 1995, p. 283 ; Pierre COUTURE, « Hydro-Québec n'est pas à vendre », *Le Soleil*, 15 février 2007, p. 44 ; (Auteur inconnu), « L'idée de privatiser Hydro-Québec revient sur le tapis », *Le Soleil*, 30 août 2007, p. 43.

encore[477]. Le résultat mitigé de la privatisation de son homologue albertaine est un argument important afin de contrer la perspective de la privatisation. Depuis la privatisation de la société des alcools albertaine, le prix des produits a grimpé. De plus, les magasins privés négligent la variété des produits parce qu'ils se concentrent sur les produits à fort volume de vente. Le salaire des employés des magasins a aussi baissé suite à la privatisation. Finalement, la privatisation a entraîné la baisse des revenus de la province. Cela est dû à la multiplication des points de vente qui a entraîné l'augmentation des entreprises en difficulté et conséquemment, des baisses de taxes importantes.

N'étant pas une entreprise publique de service public, l'existence de Loto-Québec est aussi fréquemment remise en cause[478]. Dans la même veine, la Société nationale du cheval de course (SONACC) a vécu diverses difficultés, la menant à sa privatisation pure et simple par le biais d'une vente à une entreprise privée[479]. Le monde municipal québécois n'échappe pas non plus à des débats concernant la privatisation de ses entreprises publiques. En 2005, la défunte mairesse de la Ville de Québec avait évoqué la possibilité de privatiser l'entreprise publique de transport en commun le Réseau de transport de la Capitale tout en indiquant que le secteur privé se concentrerait sur des lignes rentables[480].

Dans le titre II de la première partie de notre étude, nous avons illustré le déclin de l'entreprise publique à travers le déclin de ses particularités traditionnelles et sa privatisation. Nous n'avons pas perdu de vue le fait que le déclin de l'entreprise publique soit lié de près au déclin de la notion de service public.

L'entreprise publique dans sa forme traditionnelle est manifestement affectée par l'intégration économique et le désengagement de l'État. De ce fait, elle n'échappe pas à la privatisation prônée par les partisans de la libéralisation des marchés et de la libre concurrence.

---

477. Alain DUBUC, « SAQ : le poids de l'inertie », *Le Soleil*, 8 octobre 2005, p. A-30 ; Marc ROCHETTE, « Sylvain Toutant croit que la SAQ se relèvera », *Le Soleil*, 7 mars 2006, p. C-2 ; Anne-Marie VOISARD, « Société des alcools du Québec : la privatisation ne semble pas tout régler », *Le Soleil*, 16 janvier 2005, p. A-4 ; (Auteur inconnu), « Faut-il privatiser la SAQ ? », *Le Soleil*, 3 décembre 2005, p. D-1, D-2, D-3 ; (Auteur inconnu), « Québec dit non à la privatisation », *Le Soleil*, 3 décembre 2005, p. D-3 ; Martin POIRIER et Martin PETIT, « La privatisation de la SAQ albertaine : un échec ! » *Le Soleil*, 7 octobre 2006, p. A-16 ; L. BERNIER, *loc. cit.*, note 413, p. 200 et 196.

478. Pierre DESJARDINS, « Sauver des emplois, le prétexte inventé par Loto-Québec », *Le Soleil*, 24 septembre 2005, p. A-29 ; B. BRETON, *loc. cit.*, note 224, p. 28.

479. *Loi modifiant la Loi concernant la Société nationale du cheval de course*, L.Q. 2006, c. 15, art. 4.

480. Isabelle MATHIEU, « Andrée Boucher veut du changement au RTC sinon... », *Le Soleil*, 16 décembre 2005, p. A-9.

Porteuse de la notion de service public, l'entreprise publique en déclin semble désormais vouée à sa fin.

CONCLUSION DE LA PARTIE I

Notre question de recherche étant *Le recours à l'entreprise publique investie d'une mission de service public est-il encore envisageable dans le cadre de l'intégration économique et du désengagement de l'État ?*, la première partie de notre thèse était consacrée à un pan de l'évolution juridique de l'entreprise publique : son déclin. Nous avons donc cherché à connaître et à comprendre pour quelles raisons l'entreprise publique est critiquée et banalisée.

L'État et ses activités de service public sont remis en cause dans le cadre de l'intégration économique. Le désengagement accru de l'État est même souhaité afin de laisser le champ libre au marché. Nous constatons donc un déclin de la notion de service public en réaction à cette situation. En tant qu'organisme étatique accomplissant habituellement une mission de service public, l'entreprise publique n'échappe pas à ce déclin. Nous avons utilisé la notion de service public à la française afin de constater que le déclin de l'entreprise publique est une manifestation du déclin de la notion de service public. Nous nous sommes demandée si la notion de service public peut être liée à toutes les entreprises publiques. Répondant négativement à cette question, nous avons constaté l'existence d'entreprises publiques de service public et leur déclin.

Légitimant les actions de l'État, la notion de service public décline au profit de la concurrence et de la libéralisation des marchés. Du même coup, les particularités traditionnelles de l'entreprise publique deviennent des obstacles à un libre marché et elle est privatisée. Les particularités traditionnelles de l'entreprise publique telles que son appartenance à l'État, sa situation monopolistique et en réseau, ses prérogatives ainsi que le principe de spécialité perdent leur valeur et doivent être ajustés. De même, la privatisation d'entreprises publiques constitue désormais un phénomène mondial. Il faut faire disparaître l'entreprise publique au lieu de tenter de l'intégrer à son nouvel environnement. Nous avons vu que cette solution radicale fut adoptée en Angleterre, en France, au Canada et au Québec suivant différentes méthodes.

L'État doit réagir au mouvement de déréglementation systématique de toutes les activités économiques et conséquemment, de privatisation de ses entreprises. Cela est essentiel afin qu'il assure le maintien des activités de service public dont il est garant.

Nous pensons que le déclin de l'entreprise publique est une étape de son évolution juridique et que l'heure est venue de la reconnaître comme un outil étatique permettant de rendre des prestations de service public aux citoyens. La citation suivante, qui s'applique à la notion de service public, s'applique aussi à l'entreprise publique de service public : « Prétendre que la notion de service public n'est aucunement atteinte serait erroné. Mais, c'est davantage dans son organisation et sa gestion que le service public est invité à évoluer [...] »[481]. C'est ce que nous démontrerons dans la deuxième partie de notre thèse.

Il ne faut pas oublier que l'un des éléments du service public est la présence du secteur public. Si une activité de service public est laissée aux seules mains du secteur privé, il sera impossible de parler de service « public ». À moins qu'une mutation de l'entreprise publique soit possible...

481. Jean-François LACHAUME, Claudie BOITEAU et Hélène PAULIAT, *Grands services publics*, 2e éd., Paris, Armand Colin, 2000, p. 12.

PARTIE II

LA MUTATION DE L'ENTREPRISE PUBLIQUE

INTRODUCTION DE LA PARTIE II

Certains peuvent penser

> [...] que la privatisation constitue le seul remède pour adapter l'entreprise publique à un environnement concurrentiel. [...] Par leur poids et leur dominance, les grandes entreprises des secteurs des transports, des télécommunications ou de l'énergie, revêtent pour l'État un caractère stratégique auquel le contrôle public apporte encore la meilleure garantie.[482]

Ainsi, nous pensons que l'évolution juridique de l'entreprise publique doit se poursuivre par sa mutation.

La première partie de notre thèse nous a permis de constater le déclin de l'entreprise publique conséquemment au déclin de la notion de service public dans le cadre de l'intégration économique. Le constat du déclin inévitable de l'entreprise publique ne nous satisfaisant pas, cette deuxième partie nous permettra d'envisager sa mutation en gardant à l'esprit l'importance de la notion de service public. N'oublions pas que contrairement aux organismes centralisés que sont les ministères, l'entreprise publique représente « [...] un outil d'intervention flexible, puisqu'il apparaît possible de l'adapter en fonction de la conjoncture économique, légale et idéologique qui prévaut dans un environnement mondialisé »[483]. Notre réflexion concernant la mutation de l'entreprise publique s'articulera en deux temps, suivant la définition de la notion de service public que nous avons élaborée : *activité accomplie par une entité publique ou privée soumise à un contrôle public ayant pour objectif la satisfaction de besoins collectifs.*

Premièrement, nous exposerons les motifs qui justifient la mutation de l'entreprise publique [**Titre I**] soit essentiellement *la satisfaction de besoins collectifs*. Malgré le déclin de l'entreprise publique, il ne faut pas perdre de vue son importance. En tant que prestataire d'activités de service public, elle a pour objectif essentiel de répondre adéquatement aux besoins de la collectivité. Le citoyen doit être au centre de sa démarche. D'ailleurs, la notion de citoyenneté est en lien direct avec la notion de service public puisque les organismes prestataires du service public sont créés pour servir les citoyens. Soulignons que « [l] e service public est un élément fondateur du pacte

---

482. B. LASSERRE, *loc. cit.*, note 458, p. 338.
483. L. BERNIER, *loc. cit.*, note 14, p. 117.

républicain, au même titre que la démocratie représentative, bref qu'il a à voir avec la citoyenneté »[484]. Le service public assure la cohésion sociale et représente pour certains une « [é] volution constante de la société non seulement vers un mieux-être, mais surtout vers un "vivre-ensemble" »[485]. Fondamentalement, la notion de service public jouit d'une forte valeur unificatrice.

C'est ainsi qu'il est nécessaire de reconnaître et d'apprécier le rôle essentiel joué par l'entreprise publique dans la société. À ce sujet Michèle Voisset écrit :

> [...] la réorganisation des activités des services publics industriels et commerciaux comporte des enjeux économiques et sociaux autant que politiques, culturels et juridiques. Les services publics jouent un rôle dans la cohésion sociale (rôle dans l'aménagement du territoire, principe d'égalité de traitement, statut spécifique des personnels). Ils jouent aussi un rôle dans la compétitivité économique [...].[486]

Ainsi, l'entreprise publique répond à des besoins réels, tels l'identité nationale, l'emploi, l'exploitation adéquate du territoire et des ressources publiques, la croissance équilibrée et l'égalité entre les usagers[487]. En plus des sources traditionnelles du droit, divers exemples tirés de l'actualité nous permettront de démontrer la nécessité et les avantages des activités des entreprises publiques étant donné leur devoir de prestataires d'activités de service public.

Deuxièmement, nous envisagerons des méthodes permettant de maintenir les avantages liés à la fourniture de prestations de service public par l'entreprise publique. Plus précisément, nous présenterons des méthodes qui permettent la mutation de l'entreprise publique [Titre II]. Face à la situation que nous avons présentée dans la première partie de notre étude, l'État interventionniste n'a pas d'autre choix que de s'adapter et de s'améliorer. Il faut considérer de nouvelles formes d'organisations plus concurrentielles et assouplir la gestion. D'ailleurs,

> Si l'intervention de l'État se perpétue ou si une certaine sagesse s'acquiert, il n'est pas nécessaire que cette intervention se fasse

---

484. É. COHEN et C. HENRY, *op. cit.*, note 24, p. 17.
485. G.-J. GUGLIELMI, G. KOUBI et G. DUMONT, *op. cit.*, note 62, p. 1.
486. Michèle VOISSET, « Le service public autrement. De quelques effets du droit communautaire sur le droit français des services publics industriels et commerciaux », *RFDA* 1995.304, p. 306.
487. À cet égard, nous vous référons au document suivant qui permet de constater les avantages sociaux non négligeables de l'entreprise publique : Roger LANOUX, et Luc BERNIER, L'offre de services publics : par le secteur public ou le secteur privé ?, Québec, Centre de recherche sur la gouvernance, 2006, p. 15.

toujours à travers les mêmes instruments. Il est possible que la propriété dans un secteur économique réponde à des impératifs stratégiques ou de politique économique, à un certain moment dans le temps ; ensuite, ces impératifs disparaissent ou le secteur en question se transforme radicalement.[488]

L'entreprise publique doit maintenant subir une mutation. Il s'agit essentiellement, d'*activités accomplies par une entité publique ou privée soumise à un contrôle public*. Les partenariats avec le privé méritent d'être envisagés. De nouveaux modes de régulation centrés sur les exigences du marché doivent aussi être mis en place. La transparence doit être accrue et la gouvernance réétudiée. L'entreprise publique mérite d'être « revue et corrigée ». Ainsi, les prérogatives et immunités, la filialisation ou la relation de l'entité avec l'État par exemple, doivent être adaptées à l'intégration économique afin d'éviter la disparition de l'entreprise publique sous la pression du déclin de la notion de service public. À cet égard, nous constaterons que la frontière entre le public et le privé tend à se diluer[489], entraînant un modèle d'interrelation intéressant entre le secteur public et le secteur privé, tout en conservant la mission de service public de l'entreprise publique.

488. L. BERNIER, *loc. cit.*, note 14, p. 112.
489. J.-L. AUTIN et C. RIBOT, *op. cit.*, note 93, n° 496, p. 244.

TITRE I

DES MOTIFS JUSTIFIANT LA MUTATION DE L'ENTREPRISE PUBLIQUE

Compte tenu du déclin de la notion de service public, il est intéressant de se pencher sur les obligations de service public qui incombent à l'entreprise publique et qui sont de première importance pour les citoyens. D'ailleurs, même en Europe où le libéralisme économique devient peu à peu la règle, les obligations de service public sont reconnues comme permettant de garantir aux citoyens des prestations de qualité dans des activités économiques essentielles. Les obligations de service public correspondent à divers objectifs dont la livraison à l'ensemble des citoyens, la continuité de l'approvisionnement, l'égalité de traitement entre les citoyens, la régularité, la qualité, les tarifs uniformes ou la prestation de service sur l'ensemble du territoire[490]. Nous assistons à un retour du balancier en faveur des citoyens et de leurs besoins. Selon nous, ces obligations de service public constituent des motifs qui justifient la mutation de l'entreprise publique.

Précisons que « [l] a raison initiale de l'utilisation de l'incorporation plutôt que celle de l'intégration dans l'administration ministérielle a été d'une part le désir de "dépolitiser" et d'autre part celui d'aligner le mode de gestion sur celui de l'entreprise privée »[491]. Par contre, il ne faut pas oublier que la création de l'entreprise publique répondait à des besoins spécifiques liés à sa mission de service public. La disparition de l'entité entraînerait un retour à la situation qui prévalait avant sa création. Nous croyons donc que les avantages liés à l'entreprise publique de service public et les raisons qui ont favorisé sa création sont encore pertinents.

C'est ainsi que nous analyserons l'entreprise publique sous deux angles c'est-à-dire, comme entité juridique permettant soit la satisfaction de besoins essentiels, soit le maintien d'un contrôle collectif. En tant qu'entité

---

490. André CHAMINADE, « La notion d'obligation de service public en droit communautaire », *JCP*. 2006.I.182, n°s 12 à 14.
491. P. GARANT, *op. cit.*, note 28, p. 327.

permettant la satisfaction de besoins essentiels, elle assure la couverture des besoins de chaque citoyen et la protection des droits du citoyen-consommateur. En tant qu'entité permettant le maintien d'un contrôle collectif, l'entreprise publique assure le développement du lien d'appartenance collective ainsi que la conservation et l'utilisation des biens publics. À nos yeux, ce chapitre est d'une importance capitale au sein de notre thèse. Il nous permet d'approfondir les raisons qui font en sorte que l'entreprise publique est toujours appropriée dans le contexte du désengagement de l'État en matière économique. Tel que mentionné précédemment l'entreprise publique appartient à la collectivité et est habituellement investie d'une mission de service public.

N'oublions pas que « [l] a mondialisation perturbe l'ensemble des fonctions de l'État et donc sa légitimité même ; mais loin d'anéantir cet État, elle en reformule le rôle »[492].

Nous nous attardons donc plus précisément sur la mission de service public de l'entreprise publique dans les pages qui vont suivre et ce, afin de légitimer sa mutation.

---

492. P. MOREAU DESFARGES, *op. cit.*, note 299, p. 53.

CHAPITRE I

DES MOTIFS RELATIFS À LA SATISFACTION DE BESOINS ESSENTIELS

L'entreprise publique assure des besoins essentiels des citoyens d'une manière qui lui est propre. D'une part, elle permet unc couverture uniforme de sa prestation de service à tous les citoyens. D'autre part, elle protège le citoyen-consommateur, nouvel acteur né de l'intégration économique.

SECTION I
LA COUVERTURE DES BESOINS DE CHAQUE CITOYEN

En plus de permettre un contrôle collectif, l'entreprise publique est une entité juridique qui permet d'assurer la satisfaction de besoins essentiels. Dans le dernier titre de la Première partie de notre étude, nous discuterons des aspects qui nous permettent de constater ce caractère propre à l'entreprise publique. Nous traiterons en premier lieu de la couverture des besoins de chaque citoyen pour ensuite nous attarder à l'utilisation des biens publics.

1. La distribution des prestations de service public

Le recours à l'entreprise publique de service public assure la couverture des besoins de chaque citoyen. La distribution des prestations de service public se perçoit à travers deux dimensions. En effet, « [l] e service public comporte certes une dimension sociale : assurer l'égal accès à un prix accessible à des biens essentiels. Il comporte une dimension territoriale : permettre par la péréquation tarifaire une égalité d'accès en tous points du territoire »[493]. Nous verrons que l'entreprise publique assure une répartition égalitaire des ressources et l'accessibilité aux services offerts.

1.1. La répartition égalitaire des prestations de service public

La répartition égalitaire des prestations de service public assure la cohésion sociale. Nous nous pencherons plus spécifiquement sur l'égalité de traitement des citoyens et sur l'accès aux services qui sont deux aspects dans le cadre desquels l'entreprise publique permet la satisfaction de besoins essentiels.

a) L'égalité de traitement des citoyens

L'égalité de traitement des citoyens provient d'un principe fondateur de la notion de service public et est assurée par la péréquation. Cette égalité est très importante en ce qu'elle est directement liée à la couverture des besoins de chaque citoyen.

L'entreprise publique, par son organisation en réseau doit traiter également les citoyens. La couverture des besoins de chaque citoyen est assurée par le principe de l'égalité de traitement des usagers. À ce sujet, l'Honorable juge Iacobucci signale dans l'arrêt *Commission hydro-électrique de Kenora* que « [l] e public a aussi intérêt à veiller à ce qu'une ressource publique essentielle, fortement réglementée, soit distribuée également dans une certaine mesure »[494]. Il est donc primordial que tous les citoyens d'un territoire aient accès à un service essentiel tel l'électricité ou la distribution du courrier. À ce propos, dans le cadre de la libéralisation du marché postal de l'Union européenne, le financement du service universel de distribution du courrier au moins cinq jours par semaine pour tous les citoyens fait l'objet d'inquiétudes. Il s'agit d'une raison pour laquelle la libéralisation du service postal est retardée à 2011. De même, dans l'arrêt *Conseil des Canadiens avec déficiences c. Via Rail Canada Inc.*[495], la Cour suprême jugea que Via Rail, entreprise publique fédérale, devait rendre accessible aux déficients physiques l'ensemble des trains de son réseau de transport national et ce, en vertu de la politique nationale des transports à laquelle elle est assujettie.

Nous avons expliqué précédemment en quoi consiste le principe d'égalité propre à la notion de service public ; il n'est donc pas question ici de revenir sur cet aspect. Nous voulons plutôt l'appliquer concrètement en constatant que l'utilisation de l'entreprise publique est

---

493. É. COHEN et C. HENRY, *op. cit.*, note 24, p. 48.
494. *Commission hydro-électrique de Kenora (ville)* c. *Vacationland Dairy Co-operative Ltd*, [1994] 1 R. CS 80, p. 24.
495. [2007] CSC 15.

avantageuse en ce qu'elle assure l'égalité de chaque citoyen quant à la fourniture des prestations de service public.

Nous avons aussi vu que le développement de l'Union européenne constitue une menace pour la notion de service public. Il semble que l'économie de marché ne permette pas toujours d'assurer l'égalité de traitement des citoyens et la cohésion sociale[496]. À cet égard, la Cour de justice a cependant reconnu, à travers la notion d'intérêt économique général, l'obligation d'assurer la fourniture égalitaire des ressources. Elle a spécifié dans la décision *Corbeau* rendu en 1993, que la régie des Postes belges par sa mission d'intérêt économique général a « [...] l'obligation d'assurer la collecte, le transport et la distribution du courrier, au profit de tous les usagers et sur l'ensemble du territoire de l'État [...], sans égard aux situations particulières et au degré de rentabilité économique de chaque opération individuelle »[497]. L'Union européenne cherche donc à maintenir l'égalité dans la prestation des services aux citoyens malgré la forte libéralisation et l'important mouvement de privatisation en cours. Selon nous, l'égalité des citoyens face aux activités de service public industriel et commercial est donc de première importance dans une société.

b) Péréquation et fourniture des ressources

L'égalité de traitement entre les citoyens est maintenue par le recours à la *péréquation* qui « [...] exprime par là une forme de solidarité entre les usagers, en répercutant sur les services les plus rentables le déficit d'exploitation des services moins fréquentés ou plus difficiles d'accès et donc déficitaires »[498]. La péréquation est un moyen par lequel les ressources financières étatiques et les services fournis par l'État sont répartis également à travers un territoire et ses habitants. Sa raison d'être est la couverture universelle des besoins des citoyens. Par exemple, en principe un citoyen qui habite à la campagne doit jouir d'un accès équivalent à l'électricité ou au service postal à celui qui réside au centre-ville.

Au Canada, « [l] a péréquation permet à Ottawa de redistribuer des fonds aux provinces les plus pauvres afin que les citoyens bénéficient de services publics comparables partout au pays »[499]. Les richesses sont distribuées des régions riches vers les régions pauvres et cela égalise les capacités des provinces au point de vue financier. La péréquation octroie au gouvernement fédéral la possibilité

---

496. É. GUIGOU et *al.*, *op. cit.*, note 313, p. 12.
497. *Corbeau*, n° 15.
498. J.-P. COLSON, *op. cit.*, note 359, n° 111, p. 110.
499. (Auteur inconnu), « Harper donnerait 1,5G$ de plus au Québec », *Le Soleil*, 16 janvier 2007, p. 7.

> [...] de payer à certains pouvoirs exécutifs provinciaux les sommes adéquates pour leur permettre de fournir les services publics essentiels à la vie sociale et économique de tous les Canadiens sans différence déraisonnable de qualité de ces services et sans mesure déraisonnable de l'effort fiscal respectif dans chacune des provinces.[500]

Particulièrement, le principe d'égalité de traitement des citoyens est ancré dans la *Loi constitutionnelle de 1982* dont la partie III s'intitule « Péréquation et inégalités régionales ». La péréquation est constitutionnalisée à l'article 36 de la Constitution de 1982 dont le paragraphe 1 prévoit l'engagement des gouvernements fédéral et provinciaux à promouvoir l'égalité des chances de tous les Canadiens dans la recherche de leur bien-être, à favoriser le développement économique pour réduire l'inégalité des chances et fournir à tous les Canadiens, à un niveau de qualité acceptable, les services essentiels.

La volonté de fournir des prestations de service public à *tous* les Canadiens constitue l'essence de cet article. L'application du principe d'égalité exprimé par l'utilisation du terme « tous » est cependant en pratique douteuse. Nous pensons que tout le monde sait « [...] fort bien que, d'une part, les degrés de possibilités, de probabilités, d'occasions et de chances, et que d'autre part, les degrés de prospérité, de richesse et de développement économique ne seront jamais les mêmes dans toutes les provinces »[501]. À tout le moins, la péréquation assure un certain degré d'égalité entre les provinces et conséquemment, les citoyens. L'article 36 de la Constitution de 1982 comprend deux aspects interreliés :

> Autant les engagements de l'article 36 relatifs à l'égalité des chances concernent le rôle protecteur de la personne de l'État-providence, autant l'engagement relatif à la péréquation concerne le rôle producteur de services publics de l'État-entreprise. Ce sont les résultats du second qui permettent de contribuer à l'atteinte du premier.[502](Nos soulignements).

Ces deux aspects, protection des citoyens et production de services sont la raison d'être de l'entreprise publique de service public. Elle fournit des services qui comblent des besoins essentiels à la vie des citoyens et au développement de la société. C'est ainsi que nous analysons cette interrelation.

---

500. Claude LEBEL, *Péréquation et inégalités régionales au Canada. L'article 36 de la Loi constitutionnelle de 1982*, Thèse de doctorat, Ottawa, Université d'Ottawa, 1997, p. 118.
501. *Id.*, p. 115.
502. *Id.*, p. 118.

Malheureusement, « [...] le système de la péréquation est aujourd'hui fortement remis en cause par l'ouverture à la concurrence de secteurs d'activités traditionnellement assurés par des entreprises de service public et les nouvelles formes de régulation »[503]. La remise en cause de la péréquation engendre diverses situations susceptibles d'affecter les citoyens. Cela entraîne l'impossibilité de maintenir en activité des services sous-utilisés et non rentables desservant des régions lointaines, tels des services postaux ou aériens. De même en France « [...] la concurrence internationale du secteur privé sur les communications longues distances rend difficile le maintien d'une tarification raisonnable des communications locales [...] »[504]. Nous pensons que la péréquation ne peut être assurée convenablement dans un régime concurrentiel appliqué sans nuance. Cette situation est susceptible d'entraîner non seulement des modifications dans la structure de l'entreprise publique (privatisation, démantèlement des réseaux) mais aussi des effets directs sur les citoyens tels que des hausses de tarifs, l'interruption du service ou l'abandon de services jugés non rentables ou trop éloignés.

1.2. L'accès aux services

Traditionnellement, l'entreprise publique permet un accès équitable aux services à tous les citoyens. Aussi,

> [l]'accès aux services publics est assurément important pour la « capacité à fonctionner » dans la société. C'est en outre un facteur d'identité qui contribue au sentiment d'appartenance à une communauté traitant équitablement ses membres. [...] L'accès aux services publics est un facteur contribuant [...][505]

au développement de la cohésion sociale et économique.

Nous considérons que l'accès aux prestations de service public est lié à l'organisation du territoire et à la sécurité d'approvisionnement.

a) L'accès à travers tout le territoire

L'accès aux prestations de service public essentielles aux citoyens est fondamental dans une société. D'ailleurs, le projet de Constitution européenne qui a fait l'objet d'un rejet en 2005, portait l'accès aux services d'intérêt économique général au rang de droit fondamental et prévoyait à l'article II-96 que « [l]'Union reconnaît et respecte l'accès aux services d'intérêt économique général tel qu'il est prévu par les législations et

---

503. J.-P. COLSON, *op. cit.*, note 359, n° 111, p. 110.
504. *Id.*, n° 111, p. 110 et 111.
505. É. COHEN et C. HENRY, *op. cit.*, note 24, p. 12.

pratiques nationales, conformément à la Constitution, afin de promouvoir la cohésion sociale et territoriale de l'Union »[506]. De même, pour la Commission européenne, la notion de service universel a été élaborée afin d'assurer l'accessibilité aux services essentiels. Ce droit impose aux prestataires des services l'obligation d'assurer une couverture territoriale complète[507].

Les entreprises publiques ont notamment pour objet de relier entre elles les diverses régions d'un territoire donné et, conséquemment de renforcer le lien social. Pensons par exemple à l'entreprise publique de transport ferroviaire Canadien National (aujourd'hui privatisée) qui fut créée notamment pour relier entre elles les régions du territoire canadien[508] et surtout pour permettre l'accès à ce moyen de transport aux citoyens résidents dans les régions éloignées. L'accessibilité aux activités de service public permet aussi le développement des régions isolées et l'augmentation du niveau de leur qualité de vie. Le désenclavement des populations est un objectif primordial de la Société des traversiers du Québec[509]. Au Canada, les opposants à la privatisation de la Société des transports du Nord avaient souligné qu'elle répondait à un service essentiel, surtout dans les régions éloignées et peu peuplées[510]. De même, lors des débats parlementaires concernant la privatisation d'Air Canada il fut souligné que « [l] e gouvernement du Canada doit répondre aux besoins de régions isolées du Canada, où il y aura effectivement une perte de service »[511]. La continuité territoriale des prestations de service public est primordiale en ce qu'elle permet une cohérence au sein du territoire. Cette continuité doit cependant prendre en compte les particularités propres à chaque territoire.

La notion de cohésion sociale et territoriale est fortement liée à l'accessibilité aux services. Dans un article fort intéressant, Véronique Champeil-Desplats prétend que « [...] la notion de cohésion sociale [...] semble liée à une exigence d'accessibilité de tous à des services ou prestations, quels que soient les conditions sociales ou le lieu de résidence de l'usager »[512]. Elle fournit divers exemples pour étayer cette affirmation : le prix unique du timbre-poste sur tout le territoire, l'adaptation des services aux personnes âgées ou handicapées et le maintien sur tout le territoire des infrastructures de base. À cet égard, la nécessité d'un transport aérien

---

506. *Projet de Constitution européenne*, [En ligne] *http://eur-lex.europa.eu/JOHtml.do?uri=OJ:C:2004:310:SOM:FR:HTML* (Page consultée le 1er janvier 2009) ; P. BUSQUIN et al., *loc. cit.*, note 340, p. 22.
507. COMMISSION EUROPÉENNE, *op. cit.*, note 507, p 8.
508. *Loi ayant pour objet de constituer en corporation la Canadian National Railway Company et concernant les chemins de fer nationaux du Canada*, L.C. 1919, c. 13.
509. SOCIÉTÉ DES TRAVERSIERS DU QUÉBEC, *op. cit.*, note 171, p. 8.
510. P. GARANT, *op. cit.*, note 446, p. 326.
511. CHAMBRE DES COMMUNES, *Journal des débats*, 14 juillet 1988, p. 17535.
512. Véronique CHAMPEIL-DESPLATS, « Services d'intérêt économique général, valeurs communes, cohésion sociale et territoriale », *AJDA* 1999.959, p. 961.

subventionné par l'État a été soulevée afin de contrer l'impossibilité pour les habitants des Îles-de-la-Madeleine de quitter les îles par avion sur des vols commerciaux ou de trouver un siège afin de s'y rendre. Cette situation est particulièrement dangereuse pour les malades qui sont soignés dans les centres hospitaliers situés à l'extérieur des Îles[513].

De plus en France la *Loi d'orientation pour l'aménagement et le développement du territoire* prévoit la création de maisons de service public afin d'assurer l'accessibilité et la qualité des services publics sur l'intégralité du territoire et de les rapprocher des citoyens[514]. Nous pouvons aussi considérer le fait pour une entreprise publique d'électricité ou de communication téléphonique d'assouplir ses règles relatives aux coupures d'électricité ou d'interruption de communication en cas de non-paiement comme étant une mesure destinée à éviter l'exclusion de certains citoyens. En France, la *Loi n° 2000-108 du 10 février 2000 relative à la modernisation et au développement du service public d'électricité* consacra le maintien du service d'électricité à puissance réduite pour les citoyens qui ne paient pas leur facture[515]. Par contre, en Angleterre, suite à la privatisation et à la déréglementation du secteur de l'électricité, un outil permettant le paiement du compte à l'avance fut créé afin d'éviter les cas de non-paiements et de coupures à l'accès au service. Ainsi, des compteurs pré-paiement exigent un paiement à l'avance afin d'avoir accès au service d'électricité. Ce mode de paiement est offert aux ménages qui souffrent de difficultés financières. Ainsi, le nombre de coupures a chuté radicalement puisque les citoyens ne sont pas branchés tant qu'ils ne paient pas[516]. Pour nous, il est difficile de concevoir que certains citoyens doivent payer à l'avance afin d'avoir accès à un service essentiel.

b) La sécurité d'approvisionnement

La sécurité d'approvisionnement, en tant qu'obligation étatique, est un autre aspect propre à la couverture des besoins de chaque citoyen. Par exemple, en plus de devoir être géré suivant les principes d'égalité, de continuité et d'adaptabilité, le service public de l'électricité doit aussi être fourni dans les meilleures conditions de sécurité, de qualité, de coût et d'efficacité économique, sociale et énergétique[517]. L'application de la théorie juridique

---

513. Achille HUBERT, « Les îles complètement isolées », *Le Soleil*, 9 mars 2007, p. 24.
514. *Loi n° 99-553 du 25 juin 1999 d'orientation pour l'aménagement et le développement durable du territoire*, *JO* 29 juin 1999, p. 9515, art. 30.
515. *JO* 11 février 2000, p. 2143, art. 22 ; J.-L. AUTIN et C. RIBOT, *op. cit.*, note 93, n° 496, p. 244.
516. M. POIRIER, *loc. cit.*, note 166, p. 227.
517. *Loi n° 2000-108 du 10 février 2000 relative à la modernisation et au développement du service public d'électricité*, *JO* 11 février 2000, p. 2143, art. 1.

de la sécurité d'approvisionnement fournit une assurance supplémentaire aux citoyens quant à l'accessibilité aux prestations de service public.

L'entreprise publique Hydro-Québec a notamment pour principal objet l'approvisionnement en électricité patrimoniale et ce, en vertu de l'article 22, al. 2 de sa loi constitutive. La sécurité d'approvisionnement en électricité fut notamment invoquée en première instance dans l'affaire Hydro-Québec c. Regroupement national des conseils régionaux de l'environnement du Québec[518]. Le contrat d'approvisionnement en électricité est conclu dans le but de satisfaire les besoins en électricité des marchés québécois[519]. Suivant l'article 22, al. 3 de la Loi sur Hydro-Québec, le gouvernement doit fixer les caractéristiques de l'approvisionnement des marchés québécois en électricité patrimoniale pour un volume de 165 térawattheures. En 2006, le gouvernement du Québec a même fait de la sécurité d'approvisionnement énergétique un objectif spécifique de sa stratégie énergétique puisque

> [a] ssurer la sécurité des approvisionnements en énergie est une condition essentielle au bon fonctionnement des sociétés modernes. Notre qualité de vie en dépend. Notre développement économique y est directement lié.
>
> À l'heure du libre marché de l'énergie, la sécurité des approvisionnements en énergie se pose autant sur le plan de la fiabilité physique que du prix auquel l'énergie est disponible.
>
> La sécurité des approvisionnements englobe également la fiabilité des installations de toutes sortes grâce auxquelles l'énergie est effectivement disponible au consommateur. C'est pourquoi nous devons nous assurer du bon fonctionnement du transport et de la distribution d'électricité, mais également de la fiabilité des systèmes d'approvisionnement de produits pétroliers.[520]

La sécurité d'approvisionnement s'exprime en deux volets. Elle se perçoit au niveau du service lui-même (électricité) et au niveau des moyens utilisés afin de rendre le service (installations). La sécurité d'approvisionnement doit donc être assurée en tenant compte de ces deux volets.

Il est possible d'affirmer que l'obligation liée à la sécurité d'approvisionnement doit toujours être remplie suivant l'intérêt général de la collectivité. Par exemple « [l] e service public de l'électricité a pour objet de garantir l'approvisionnement en électricité sur l'ensemble du territoire

---

518. JE 2001-1074 (CA), n° 5 du jugement intégral.
519. *Loi sur la Régie de l'énergie*, art. 2.
520. Gouvernement du Québec, *Stratégie énergétique 2006-2015 : L'énergie pour construire le Québec de demain*, 2006, p. 4, [En ligne] http://www.mrnf.gouv.qc.ca/energie/strategie/Page consultée le 1er janvier 2009).

national, dans le respect de l'intérêt général »[521]. Cette belle formule présente cependant des limites !

Ainsi, tel que l'illustre la décision *Coalition des citoyens et citoyennes du Val Saint-François c. Québec (Procureur général)*[522] l'obligation d'assurer la sécurité d'approvisionnement ne doit pas empiéter sur la qualité de vie des citoyens. Suite à la tempête de verglas survenue au Québec en janvier 1998, le gouvernement a décrété la construction de la ligne électrique Hertel-Des-Cantons afin d'éviter que la situation ne se reproduise. Onze personnes se sont adressées à la Cour supérieure afin qu'elle ordonne la cessation de la construction de cette ligne sous prétexte que le processus de consultation exigé par diverses lois d'ordre public n'avait pas été respecté par le gouvernement et Hydro-Québec. La participation des citoyens ayant été mise de côté, le processus avait été allégé. Les demandeurs ont invoqué aussi le bruit causé par les lignes électriques et l'atteinte à l'environnement. Ils ont eu gain de cause.

De plus, après avoir satisfait ses propres besoins, un État ne doit pas s'empêcher de faire des affaires à l'extérieur de son territoire en prétextant l'obligation de sécurité d'approvisionnement. Nous pouvons lire dans la stratégie énergétique citée précédemment que « [u] ne fois nos besoins comblés, nous devons tirer parti des occasions d'affaires actuelles et prévisibles sur les marchés d'exportation – ce qui permettra également de soutenir notre développement économique »[523]. Cela est essentiel surtout dans le cadre actuel d'ouverture accrue des marchés et d'échanges internationaux. Le processus menant à la mutation de l'entreprise publique de service public doit donc toujours être mené en assurant la sécurité d'approvisionnement en lien avec les principes d'égalité et de continuité, mais aussi en tenant compte de facteurs extérieurs.

2. La tarification des prestations de service public

La tarification des prestations de service public est un aspect sur lequel nous croyons qu'il est essentiel de nous attarder dans le cadre de la couverture des besoins de chaque citoyen. Il peut sembler étrange de faire payer les citoyens pour l'accès à un service jugé essentiel, cependant nous verrons que cet argent profite à tous les citoyens puisqu'il permet le financement de l'ensemble des activités de service public au profit de toute la population. La tarification des prestations de service public obéit à des règles précises tant au niveau de son application que de son élabo-

---

521. *Loi n° 2000-108 du 10 février 2000 relative à la modernisation et au développement du service public d'électricité*, *JO* 11 février 2000, p. 2143, art. 1.
522. [1999] RJQ (CS).
523. GOUVERNEMENT DU QUÉBEC, *op. cit.*, note 520, p. 20.

ration. Ces règles assurent l'accessibilité à ces services dans le sens de l'intérêt général.

2.1. Les règles relatives à l'application de la tarification

L'application de la tarification est soumise à diverses considérations externes que nous qualifions de « règles ». L'accès égal de tous les citoyens au service constitue l'objectif premier de ces règles.

a) L'égalité des tarifs en matière de service public

La tarification se définit comme étant « [...] l'acte générique par lequel une personne fixe le cadre général et les principes de perception de certaines sommes »[524]. Elle permet de prélever la contribution financière de chaque utilisateur du service public. Cet acte occupe une place toute spéciale en matière de SPIC pour lequel il apparaît comme étant essentiel. Ainsi, les prestations de service offertes par les entreprises publiques sont directement payables par le citoyen dès leur utilisation. Par contre, tel qu'indiqué précédemment, les services publics administratifs sont financés de façon indirecte par les impôts des contribuables. Il est donc difficile d'appliquer l'acte de tarification en ce domaine.

L'égalité face au service public est la règle de base en matière d'application de la tarification des prestations de service public. Ainsi, « [d] ans la plupart des secteurs, l'ensemble des consommateurs et utilisateurs desservis par un réseau de service public et placés dans des situations similaires doivent donc bénéficier de conditions d'accès et de tarifs égaux [...] »[525]. Appliqué strictement, le principe d'égalité est censé abolir les discriminations tarifaires. L'égalité tarifaire est, selon nous, le corollaire de l'égalité de traitement des usagers intrinsèque à la notion de service public. Il est intéressant d'observer que la fourniture du service constitue la manifestation matérielle de l'égalité d'accès et que la fixation de tarifs non discriminatoires représente son corollaire financier[526]. À notre avis, même si à première vue la tarification apparaît être un acte purement privé, emprunté au secteur privé, celle qui est imposée aux citoyens dans le cadre de prestations de service public est largement marquée par le droit public.

Réduite à sa plus simple expression, l'égalité de tarification doit être appliquée à l'ensemble d'un territoire donné et à tout citoyen qui fait

---

524. Martine LONG, « La tarification des services publics industriels et commerciaux locaux », dans Bernard AUBY et Stéphane BRACONNIER (dir.), *Services publics industriels et commerciaux : questions actuelles*, Paris, LGDJ, 2003, p. 43, à la page 43.
525. Ch. STOFFAËS, *loc. cit.*, note 16, p. 492.
526. ÉCOLE NATIONALE D'ADMINISTRATION (ENA), *op. cit.*, note 27, p. 423.

appel au service. Cependant, certains éléments viennent tempérer cette « égalité parfaite » et, influencent ainsi l'application de la tarification.

b) Tempéraments à la règle de l'égalité des tarifs

Le régime juridique du service public tel que reconnu en France par le droit administratif classique, n'est pas totalement compatible avec les politiques commerciales. À titre d'exemple, l'égalité tarifaire parfaite, corollaire absolu du principe d'égalité, ne s'insère pas bien dans le cadre des activités commerciales exercées par l'entreprise publique. Certains tempéraments doivent donc être apportés à la règle d'égalité en matière de tarification des prestations de SPIC. Ces tempéraments se reflètent sur l'application de la tarification.

Le premier tempérament se situe au sein même de la notion de tarif. Afin de parvenir à une égalité de traitement des usagers faut-il que le tarif soit parfaitement égal permettant ainsi à tous d'avoir accès au service ou que le tarif soit abordable afin de permettre l'égalité d'accès[527] ? Nous croyons que ces deux positions sont absolues et ne correspondent pas à la réalité. Selon nous, il est préférable de parler *d'assouplissement dans l'égalité des tarifs* :

> Il est vrai que les services publics exploités par les entreprises publiques sont des services publics industriels et commerciaux, et que la jurisprudence a reconnu à ces services la possibilité d'assouplir le principe de l'égalité. Ils ont la faculté de ne pas considérer la masse des usagers comme un ensemble uniforme [...].[528]

Cet assouplissement se concrétise de deux manières et est relié directement au type d'usager du service.

La première manière d'assouplir la règle d'égalité des tarifs est de créer des catégories au sein même des usagers du service. Il s'agit d'une discrimination relative et positive puisque l'égalité existe entre tous les usagers appartenant à une même catégorie[529]. Cette discrimination doit être précisée adéquatement par l'entreprise publique. Par exemple, dans l'affaire *Air Canada c. Bain*, la Cour fédérale avait à juger si la décision par laquelle le Tribunal des droits de la personne avait conclu que la requérante avait commis un acte discriminatoire en refusant d'accorder à deux adultes qui n'avaient aucun lien de parenté le tarif réduit dont bénéficiaient les couples mariés voyageant ensemble devait être annulée. Ce tarif réduit s'appliquait

---

527. *Id.*
528. Nguyen QUOC VINH, *Les entreprises publiques face au droit des sociétés commerciales*, coll. « Bibliothèque de droit public », t. CXXXI, Paris, LGDJ, 1979, n° 101, p. 94.
529. *Id.*

aussi aux personnes non mariées vivant ensemble. Selon la Cour fédérale, cette discrimination fondée sur la situation familiale venant de la part d'Air Canada était licite car la situation de famille était essentielle afin d'appliquer la réduction de tarif. C'est la situation du couple qui est alors prise en compte, et non pas celle de chacune des deux personnes qui voyagent ensemble. La Cour fédérale a donc annulé la décision du Tribunal des droits de la personne parce qu'il n'y a pas de discrimination illicite en ce cas[530]. Soulignons que de 2008 à 2010, Hydro-Québec va expérimenter l'application de tarifs différenciés selon les heures de la journée et la période de l'année[531].

La deuxième manière d'assouplir la règle d'égalité est de venir en aide aux citoyens en situation financière précaire en mettant à leur portée des programmes spéciaux ou des rabais. Ceci permet à tous d'accéder au service. Dans la même ligne de pensée, les entreprises peuvent aussi assumer le coût de tarifs spéciaux. Par exemple, au Québec « [...] Hydro-Québec vend son électricité à toute entreprise qui demande plus de cinq mégawatts (MW) à un tarif réglementé qu'on appelle le tarif L ». C'est ainsi que lorsque l'aluminerie Alcoa qui est le plus important client d'Hydro-Québec, achète un kWh d'électricité, cela rapporte au Québec 0,17 $[532]. Nous voyons donc qu'il est possible de moduler les tarifs selon la clientèle desservie. Par ailleurs, cette différenciation tarifaire n'est pas sans causer de heurts. Notamment,

> [e] n Angleterre, on remarque une différenciation dans l'évolution des tarifs en fonction des types de clientèles, comme c'est le cas dans le secteur du téléphone aux États-Unis. Un fossé tarifaire se creuse entre la clientèle domestique et la clientèle industrielle. Les réseaux d'infrastructures se déploient de manière séparée en fonction des clientèles. Dès lors, les premiers gagnants sont les grands industriels qui ont la capacité de négocier les tarifs, alors que les simples consommateurs manqueraient de ressources et de savoir-faire. À l'échelle de la distribution (commerces et foyers), l'ouverture des marchés s'annonce plus lente que prévu et à un tarif plus élevé.[533]

Cette considération est importante étant donné la place centrale occupée par le citoyen dans le cadre des prestations de service public. Le

---

530. *Air Canada c. Bain*, [1982] 2 C.F. 341.
531. Hélène BARIL, « Tarification différenciée : Hydro y va, mais à reculons », *Le Soleil*, 7 août 2007, p. 35.
532. Réjean LACOMBE, « Hydro ne doit pas devenir la caisse enregistreuse du gouvernement », *Le Soleil*, 20 avril 2005, p. C-1, à la page C-2.
533. L. SIMARD, A. DUPUIS et L. BERNIER, *loc. cit.*, note 425, p. 319.

géant de l'énergie Scottish Power a placé 3 millions de livres dans un fonds destiné à aider les démunis[534].

Qu'en est-il de la remise en cause de la péréquation tarifaire ou, du fait d'imposer des tarifs différents suivant les portions de territoire en cause ? Selon nous, cette façon de faire n'est pas convenable. Tous les résidents d'une même province ou d'un même pays devraient profiter des mêmes tarifs sous réserve des deux tempéraments soulevés précédemment qui concernent directement les usagers du service, ceci afin de permettre la cohésion sociale et territoriale. Par exemple, Hydro-Québec ne paie pas les frais de prolongement du réseau lorsque l'aqueduc ne se rend pas aux résidences de citoyens provenant des régions éloignées[535]. Le branchement à l'électricité de certaines résidences situées en régions éloignées peut coûter fort cher. Certains organismes estiment que ces conditions sont trop contraignantes et nuisent au développement des régions[536]. De même, la concurrence entre les entreprises privées situées sur un même territoire se fait souvent au détriment des citoyens, plus spécialement lorsqu'il s'agit d'entreprises qui fournissent des services essentiels. À ce sujet, la téléphonie constitue un exemple intéressant. Au Lac-Sergent, les services téléphoniques sont fournis par deux entreprises privées et des frais d'interurbain sont imposés à l'intérieur même de la municipalité. Cette situation est causée par le fait que les deux entreprises se partagent le territoire[537]. Cela n'a aucun sens selon nous. L'arrêt de la Cour suprême *Procureur général du Canada* c. *Inuit Tapirisat*[538], illustre bien la problématique relative à l'application de l'égalité des tarifs en région éloignée et dans un territoire aussi vaste que le Canada.

Suivant ces positions, la meilleure solution à adopter serait peut-être celle qui consiste à invoquer le principe d'universalité plutôt que celui d'égalité. Il faut comprendre que « [l] e principe d'universalité présente l'intérêt majeur de réorienter le principe d'égalité dans l'accès au service public. [...] le principe d'universalité [...] vient combler les insuffisances du principe d'égalité, tel qu'il est conçu depuis cinquante ans. [...] »[539]. De plus, l'accès des usagers en situation de précarité et la desserte territoriale prévue sont visés par le principe d'universalité[540]. Par contre, une nuance mérite d'être apportée à cette solution. Nous avons parlé

---

534. Sharon WARD, « Scottish Power's £3m trust », *Scotsman. com Business*, 5 mars 2007.
535. *Règlement numéro 634*, art. 55.
536. Hélène BARIL, « Branchement à Hydro : un citoyen transporte son combat à Québec », *Le Soleil*, 17 décembre 2004, p. C-3 ; Anne-Louise CHAMPAGNE, « Hugo Beaulieu défendra son droit à l'électricité », *Le Soleil*, 15 février 2005, p. C-2.
537. Claude VAILLANCOURT, « Même MRC, deux tarifs », *Le Soleil*, 13 mars 2007, p. 18.
538. [1980] 2 RCS 735.
539. Sophie NICINSKI, *L'usager du service public industriel et commercial*, Paris, l'Harmattan, 2001, n° 999, p. 328.
540. *Id.*, n° 1000, p. 328.

précédemment des principes sous-jacents aux principes fondateurs de la notion de service public. Il faudrait alors spécifier ici que le principe d'universalité est sous-jacent au principe d'égalité. Nous sommes d'avis que l'égalité doit inclure l'universalité et ce, sans entretenir nécessairement de lien avec la notion de service universel telle que reconnue par le droit communautaire européen. Après tout, changer le terme « égalité » pour celui plus moderne d'« universalité » relève peut-être davantage du domaine linguistique que des domaines juridique ou social...

2.2. Les règles relatives à l'élaboration de la tarification

Après avoir discuté de la question des règles relatives à l'application de la tarification, abordons celles de son élaboration. Les raisons sous-jacentes à la fixation des tarifs ainsi que leur contrôle étatique feront donc l'objet de la présente sous-section.

a) Les raisons sous-jacentes à la fixation des tarifs

Il n'est pas question ici d'expliquer de manière détaillée et exhaustive le processus de fixation des tarifs applicable à toutes les prestations de service public. Nous voulons seulement démontrer qu'il s'agit d'un processus dans le cas duquel plusieurs intérêts sont pris en compte, dont ceux du gouvernement et de ses entreprises et ceux des citoyens.

Pour une entreprise publique et l'État, le principal intérêt de la tarification n'est pas celui de la rentabilité à tout prix, contrairement au secteur privé. Par exemple,

> *[l] a mission d'intérêt public des transports ferroviaires empêche la fixation des tarifs sur la seule base de la loi de l'offre et de la demande. En effet, il s'agit de différencier les catégories de voyageurs ou de marchandises et de conditionner la couverture du coût total aux exigences économiques et sociales du pays.*[541] *(Nos soulignements).*

Il est certain que l'argent amassé par la tarification doit profiter à l'organisme prestataire du service. Avec ces revenus, l'entreprise publique peut fabriquer de nouvelles infrastructures et investir dans la recherche afin d'améliorer les conditions de prestation de son produit. Le directeur de la SAQ s'est déjà exprimé ainsi à ce sujet : « Plus on dégage de marge de manœuvre, plus on

---

541. Giorgio STEFANI, « Les entreprises publiques de transport et la politique de concurrence de la Communauté européenne », dans Lionel MONNIER (dir.), *Entreprises publiques et marché unique*, Bruxelles, Labor, 1992, p. 199, à la page 207.

est capable d'investir dans nos magasins, dans notre offre de produits et d'être un meilleur détaillant »[542].

En contrepartie ces investissements profitent à l'ensemble de la collectivité qui bénéficie d'une augmentation de la qualité et de la quantité des services disponibles, ou en d'autres mots, d'un rapport qualité-prix satisfaisant. Les citoyens se sentent souvent menacés du fait d'une augmentation des tarifs applicables à un service donné par l'État. Ils oublient que cet argent servira en fait leurs propres intérêts. L'une des différences entre l'entreprise privée et l'entreprise publique est justement l'affectation des bénéfices financiers obtenus.

Nous trouvons qu'il est inacceptable que l'État impose aux entreprises publiques des gels de tarifs injustifiés, les empêchant ainsi de faire face à leurs charges financières L'entreprise publique doit conserver en tout temps sa capacité d'autofinancement afin d'éviter d'être soumise de manière trop importante aux aléas décisionnels du gouvernement et d'être endettée de manière déraisonnable[543]. En vertu du principe de continuité, le service public doit être maintenu même s'il est non rentable, tandis qu'en vertu du principe d'adaptation, d'autres points de services doivent être ouverts là où cela est nécessaire. L'exemple des activités de service public accomplies dans le domaine du transport illustre bien ces situations.

Rappelons que les tarifs d'électricité payés par les Québécois se classent parmi les plus bas au monde et ce, malgré les fréquentes hausses dont ils ont fait l'objet ces dernières années. Les ajustements tarifaires survenus au cours des années 2006, 2007 et 2008 sont dus à la croissance importante de la consommation d'électricité au Québec. Cette situation entraîne des dépenses additionnelles pour l'approvisionnement en électricité ainsi que des investissements pour raccorder les nouveaux clients et leur livrer l'électricité[544]. Soulignons que, suite à la privatisation du secteur de l'électricité en Angleterre, les tarifs d'électricité ont augmenté radicalement malgré la présence de facteurs favorables à leur baisse, tel que la baisse du prix du charbon et la disponibilité du gaz naturel. La situation est la même en ce qui concerne le prix de l'eau[545].

---

542. M. BERGERON, *loc. cit.*, note 262, p. C-3.
543. N. QUOC VINH, *op. cit.*, note 528, n° 102, p. 95.
544. HYDRO-QUÉBEC, *op. cit.*, note 150, p. 7.
545. **Électricité** : M. POIRIER, *loc. cit.*, note 166, p. 224 et 225 ; **Eau** : Harry WALLOP, « Water companies to post £2bn profits », *Telegraph. co. uk*, 4 juin 2007 ; (Auteur inconnu), « Water, water everywhere… at a price », *Telegraph. co. uk*, 5 juin 2007.

b) Contrôle étatique dans l'élaboration de la tarification

L'État joue un rôle primordial dans la fixation des tarifs des prestations de service public fournies par les entreprises publiques. Ce contrôle exercé sur l'entreprise publique n'est cependant pas absolu étant donné le besoin d'autonomie de l'entité :

> L'État dispose à l'endroit des entreprises publiques d'un espace d'intervention fortement réduit. Les objectifs de politique économique et les instruments de leur réalisation doivent donc, à chaque occasion, être confrontés à la fois aux exigences d'autonomie de l'entreprise publique et aux moyens dont elle dispose pour les faire valoir.[546]

L'État peut décider en tout temps de nationaliser un secteur négligé par le secteur privé. Dans quelques années au Québec, l'État s'emparera peut-être du secteur de l'énergie éolienne en cas d'abus de la part du secteur privé. Cette possibilité fut évoquée par le président d'Hydro-Québec en 2006[547]. Lorsque l'État comble les lacunes du secteur privé en prenant un service en charge, une tarification s'impose aux citoyens et donne parfois lieu à des catégorisations. Suite à la nationalisation d'un secteur, l'État peut mettre sur pied une politique de tarification ou de subvention du secteur public.

Le gouvernement du Québec donne pleine autorité à la Régie de l'énergie en ce qui a trait à la tarification énergétique. L'article 31 (1) de sa loi constitutive indique qu'elle a compétence exclusive pour fixer ou modifier les tarifs d'électricité. Dans la deuxième partie de notre étude, nous nous pencherons de manière plus détaillée sur cet organisme québécois de régulation. Pour l'instant, indiquons qu'elle

> [...] fixe ou modifie les tarifs et les conditions auxquels l'électricité est transportée par le transporteur d'électricité ou distribuée par le distributeur d'électricité ou ceux auxquels le gaz naturel est fourni, transporté ou livré par un distributeur de gaz naturel ou emmagasiné. Elle peut notamment demander au transporteur d'électricité, au distributeur d'électricité ainsi qu'à un distributeur de gaz naturel de lui soumettre une proposition de modification[548].

---

546. P. FAUCHER, *op. cit.*, note 364, p. 32.

547. « Hydro-Québec pourrait éventuellement investir directement dans le développement de l'énergie éolienne, si jamais les rendements qu'en retirent les promoteurs actuels devenaient déraisonnables selon les critères rigoureux de la société d'État » – Claude TURCOTTE, « Hydro-Québec met en garde les producteurs d'énergie éolienne », *Le Devoir*, 27 septembre 2006, pp. C-1 et C-5.

548. *Loi sur la Régie de l'énergie*, art. 48.

La Régie de l'énergie jouit d'un pouvoir discrétionnaire à cet égard. En effet, « [l] e législateur a édicté que la Régie disposerait d'une marge discrétionnaire exclusive lorsque vient le moment d'établir la base de tarification d'un distributeur »[549]. Plus haut, nous avons évoqué la sécurité d'approvisionnement comme étant une condition à la couverture des besoins de chaque citoyen. Il semble que la Régie de l'énergie doive tenir compte de cet élément lorsqu'elle fixe les tarifs d'électricité. En effet, l'article 5 de la *Loi sur la Régie de l'énergie* prévoit qu'« [e] lle favorise la satisfaction des besoins énergétiques dans une perspective de développement durable et d'équité au plan individuel comme au plan collectif ». Selon nous, cet article exprime implicitement l'obligation d'approvisionnement.

SECTION II
LA PROTECTION DU CITOYEN-CONSOMMATEUR

La protection du citoyen-consommateur est un autre motif justifiant la mutation de l'entreprise publique. Permettant un contrôle collectif, l'entreprise publique dessert désormais le citoyen-consommateur. Diverses obligations juridiques découlent de cette expression contemporaine adaptée à l'intégration économique qui permet de prendre en compte la nouvelle réalité qui affecte l'entreprise publique de manière concrète. La priorité du citoyen au sein de l'État est le pivot de cette sous-section consacrée à la protection du citoyen-consommateur.

1. L'émergence du concept de « citoyen-consommateur »

En constante évolution, l'État est passé par diverses étapes qui ont influencé les rapports qu'il entretient avec les citoyens. La notion de « citoyen » a alors été modifiée ou complétée afin de répondre au changement de cap de l'État. Nous exposons donc ici cette mutation terminologique pour ensuite expliciter le concept de « citoyen-consommateur ».

---

549. *Action réseau consommateur* c. *P.G. Québec et Régie de l'énergie*, [2000] RJQ 1769 (CS), p. 1784 (et 1780).

1.1. Une mutation terminologique

L'État a toujours été au service du citoyen. Les citoyens qui recourent aux activités de service public ont été longtemps appelés « usagers » du service. L'émergence de l'intégration économique a entraîné dans son sillage l'apparition d'un nouveau type d'usager de services fournis par l'État : le citoyen-consommateur. Dans cette sous-section, nous effectuons un bref historique retraçant les principales étapes de la mutation de la relation du citoyen face à l'État afin de définir le concept de citoyen-consommateur.

a) Au départ, le citoyen

Le rôle joué par l'État au fil des ans se divise en trois étapes : l'administration de police, de prestation et de gestion[550]. Parcourons ces étapes en gardant à l'esprit qu'au départ, le citoyen était considéré simplement comme tel, sans aucune obligation vis-à-vis de l'État.

L'administration de police répond à la vocation traditionnelle de l'État qui est d'assurer l'ordre public. Alors que le rôle de l'État était limité à cette fonction la notion juridique de service public n'était alors aucunement développée. Par ailleurs, la notion de puissance publique était le point central du droit administratif. Dans ce cadre, le citoyen était considéré comme un simple « administré » à qui l'État donnait des ordres :

> Dans la perception traditionnelle de l'usager celui-ci est d'abord et avant tout un administré. Cela signifie que s'il a des droits il a d'abord et surtout des devoirs. Cette conception traditionnelle de l'usager tenait beaucoup aux modalités selon lesquelles les organisations publiques intervenaient.[551]

Par la suite, l'administration de prestation a fait son apparition, s'ajoutant à la première. La fourniture de prestations à un grand nombre de personnes caractérise l'administration de prestation. Diverses politiques sociales étant instaurées, l'État Providence s'était mis en place. Les droits du citoyen étaient alors pris en compte. Il ne suffisait plus à l'État de donner des ordres, mais il devait aider le citoyen. La notion d'intérêt public a été fragmentée en une multitude d'intérêts, soit ceux de chaque citoyen. L'apparition de la notion de service public a insufflé un souffle nouveau à l'État. Une nouvelle relation entre l'État et le droit était née puisque « [l] e droit n'était plus désormais l'instrument de la seule puissance publique mais un instrument pour mener à bien les missions dont l'État est investi au nom de la

---

550. Pierre MOOR, *Pour une théorie micropolitique de l'État*, Paris, PUF, 2005, p. 93 et s.
551. Jean-François AUBY, *Management public*, Paris, Sirey, 1996, p. 99.

collectivité »[552]. Nous pouvons dire que le citoyen devint, à cette étape, l'élément central des préoccupations étatiques. Autrefois, simple administré assujetti à l'État, il était maintenant qualifié d'« usager » du service qui attend et utilise les services offerts par l'État.

En dernier lieu, l'administration de gestion est apparue aux côtés des deux autres en même temps que la contestation de l'État Providence et de la montée de l'intégration économique. Dans ce cas, l'évolution est frappante puisque cette administration accorde une place prépondérante au citoyen dans l'accomplissement des activités étatiques. Les activités de l'État font l'objet d'une segmentation importante qui se manifeste notamment dans une collaboration croissante avec le secteur privé. Une grande place est faite au droit privé par le biais d'une contractualisation importante des actions étatiques. L'État est désormais régi par des obligations d'efficacité, d'efficience et de transparence. Les moyens par lesquels l'État agit sont maintenant très diversifiés.

La notion de service public a souffert de cette évolution. Plus particulièrement, la catégorie du service public industriel et commercial dont le régime juridique est mixte fut frappée durement par cette évolution. Il faut dire que :

> [l] a logique privatiste n'interfère pas seulement dans le jeu des institutions administratives ; elle pénètre au cœur du système en présentant l'entreprise comme un modèle d'organisation dont l'administration pourrait heureusement s'inspirer. L'idée est séduisante car elle se pare des atours du dynamisme et de la modernité ; mais elle suscite aussi inquiétudes et interrogations.[553]

Bien que l'État soit désormais appelé à s'inspirer du secteur privé dans l'exercice de ses activités économiques, la place du droit public et, conséquemment sa mission de service public aux citoyens, ne doit pas être occultée. Les services publics administratifs ont été peu affectés par cette évolution étant donné la prédominance du droit public dans leurs activités et leur fonctionnement.

Traditionnellement, l'entreprise publique est appelée à fournir des services essentiels aux citoyens tout en assurant l'application des principes du service public. Étant donné la situation monopolistique de l'entreprise publique traditionnelle, les usagers ne pouvaient faire appel à d'autres fournisseurs ou obtenir des services alternatifs. L'ouverture à la concurrence de services autrefois placés en situation de monopole, la mondialisation des marchés, le développement rapide de la technologie et de nouveaux produits sont divers

---

552. M. LONG, *loc. cit.*, note 29, p. 497.
553. J.-L. AUTIN et C. RIBOT, *op. cit.*, note 93, n° 498, p. 246 et 247.

événements qui ont conduit l'Administration publique à s'inspirer du secteur privé afin de répondre aux besoins du citoyen. Ce dernier peut maintenant choisir entre divers produits ou fournisseurs.

Pour sa part, le citoyen est perçu comme un « client » revendiquant son droit à obtenir un service de qualité de la part de l'État. L'intégration économique a entraîné une modification du statut du citoyen. Ce dernier toujours plus exigeant et à l'affût des moindres nouveautés, devient alors un client de l'Administration. Les attentes des citoyens envers le secteur public sont de plus en plus importantes.

Au lieu d'utiliser l'expression « client », nous préférons utiliser l'expression « consommateur » « [...] apparue plus récemment, en particulier dans les textes communautaires d'harmonisation et de libéralisation des services publics industriels et commerciaux »[554]. Tel que nous le verrons, alors qu'elle ne réduit pas le citoyen à un simple acheteur de biens et de services comme le ferait celle de « client », l'expression « consommateur » est susceptible de faire surgir une protection juridique accrue pour le citoyen.

b) Les contours du concept de citoyen-consommateur

Face à un État affecté par l'intégration économique qui s'inspire du secteur privé afin d'exercer ses activités, le citoyen s'est vu affublé de diverses désignations comme par exemple celles de citoyen-client ou d'usager-client[555]. Au niveau communautaire européen, « [l] e service universel accentue cependant très nettement la tendance [à utiliser le terme client], érigeant en principe ce qui jusqu'alors n'était qu'une option »[556]. Ainsi, « [i] l n'est pas sans signification que les notions de client et consommateur éclipsent de plus en plus celle d'usager dans la terminologie des services publics industriels et commerciaux »[557]. Jean-François Auby distingue quatre raisons qui permettent de justifier l'apparition de la notion moderne d'usager-client : l'exemple du modèle consumériste tiré du fonctionnement des entreprises privées, l'ouverture à la concurrence d'anciens services anté-

---

554. Danielle CHARLES-LEBIHAN, « De l'usager, au consommateur-citoyen : les mutations du service public à la française », dans Driss GUERRAOUI, Noureddine EL AOUFI et Jocelyne BARREAU (dir.), *Le devenir du service public : comparaison France-Maroc*, Paris, L'Harmattan, 1998, p. 45, à la page 47.

555. « La conception de l'usager client le rapproche du client d'un service privé ordinaire, il s'agit d'adopter un comportement qui fasse qu'il soit satisfait car cette satisfaction constitue la garantie de son attachement » – J.-F. AUBY, *op. cit.*, note 551, p. 101 ; Bernard QUIRINY, « Les droits de l'usager face au droit du marché », *RFDA* 2008.20.

556. David BAILLEUL, « Le service universel, futur service public ? », *RRJ.* 2000.561, p. 565.

557. Michèle VOISSET, « La reconnaissance, en France, d'un droit des citoyens à la qualité dans les services publics », *RFDA* 1999.743, p. 746.

rieurement placés en situation de monopole et qui dans cette situation ont été obligés de modifier leur comportement, le développement de nouveaux produits plaçant des services dans une situation proche de la concurrence ainsi que le passage d'une situation d'offre déficitaire à une situation d'offre excédentaire[558]. Ces raisons reflètent le changement apporté par l'intégration économique au rôle de l'État.

À notre avis, le concept de citoyen-consommateur né en droit britannique[559] est le plus adéquat étant donné qu'il fait coexister deux termes qui assurent non seulement la mutation de l'entreprise publique, mais aussi de l'ensemble des relations de l'État avec les citoyens. Nous faisons cette affirmation puisque

> [l] a notion de consommateur fait référence, dans une relation moins individualisée qu'avec le client à un ensemble d'utilisateurs, d'acheteurs de biens et de services qui bénéficient par ailleurs de protections juridiques. Enfin, la référence au concept politique de citoyen exprime la volonté de rapprochement de l'usager et du consommateur qui se traduit par l'approfondissement du droit des individus, la recherche de la cohésion économique et sociale, de la solidarité, de la non-discrimination et de l'égalité de traitement.[560]

De plus, « [l]'usager-objet doit devenir sujet, reconnu, traité d'égal à égal sur la base de relations de partenariat. En fait, les utilisateurs des activités de service public doivent être pris en compte à la fois comme consommateurs de ces services et comme citoyens »[561]. Nous constatons donc que l'utilisation conjointe de ces deux expressions permet de rendre compte de la nouvelle réalité qui affecte l'État tout en assurant la survie des prestations de service public aux citoyens.

La seule utilisation du terme consommateur ne tiendrait pas compte de la nature de la contrepartie ou du service rendu par l'État au citoyen. De là surgirait la négation de la prestation de service public et du droit public entraînant alors le retrait complet de l'État. De plus, il s'agirait alors d'une référence à une individualisation extrême du service rendu, ce qui n'est pas le propre du service public. En fait les services publics ne sont pas des services ordinaires

---

558. J.-F. AUBY, *op. cit.*, note 551, p. 100.
559. Rodney C. AUSTIN, « Le concept de service public en droit britannique », dans Loïc GRARD, Jacques VANDAMME et François VAN DER MENSBRUGGHE (dir.), *Vers un service public européen*, Paris, ASPE, 1996, p. 133, à la page 147.
560. D. CHARLES-LEBIHAN, *loc. cit.*, note 554, p. 47.
561. Pierre BAUBY et Jean-Claude BOUAL, « Refonder la légitimité des services publics », dans P. BAUBY et J.-Cl. BOUAL (dir.), *Pour une citoyenneté européenne : quels services publics ?*, Paris, Les Éditions de l'Atelier, 1994, p. 195, à la page 200.

en raison de l'impact considérable qu'ils ont sur l'économie et encore davantage sur la société[562].

Le concept de citoyen-consommateur s'applique aussi de manière plus large que celle de simple client. Par exemple pour l'entreprise publique, le concept de citoyen-consommateur est applicable au-delà des seuls utilisateurs du produit ou du service pour s'étendre « [...] à tous ceux qui vivent dans l'environnement de l'entreprise. Pour la SNCF, ce ne sont pas que les voyageurs, mais aussi ceux qui expédient des colis, ceux qui vivent à proximité des lignes ou des gares, ou ceux qui fournissent des prestations à l'entreprise publique »[563]. Nous voyons donc que le concept de citoyen-consommateur s'applique aux divers acteurs auxquels l'État offre ses services ou avec lesquels il s'allie dans le cadre de la prestation de services.

1.2. Les droits et les besoins du citoyen-consommateur

La modification de l'environnement dans lequel l'État et ses entreprises évoluent a eu un impact important sur les citoyens leur octroyant désormais un statut juridique de citoyen-consommateur, tel que nous l'avons expliqué précédemment. Ce statut est caractérisé par divers droits et besoins dont le citoyen exige le respect de la part de l'État. Il faut cependant prendre garde à une extension trop importante de ce statut afin que le citoyen-consommateur ne devienne pas un « citoyen-roi » !

a) Les droits

Le citoyen-consommateur dispose de plusieurs droits qui diffèrent de ceux du client ordinaire. Cette différence s'explique par le fait que lors de la fourniture de prestations de service public, l'État doit tenir compte d'éléments externes et collectifs étrangers au secteur privé. Dans ce contexte, le citoyen-consommateur dispose d'un droit de regard sur les actions de l'État que n'a pas un consommateur ordinaire.

En 1991, le gouvernement britannique publiait la Charte du Citoyen[564] (*Citizen's Charter*) « [...] qui proposait un programme de réformes législatives et administratives permettant d'assurer une meilleure performance des services publics et d'accroître le pouvoir des citoyens dans leurs relations avec les services publics [...] »[565]. Malgré le fait que ce texte n'a pas valeur

---

562. Ch. STOFFAËS, *op. cit.*, note 42, p. 73 ; Virginie DONIER, « Les droits de l'usager et ceux du citoyen », *RFDA* 2008.13, p. 16 à 19.

563. J.-L. JOLIOT, *op. cit.*, note 210, p. 60.

564. GOUVERNEMENT DU ROYAUME-UNI, *The citizen's Charter : Raising the standard,* Londres, HSMO, 1991.

565. Michel LECERF, *Droit des consommateurs et obligations des services publics*, Paris, Éditions d'Organisations, 1999, p. 67.

légale mais représente plutôt des points de repère, il constitue une illustration intéressante de l'extension des droits du citoyen. La Charte du Citoyen a explicité le contrat social que l'État entretient avec ses citoyens. La Charte du citoyen a peu à peu entraîné l'adoption d'autres chartes applicables à des secteurs précis, tel que la Charte du Passager ou que la Charte du Patient.

En vertu de cette Charte les prestataires du service public doivent établir et publier clairement les normes qu'ils doivent respecter dont, notamment la courtoisie et l'obligeance du personnel ainsi que la célérité dans le service. De plus, la Charte du Citoyen instaure une obligation accrue d'information aux citoyens. Dans ce cadre, il doit y avoir publication des informations relatives aux prix et aux services fournis. Le citoyen bénéficie dès lors d'un droit à la transparence dans la prestation du service.

En vertu de cette Charte, le droit du citoyen à la flexibilité du service implique pour l'entité étatique l'obligation de procéder à des consultations auprès des citoyens. Nous voyons ici que le citoyen-consommateur dispose d'un droit de parole auprès de l'État.

Les droits à la non-discrimination et à l'accessibilité au service furent également consacrés dans la Charte du Citoyen. L'accessibilité au service se traduit notamment par des heures d'ouverture flexibles et des renseignements accessibles par téléphone ou par Internet. Le citoyen a droit à réparation en cas du défaut de l'État de satisfaire aux normes du service[566].

Le droit à la qualité dans les prestations étatiques, né en droit communautaire européen comme étant le pendant du principe d'adaptation propre à la notion de service public, est un autre volet des droits du citoyen-consommateur. Pour David Bailleul la qualité est la voie par laquelle les actions de l'État trouvent leur nouvelle légitimité :

> La qualité, devant permettre à la gestion publique de s'adapter au contexte économique et social – et drainant dans son sillage d'autres thématiques – telles que l'efficacité, la modernisation ou encore la transparence –, témoigne en même temps d'une banalisation de cette gestion publique conduisant l'administration à s'aligner sur les méthodes du secteur privé. Mais encore, elle se pose comme un nouveau mode de légitimité de l'administration et de l'action publique centré sur l'usager [...]. Érigée au rang de principe du service universel, cette exigence de qualité entame ainsi « officiellement » l'idée d'une spécificité du service public comme étant distinct des activités privées.[567]

---

566. R. C. Austin, *loc. cit.*, note 559, p. 157 et 158 ; V. Donier, *loc. cit.*, note 562, p. 14 à 16.
567. D. Bailleul, *loc. cit.*, note 556, p. 566.

Pour Michèle Voisset il s'agit d'un « [...] fil d'Ariane permettant de mettre en lumière à la fois les mutations de notre système de droit, un changement de culture que certains s'obstinent encore à nier et les déficiences de l'État de droit qu'il importe de corriger »[568]. Afin de satisfaire la qualité à laquelle a droit le citoyen-consommateur, des indicateurs précis peuvent être élaborés devenant un outil de gestion et de contrôle intéressant. Ces indicateurs devront être très clairs puisque l'évaluation de la qualité peut varier selon chaque individu. La qualité représente une garantie pour les citoyens par rapport à l'État.

Malgré ce changement dans les mentalités et dans les méthodes, l'État est toujours tributaire de la fourniture de services publics de qualité. Cela doit désormais s'effectuer en prenant comme modèle le secteur privé. Néanmoins, l'État ne doit pas perdre de vue la spécificité qui le distingue du secteur privé, le service public. Cette spécificité étant perdue, quelle serait la raison d'être de l'intervention de l'État dans l'économie ?

b) Les besoins

La modification des besoins des citoyens se traduit par de nouvelles exigences et de nouveaux choix formulés par le citoyen-consommateur qui est beaucoup plus exigeant qu'autrefois. Ces nouveaux besoins influencent aussi l'entreprise publique puisque

> [...] si la modernisation est impulsée par une évolution de la société faisant émerger de nouveaux besoins, elle peut aussi avoir en retour, parce qu'elle engendre des adaptations de la structure des entreprises, un effet rétroactif sur les rapports de production et donc sur les conditions de modernisation.[569]

Un partenariat s'instaure désormais entre l'État et le citoyen-consommateur. Cela implique pour l'État d'écouter davantage le citoyen et de répondre à ses exigences spécifiques. Ce partenariat avec le consommateur-citoyen implique que l'État, par le biais de ses organismes, dont l'entreprise publique, doive développer un rôle de conseiller et mettre en place des services diversifiés et individualisés.

Aussi, « [l] e principe d'égalité n'est pas synonyme d'uniformité, mais de réponse sur mesure à des besoins différenciés et se différenciant »[570].

---

568. M. VOISSET, *loc. cit.*, note 557, p. 743.
569. Arielle COMPEYRON, « Dynamique de convergence entre valeurs de service public et rapports de production », dans Jocelyne BARREAU, A. COMPEYRON, Christelle, HAVARD, Jean-Yves MÉNARD et Laurence SERVEL, *Une irrésistible modernisation des entreprises de service public ?*, Paris, Presses universitaires de Rennes, 2000, p. 19, à la p. 26.
570. *Id.*

N'oublions pas que le concept de citoyen-consommateur a individualisé la prestation. Il faut donc que l'État fasse en sorte que le citoyen-consommateur soit satisfait du service rendu. Il faut comprendre que cette satisfaction est assurée par un accueil de qualité et un rapport qualité-prix approprié ainsi que des actions de communication et de participation mettant en cause les citoyens[571].

L'Administration et ses entreprises doivent désormais être efficaces, rentables, agressives, diligentes, impartiales et objectives tout en assurant la sécurité juridique ainsi que la bonne gouvernance conformément au principe contemporain de « bonne administration ». Mais à travers toute cette panoplie d'obligations n'oublions-nous pas le plus important : la prestation de service public ? Ainsi, « [l] a satisfaction de la clientèle constitue un leitmotiv [...]. La poursuite de cet objectif exige de se préoccuper de *l'acte de consommation de l'acheteur à la fois dans sa logique privée, mais également dans sa dimension collective* »[572]. Car, c'est spécifiquement pour cette raison que l'État intervient dans l'économie et à cette condition que les privatisations d'entreprises publiques seront limitées. La protection du citoyen-consommateur ne sera intégralement assurée que si l'État continue de fournir les services publics en s'adaptant aux nouvelles règles du jeu.

2. Le respect du citoyen-consommateur

Le respect du citoyen-consommateur peut être assuré par l'entreprise publique. Plus précisément, nous avons choisi de nous attarder sur les deux éléments à la base de ce respect. Premièrement, nous étudierons la nature du lien créé entre l'entreprise publique et le citoyen-consommateur pour ensuite exposer de quelle manière le rôle du citoyen-consommateur est valorisé par l'entreprise publique.

Spécifions qu'en droit communautaire la protection des consommateurs est prévue au Titre XIV du *Traité de Rome* dont l'article 153 précise que la Communauté contribue à promouvoir les intérêts des consommateurs et la réalisation d'un niveau élevé de protection des consommateurs. Il s'agit-là d'un point d'ancrage en faveur du service public[573] au sein d'un environnement fortement déréglementé dans lequel les entreprises publiques sont soumises à la concurrence.

---

571. J-F. AUBY, *op. cit.*, note 551, p. 101.
572. A. COMPEYRON, *loc. cit.*, note 569, p. 36.
573. S. RODRIGUES, *loc. cit.*, note 293, p. 374.

2.1. Le lien juridique créé entre l'entreprise publique et les citoyens

Le lien juridique qui se forme entre l'entreprise publique et le citoyen-consommateur est multiforme. Il est différent de celui formé entre les entreprises privées et leurs clients et de celui qui se crée entre l'État et le secteur privé lors d'une délégation de service public. Nous verrons que le lien juridique créé entre l'entreprise publique et les citoyens est particulier et qu'il se situe à mi-chemin entre ces deux types. Bien que, tel qu'indiqué précédemment, le concept de citoyen-consommateur s'applique à un ensemble très vaste d'intervenants auprès de l'entreprise publique, nous concentrerons ici notre propos sur l'utilisateur du service car il s'agit selon nous du principal acteur à « protéger ».

a) Un lien contractuel

Le lien créé entre le citoyen et l'État dans le cadre d'une prestation de service public industriel et commercial est différent de celui qui se crée dans le cadre d'une prestation de service public administratif. En effet, dans ce dernier cas, le citoyen doit être qualifié d'administré et non pas de citoyen-consommateur. Même si aucun contrat ne régit les Parties, l'administré est placé dans une situation légale et réglementaire par rapport à l'État[574]. Nous pouvons aussi constater que dans le cadre d'une relation administré/État, le service est financé par le biais d'impôts et de taxes. À notre avis, l'expression « client » utilisée pour désigner un bénéficiaire de soins de santé au Québec n'est pas appropriée. L'utilisation de l'expression « usager » conviendrait mieux.

Par ailleurs, le lien créé entre le citoyen-consommateur et l'entreprise publique dans le cadre d'une prestation de service public industriel et commercial est de nature contractuelle. En effet, le citoyen-consommateur a le droit de disposer d'un contrat et d'une facturation claire et détaillée de la prestation[575]. Ce lien est de la nature d'un lien de droit privé : « Un renforcement du droit privé a continué à se développer entre l'usager et les services, industriels et commerciaux. Une relation strictement commerciale donc individualisée, s'est instaurée entre le demandeur et le prestataire […] »[576]. Les règles du *Code civil du Québec* s'appliquent à ce contrat.

Selon les deux formes que peut revêtir ce contrat qui unit l'État et le citoyen-consommateur, il appert que le lien contractuel puisse être implicite ou explicite. Il y a d'abord le contrat d'abonnement pour des prestations fournies en réseau, telles l'électricité, le gaz ou les télécommunications, qui

574. M. LECERF, *op. cit.*, note 565, p. 78.
575. *Id.*, p. 76.
576. D. CHARLES-LEBIHAN, *loc. cit.*, note 554, p. 57.

donne lieu à un lien contractuel explicite. Par exemple, dans l'arrêt de la Cour suprême *Glykis* c. *Hydro-Québec* les juges dissidents indiquent « [...] que la relation contractuelle entre Hydro-Québec et le consommateur est établie sur la base d'un abonnement. Cette structure réglementaire fondée sur un concept d'abonnement rattaché à des points de service distincts délimite la portée du pouvoir d'intervention d'Hydro-Québec »[577]. Dans ce cas, les conditions de prestation du service figurent dans le contrat qui doit être signé par le citoyen. Ce contrat sera l'objet principal de nos discussions dans les pages qui vont suivre.

Par contre, le lien contractuel est implicite lorsqu'il découle d'un titre (billet) acheté par le citoyen-consommateur. Ce type de contrat se retrouve fréquemment dans les entreprises publiques de transport. L'aspect contractuel de ce lien fut notamment reconnu par la Cour d'appel dans l'affaire Surprenant c. Air Canada alors que l'entreprise d'aviation n'était pas encore privatisée. Se prononçant à propos de l'utilisation de l'ancien article 1024 du Code civil du Bas-Canada, devenu l'article 1434 C.c.Q. qui traite de la force obligatoire du contrat, le juge Deschênes indique :

> Il y a encore lieu de préciser qu'indépendamment de ce recours d'ordre contractuel, on peut concevoir des circonstances où le passager aurait été victime d'un quasi-délit commis par le transporteur « à l'occasion » du contrat de transport, mais « en dehors des stipulations de celui-ci. Le recours du voyageur se fonderait alors à bon droit sur l'article 1053 C.c., justement parce qu'il tirerait son origine non pas du contrat, mais d'un quasi-délit extérieur à celui-ci. »[578] (Nos soulignements)

Dans cette situation, l'engagement de l'entreprise publique n'est pas précisé sur le billet. Le citoyen a alors la responsabilité de s'informer à ce sujet, tandis que l'entreprise doit publiciser ses règles et les rendre facilement accessibles au public.

b) Le type de contrat

Peut-on qualifier l'abonnement en vertu duquel le citoyen-consommateur obtient de l'eau, de l'électricité, du gaz ou des services téléphoniques de *contrat de vente* par lequel une personne transfère la propriété d'un bien à une autre personne, en contrepartie d'un prix en argent que cette dernière doit payer[579] ? À cela Sophie Nicinski répond ce qui suit : « À partir du moment où l'on peut qualifier de "choses" des produits tels l'eau, l'électricité ou le gaz, rien n'empêche que le contrat soit qualifié de

577. *Glykis c. Hydro-Québec*, [2004] 3 RCS 285, p. 302 et 303.
578. *Surprenant c. Air Canada*, [1973] CA 107, p. 125.
579. Art. 1708 C.c.Q.

vente »[580]. Cette opinion est parfaitement justifiée et nous ne sommes pas en désaccord avec elle. Cependant, qualifier l'engagement que le citoyen-consommateur a envers l'entreprise publique de « vente » nous semble contraire à l'esprit même du service public. Ainsi, nous croyons qu'il serait plus adéquat de qualifier ce lien de *contrat de service* en vertu duquel l'entreprise publique s'engage à fournir un service en contrepartie d'un paiement[581]. L'expression contrat de service est aussi plus conforme à l'idée d'un service continu comme dans le cas d'une fourniture d'électricité. D'ailleurs, l'article 3 du *Règlement numéro 634* réglant les conditions de fourniture d'électricité par Hydro-Québec définit le terme « abonnement » comme étant « tout contrat conclu entre un client et Hydro-Québec pour la fourniture et la livraison de l'électricité ou tout autre contrat de services liés à la fourniture de l'électricité ». Cette disposition laisse clairement entendre que le contrat d'abonnement est un contrat de service.

Spécifions que l'abonnement à un service public se présente selon nous sous la forme d'un contrat d'adhésion, à titre d'exemple, le contrat d'approvisionnement en électricité conclu entre Hydro-Québec et un citoyen-consommateur. Au sens de l'article 1379 C.c.Q., le contrat d'adhésion est celui dont les stipulations essentielles ont été « [...] imposées par l'une des parties ou rédigées par elle, pour son compte ou suivant ses instructions, et qu'elles ne pouvaient être librement discutées ». Dans la décision *Godbout* c. *Hydro-Québec* la Cour supérieure indique expressément que le contrat liant les demandeurs à Hydro-Québec est un contrat d'adhésion[582]. Le contrat d'adhésion est particulier puisque par exemple :

> [...] contrairement à ce qui se fait généralement dans les contrats ordinaires où l'accord des parties s'établit après une libre discussion des conditions entre les contractants, dans le cas d'un contrat d'assurance, la compagnie d'assurance, jouissant d'un monopole de droit ou de fait, et se trouvant [...] dans une situation économique évidemment supérieure à celle de l'assuré, supprime au détriment de ce dernier la liberté de discussion existant dans les contrats ordinaires et, suivant l'expression consacrée, elle fait, à elle seule la loi du contrat ; elle déclare sa volonté, elle indique et impose à l'assuré les conditions auxquelles elle entend traiter, et ce dernier, ne pouvant utilement défendre ses intérêts, doit purement et simplement adhérer aux conditions imposées [...].[583]

---

580. S. Nicinski, *op. cit.*, note 539, n° 556, p. 185 ; *Hydro-Québec* c. *Surma*, [2001] RJQ 1127 (CA), p 1129.
581. Art. 2098 C.c.Q.
582. *Godbout* c. *Hydro-Québec*, [2001] R.D.I. 106 (CS), par. 16.
583. *Berthiaume* c. *Great West Life Assurance Co.*, (1942) 48 *R. de J.* 16 (CS), p. 29.

Ainsi, la Cour d'appel dans l'affaire *Hydro-Québec* c. *Surma* jugea que « [...] la *Loi sur Hydro-Québec* lui donnant le pouvoir de réglementer (donc de rédiger), malgré le fait que ces règles soient soumises à l'approbation du gouvernement, les tarifs et les conditions qui constituent les stipulations essentielles au contrat »[584]. Le citoyen-consommateur ne négocie pas les clauses du contrat, c'est à prendre ou à laisser.

Dans ces conditions, il est justifié de se demander dans quelle mesure le citoyen-consommateur est protégé. Ceci, d'autant plus que généralement l'entreprise publique étant placée en situation monopolistique, le citoyen n'a pas d'autre choix que de contracter auprès d'elle. Il faut se rappeler qu'au-delà de ce lien contractuel de droit privé, un lien de droit public est formé entre les Parties. S'agissant de sa raison d'être, l'entreprise publique doit agir suivant l'intérêt général et dans le sens du respect et des besoins des citoyens. Par exemple, Hydro-Québec a comme devoir d'assurer un approvisionnement convenable en ressources aux citoyens qui sont abonnés à ses services[585]. Plus généralement, « [...] il entre dans les missions des services publics touchant à la production et à la distribution d'énergie de garantir un niveau suffisant d'indépendance énergétique »[586]. De plus, les tribunaux devraient se montrer plus conciliants envers le citoyen-consommateur et le favoriser lors d'une contestation basée sur ce type de contrat. Bien plus, « [...] lorsque le juge judiciaire doit interpréter une clause tarifaire au regard du principe d'égalité, il prend en compte l'intérêt de l'ensemble des usagers »[587]. Finalement, il importe de se rappeler que le principe d'égalité applicable à la prestation de service public place l'entreprise publique dans l'obligation de proposer les mêmes conditions de fourniture de service à tous les citoyens.

Au Québec, en tant que personnes morales de droit public, les entreprises publiques sont soumises aux règles de la responsabilité civile prévues aux articles 1457 à 1469 C.c.Q malgré leur statut de mandataire de l'État. Certains tribunaux québécois ont donc déjà admis la responsabilité extracontractuelle de l'entreprise publique en faveur du citoyen-consommateur. Par exemple, des juges ont interprété restrictivement l'article 102 du *Règlement numéro 634* qui prévoit qu'Hydro-Québec

> [...] ne peut en aucun cas, tant du point de vue contractuel qu'extracontractuel, être tenue responsable des préjudices causés aux biens résultant de la fourniture ou de la livraison de l'électricité ou du défaut de fournir ou de livrer l'électricité, ou résultant d'une mise à la terre accidentelle, d'une défaillance mécanique sur son réseau, de toute

---

584. *Hydro-Québec* c. *Surma*, [2001] RJQ 1127 (CA), p. 1138.
585. *Loi sur Hydro-Québec*, art. 22.
586. P. ESPLUGAS, *op. cit.*, note 34, p. 4.
587. S. NICINSKI, *op. cit.*, note 539, n° 572, p. 191.

interruption de service [...], de variations de fréquence ou de variations de la tension de fourniture.

Nous voyons qu'il s'agit d'un article disculpatoire de responsabilité en faveur d'Hydro-Québec.

Plus particulièrement, en 2005 la Cour supérieure fut appelée à se prononcer à propos de cet article dans l'affaire *ING Groupe Commerce c. Hydro-Québec*[588]. Les faits de cette affaire se résument comme suit. Le bris de deux poteaux appartenant à Hydro-Québec a entraîné le bris des fils qu'ils supportaient. C'est ainsi que l'assuré de la compagnie demanderesse fut privé d'électricité pendant une certaine période. Cet incident a causé la perte du contenu et du compresseur d'un congélateur. La demanderesse a indemnisé son assuré et a réclamé à titre subrogatoire une somme de 89 832 $. Pour sa défense, Hydro-Québec invoqua sa non-responsabilité en vertu de l'article 102 du *Règlement numéro 634*.

Afin de juger cette affaire, la Cour supérieure a appliqué deux décisions antérieures dans lesquelles la Cour d'appel avait conclu que l'article 102 n'autorise pas l'exclusion de la responsabilité contractuelle ou extracontractuelle d'Hydro-Québec[589] malgré ce qui y est prévu. Il fut alors jugé que cette clause d'exonération de responsabilité est *ultra vires* puisqu'elle va au-delà de ce qu'autorise la loi habilitante en plus d'être abusive et, ainsi est nulle suivant l'article 1437 C.c.Q. Afin de repousser la présomption de faute reposant sur le gardien du bien prévue à l'article 1465 C.c.Q., Hydro-Québec aurait dû démontrer, tel qu'elle l'avait fait avec succès dans l'affaire *Brown c. Hydro-Québec*[590], qu'en tant que gardienne du réseau elle avait pris toutes les précautions raisonnables dans les circonstances. La faute lourde n'est pas nécessaire en ce cas car la victime peut invoquer la faute simple de l'article 1465 C.c.Q. afin d'établir la responsabilité extracontractuelle d'Hydro-Québec. Par contre, dans cette affaire, Hydro-Québec a fait montre d'une inaction et d'une négligence qui la rendent responsable des malheurs causés à l'assuré.

Or, dans l'affaire *Glykis* c. *Hydro-Québec*[591] la Cour suprême n'a pas reconnu la responsabilité d'Hydro-Québec, renversant ainsi la décision rendue préalablement par la Cour d'appel. Hydro-Québec avait interrompu la fourniture d'électricité à la résidence principale de la famille Glykis en raison

---

588. [2005] R.R.A. 149 (CS).
589. *Allendale Mutuel Insurance Company* c. *Hydro-Québec*, [2002] RJQ 84 (CA), par. 20 ; « La Cour ne peut endosser la prétention de l'intimée que tout client en adhérant au contrat de fourniture d'électricité renonce à invoquer toute faute d'Hydro-Québec dans l'exploitation de son réseau. » – *Brown* c. *Hydro-Québec*, [2003] R.R.A. 769 (CA), par. 17.
590. [2003] R.R.A. 769 (CA).
591. [2004] 3 R. CS 285.

de factures impayées relativement à l'immeuble à logements possédé par M. Glykis. Le couple a poursuivi Hydro-Québec en dommages-intérêts pour les préjudices subis conséquemment à l'interruption. Dans sa décision, la Cour suprême a « [...] à la majorité donné préséance à une ancienne loi spéciale sur l'article 1591 C.c.Q., rendant possible l'arrêt de fourniture d'électricité à un point de service différent de celui pour lequel l'abonné n'avait pas payé le compte »[592]. Le citoyen-consommateur ne fut donc pas reconnu ici. Les juges majoritaires ont écarté la qualification du contrat d'adhésion pour un contrat d'abonnement avec Hydro-Québec, ce dont nous sommes en désaccord. Par contre, il est essentiel de souligner la forte dissidence dont a fait l'objet cette affaire et que nous partageons. Dans son opinion dissidente, l'Honorable juge Lebel a indiqué que la fourniture d'électricité aurait dû être interrompue uniquement au point de service pour lequel l'abonné n'avait pas payé, d'autant plus que M. Glykis recevait deux comptes distincts. La majorité au contraire a reconnu cette sanction exorbitante du droit commun. Nous pensons que « [l] a décision de la majorité [...] va à l'encontre du fait que Hydro-Québec est une entité publique monopolistique qui doit agir dans le sens de l'intérêt public »[593].

Compte tenu du fait que nous croyons qu'il s'agit d'un contrat d'adhésion, le lien créé entre le citoyen-consommateur et l'entreprise publique ne devrait pas porter préjudice au citoyen. Les tribunaux devraient en tenir compte lorsqu'ils rendent des décisions à ce sujet.

2.2. La valorisation du rôle du citoyen-consommateur

Le passage du rôle de simple administré à celui de citoyen-consommateur n'a pas uniquement engendré un élargissement de l'ensemble des droits du citoyen, mais aussi des obligations pour ce dernier. En effet, celui-ci est maintenant appelé à jouer un rôle en ce qui a trait aux décisions de l'entreprise publique. Cette idée est liée à l'entreprise publique en ce que d'une certaine façon sa mutation « [...] est une *question de dynamique sociale* dans laquelle l'impulsion que l'homme donne à l'entreprise est déterminante. *La modernisation des entreprises de service public est alors* [...] *un pilier de la soutenabilité de la société moderne* [...] »[594]. C'est ainsi que nous discuterons dans cette sous-section de l'accroissement de la participation citoyenne et de ses principales manifestations juridiques.

---

592. D. LEMIEUX, *loc. cit.*, note 70, p. 129. L'article 1591 C.c.Q. prévoit que l'exception d'inexécution doit se rapporter uniquement à l'obligation corrélative du créancier.
593. M.-L. PELLETIER, *op. cit.*, note 15, n° 84, p. 65.
594. A. COMPEYRON, *loc. cit.*, note 569, p. 29.

a) Le phénomène de la participation citoyenne

La participation du citoyen-consommateur aux décisions de l'entreprise publique rappelle l'idéologie participative promue dans les années soixante[595]. Cette participation est probablement liée à l'apparition de l'intégration économique qui a entraîné un recul de l'État dans la sphère économique au profit d'acteurs privés. Les autorités publiques cherchent désormais à se rapprocher des citoyens. Ainsi, « [d] epuis près de 20 ans, la société québécoise met de l'avant de nouvelles formes d'action collective. Par une intervention gouvernementale davantage coordonnatrice [...], des expérimentations dans de nombreux domaines [...] font le pari de la concertation et du partenariat entre les diverses parties prenantes »[596].

Les acteurs privés occupent donc une place de plus en plus importante dans l'action publique, y compris au sein des activités de l'entreprise publique. Cependant, « [a] ussi opportuns qu'ils apparaissent, ces mécanismes n'ont qu'une portée limitée ; ils ne sauraient être assimilés à un système de codécision ou de cogestion »[597]. De plus, le concept de citoyen-consommateur s'appliquant aux activités de SPIC, il s'agit de faire valoir l'aspect « public » par sa participation au processus décisionnel de l'entreprise. Ainsi, « [e] n se référant à la notion de client se substituant à celle d'usager, les collectivités publiques et les entreprises ayant en charge un service public s'engagent sur la voie [...] des solutions négociées avec les clients, des techniques de médiation pour prévenir les différends et l'abandon du droit public pour les régler »[598].

Ce phénomène participatif s'apparente à une démocratisation de l'Administration publique :

> L'État se pique de démocratiser son administration [...]. Autrefois, il aurait simplement lancé des ordres ; maintenant il consulte, il essaie de persuader, il veut bien infléchir les positions qu'il avait initialement envisagées. [...] Elle [la décision] n'en est même que mieux et davantage décision et acte du service public dans ce grand renouvellement de celui-ci. C'est cela qui est bon et convient à la notion d'État.[599]

Bien plus, il s'agit d'un véritable bouleversement de l'esprit même du droit administratif. Laisser place à la participation des usagers du

---

595. D. CHARLES-LEBIHAN, *loc. cit.*, note 554, p. 63 ; Dans le même sens voir : J.-L. AUTIN et C. RIBOT, *op. cit.*, note 93, n° 796, p. 353.
596. L. SIMARD, A. DUPUIS et L. BERNIER, *loc. cit.*, note 425, p. 311 ; Il s'agit de « A participative model of public services » – Rajiv PRABBHAKAR, *Rethinking public services*, England, Palgrave Macmillan, 2006, p. 128.
597. J.-L. AUTIN et C. RIBOT, *op. cit.*, note 93, n° 546, p. 273.
598. D. CHARLES-LEBIHAN, *loc. cit*, note 554, p. 57.
599. R.-É. CHARLIER, *loc. cit.*, note 2, p. 105.

service public n'est pas un comportement traditionnel de l'État. Or, il appert que ce nouveau mode d'action étatique s'inscrit tout à fait dans la lignée d'une reconnaissance du rôle de l'État dans l'accomplissement des obligations de service public et du maintien de l'intérêt général. Après tout, qui est mieux placé que le citoyen lui-même pour conseiller l'État ? Par cette participation, le citoyen devient coproducteur du service. Cette participation légitime aussi les actions accomplies par l'entreprise publique[600]. Nous croyons que ce rôle alloué au citoyen-consommateur permet à l'État de mieux faire face au contrepoids de l'intégration économique.

b) La manifestation de la participation du citoyen-consommateur

L'action citoyenne aux activités de l'État se manifeste de diverses manières et suivant de multiples modalités. Les commissions parlementaires, la tenue d'audiences publiques, la prépublication de projets de règlements et la formation d'organismes consultatifs constituent des modes utilisés par l'État afin d'assurer une transparence dans le processus décisionnel et d'offrir la possibilité aux citoyens de se prononcer. Nous pouvons aussi penser à la participation des citoyens à la définition d'objectifs développés dans le cadre de services publics industriels et commerciaux. Dans ce cas, les citoyens peuvent s'impliquer dans les conseils d'administration ou dans les organes de gestion[601]. De même dès l'après-guerre en France, les conseils d'administration des entreprises publiques « [...] étaient composés selon la formule de la représentation tripartite (État, salariés, usagers), avec laquelle la loi de démocratisation du secteur public a partiellement renoué en 1983 »[602]. La *Loi canadienne sur la protection de l'environnement* prévoit la constitution de comités consultatifs chargés de faire rapport au ministre et la publication de ce rapport[603]. L'ALÉNA prévoit la publication des lois et des règlements par chaque État Partie afin que les personnes intéressées puissent en prendre connaissance. Il prévoit aussi que dans la mesure du possible, chacune des Parties publiera à l'avance toute mesure qu'elle envisage d'adopter, et ménagera aux Parties et aux personnes intéressées une possibilité raisonnable de la commenter[604]. L'action citoyenne présente cependant des limites. En effet, les outils pour la mettre en œuvre sont en plein développement de sorte qu'il est présentement difficile pour les gouvernements de l'appliquer concrètement.

---

600. Hélène PAULIAT, « Usager, client, consommateur du SPIC local », dans Bernard AUBY et Stéphane BRACONNIER (dir.), *Services publics industriels et commerciaux : questions actuelles*, Paris, LGDJ, 2003, p. 81, à la p. 92.

601. *Id.*

602. J.-L. AUTIN et C. RIBOT, *op. cit.*, note 93, n° 546, p. 273.

603. *Loi canadienne sur la protection de l'environnement*, LRC (1985), c. 16 (4e supp.), art. 7.

604. Art. 1802 ALÉNA.

Cependant, la situation évolue présentement vers la prise en compte et l'application d'une véritable participation citoyenne. Le domaine environnemental est particulièrement évocateur de cet état de fait. En effet,

> La montée de la préoccupation environnementale et du droit à l'information depuis plus d'une quinzaine d'années a enclenché une réflexion en profondeur sur les activités des grandes entreprises publiques. Dorénavant, les grands projets d'aménagement rencontrent une opposition systématique. [...] La concertation en amont des projets, les aménagements divers qu'ils subissent et les compensations consenties à certains groupes sont des initiatives qui contribuent directement à la prise en compte des préoccupations environnementales et à une plus vaste acceptabilité sociale.[605]

Ainsi, durant les dernières années le phénomène participatif a pris beaucoup d'ampleur dans ce domaine. Nous avons donc choisi d'aborder le phénomène de la participation des groupes de pression et des représentants des usagers aux décisions prises en matière environnementale. Nous traiterons brièvement de la participation citoyenne ayant cours au Québec en matière environnementale, plus précisément dans le cadre des projets hydroélectriques d'Hydro-Québec. Il faut dire qu'à travers la *Loi sur la qualité de l'environnement*[606] « [...] le législateur [...] par la solennité de certaines dispositions et par l'octroi de règles procédurales, a consacré la participation du public »[607]. Bien que nous soyons conscients du fait que toutes les entreprises, qu'elles soient publiques ou privées sont assujetties à la *Loi sur la qualité de l'environnement*, nous trouvons qu'il est intéressant d'expliquer un aspect de son impact sur Hydro-Québec.

Pour Hydro-Québec, la participation publique permet de favoriser l'intégration sociale des projets en tenant compte des avis et des préoccupations du public dans le processus décisionnel[608]. C'est ainsi qu'elle ouvre

---

605. L. SIMARD, A. DUPUIS et L. BERNIER, *loc. cit.*, note 425, p. 315.
606. LRQ, c. Q-2, ci-après designée « *Loi sur la qualité de l'environnement* » ou « L.q.e. ».
607. *Bellefleur c. Québec (Procureur général)*, [1993] RJQ 2320 (CA), p. 2353.
608. BUREAU D'AUDIENCES PUBLIQUES SUR L'ENVIRONNEMENT, *La participation publique dans les projets de transport d'Hydro-Québec*, 2006, [En ligne] http://www.bape.gouv.qc.ca/sections/mandats/eole_carleton/documents/DB20-3.pdf (Page consultée le 1er janvier 2009) ;
Il est important d'adopter certaines attitudes afin de mettre en œuvre le processus de participation publique : la transparence, la confiance dans l'aptitude du public à comprendre les contraintes existantes et à contribuer à la recherche de solutions, les respect et l'ouverture d'esprit à l'égard des opinions et des avis exprimés par les divers publics, respect de ses engagements, prévention des conflits plutôt que confrontation – Patrick ARNAUD, « Hydro-Québec : 25 ans de participation publique », dans Louis SIMARD et *al.* (dir.), *Le débat public en apprentissage : aménagement et*

la porte à trois types de participation publique. Une démarche de participation publique volontaire est prévue pour la construction de lignes de moins de 120 kV. Une démarche de participation publique suivant des directives internes s'applique aux projets soumis en vertu de l'article 22 L.q.e. par exemple, pour les lignes de 120 kV à 315 kV. Certains projets, tels la construction des lignes de transport de 315 kV et plus, sont soumis à une démarche de participation publique obligatoire suivant l'article 31.3. L.q.e[609].

L'article 31.1. L.q.e., impose une procédure d'évaluation et d'examen des impacts sur l'environnement à divers types de projets de construction aux fins de l'obtention d'un certificat d'autorisation par le gouvernement. C'est ainsi qu'en vertu de l'article 31.3. L.q.e., suite à sa réception le ministre rend l'étude d'impact publique et indique à l'initiateur du projet d'entreprendre l'étape d'information et de consultations publiques prévue par règlement du gouvernement. Le règlement dont il est question est le *Règlement sur l'évaluation et l'examen des impacts sur l'environnement*[610] qui décrit de manière détaillée la procédure à suivre lors de l'étape d'information et de consultations publiques. Les *Règles de procédures relatives au déroulement des audiences publiques*[611] encadrent le processus au niveau procédural. L'étape d'information et de consultations publiques est un simple processus de consultation sans contrainte juridique pour le gouvernement sauf, son respect suivant la législation. En fait, il fournit une vision complémentaire au ministre afin de prendre sa décision qui sera soumise pour acceptation au gouvernement en vertu de l'article 31.5. L.q.e. En plus de ne pas avoir l'obligation de motiver sa décision, le gouvernement n'est pas lié par les résultats de la consultation publique. D'autant plus que le ministre peut demander des renseignements additionnels au responsable du projet à tout moment[612].

Malgré les critiques qui peuvent être formulées à l'égard de ce processus[613], nous croyons et nous espérons fortement que cet exemple servira d'impulsion afin d'intégrer des processus de participation active du public

---

environnement. Regards-croisés sur les expériences française et québécoise, Paris, L'Harmattan, 2006, p. 107, à la p. 107.

609. Règlement sur l'évaluation et l'examen des impacts sur l'environnement, RRQ, 1981, c. Q-2, r-9, art. 2 k).

610. *Id*, Section V.

611. RRQ, 1981, c. Q-2, r. 19.

612 Art. 31,4 l.q.e. ; *Bellefleur* c. *Québec (Procureur général)*, [1993] RJQ 2320 (CA), p. 2343.

613. Large pouvoir discrétionnaire du gouvernement, tardiveté de la consultation publique et demande en tout temps du ministre : Paule HALLEY et Aude TREMBLAY, « Participation publique et environnement au Québec : Accès à l'information, consultation et accès à la justice », dans *Contractualisation de l'action publique, participation des citoyens et développement durable*, Montpellier, Faculté de droit, 2007.

dans d'autres domaines. Ce type de démarche permet de connaître et de prendre en compte les besoins et les droits du citoyen-consommateur.

CHAPITRE II

DES MOTIFS RELATIFS AU MAINTIEN D'UN CONTRÔLE COLLECTIF

En tant qu'entité appartenant à l'État, l'entreprise publique est un instrument juridique collectif. Conséquemment, elle permet le maintien d'un contrôle collectif. Donc, nous identifierons les obligations de service public qui sont rattachées au maintien du contrôle collectif soit, le développement du lien d'appartenance ainsi que la conservation et l'utilisation des biens publics.

SECTION I
LE DÉVELOPPEMENT DU LIEN D'APPARTENANCE COLLECTIVE

De par son caractère collectif, l'entreprise publique joue un rôle dans le développement de la cohésion sociale, ou en d'autres mots, dans l'union de tous les citoyens d'un État autour d'un même objectif de société. C'est ainsi que nous traiterons plus spécifiquement du sentiment d'appartenance et de la contribution au développement économique.

1. Le sentiment d'appartenance à la collectivité

Le sentiment d'appartenance est une conséquence symbolique mais importante du développement de la cohésion sociale. En tant qu'entité collective, l'entreprise publique de service public renforce le sentiment d'appartenance dans le cœur de tous les citoyens d'un État. L'identité nationale s'en trouve dès lors renforcée. Nous ferons donc ici le lien entre le sentiment d'appartenance et l'entreprise publique de service public.

Nous traiterons de la valeur symbolique du sentiment d'appartenance et de son lien avec l'entreprise publique.

1.1. La valeur symbolique du sentiment d'appartenance

Le développement du sentiment d'appartenance est une finalité symbolique intrinsèquement liée aux activités de service public. Dissertant au sujet des finalités du service public, Renaud Denoix de Saint Marc s'attarde sur le sentiment d'appartenance au sujet duquel il écrit :

> D'autres finalités, enfin, sont de nature symbolique. Certains services en réseaux apportent à la cohésion sociale une contribution qui n'est pas d'ordre matériel : que le même timbre soit à apposer sur une lettre pour Paris ou pour Mende, pour Rome ou pour Leipzig, est un signe d'appartenance commune aussi important à l'échelle de l'Europe qu'à celle de la France.[614] (Nos soulignements)

L'identité culturelle d'un peuple constitue l'un des aspects de ce sentiment d'appartenance :

> Le service public demeure un facteur décisif de cohésion dans un monde malade de l'exclusion. [...] Au fil des ans et de l'évolution des techniques de communication de masse, il est même devenu un instrument irremplaçable de préservation de l'identité et du pluralisme culturels en Europe.[615]

De plus, l'affirmation de l'identité nationale fait partie des éléments symboliques dégagés à travers le sentiment d'appartenance.

Le sentiment d'appartenance sociale peut être développé par les prestations de service public. Le service public est au cœur de l'action publique en ce qu'il permet à la collectivité de s'affirmer et de se reconnaître à travers lui. Sans contredit, il « constitue [...] une de ces "questions sensibles", autour desquelles se joue la cohésion de la société »[616]. N'oublions pas que nous avons conclu précédemment que certaines entreprises publiques fournissaient un service public vu leur apport fondamental à la cohésion sociale. C'est dire à quel point cet aspect est important.

Léon Duguit, le père de la notion de service public français, considère aussi la cohésion sociale comme une visée primordiale du service public. À son avis, le service public est l'instrument de l'interdépendance sociale ou, autrement dit, de la cohésion sociale. Il renforce la solidarité nationale. Selon lui, il s'agit d'une conception ancrée dans une réflexion étatiste et

---

614. R. DENOIX DE SAINT MARC, *op. cit.* note 85, p. 45.
615. Jean-Pierre JOUYET, et Chantal MOMÈGE, « Les services publics en Europe : une chance ou une menace ? », *Le Monde*, 1er juin 1995, p. 16.
616. J. CHEVALLIER, *op. cit.*, note 32, p. 4.

nationale[617] plutôt qu'individualiste et personnalisée. Jean-Marie Pontier considère même le service public comme étant un élément de l'identité nationale[618]. Nous croyons aussi que l'entreprise publique, en ce qu'elle appartient à tous les citoyens collectivement, constitue l'un des éléments de l'identité nationale.

1.2. Sentiment d'appartenance et entreprise publique

Les entreprises publiques peuvent « [...] être porteurs d'intérêts collectifs à caractère culturel ou éducatif, comme les réseaux d'information ou de communications »[619]. Ainsi, plusieurs entreprises publiques du Québec et du Canada furent créées spécifiquement afin de renforcer le sentiment d'appartenance national et de construire le pays. Encore aujourd'hui, « [d] es sociétés d'État comme la Société Radio-Canada et la Société canadienne des postes, qui ont à la fois des objectifs de politiques publiques et des objectifs commerciaux, jouent un rôle essentiel dans la promotion de l'identité et de la connectivité du Canada »[620]. À cet égard, nous exposerons le cas de la Société Radio-Canada dont la loi constitutive est explicite en ce qui a trait à sa mission à caractère identitaire.

Lors de sa création en 1932, la Société Radio-Canada avait pour mission d'assurer des services de radiodiffusion et de réglementer ce secteur. Par la suite, cette mission s'est élargie afin d'assurer « [...] l'accessibilité de la radiodiffusion dans les deux langues officielles à tous les citoyens du pays et faire la promotion de la réalité canadienne. On craignait en effet à l'époque que les émissions américaines ne prennent le dessus sur la programmation canadienne »[621]. La loi constitutive de Radio-Canada est explicite au sujet du sentiment d'appartenance :

> **3.** (1) Il est déclaré que, dans le cadre de la politique canadienne de radiodiffusion :
>
> *a*) le système canadien de radiodiffusion doit être, effectivement, la propriété des Canadiens et sous leur contrôle ;
>
> *b*) le système canadien de radiodiffusion, composé d'éléments publics, privés et communautaires, utilise des fréquences qui sont du domaine public et offre, par sa programmation essentiellement en français et en

---

617. F. COLIN, *op. cit.*, note 64, p. 165.
618. J.-M. PONTIER, *loc. cit.*, note 346, p. 11.
619. Ch. STOFFAËS, *op. cit.*, note 42, p. 58.
620. GOUVERNEMENT DU CANADA, *Examen du cadre de gouvernance des sociétés d'État du Canada – Répondre aux attentes des Canadiennes et des Canadiens*, partie III, [En ligne] http://www.tbs-sct.gc.ca/report/rev-exa/gfcc-cgse_f. asp (Page consultée le 1er janvier 2009).
621. M. G. BÉDARD et L. BERNIER, *loc. cit.*, note 415, p. 53.

anglais, un service public essentiel pour le maintien et la valorisation de l'identité nationale et de la souveraineté culturelle [...].[622]

En plus, Radio-Canada soutient et valorise la culture du pays. Cette entreprise agit comme vecteur de l'identité culturelle du pays. À ce sujet, il importe de rappeler certaines particularités du Canada qui renforcent la nécessité d'avoir un diffuseur public. La proximité avec les États-Unis, le bilinguisme et la grandeur du territoire nous portent à croire que Radio-Canada est un instrument indispensable au développement du sentiment d'appartenance. De plus, l'article 3 (1) b) de la *Loi sur la radiodiffusion* prévoit que « [...] le système canadien de radiodiffusion, [...] offre, par sa programmation essentiellement en français et en anglais, un service public essentiel pour le maintien et la valorisation de l'identité nationale et de la souveraineté culturelle ».

Dans un discours prononcé le 20 mars 2003 le président de Radio-Canada indiquait que l'entreprise est axée sur le service à la population. De ce fait, elle est avant tout un service public. Offrant une couverture et une perspective canadiennes, elle renvoie aux Canadiens une image d'eux-mêmes et permet aussi la création d'émissions de télévision jadis rejetées par des réseaux privés[623].

En terminant, soulignons que nous constatons un lien entre service public et citoyenneté en ce que le service public permet la réalisation de divers droits.

2. La contribution au développement économique

L'entreprise publique de service public en tant que vecteur de la citoyenneté, contribue au développement économique d'un État. En fait, « [e]lles jouent encore un rôle important dans la structuration des secteurs d'activité névralgiques tels que la nouvelle économie et le développement des régions »[624]. Nous verrons pour quelles raisons l'entreprise publique de service public peut être qualifiée d'instrument de politique économique. Il ne faut pas négliger la notion de service public dans notre réflexion. C'est grâce à sa reconnaissance que nous pouvons affirmer que l'entreprise publique contribue au développement économique suivant l'intérêt des citoyens.

---

622. *Loi sur la radiodiffusion*, L.C. 1991, c. 11, ci-après désignée « *Loi sur la radiodiffusion* ».
623. Robert RABINOVITCH, CBC/Radio-Canada : un service public essentiel, discours, 20 mars 2003, [En ligne] http://www.cbc.radio-canada.ca/discours/20030320.shtml (Page consultée le 1er janvier 2009).
624. L. SIMARD, A. DUPUIS et L. BERNIER, *loc. cit.*, note 425, p. 312 et 313.

2.1. L'entreprise publique : instrument de politique économique

Selon nous, l'entreprise publique de service public est un instrument qui permet le déploiement de la politique économique de l'État. Cette situation est probablement due à son statut de SPIC. L'accord entre les finalités économique et sociale du SPIC, apparaît alors comme étant une condition primordiale au développement économique.

a) L'accord entre les finalités économique et sociale du SPIC

Comme nous l'avons expliqué précédemment, l'entreprise publique de service public appartient à la catégorie du SPIC dont la principale caractéristique est l'accomplissement d'une activité industrielle et commerciale. Cependant, contrairement aux entreprises privées traditionnelles, cette finalité coexiste avec la fourniture de prestations de service public aux citoyens dans le sens de l'intérêt général. C'est ainsi qu'il est possible d'affirmer que « [l]'État central intervient dans l'économie pour la stimuler, pour suppléer à la carence d'entreprises privées et aussi pour conserver au Canada la maîtrise de l'économie canadienne »[625].

La création d'une entreprise publique de service public dans le cadre de l'accomplissement de la politique économique de l'État a semblé être durant longtemps un moyen efficace d'optimiser le développement économique. Pierre Issalys et Denis Lemieux résument de façon juste les raisons ayant donné lieu à la création d'entreprises publiques canadiennes et québécoises sur la base du développement économique :

> Ainsi, selon le cas, la création d'entreprises publiques a répondu aux besoins suivants : optimiser le rendement d'un patrimoine financier public, tout en contribuant au financement des activités de l'État et du développement économique (Caisse de dépôt et placement, 1965) ; remédier aux lacunes et aux blocages du marché et des capitaux (Corporation de développement du Canada, 1971) [...] ; stabiliser un marché (Commission canadienne du blé, 1935) ; soutenir la PME (Société de financement agricole, 1993), les très grands projets (Sidbec, 1964), la reconversion économique régionale (Société de développement économique du Cap-Breton, 1967) ou l'industrie de pointe (Société Innovatech Québec et Chaudière-Appalache 1993) [...].[626]

Au-delà des considérations purement économiques, la création d'entreprises publiques peut aussi être justifiée par des considérations politiques et bureaucratiques. L'entreprise publique représente alors un moyen plus visible et

---

625. R. P. BARBE, *op. cit.*, note 107, p. 24.
626. P. ISSALYS et D. LEMIEUX, *op. cit.*, note 1, n° 6.24, p. 418.

plus grandiose que la réglementation ou la subvention afin d'assurer le développement économique d'un État[627].

Il ne faut pas perdre de vue que l'entreprise publique est appelée à fournir des services essentiels aux citoyens. Ainsi, « [a] vec le temps, les entreprises publiques sont donc devenues de puissants agents de développement dont le principal souci était l'intérêt public les activités commerciales et financières ayant pour unique but de mieux servir celui-ci »[628]. La mission de service public de l'entreprise publique constituant sa justification fondamentale, le développement économique en est une conséquence.

La prise en charge étatique du développement économique lui permet d'être « durable », et ce, car l'État tient compte « [...] de différentes externalités que, généralement le marché ignore [...] »[629]. Il ne s'agit pas ici de définir le concept de développement durable, mais seulement de souligner qu'il s'agit d'un concept en vertu duquel le développement économique doit se faire en tenant compte des besoins des générations futures sans pour autant sacrifier la génération actuelle. En Europe, l'objectif de développement économique durable fut intégré explicitement dans le Traité sur l'Union européenne : « L'Union se donne pour objectifs de promouvoir un progrès économique et social équilibré et durable [...] »[630]. Il est possible de se demander si cet objectif n'est pas contradictoire avec les actions de l'Union en matière de service public compte tenu notamment de l'incitation au démantèlement des entreprises nationales dans le cadre de la construction européenne. De même, le développement économique est consacré par le titre XVII du *Traité de Rome*.

b) L'entreprise publique comme agent de développement économique

Souvent,

> [...] le coup de pouce, quand ce n'est pas carrément la poussée de l'État, est nécessaire pour donner du souffle à l'économie [...]. Lorsque des pays en croissance entrent en compétition et menacent la survie d'entreprises d'ici, le gouvernement doit intervenir. Il doit élaborer avec les entreprises et les travailleurs des stratégies pour permettre au

627. Richard CARTER, « Les entreprises publiques : Pourquoi et pour qui ? », (1983) *Adm. Publ. Can.* 239, p. 251 et 252.
628. M. G. BÉDARD et L. BERNIER, *loc. cit.*, note 451, p. 51.
629. J.-P. COLSON, *op. cit.*, note 359, n° 103, p. 101.
630. *Traité de Maastricht sur l'Union européenne*, art. B, [En ligne] *http://eur-lex.europa.eu/fr/treaties/dat/11992M/htm/11992M.html#0001000001* (Page consultée le 1er janvier 2009), ci-après désigné « *Traité de Maastricht* ».

Québec de tirer son épingle du jeu. Il doit canaliser les énergies et donner une impulsion [631].

À l'instar des autres modes d'interventionnisme étatique, l'entreprise publique constitue un modèle avantageux aux fins du développement économique. Soulignons que « [...] l'entreprise publique apparaît de plus en plus, non seulement pour les pays sous-développés, mais également pour un grand nombre de pays capitalistes avancés (dont le Canada), comme un instrument privilégié de la croissance économique »[632].

Dans le cadre de l'accomplissement de ses activités d'instrument de développement économique, l'entreprise publique est intimement liée avec le secteur privé. Au Québec, l'entreprise publique fait partie de la catégorie des organismes décentralisés de l'État. Il semble que cette décentralisation administrative permette « [...] de rapprocher le régime juridique de l'entreprise publique de celui des entreprises privées concurrentes ou comparables »[633].

L'autonomie de l'entreprise publique lui permet de développer ses propres règles de gestion et ses propres objectifs. Elle jouit aussi d'une indépendance financière importante puisqu'elle s'autofinance essentiellement à partir de la tarification des services fournis aux citoyens. À titre d'analogie citons le cas des aéroports commerciaux américains. S'agissant d'un instrument de développement économique important et d'un grand employeur, les États-Unis refusent de privatiser leurs aéroports commerciaux, lesquels sont la propriété des États et des municipalités. Les revenus récoltés par ces aéroports doivent servir à leur développement et à leur fonctionnement[634]. Étant donné que l'entreprise publique recourt très peu au financement public, elle est à l'abri de la variation des politiques gouvernementales et fiscales de l'État. La diversification des sources de financement de l'entreprise publique s'impose aussi comme étant une condition à son indépendance financière. Par exemple, faire de l'exportation d'électricité un levier économique est une idée prometteuse rejetée par certains et promue par d'autres[635]. La situation monopolistique dans laquelle sont placées de nombreuses entreprises publiques représente une assurance de revenus. En effet, les citoyens n'ont pas le choix de faire affaire avec l'entreprise monopolistique.

---

631. Brigitte BRETON, « L'intervention libérale », *Le Soleil*, 21 février 2007, p. 26.
632. P. FAUCHER, *op. cit.*, note 364, p. 19 ; « Le rôle des entreprises publiques est tout à fait essentiel dans les pays en voie de développement car elles y représentent un atout primordial du décollage économique » – D. LINOTTE et R. ROMI, *op. cit.*, note 330, n° 425, p. 212.
633. P. ISSALYS et D. LEMIEUX, *op. cit.*, note 1, n° 6.24, p. 418.
634. Eric LESER, « Un service public que les États-Unis n'envisagent absolument pas de privatiser », *Le Monde*, 3 juin 2005, p. 18.
635. Au sujet d'une demande de licence d'exportation : *Québec (Procureur général) c. Canada (Office nationale de l'énergie)*, [1994] 1 RCS 159.

Tel que vu précédemment, l'entreprise publique jouit de privilèges et de prérogatives liés à son statut public. Ce statut la met à l'abri de poursuites, de l'imposition de diverses taxes et lui permet de jouir du domaine public. Elle a aussi la possibilité d'emprunter auprès du gouvernement à des taux préférentiels.

Bien que cette affirmation soit plus fortement applicable à certaines d'entre-elles, selon nous toutes les entreprises publiques ont directement ou non une finalité de développement économique. Au Québec, il s'agit de l'objet principal de la SGF qui intervient dans des prises de participation avec des grandes entreprises et qui offre du capital afin de soutenir des entreprises privées. Elle vise une rentabilité maximale des sommes investies. L'article 4 de sa loi constitutive prévoit qu'elle a pour objet de réaliser, en collaboration avec des partenaires et à des conditions de rentabilité normales, des projets de développement économique, notamment dans le secteur industriel, en conformité avec la politique de développement économique du gouvernement.

Lors de sa création, en 1962, la SGF était une société à capital mixte public et privé. Afin d'assurer un meilleur équilibre entre le développement économique et la rentabilité, l'État est devenu son unique actionnaire en 1972[636], faisant d'elle une entreprise publique à part entière. Lors de la deuxième lecture du projet de loi le ministre de l'Industrie et du Commerce a énoncé en ces termes la nécessité de s'approprier entièrement le capital de la SGF : « [...] ces administrateurs ont toujours été tiraillés entre ces deux objectifs qui sont presque contradictoires : d'une part, créer des entreprises, sauver les entreprises en difficulté, assurer leur développement régional, et d'autre part, tenter d'attirer l'épargne des Québécois afin d'être capable de redonner des dividendes sous forme de capital investi [...] ». Il ajoute plus loin, « [...] nous allons espérer [...] retrouver l'association avec le secteur privé au niveau des filiales de la SGF, là où la rentabilité est précise, là où l'objectif n'est pas flou, n'est pas une accumulation d'initiatives, mais là où il est circonscrit par les buts mêmes de l'entreprise »[637]. De nos jours, nous pouvons lire dans le *Rapport du groupe de travail sur le rôle de l'État québécois dans le capital de risque* qui fut présenté au ministre du Développement économique et régional en 2003 que :

> Après examen des divers scénarios possibles, le groupe de travail écarte celui de la privatisation de la SGF. En effet, la mise en œuvre d'un tel scénario priverait le Québec d'un outil de développement économique

---

636. *Loi sur la société générale de financement du Québec*, L.Q. 1972, c. 52. Il s'agissait à l'origine du projet de loi n° 75.

637. ASSEMBLÉE NATIONALE DU QUÉBEC, *Débats parlementaires*, 15 décembre 1972, p. 3271 et 3274.

> important, outil dont plusieurs pays ont d'ailleurs cru bon de se doter.[638]

Ces citations nous font prendre conscience de l'importance de la SGF en tant qu'entreprise publique pilier du développement économique québécois.

Succédant en 1998 à la Société de développement industriel du Québec[639], la Société Investissement Québec participe aussi activement au développement économique du Québec en consentant des prêts et des garanties dans de courts délais aux petites et moyennes entreprises. L'article 25 de la *Loi sur Investissement-Québec et sur la Financière du Québec* indique ses différents rôles :

> La société a pour mission de favoriser la croissance de l'investissement au Québec, contribuant ainsi au développement économique du Québec et à la création d'emplois.
>
> Elle centralise et consolide l'action de l'État en matière de recherche, de promotion et de soutien de l'investissement, devenant en ce domaine l'interlocuteur privilégié des entreprises.
>
> Elle cherche à la fois à stimuler l'investissement intérieur et à attirer les investisseurs de l'extérieur du Québec. Elle fait auprès de ceux-ci la promotion du Québec comme lieu privilégié d'investissement. Elle offre aux investisseurs des services d'accueil propres à les orienter efficacement dans leurs démarches auprès du gouvernement et leur fournit, directement ou par l'entremise de ses filiales, un soutien financier et technique.
>
> Elle participe à la croissance des entreprises en favorisant notamment la recherche et le développement ainsi que l'exportation.
>
> Elle cherche également à assurer la conservation des investissements déjà effectués en apportant, directement ou par l'entremise de ses filiales, un soutien financier et technique aux entreprises implantées au Québec qui se distinguent par leur dynamisme ou leur potentiel.[640]

À la lecture de cet article nous constatons que la Société Investissement-Québec est chargée d'un rôle majeur dans le développement économique du Québec. Elle favorise la croissance, soutient les entreprises et l'exportation en plus d'encadrer les investissements étrangers.

---

638. Pierre BRUNET (dir.) Rapport du groupe de travail sur le rôle de l'État québécois dans le capital de risque, Québec, Bibliothèque nationale du Québec, 2003, p. 23, [En ligne] http://www.mdeie.gouv.qc.ca/mdercontent/000021780000/upload/publications/pdf/Entreprises/economie/Interieur_francais. pdf (Page consultée 1er janvier 2009).

639. *Loi sur Investissement-Québec et sur la financière du Québec*, LRQ c. I-16.1, art. 1, ci-après désignée « *Loi sur Investissement-Québec et sur la financière du Québec* ».

640. *Id.*, art. 25.

À l'aide de son entreprise publique d'électricité, Terre-Neuve débutera en 2009 la construction du complexe hydroélectrique de Lower Churchill, ce qui assurera son développement économique. La province a même l'intention d'exporter son électricité à l'aide d'une ligne de transport sous-marine. Autrefois peu nantie, cette province canadienne a probablement un bel avenir devant elle[641].

L'entreprise publique constitue donc selon nous un outil qui permet de favoriser le développement économique d'un État.

2.2. L'apport de l'intervention de l'État dans le développement économique

L'intervention de l'État dans l'économie peut servir à soutenir le secteur privé, favoriser la création d'emplois, développer les régions, assurer le financement d'activités spécifiques en plus de stimuler la recherche et l'innovation. C'est ainsi que nous illustrerons ici que le développement économique est favorisé par l'action de l'État et de ses entreprises.

a) Soutien au secteur privé

Le soutien au secteur privé comprend deux aspects : le soutien aux entreprises en difficulté et le soutien au développement d'un secteur.

Le soutien aux entreprises en difficulté constitue une justification au maintien de la participation de l'État dans le développement économique. Nous ne sommes pas les seuls à chercher un moyen de réhabiliter l'entreprise publique. Pour preuve, l'homme politique français Dominique Strauss-Kahn défendait la théorie des « nationalisations temporaires » qui veut que l'État intervienne temporairement afin de soutenir une entreprise privée stratégique en difficulté financière. Selon lui, l'application de cette théorie assurerait la protection de grandes entreprises françaises. Il existe certes des partisans à cette idée, mais aussi des opposants qui voient d'un mauvais œil le retour de l'État au sein des entreprises. Ces derniers invoquent l'illogisme d'un tel procédé à l'époque actuelle d'ouverture des marchés et de privatisation. Cette théorie d'intervention temporaire de l'État n'est pas dénuée de tout intérêt. Elle exprime le désir de conserver l'entreprise publique de service public, tel que nous le défendons dans notre thèse.

Afin d'accomplir leur mission, le gouvernement québécois ainsi que plusieurs de ses organismes, dont des entreprises publiques, font l'acquisition

---

641. Shawn McCarthy, « Nfld. throws down gauntlet on energy », *The globe and mail*, 5 juin 2007, p. A-1 ; Jo ë l-Denis Bellavance, « Lower Churchill : Terre-Neuve procèdera avec ou sans Hydro », LaPresseAffaires. com, 15 juin 2007.

de biens et de services auprès de fournisseurs. Dans le cadre de ce processus appelé « marchés publics » et pour lequel une politique d'application est définie[642], le gouvernement québécois soutient les entreprises québécoises. L'article 3 de la politique prévoit que les marchés sont ouverts seulement aux produits, services et fournisseurs ayant pour origine le Québec, sauf si cela entraîne la réduction de la concurrence ou est interdit par les accords de libéralisation des marchés publics. Nous pouvons lire à l'article 6 de la politique que « [...] les administrations veillent à ce que leurs marchés contribuent au développement économique du Québec et de ses régions et favorisent l'utilisation des technologies québécoises ». Il s'agit d'une orientation fondamentale de la politique d'achat. En plus d'appliquer la politique gouvernementale, Hydro-Québec a adopté sa propre politique d'achat en vertu de laquelle elle s'engage à privilégier le recours aux entreprises québécoises tout en assurant une saine concurrence et à utiliser son pouvoir d'achat pour favoriser le maintien et le développement de l'infrastructure industrielle du Québec et ce, afin de maximiser les retombées économiques au Québec[643]. Si les entreprises publiques étaient privatisées, elles ne seraient plus assujetties aux obligations découlant des politiques d'achat.

Dans la poursuite d'un objectif de stimulation de secteurs économiques spécifiques, les gouvernements mettent sur pied divers programmes gouvernementaux servant à stimuler la recherche et l'innovation. À cet égard, l'État peut être appelé à financer des secteurs nécessaires au développement économique. Hydro-Québec finance indirectement le secteur de l'énergie éolienne en garantissant aux producteurs privés l'achat d'importants blocs d'énergie éolienne[644].

Prenons le cas de British Energy, dont nous avons parlé plus tôt. Après sa privatisation, les problèmes financiers ont notamment fait surface étant donné le coût élevé des investissements nécessaires en matière d'électricité. De plus, la libéralisation du secteur a fait entrer divers acteurs étrangers sur le marché. Au bord de la faillite, British Energy s'est tournée vers l'État afin d'obtenir l'aide nécessaire. L'État a alors restructuré l'entreprise et l'a renationalisée suivant les conditions de la Commission européenne[645].

---

642. GOUVERNEMENT DU QUÉBEC, *Politique sur les marchés publics*, 2001, [En ligne] http://www.tresor.gouv.qc.ca/fr/publications/marche/acheteur/politique_01.pdf (Page consultée le 1er janvier 2009).
643. HYDRO-QUÉBEC, *Nos acquisitions de biens meubles et de services*, [En ligne] http://www.hydroquebec.com/soumissionnez/pdf/brochure.pdf (Page consultée le 1er janvier 2009).
644. HYDRO-QUÉBEC, *Rapport sur le développement durable 2006*, p. 14, [En ligne] http://www.hydroquebec.com/soumissionnez/pdf/brochure.pdf (Page consultée le 1er janvier 2009).
645. Conditions : Création de trois filiales pour séparer les activités de British Energy, interdiction d'accroître les capacités de production de British Energy dans l'Union

b) Développement régional

Le développement régional est une conséquence fort importante de l'interventionnisme public. Plus précisément, « [l]'entreprise publique peut être amenée à décentraliser ses activités dans les régions périphériques d'une économie afin d'inciter la création de pôles de croissance »[646]. Il est évident que le choix de la région à favoriser est entaché d'une certaine discrimination[647]. Malgré tout, cette apparence de dérogation au principe d'égalité propre au service public peut être avantageuse puisque le développement s'étend au-delà de la région favorisée. Par exemple, il pourrait être nécessaire d'

> [...] ouvrir le débat sur la nationalisation de l'énergie du vent, dont le développement se fait [...] au profit des grandes sociétés de l'extérieur du Québec. Loin de stimuler l'économie des régions, l'érection des parcs éoliens profite aux industriels de l'Ontario, de l'Ouest canadien et des États-Unis.[648]

Ainsi, dans le cas d'entreprises québécoises il est préférable de favoriser les régions de la province. Certaines régions sont dotées de ressources naturelles, intellectuelles ou industrielles spécifiques dont il importe d'encourager l'exploitation et l'expansion. Nous pensons notamment au déménagement à Val-d'Or de la Société québécoise d'exploitation minière en 2006[649]. Le créneau propre à cette région étant l'exploitation minière, il est logique d'y rassembler les pôles et les acteurs propres à ce domaine en vue d'en favoriser le développement, et ce pour le bien de toute la province selon nous.

Au Québec, les Sociétés Innovatech ont été créées afin de favoriser le développement régional en matière technologique[650]. Plus précisément, en 1998, le gouvernement québécois a créé la Société Innovatech Régions ressources dont la mission principale est de promouvoir et de soutenir les initiatives propres à accroître la capacité d'innovation technologique sur des territoires précisés et à améliorer ainsi la compétitivité et la croissance

---

européenne pendant six ans et interdiction de pratiquer des prix inférieurs à ceux de ses concurrents sur les ventes directes aux consommateurs professionnels.

646. P. FAUCHER, *op. cit.*, note 364, p. 18.
647. *Id.*, p. 21.
648. (Auteur inconnu), « Les municipalités souhaitent la nationalisation de l'énergie éolienne », *Le Soleil*, 13 janvier 2007, p. 26.
649. Édith CLOUTIER et Johanne JEAN « Le déménagement de la SOQUEM : logique ! », *Le Soleil*, 11 décembre 2006, p. 19.
650. *Loi sur la Société Innovatech du Grand Montréal*, LRQ, c. S-17.2.0.1, art. 19 ; *Loi sur la Société Innovatech du sud du Québec*, LRQ, c. S-17.2.2, art. 19 ; *Loi sur la Société Innovatech Québec et Chaudière-Appalaches*, LRQ, c. S-17.4, art. 19.

économique du Québec[651]. Compte tenu que cette société dessert des régions très éloignées, elle se démarque des autres Sociétés Innovatech. En effet,

> [...] l'absence en région des masses critiques requises pour œuvrer efficacement dans les secteurs des sciences de la santé et des technologies de l'information, l'a [...] portée à concentrer ses activités dans des domaines plus apparentés à la modernisation d'entreprises des secteurs traditionnels (technologies industrielles). Elle partage ce segment de marché avec un nombre significatif de joueurs privés.[652]

En décembre 2007, la centrale hydroélectrique Péribonka a été mise en service au nord du Québec. Il s'agit de l'une des plus importantes centrales d'Hydro-Québec. Selon le gouvernement québécois, elle permettra le développement économique de ce territoire notamment occupé par des Montagnais, un groupe d'autochtones. Les retombées économiques pour la région sont évaluées à plus de 500 millions $[653].

La création d'emplois représente une autre manifestation importante du développement économique assuré par l'entreprise publique investie d'une mission de service public. Néanmoins, spécifions que la création d'emplois continue à être traitée « [...] le plus souvent, soit comme une résultante des orientations stratégiques de déploiement [...], soit comme la variable sur laquelle il est le plus aisé d'agir dans la course à la rentabilité »[654]. Nous croyons donc que, sans représenter un objectif de premier plan de l'État prestataire de service public, la création d'emplois est une conséquence intrinsèquement liée au développement économique de l'État. À ce titre, Hydro-Québec fournit des emplois aux communautés autochtones lorsqu'elle développe des infrastructures hydroélectriques dans le Grand-Nord québécois. En Angleterre, suite à la privatisation et à la déréglementation du secteur de l'électricité le nombre d'emplois est passé de 146 219 à 91 792 en 1998. Cela s'explique par le recours important à la sous-traitance[655].

---

651. *Loi sur la Société Innovatech régions ressources*, LRQ, c. S-17.5, art. 19.
652. P. BRUNET (dir.), *op. cit.*, note 638, p. 37.
653. Jocelyne RICHER, « Inauguration de la centrale Péribonka », *Le Soleil*, 11 décembre 2007, p. 43.
654. P. BAUBY et J.-C. BOUAL, *loc. cit.*, note 561, p. 203.
655. M. POIRIER, *loc. cit.*, note 166, p. 226.

SECTION II
LA CONSERVATION ET L'UTILISATION DES BIENS PUBLICS

Traiter de la question du démantèlement de l'entreprise publique, suppose que nous exposions les liens juridiques entretenus entre l'entité et les biens publics. Nous entendons démontrer que le recours à l'entreprise publique a des conséquences positives sur l'utilisation des biens publics. Nous avons décidé de discuter de cette affirmation sous deux angles. D'abord, nous étudierons les impacts de l'entreprise publique en tant que propriété collective, pour ensuite porter notre attention sur l'entreprise publique en tant qu'utilisatrice de biens publics. Nous aborderons donc l'utilisation des biens publics d'un point de vue interne et aussi d'un point de vue externe à l'entité. C'est à partir de ces deux points de vue que la mutation de l'entité doit être envisagée.

La notion de propriété collective regroupe tant d'éléments, qu'il s'avérerait fastidieux de la présenter de manière exhaustive et détaillée. Nous comptons plutôt nous attarder à la propriété collective en présentant certains biens publics liés à la prestation d'un service public par une entreprise publique et les manifestations de cette propriété collective.

1. L'entreprise publique en tant que propriété collective

En nous situant d'un point de vue interne à l'entreprise publique, nous constatons que celle-ci appartient à la collectivité. Mais que signifie l'expression « propriété collective » ? C'est ce que nous verrons dans les pages qui vont suivre, pour ensuite nous pencher plus précisément sur le fait que l'entreprise publique appartient à tous les citoyens.

1.1. La description des biens publics

L'entreprise publique est un bien public en ce qu'elle appartient à la collectivité. La notion de « bien public » recouvre une vaste gamme de réalités qui ont toutes en commun l'appartenance à la collectivité par le biais de l'État. Nous verrons ce qui peut être considéré comme étant un bien public à l'aide d'exemples ainsi que les manifestations de la propriété collective.

a) Qu'est-ce qu'un bien public ?

Selon nous, le bien public fait partie du domaine public, son utilisation profite à l'ensemble des citoyens qui le financent. La juge Rousseau-Houle dans l'affaire *Québec (Procureur général)* c. *Villeneuve* a spécifié que « [d] ans le système juridique canadien, le droit de propriété de l'État s'étend aux biens qui ne sont pas de propriété privée : c'est ce qu'on appelle le domaine public qui comprend l'ensemble des biens meubles et immeubles appartenant à l'État »[656]. La Couronne, entendue ici comme étant les gouvernements fédéral et provinciaux, est titulaire du domaine de l'État.

La notion de bien public est à l'opposé de celle de bien privé. Conséquemment, « [l] e monde des biens se divise alors en deux types : les biens consommés par un individu et un seul – les biens privés –, et les biens consommés par l'ensemble de la communauté, chacun disposant de la même quantité – les biens collectifs purs [...] »[657]. Les biens collectifs purs sont financés à même les impôts payés par les citoyens. Il peut s'agir par exemple de l'éclairage des rues, de la justice, de la signalisation routière ou de la défense nationale[658].

Une catégorie intermédiaire, dont font majoritairement partie les biens des services industriels et commerciaux, se glisse entre celle des biens privés et celle des biens collectifs purs. Il s'agit de la catégorie des *biens de club* « [...] dont la consommation collective est en principe refusée à certains usagers [...] »[659]. Ils ne sont pas financés seulement par des prélèvements fiscaux, mais aussi par les usagers selon leur utilisation. Cela nous rappelle bien sûr une caractéristique propre à la catégorie du service public industriel et commercial ! Il est en effet possible de lier les biens de club aux prestations de service public. Ainsi, les biens collectifs purs ne sont pas les seuls dont bénéficient les citoyens. D'ailleurs nous les retrouvons en moins grande quantité que les biens de club[660].

La consommation des biens de club est souvent considérée comme étant facultative. Nous croyons que cette indication devrait être nuancée en ce qui a trait à certains biens de club tel l'électricité et l'école. Il serait plus adéquat de considérer que ces services ne s'imposent pas de fait aux citoyens. Ils doivent plutôt faire l'objet d'un contrat entre les parties, tel un abonnement ou une inscription spécifique. L'utilisation du terme « facultatif » ne représente donc pas tout à fait la réalité. Les biens publics purs sont ceux pour lesquels il n'y a pas d'exclusion d'usage et qui impliquent une consommation automatique par tous les membres de la collectivité[661]. Les services et les biens fournis par les entreprises publiques peuvent être présentés comme étant tantôt des biens collectifs mixtes

---

656. *Québec (Procureur général)* c. *Villeneuve*, [1996] RJQ 2199 (CA), p. 2214.
657. François LÉVÊQUE, « Concepts économiques et conceptions juridiques de la notion de service public », dans Thierry KIRAT et Evelyn SERVERIN, *Le droit dans l'action économique*, CNRS Éditions, 2000, p. 179, à la p. 187.
658. Claude PONDAVEN, « Fondements économiques de l'intervention publique », dans UNIVERSITÉ PANTHÉON-ASSAS/PARIS-II, *Clés pour le siècle*, Paris, Dalloz, 2000, p. 671, à la p. 691.
659. F. MODERNE, *loc. cit.*, note 31, p. 14.
660. F. LÉVÊQUE, *loc. cit.*, note 657, p. 188.
661. C. PONDAVEN, *loc. cit.*, note 658, p. 690.

(transports collectifs, ports), tantôt comme étant des biens sous tutelle (téléphone, postes) lesquels sont « [d] es biens collectifs en raison de la décision politique qui oriente leur consommation »[662].

Le *Code civil du Québec* contient des dispositions relatives aux biens publics. Plus particulièrement, son article 915 précise que les biens appartiennent aux personnes ou à l'État. Il s'agit là d'une distinction entre les biens publics et les biens privés. L'article 918 C.c.Q. spécifie que les parties de territoire qui n'appartiennent à personne, sont la propriété de l'État et font partie de son domaine. L'article 919 ajoute que les lits des lacs et des cours d'eau sont, suivant certaines conditions, la propriété de l'État. C'est ainsi qu'en vertu de l'article 916, al. 2, nul ne peut s'approprier les biens de l'État et ceux des personnes morales de droit public affectés à l'utilité publique. Donc, suivant le *Code civil du Québec*, les biens qui constituent la propriété de l'État « [...] peuvent être divisés en deux grandes catégories : les biens publics naturels, eaux et terres, et les biens publics artificiels servant à offrir des services à la collectivité ou destinés à l'usage de l'Administration »[663].

b) Exemples de biens publics

Les biens publics sont de divers types. Il peut s'agir notamment de terres, de forêts, de ressources hydriques, de voies de communication terrestres et maritimes ou d'immeubles et d'ouvrages immobiliers[664].

La jurisprudence fournit divers exemples de biens publics. Les faits de l'arrêt *ATCO Gas & Pipelines Ltd.* c. *Alberta (Energy & Utilities Board)*[665] se résument comme suit : l'une des filiales de l'entreprise privée de service public ATCO a demandé à la Commission de l'énergie de l'Ontario l'autorisation de vendre des bâtiments et un terrain situés à Calgary étant donné qu'ils ne servaient plus à fournir une prestation de service public. L'une des questions soulevée dans cet arrêt consiste à se demander si ce terrain et ces bâtiments pouvaient être considérés comme étant des biens publics au temps où ils servaient à la prestation d'un service public ? La Cour ne répond pas à cette question. Pour notre part, nous y répondons négativement compte tenu que l'entreprise jouissait des bâtiments et du terrain dans la fourniture de ses prestations de service public. Dans ces circonstances, les biens utilisés par l'entreprise privée sont affectés à un service public.

---

662. *Id.*
663 *Québec (Procureur général)* c. *Villeneuve*, [1996] RJQ 2199 (CA), p. 2214.
664. Pierre LABRECQUE, « Le droit applicable au domaine public québécois », dans CONFÉRENCE DES JURISTES DE L'ÉTAT, *Actes de la XIVe Conférence des juristes de l'État*, Cowansville, Éditions Yvon Blais, 2000, p. 195, aux p. 214 et 215.
665. [2006] 1 RCS 140.

Dans l'affaire *Québec (Procureur général)* c. *Bertrand,* la Cour supérieure a jugé non fondée l'action en recouvrement entreprise par le Procureur général en lieu et place d'Hydro-Québec. Malgré le fait que les biens possédés par Hydro-Québec appartiennent à la Couronne en vertu de l'article 3.1.2 de la *Loi sur Hydro-Québec,* la Cour supérieure a jugé qu'aucune disposition législative ne permettait à la Couronne d'agir en lieu et place d'Hydro-Québec dans le cadre d'une poursuite judiciaire. Au Québec, « [l] a jurisprudence et la doctrine sont unanimes pour qualifier de “meubles” les actions en justice qui ont pour objet des recouvrements de créances ou des redditions de comptes »[666]. Il semble donc que l'action en justice qu'aurait pu intenter Hydro-Québec contre Bertrand fasse partie de l'ensemble des biens publics. Dans le même sens, il fut jugé dans l'affaire *Québec (Procureur général)* c. *Villeneuve* que le produit des contributions d'assurances amassées par la Société de l'assurance automobile du Québec « [...] font nécessairement partie du domaine public, au sens strict du terme, et qu'ils sont donc la propriété de l'État »[667]. De plus, la Cour suprême a déjà décidé que les actions possédées par la Caisse de dépôt et de placement du Québec sont des biens publics[668]. Ces décisions, nous permettent de constater que la notion de bien public recouvre de multiples réalités.

c) Les manifestations de la propriété publique

La propriété publique se manifeste de diverses manières. Nous avons choisi de traiter de l'expropriation comme principale manifestation de la propriété collective puisque cette forme d'acquisition touche particulièrement les citoyens et les activités des entreprises publiques.

Au Québec, l'expropriation est régie par la *Loi sur l'expropriation*[669]. Sans entrer dans les détails de cette matière fort technique, nous pouvons dire que l'expropriation permet à l'État de développer ses infrastructures assurant ainsi une prestation de service public aux citoyens. Ainsi, en tant qu'entité publique l'entreprise publique peut, lorsqu'elle en est habilitée, exproprier un terrain dans l'intérêt général. Par exemple, avec l'autorisation du gouvernement et en vertu de l'article 33 (3) de sa loi constitutive, Hydro-Québec peut acquérir par voie d'expropriation toutes les forces hydrauliques non exploitées ; tous les immeubles, servitudes ou constructions requis pour l'exploitation des forces hydrauliques qu'elle détient ou pour la production, la transmission ou la distribution d'énergie ainsi que tous les immeubles requis pour la construction de chemins destinés à donner accès à ses usines

666. [1997] RJQ 487 (CS), p. 489.
667. [1996] RJQ 2199 (CA), p. 2207 et 2208.
668. *Sparling* c. *Québec (Caisse de dépôt et de placement du Québec)*, [1988] 2 RCS 1015, p. 1024 et 1025.
669. LRQ, c. E-24.

ou à remplacer des chemins rendus inutilisables par ses travaux. Cependant, l'autorisation du Parlement est requise pour l'expropriation d'une force hydraulique aménagée de plus de deux cents chevaux et des immeubles requis pour son exploitation et pour la production, la transmission ou la distribution de l'énergie en provenant. De même, l'article 15 de la *Loi sur la Société des traversiers* indique qu'elle peut acquérir par voie d'expropriation tout immeuble, partie d'immeuble ou droit réel dont elle a besoin pour la réalisation de ses objets, cela avec l'autorisation du gouvernement.

La décision de la Compagnie des Chemins de fer nationaux du Canada à l'effet d'exproprier une partie du territoire de la Ville de Lévis est le point de départ de l'affaire *Lévis (Ville de)* c. *Compagnie des chemins de fer nationaux du Canada*[670]. S'agissant d'une compagnie de service public fédérale, elle tire son pouvoir d'exproprier avec l'autorisation du gouvernement fédéral de la *Loi sur l'expropriation*[671] fédérale. De même, dans la décision *Société Asbestos c. Société nationale de l'amiante*, la Cour d'appel jugea que le gouvernement du Québec pouvait devenir propriétaire des ressources naturelles retrouvées sur son territoire à la suite d'un processus d'expropriation des actifs d'une entreprise publique fédérale[672].

Dans l'affaire *Société Asbestos* c. *Société nationale de l'amiante*[673], la Cour d'appel du Québec a conclu que la Société nationale de l'amiante, en tant qu'entreprise publique provinciale avait le pouvoir de prendre en main les biens d'une entreprise fédérale qui exerce à l'extérieur de la province un pouvoir ressortissant de sa juridiction en matière de fibre d'amiante. Le gouvernement du Québec a le droit de devenir propriétaire de l'amiante, qui est une ressource naturelle, par expropriation pour le compte de la Société nationale de l'amiante. Il ne s'agit pas d'une réglementation du commerce extra-provincial de la fibre d'amiante, ce qui demeure de compétence fédérale.

1.2. La propriété publique de l'entreprise publique

Nous abordons ici la question de la propriété publique de l'entreprise publique, c'est-à-dire de son appartenance à l'État. Ce caractère fondamental de l'entreprise *publique* limite son démantèlement. À cet égard, « [s] euls les objectifs sociaux impossibles à atteindre assez rapidement par le laisser-faire ou la seule réglementation des entreprises privées permettent aux gouvernements de justifier politiquement le bien-fondé de

---

670. JE 95-226 (CS).
671. LRC (1985), c. E-21.
672. *Société Asbestos* c. *Société nationale de l'amiante*, [1981] CA 43, p. 13 à 16 du jugement intégral.
673. [1981] CA 43.

la propriété d'un organisme d'intérêt public »[674]. Nous verrons que la propriété publique de l'entreprise publique se perçoit sous différents angles.

a) L'entreprise publique, propriété de l'État

Ramenée à sa plus simple expression, la propriété collective de l'entreprise publique signifie que l'État en est propriétaire. Concrètement, le capital de l'entreprise publique appartient en tout ou en partie à l'État. Cette deuxième option faisant partie de ce que nous appelons la mutation de l'entité, nous traitons ici du premier cas qui est celui de l'entreprise publique dont le capital appartient totalement à l'État. De plus, nous verrons en deuxième partie que divers points de vue s'entrecroisent au sujet de la propriété publique de l'entreprise publique à capitaux mixtes. Dans le cas d'une entreprise publique propriété entière de l'État, la loi constitutive prévoit que le capital-actions de l'entreprise fait partie du domaine de l'État et qu'il est attribué au ministre des Finances[675].

La privatisation d'une entreprise publique est parfois apparentée à une vente des « bijoux de famille »[676]. Cette expression illustre parfaitement l'attachement de l'État envers ses entreprises. D'ailleurs, l'aliéna 9 du Préambule de la *Constitution française de 1946* ne prévoit-il pas que « [t] out bien, toute entreprise dont l'exploitation a ou acquiert les caractères d'un service public national ou d'un monopole de fait doit devenir la propriété de la collectivité » ? Cet article exprime une limite au démantèlement de l'entreprise publique cependant, actuellement cette limite tend à être occultée par la poursuite de la construction de l'Union européenne et de ses politiques de libéralisation[677]. Le législateur français dispose d'une marge de manœuvre importante à l'égard des privatisations qui doivent être prévues de manière législative. De plus, « [...] la

---

674. R. LANOUX et L. BERNIER, *op. cit.*, note 487, p. 16 ; CE, 30 mai 1930, *Chambre syndicale du commerce en détail de Nevers*, Rec. CE, p. 583 ; S. 1931.3.73, concl. JOSSE : Le Conseil d'État jugea que les conseils municipaux ne peuvent ériger des entreprises ayant un caractère commercial que si, en raison des circonstances particulières de temps et de lieu, un intérêt public justifie leur intervention en cette matière.

675. Par exemple : *Loi sur Hydro-Québec*, art. 3.3 ; *Loi sur la Société des alcools*, art. 6 ; *Loi sur la Société des traversiers*, art. 5 ; *Loi sur la Société générale de financement*, art. 7 ; *Loi sur la Société canadienne des postes*, art. 27.2 ; *Québec (Procureur général)* c. *Bertrand*, [1997] RJQ 487 (CS), p. 490.

676. Pierre GUISLAIN et Michel KERF, *Les privatisations : un défi stratégique, juridique et institutionnel*, Bruxelles de Boeck, 1995, p. 210.

677. G. MARCOU, loc. cit., note 462, p. 192 ; Cons. constit., 2006-543 DC, 30 novembre 2006, Loi relative au secteur de l'énergie, AJDA 2007.192, comm. G. MARCOU.

présence même d'un service public national reste très largement tributaire de la volonté du législateur »[678].

b) La nature des biens de l'entreprise publique

Dans l'affaire *Québec (Procureur général)* c. *Villeneuve* la juge Rousseau-Houle de la Cour d'appel a spécifié que « [l] orsque l'État crée une entreprise publique, il définit cette entité [...] par l'attribution d'un patrimoine ou d'un ensemble de biens »[679]. Cette caractéristique d'attribution des biens au domaine public nous permet de constater la propriété étatique d'une entreprise publique.

Cependant, l'entreprise publique n'est pas propriétaire des biens mis à sa disposition Elle en a plutôt la possession, tel que le prescrit, par exemple, l'article 3.1.2. de la *Loi sur Hydro-Québec* : « La Société a le pouvoir de posséder des biens ; ce pouvoir n'est pas limité. Les biens possédés par la Société sont la propriété de l'État [...] ». L'État met ses biens meubles et immeubles à la disposition de ses entreprises tout en s'en réservant la propriété[680]. Malgré tout, même si l'entreprise publique était propriétaire des biens possédés, ces derniers demeureraient à part entière de nature publique. De même, les biens que l'entreprise publique acquiert au fil de ses activités, sont rattachés au domaine public[681]. Le droit de propriété de l'État sur les biens d'une entreprise de service public a aussi fait l'objet de la décision *Cloutier c. Compagnie des chemins de fer nationaux du Canada (Canadien National)*[682]. Des citoyens avaient cédé leurs terrains à une entreprise privée dans le but de construire une ligne de transport ferroviaire. Quelques années plus tard, l'État a acquis l'entreprise privée. Arguant une condition résolutoire suivant laquelle les terrains cédés appartenaient à l'entreprise privée tant que celle-ci opérait une ligne ferroviaire, les citoyens réclamèrent, sans succès, un droit de retour sur les parcelles de terrains étant donné la fin des activités de l'entreprise privée. La Cour décida que par l'effet de l'expropriation, les droits reliés aux terrains des chemins de fer furent bel et bien transférés de manière absolue au gouvernement. De plus, dans la décision *Bas-Richelieu (Municipalité régionale de comté du)* c. *Union des producteurs agricoles et al.*, la Cour d'appel précise que l'entreprise privée Canadien National possède des emprises ferroviaires (voies ferrées) déclarées être à

---

678. Nicolas THIRION, « Existe-t-il des limites juridiques à la privatisation des entreprises publiques ? », *Rev. int. dr. écon.* 2002.4.627, p. 640.
679. *Québec (Procureur général)* c. *Villeneuve*, [1996] RJQ 2199 (CA), p. 2212.
680. *Québec (Procureur général)* c. *Bertrand*, [1997] RJQ 487, p. 491.
681. *Québec (Procureur général)* c. *Villeneuve* [1996] RJQ 2199 (CA), p. 2214 ; par exemple, l'article 29 de la *Loi sur Hydro-Québec*.
682. [1996] RJQ 1650 (CS).

l'avantage du Canada et peut vendre l'une d'elles à un gouvernement pour qu'il l'utilise à des fins publiques[683].

c) La production de biens par l'entreprise publique

La propriété collective de l'entreprise publique ne se rattache pas uniquement au capital de l'entreprise ou à ses biens acquis, mais aussi aux biens qu'elle produit. Les bénéfices produits par l'entreprise publique n'échappent pas à cette règle : « Il est préférable que les bénéfices soient eux aussi collectifs, ce qui est le cas quand Hydro fait des profits et verse des dividendes à son actionnaire, le gouvernement du Québec. Il n'y a aucun scandale là-dedans, au contraire »[684]. Les bénéfices de l'entreprise publique sont redistribués à travers l'ensemble des organismes étatiques pour la fourniture de prestations de service public ou servent à bonifier le service offert par l'entreprise.

L'électricité produite par Hydro-Québec constitue un excellent exemple de la nature collective des biens produits par une entreprise publique. À cet égard, la subtilisation de l'électricité produite par Hydro-Québec est sanctionnée par les tribunaux[685].

2. L'entreprise publique en tant qu'utilisatrice des biens publics

Dans le cadre de sa prestation de service public, l'entreprise publique utilise des biens publics. Ces biens publics comprennent entre autres le territoire, les ressources naturelles et l'environnement en général. Nous verrons donc dans cette sous-section ce qu'est une utilisation adéquate des biens publics et, de manière plus spécifique, la préoccupation environnementale dans le cadre de cette utilisation.

2.1. L'utilisation adéquate des biens publics

L'utilisation adéquate des biens publics est une préoccupation de l'entreprise publique dans le cadre des activités qu'elle exerce. Par exemple, une entreprise publique de téléphonie « [...] ne peut exercer arbitrairement son droit de propriété et [...] elle doit contrôler, dans l'intérêt public et non dans le sien, la connexion à son réseau d'appareils qu'elle ne fournit pas, tout en continuant à fournir le service qu'elle est

---

683. *Bas-Richelieu (Municipalité régionale de comté du)* c. *Union des producteurs agricoles et al.*, JE 2004-1967 (CA), par. 45 du jugement intégral.

684. A. DUBUC, *loc. cit.*, note 264, p. D-4.

685. *Glykis* c. *Hydro-Québec*, [2004] 3 RCS 285 ; *Lévesque* c. *Hydro-Québec*, [2004] R.R.A. 363 (CS) ; *Hydro-Québec c. Lépine*, JE 2006-1001 (CS).

obligée de donner »[686]. L'intérêt général doit guider les actions de l'entreprise publique.

a) L'exploitation équilibrée du territoire

Dans le cadre de sa mission de service public, l'État a un rôle général à jouer dans l'exploitation équilibrée du territoire. Dans ce contexte, l'aménagement du territoire est le point central de l'exploitation équilibrée du territoire par l'entreprise publique. En effet, « [...] les régimes de service public des industries de réseaux constituent un puissant facteur d'aménagement du territoire [...] »[687]. Nous pouvons même globalement constater que les services organisés en réseaux « [...] structurent la société, organisent son territoire, assurent sa cohésion »[688]. Cette organisation du territoire est intrinsèquement liée aux activités de l'État et de ses entreprises. D'ailleurs l'affaire *Val-St-François (Coalition des citoyens et citoyennes du)* c. *Québec (Procureur général)* nous rappelle que la *Loi sur la protection du territoire et des activités agricoles* prévoit que même le gouvernement doit obtenir l'avis de la Commission de protection du territoire agricole avant d'autoriser un usage non agricole en territoire agricole[689].

L'un des exemples de l'utilisation équilibrée du territoire réside dans le fait que l'entreprise publique exerce ses activités dans des régions éloignées :

> Il est ainsi demandé à l'Entreprise Publique dans le cadre d'action à long terme, de revitaliser les régions en implantant des usines, en déconcentrant des activités, en acceptant des conditions de prix privilégiées, même si cette collaboration à l'aménagement du territoire suscite pour l'entreprise des charges anormales.[690]

Nous constatons que l'exploitation équilibrée du territoire cadre aussi avec son développement régional.

b) L'obligation de sécurité

L'utilisation adéquate des biens publics implique aussi pour l'organisme prestataire de service public, le respect d'une obligation de sécurité. Cette affirmation est d'autant plus vraie en ce qui concerne l'entreprise publique qui

---

686. *Harding Communications Ltd.* c. *Cie de téléphone Bell du Canada*, [1975] CS 1116, p. 1117. Cette décision fut confirmée par la Cour suprême du Canada ([1979] 1 RCS 395) et la Cour d'appel du Québec ([1977] CA 54).
687. Ch. STOFFAËS, *op. cit.*, note 21, p. 215.
688. J.-P. COLSON, *op. cit.*, note 359, n° 439, p. 452.
689. *Val-St-François (Coalition des citoyens et citoyennes du)* c. *Québec (Procureur général)*, [2001] RJQ 2281 (CS) ; *Loi sur la protection du territoire agricole et des activités agricoles*, LRQ, c. P-41.1, art. 66.
690. J. VIROLE, *loc. cit.*, note 192, p. 87.

doit utiliser le territoire dans l'accomplissement de ses obligations. Pensons par exemple aux barrages hydroélectriques et aux voies ferroviaires. D'autre part, le respect de cette obligation de sécurité est encore plus évident si l'on tient compte de la notion d'intérêt général à laquelle doit répondre l'entreprise publique. L'entreprise privée n'est pas intrinsèquement soumise à une obligation de sécurité pour le bien-être collectif.

Hydro-Québec a fait l'objet de réprimandes en 2005 en ce qui a trait à la sécurité de deux centrales hydroélectriques (centrales de LG-2 et Manic-5) situées dans le Nord québécois qui ont été soupçonnées d'être des passoires pour les terroristes. Cette situation, qui fut effectivement reconnue, était due à des mesures de sécurité déficientes. Spécifions que « [...] depuis décembre 2001, les mesures de sécurité appropriées n'avaient pas été mises au point dans ses complexes hydroélectriques pour parer à la menace terroriste. Par exemple, les portes des centrales n'étaient pas toutes fermées à clé et l'intégration des différents systèmes de sécurité restait à compléter »[691]. De plus, ces centrales ont « [...] été classées par la Sécurité publique et la Protection civile du pays d'infrastructures essentielles de niveau critique »[692]. L'approvisionnement en électricité de milliers de citoyens était donc menacé par la déficience des mesures de sécurité. C'est ainsi qu'invoquant le danger pour la sécurité nationale, Hydro-Québec a présenté, sans succès, une demande d'injonction interlocutoire afin d'empêcher la diffusion d'un reportage à ce sujet[693].

Depuis sa privatisation, en 1996 la gestion du réseau ferroviaire britannique s'est révélée être problématique. La reprise de la gestion et de l'entretien du réseau ferroviaire par Network Rail dont nous avons parlé lors de notre exposé concernant les privatisations britanniques fut justifiée par le besoin d'améliorer le niveau de qualité du service et d'arrêter l'augmentation des prix. Il faut dire que le manque d'entretien du réseau a été à l'origine de plusieurs accidents importants Cette entreprise à laquelle l'État verse la moitié de ses revenus est privée, mais n'a aucun actionnaire et ne distribue pas ses bénéfices. Cette reprise est assimilée à une renationalisation du réseau.

2.2. L'environnement et le développement durable au cœur des préoccupations

Se questionnant à propos de la validité constitutionnelle d'un arrêté d'urgence en matière environnementale, les juges majoritaires dans l'arrêt

---

691. Pierre COUTURE et Simon BOIVIN, « Hydro fait son *mea culpa* », *Le Soleil*, 17 février 2005, p. A-1.
692. Pierre COUTURE, « Hydro-Québec dans l'embarras », *Le Soleil*, 16 février 2005, p. A-1, à la p. A-2.
693. *Hydro-Québec* c. *Société Radio-Canada*, JE 2005-381 (CS).

R. c. *Hydro-Québec* conclurent que la protection de l'environnement est un « [p] roblème international qui exige une action des gouvernements de tous les niveaux »[694]. Ainsi, nous verrons ici que l'entreprise publique doit désormais se préoccuper constamment de l'environnement en adoptant les valeurs liées au développement durable.

a) L'entreprise publique et le développement durable

Sans entrer ici dans les détails de ce sujet en plein essor, nous constatons que le concept de *développement durable*

> [...] rassemble un certain nombre de préoccupations qui sont apparues ces dernières années, dans la vie politique et sociale des pays développés : la préservation, la protection et l'amélioration de la qualité de l'environnement ; la protection de la santé des personnes ; l'utilisation rationnelle et prudente des ressources naturelles [...].[695]

Au niveau communautaire européen la prise en compte de ce concept fut même intégrée au préambule du *Traité de Maastricht* ainsi qu'à l'article 6 du *Traité de Rome*.

Au Québec, l'adoption de la *Loi sur le développement durable*[696] le 13 avril 2006 a permis l'intégration de ce concept en droit interne. En vertu des articles 5 et 7 de cette loi, la mise en œuvre du développement durable au sein de l'Administration publique québécoise doit s'appuyer sur une stratégie de développement durable adoptée par le gouvernement qui présente les enjeux, les orientations, les stratégies ou les axes d'intervention et les objectifs en cette matière. C'est donc en vertu de ces dispositions que le 1er octobre 2007 le gouvernement du Québec (par l'entremise du ministère du Développement durable, de l'Environnement et des Parcs) a dévoilé son projet de *Stratégie gouvernementale de développement durable* pour lequel une consultation publique en ligne est tenue[697]. Cette stratégie guidera les

---

694. *R.* c. *Hydro-Québec*, [1997] 3 RCS 213, p. 296.
695. Ch. STOFFAËS, *op. cit.*, note 21, p. 225.
696. LRQ, c. D-8.1.1, ci-après désignée « *Loi sur le développement durable* ». Lire notamment à ce sujet : Paule HALLEY et Denis LEMIEUX, « L'action publique et la mise en œuvre du développement durable : la *Loi* québécoise *sur le développement durable* », dans Maryse DEGUERGUE et Laurent FONBAUSTIER (dir.), *Confluences, Mélanges en l'honneur de Jacqueline Morand-Deviller*, Paris, Montchrestien, 2007, p. 835.
697. GOUVERNEMENT DU QUÉBEC, *Stratégie gouvernementale de développement durable*, [En ligne] http://www.assnat.qc.ca/fra/38legislature1/commissions/Cte/DeveloppementDurable/MENV-BrochProjetStrat.PDF (Page consultée le 1er janvier 2009), ci-après désignée « *Stratégie* » ;
GOUVERNEMENT DU QUÉBEC, *Consultation en ligne*, [En ligne]

actions du gouvernement du Québec en matière de développement durable. Elle comporte neuf orientations stratégiques et 19 axes d'intervention, en plus de présenter 29 objectifs à atteindre.

Les plans d'actions publics que devront élaborer les ministères et les organismes constituent le mécanisme de mise en œuvre de la *Stratégie*[698]. Cette dernière s'applique aux entreprises publiques québécoises et leur impose une reddition de comptes. En effet, tout comme les ministères et les organismes, les entreprises publiques québécoises doivent démontrer dans leur plan d'action les moyens utilisés afin d'atteindre les orientations et les objectifs de la *Stratégie*. De plus, tous doivent rendre des comptes à ce sujet dans leur rapport annuel, lequel sera analysé par le Commissaire au développement durable.

Selon nous, l'entreprise publique est un levier puissant afin d'assurer la mise en œuvre de la Stratégie de développement durable du gouvernement du Québec. Plus généralement, « [l] es régimes de services publics contribuent à l'évidence au service du développement durable, en complément ou en substitution des taxes et des réglementations »[699]. L'entreprise publique investie d'une mission de service public a ainsi une responsabilité sociale, entraînant pour elle la nécessité de protéger l'environnement dans l'accomplissement de ses activités. Globalement, force est de constater que l'ensemble des prestataires de service public

> [...] doivent intégrer pleinement les préoccupations en matière de protection de la nature et de l'environnement, d'écologie, de sécurité et de sûreté, dans l'ensemble de leurs activités. Il ne s'agit pas seulement d'un « supplément d'âme » destiné à « faire mode », mais d'éléments à prendre en compte, au même titre que les données technico-économiques, dans les décisions et les stratégies.[700]

Cela est d'autant plus vrai pour les entreprises publiques québécoises qui doivent désormais appliquer la *Stratégie* de développement durable et rendre des comptes à ce sujet.

---

http://www.assnat.qc.ca/fra/38legislature1/commissions/Cte/DeveloppementDurable/index.html (Page consultée le 1er janvier 2009).

698. Pour un exemple de plan d'action, consulter : MINISTÈRE DE L'ENVIRONNEMENT, DU DÉVELOPPEMENT DURABLE ET DES PARCS, *Plan d'action de la Stratégie gouvernementale de développement durable*, [En ligne] http://www.mddep.gouv.qc.ca/developpement/strategie_gouvernementale/consultation/projet_plan. pdf (Page consultée le 1er janvier 2009).

699. Ch. STOFFAËS, *op. cit.*, note 21, p. 228.

700. P. BAUBY et J.-C. BOUAL, *loc. cit.*, note 561, p. 201.

b) La consommation raisonnable des ressources publiques

Contrairement à l'entreprise privée dont le seul objectif est la rentabilité, l'entreprise publique doit conscientiser les citoyens à une consommation raisonnable des ressources dans le respect de l'environnement. Cette démarche relève certes de la responsabilité des entreprises publiques d'énergie, mais aussi des entreprises publiques de transport en commun qui valorisent la diminution des gaz à effet de serre rejetés dans l'atmosphère. Pour sa part, l'entreprise privée n'a pas pour devoir d'inciter les citoyens « [...] aux économies d'énergie et à l'efficacité énergétique puisque la concurrence incite à une surconsommation, chaque opérateur voulant accroître sa part de marché par des campagnes publicitaires [...] »[701]. Dans le cadre de sa préoccupation de développement durable, l'entreprise publique doit aussi soutenir le développement des énergies renouvelables et propres. De même, les entreprises publiques sont appelées à analyser les effets potentiels de leurs projets sur l'environnement. C'est le cas par exemple des entreprises publiques fédérales qui doivent se conformer à la *Loi canadienne sur l'évaluation environnementale*[702]. Il s'agit d'un exemple parmi d'autres afin de mieux encadrer l'entreprise publique dans les grands axes de l'action publique.

Le mouvement qui encourage le déclin de l'entreprise publique ne peut faire fi des avantages et des besoins liés à la fourniture de prestations de service public, plus précisément des obligations de service public.

C'est pourquoi nous croyons essentiel d'exposer dans le deuxième titre de cette deuxième partie de notre étude les méthodes permettant la mutation de l'entreprise publique dans le cadre de l'intégration économique et du désengagement de l'État.

701. Maryse ARDITI, « Marché de l'électricité : les consommateurs et l'environnement vont payer », dans *L'Europe de l'électricité face au modèle français*, Paris, PUF, 2004, p. 100, à la p. 103.

702. L.C. 1992, c. 37 ; (Auteur inconnu), « Traitement équitable », *Le Devoir*, 13 juin 2006, p. A-3.

TITRE II

DES MÉTHODES PERMETTANT LA MUTATION DE L'ENTREPRISE PUBLIQUE

Certains pays ont contourné des obstacles à la privatisation de diverses façons[703]. C'est ainsi que la création de sociétés d'économie mixte, la délégation de service public et la création de filiales sont des méthodes envisagées. Pour notre part, nous comptons analyser ces trois méthodes en plus de celles du gouvernement d'entreprise et de la régulation afin de proposer la mutation de l'entreprise publique dans le cadre de l'intégration économique.

La mutation de l'entreprise publique, qui se justifie suivant les raisons que nous venons d'évoquer, peut se réaliser par l'entremise de diverses méthodes que nous exposerons dans ce Titre II. Des méthodes sont liées à la structure de l'entreprise publique soit, le partage du capital-actions de l'entreprise publique entre l'État et le secteur privé ainsi que l'application de pratiques du secteur privé à l'entreprise publique de service public. D'autre part, la délégation par l'entreprise publique d'une activité de service public au secteur privé et la soumission de l'entreprise publique à la régulation constituent plutôt des méthodes liées au fonctionnement de l'entreprise publique.

Le droit anglais présente ici un apport important. En effet, tel que nous l'avons expliqué au début de cette étude, le droit anglais considère le service public suivant son sens fonctionnel, comme étant une entité, une organisation.

Ces méthodes sont représentatives d'une association entre le privé et le public qui s'avère de plus en plus nécessaire compte tenu des enjeux actuels et du déclin de la notion de service public. En fait,

---

703. P. GUISLAIN et M. KERF, *op. cit.*, note 676, p. 128.

> [c] ela veut dire reconnaître que le service public n'est plus la propriété exclusive des agents de l'État mais que personnes privées et administrations concourent à sa réalisation avec les charges et les privilèges qui y sont attachés. Cette mutation suppose, à l'évidence, un changement radical des mentalités.[704]

Désormais, les entreprises publiques agissent en cohésion avec le secteur privé. Elles s'intègrent « [...] dans un tissu serré d'interrelations avec leur secteur d'intervention »[705].

---

704. Charles DEBBASCH, *L'État civilisé, contre le pouvoir sauvage*, Paris, Fayard, 1979, p. 151.
705. L. SIMARD, A. DUPUIS et L. BERNIER, *loc. cit.*, note 425, p. 329.

CHAPITRE I

DES MÉTHODES LIÉES À LA STRUCTURE DE L'ENTREPRISE PUBLIQUE

Depuis plusieurs années, nous assistons à une ouverture croissante du capital-actions de diverses entreprises publiques, créant ainsi des sociétés à capitaux mixtes[706]. Il s'agit-là d'une réaction ou, du moins, d'une tentative d'adaptation à l'intégration économique qui affecte la structure de l'entreprise publique. La société à capitaux mixtes est une entité juridique dont le capital-actions est partagé entre le secteur public et le secteur privé. Elle est donc soumise à une gestion publique et privée. Tel que nous le verrons, cette entité soulève diverses problématiques de par son statut hybride.

L'application de pratiques du secteur privé à l'entreprise publique de service public est une autre méthode liée à la structure de l'entreprise publique qui en assure la mutation. Ainsi, les entreprises publiques peuvent emprunter des pratiques autrefois dévolues à l'entreprise privée sans porter atteinte à leur obligation de service public. De la même manière, il ne faut pas perdre de vue que désormais l'entreprise publique exerce ses activités économiques dans un cadre mondialisé et concurrentiel. Il est donc nécessaire de la placer au même rang que ses homologues privées afin d'en assurer la pérennité. La référence progressive à des principes empruntés au secteur privé n'est donc pas anodine. Cette démarche est, à notre avis, tout à fait justifiée afin d'assurer la mutation de l'entreprise publique. Nous avons choisi deux éléments afin d'illustrer

---

706. Citons notamment : Air France [*Loi n° 2003-322 du 9 avril 2003 relative aux entreprises de transport aérien et notamment à la société Air France*, *JO* 10 avril 2003, p. 6326, arts 3 et 4] ; Électricité de France et Gaz de France [*Loi n° 2004-803 du 9 août 2004 relative au service public de l'électricité et du gaz et aux entreprises électriques et gazières*, *JO* 11 août 2004, p. 14256, art. 24] ; France Télécom [*Loi n° 96-660 du 26 juillet 1996 relative à l'entreprise nationale France Telecom*, *JO* 27 juillet 1996, p. 11398, art. 1] ; La Société nationale des chemins de fer (SNCF) fut une SEM jusqu'au 1er janvier 1983.

l'application à l'entreprise publique de pratiques propres au secteur privé. Il s'agit du « gouvernement d'entreprise » et de la « filialisation ».

SECTION I
LE PARTAGE DU CAPITAL-ACTIONS DE L'ENTREPRISE PUBLIQUE ENTRE L'ÉTAT ET LE SECTEUR PRIVÉ

Désormais sous l'emprise de la construction européenne, la France procède à l'ouverture du capital de diverses entreprises publiques, créant ainsi des sociétés à capital mixte (ci-après désignée « SCM »), dont le capital-actions est partagé entre l'État et le secteur privé. Il s'agit-là d'une réaction ou, du moins, d'une tentative d'adaptation de l'entreprise publique à l'intégration économique. La situation française étant très intéressante à observer, nous la transposerons au Québec et au Canada. Tandis qu'au Canada le modèle de la SCM est utilisé et reconnu, au Québec, des politiciens ont tenté de l'introduire, sans résultat[707]. S'agissant fort probablement d'une formule juridique que les pouvoirs publics canadiens et québécois seront appelés à utiliser de manière plus importante dans un avenir rapproché, il importe de s'attarder aux aspects juridiques de la SCM.

En tant qu'entité juridique dont le capital provient en partie du secteur public et en partie du secteur privé, la SCM présente une organisation particulière. Ainsi que nous le verrons, le statut hybride de l'entité soulève diverses problématiques. D'ailleurs, son fonctionnement est largement influencé par cette caractéristique. Afin de répondre à notre question générale de recherche, nous devons nous demander si la mission de service public est assurée adéquatement dans le cadre d'un partage du capital-actions de l'entreprise publique entre l'État et le secteur privé ? La SCM semble être un bon compromis entre le capitalisme privé et l'étatisme[708], c'est pourquoi il est essentiel d'en effectuer un exposé critique. Ce partage du capital-actions contribuera indéniablement à la mutation de l'entreprise publique fortement exposée à l'intégration économique.

---

707. Par exemple : Bernard Landry, chef du Parti québécois en 2003 [Stéphane PAQUET, « Le Québec songe à vendre 10 % d'Hydro », *Le Soleil*, 3 février 2003, p. A-1] ; Jean Charest, chef du Parti libéral du Québec en 2006 [À l'effet de faire participer les Québécois au capital d'entreprises publiques afin de rembourser la dette de la province] ; Mario Dumont, chef de l'Action démocratique du Québec en 2008.

708. Ch. DEBBASCH et F. COLIN, *op. cit.*, note 35, p. 319.

1. Des aspects juridiques relatifs à l'organisation de la société à capital mixte

La SCM est habituellement créée suivant les circonstances et les nécessités de la vie économique, contrairement à l'entreprise publique à capital étatique dont la création est souvent le fruit d'une pression politique. Nous étudions la SCM comme étant une entité provenant de l'ouverture du capital d'une entreprise publique à des intérêts privés. Il s'agit en fait de sa formule de création originale. Elle est différente de la société d'économie mixte née en Europe dans la période de l'entre-deux-guerres pour répondre à des besoins économiques et à des considérations gestionnaires[709]. L'entreprise publique devient SCM lors de l'ouverture de son capital, tandis qu'une société d'économie mixte est créée de toutes pièces. Il ne s'agissait pas d'une entreprise publique au départ. Néanmoins, étant donné la similarité de leur structure, les règles applicables à la société d'économie mixte nous permettront d'analyser la SCM.

1.1. L'organisation de la société à capital mixte : utilisation et définition juridique

Cette sous-section consacrée à l'utilisation et à la définition juridique de l'organisation de la SCM, nous permettra de constater son importance en tant qu'entité permettant la mutation de l'entreprise publique.

a) Une utilisation avantageuse de la société à capital mixte

L'utilisation de la SCM présente divers avantages incontestables en réponse à l'intégration économique. C'est probablement la raison pour laquelle elle est maintenant fréquemment utilisée par l'État.

i. Une utilisation en hausse

Après une période d'accalmie, l'opération de cession d'une part du capital-actions d'une entreprise publique au secteur privé est actuellement en hausse. Bien que la SCM soit une formule ancienne, son utilisation augmente du fait de l'intégration économique. Par exemple, conséquemment à l'ouverture du capital de diverses entreprises publiques en réaction à la construction européenne, la SCM tend à devenir le modèle de base pour l'organisation du secteur public en France[710]. C'est ainsi que le capital de diverses entreprises publiques fournissant des prestations de service public a été ouvert à la

---

709. Jean KERNINON, *Les cadres juridiques de l'économie mixte*, Paris, LGDJ, 1992, p. 19.
710. Michel BAZEX, « Vers de nouveaux modèles normatifs pour le secteur public ? », *AJDA* 1990.659, p. 659 ; Didier LINOTTE et Raphaël ROMI, *Droit public économique*, 6e éd., Paris, Litec, 2006, n° 655, p. 163.

concurrence : France Télécom, Gaz de France, Air France et Électricité de France[711]. La part de l'État dans chacune de ces entreprises est variable. Tandis qu'elle est majoritaire chez Électricité de France, elle est plutôt minoritaire chez Air France, Gaz de France et France Télécom.

En 2008, le gouvernement français a suscité plusieurs réactions en abordant la question de l'ouverture du capital de la Poste afin de la préparer à la libéralisation du marché postal prévue pour 2011. Le maintien des obligations de service public de la Poste fut au centre des réactions. C'est ainsi qu'un contrat de service public pour la période 2008-2012 fut signé entre l'État et la Poste en juillet 2008. Ce contrat confirme les principales missions de la Poste. Le gouvernement a aussi précisé que la participation de l'État devrait demeurer majoritaire au sein de l'entreprise.

L'utilisation de cette forme d'entreprise est un curieux retour du balancier. La SCM semble assurer un équilibre entre l'interventionnisme public et les enjeux de la nouvelle économie. Il s'agit de la « formule du mi-mi » : mi-privatisation, mi-nationalisation.

La formule de la SCM, pouvant être utilisée tant au niveau national qu'au niveau municipal[712], n'a pas encore connu un succès éclatant au Québec. Bien que cette formule ait déjà été utilisée dans le passé, nous ne retrouvons pas de SCM au Québec présentement. En 1965, le gouvernement du Québec avait créé sous cette forme SOQUEM et SIDBEC[713] qui sont maintenant des filiales de la SGF. Lors de sa création en 1962 la Société générale de financement était constituée en SCM. En 1972, elle devint une entreprise publique dont le capital est détenu entièrement par l'État[714]. En 1966, Patrice Garant fit figure de précurseur en écrivant que :

---

711. Électricité de France et Gaz de France : *Loi n° 2004-803 du 9 août 2004 relative au service public de l'électricité et du gaz et aux entreprises électriques et gazières, JO* 11 août 2004, p. 14256, art. 24 ; France Télécom : *Loi n° 96-660 du 26 juillet 1996 relative à l'entreprise nationale France Télécom, JO* 27 juillet 1996, p. 11410, art. 1 ; Air France : *Loi n° 2003-322 du 9 avril 2003 relative aux entreprises de transport aérien et notamment à la société Air France, JO* 10 avril 2003, p. 6326, arts. 3 et 4. Soulignons que la Société nationale des chemins de fer (SNCF) fut une SEM jusqu'au 1er janvier 1983.

712. *Loi sur les sociétés d'économie mixte dans le secteur municipal*, LRQ, c. S-25.01, ci-après désignée « *Loi sur les sociétés d'économie mixte dans le secteur municipal* » ; *Loi n° 2002-1 du 2 janvier 2002 tendant à moderniser le statut des sociétés d'économie mixte locales, JO* 3 janvier 2002 ; *Loi n° 83-597 du 7 juillet 1983 relative aux sociétés d'économie mixte locales, JO* 8 juillet 1983, p. 2099.

713. On indiquait alors que, « [...] quelle que soit l'importance de la participation du public, l'État gardera la majorité au conseil d'administration » – P. GARANT, *op. cit.*, note 28, p. 328.

714. *Loi constituant la Société générale de financement du Québec*, S.Q. 1962, c. 54 ; *Loi concernant la Société générale de financement*, L.Q. 1972, c. 52, art. 1.

> Les structures des services publics à caractère économique, à part celles des Régies, sont à l'heure actuelle assez variées au Québec ; elles se préciseront d'ici quelques années et tendront croyons-nous, vers la formule de la société d'économie mixte avec les multiples modalités qu'elle peut comporter ; il n'y a actuellement aucune jurisprudence sur ce sujet, peu d'articles de doctrine et les textes de lois sont suffisamment imprécis pour permettre l'évolution et l'adaptation que requerra le bien commun de la société québécoise, elle aussi en profonde transformation.[715] (Nos soulignements).

Nous partageons entièrement cet énoncé encore applicable de nos jours au Québec.

ii. Les avantages de la société à capital mixte

La SCM présente divers avantages. Elle avantage d'abord l'État qui profite de l'expertise du secteur privé. De même, les citoyens continuent de profiter de prestations de service public autrefois dévolues à une entreprise publique.

Avant tout, précisons que la transformation d'une entreprise publique en SCM est parfois qualifiée de « privatisation implicite ». Cette qualification est surtout appliquée lorsque le capital de l'entreprise devient majoritairement privé. En droit français, cela est compréhensible puisque seules les SCM dont le capital public est majoritaire sont considérées comme étant des entreprises publiques. Cependant, tel que nous l'avons expliqué dans la première partie de notre thèse, l'ouverture du capital d'une entreprise publique ne constitue pas une privatisation à nos yeux. Une privatisation implique un transfert total de la propriété d'une entreprise publique à des intérêts privés alors que dans le cas d'une SCM, l'État exerce encore son influence sur l'entreprise puisqu'il en est copropriétaire, permettant ainsi l'exercice d'activités de service public. Ainsi, particulièrement proches des citoyens, les SCM municipales sont à même d'assurer la satisfaction des besoins de la collectivité[716].

La SCM est un instrument qui laisse à l'État un pouvoir d'action. En effet, l'État dont la participation est minoritaire, peut tout de même contrôler et stimuler l'action de groupes d'intérêt privé. Par contre, lorsque l'État détient une participation majoritaire, il peut profiter de l'aide financière et technique du secteur privé[717]. La SCM offre aussi une grande flexibilité : « [t] echnique d'extension du secteur public, dans une phase d'accroissement du rôle de l'État, elle peut au contraire dans une période de déréglementation,

---

715. P. GARANT, *op. cit.*, note 28, p. 329.

716. Jean ROYER, « L'économie mixte ? Une philosophie », dans *40 ans de sociétés d'économie mixte en France*, Paris, Économica, 1988, p. 175, aux p. 177 et 178.

717. R. P. BARBE, *op. cit.*, note 107, p. 7.

être un moyen de desserrement limité du contrôle de l'État sur les entreprises du secteur public »[718]. Cette formule juridique favorise la collaboration entre le secteur privé et le secteur public[719].

Invoquant son statut particulier, l'État peut se faire concéder des pouvoirs spéciaux tels que la nomination d'un certain nombre d'administrateurs, du président du conseil d'administration et du directeur général de l'entreprise[720]. Dès lors, nous croyons que, contrairement à l'entreprise privée, la SCM profite des prérogatives de puissance publique rattachées à la participation de l'État.

De plus, la SCM permet à l'État de financer une entreprise par le biais d'émissions d'actions soumises aux règles du droit commercial[721]. Dans certains cas les actions de la SCM sont émises à de simples citoyens, par exemple des salariés de l'entreprise. De ce fait, la SCM permet à des particuliers de participer aux décisions de l'entreprise et de mettre en œuvre le principe du « citoyen-consommateur » dont nous avons parlé précédemment. Le partage du capital facilite aussi les opérations internationales[722], ce qui constitue un élément de première importance dans le cadre de l'intégration économique. La SCM peut faciliter le démarrage et le développement d'entreprises privées.

La SCM présente donc divers avantages pour l'État et la collectivité. Nous analyserons ultérieurement à quel degré et à quelles conditions cette forme juridique assure les obligations de service public inhérentes à l'entreprise publique.

b) La définition juridique de la société à capital mixte

La définition de la société d'économie mixte donnée par Raoul P. Barbe dans son ouvrage portant sur les entreprises publiques québécoises et canadiennes, rejoint celle de la SCM :

> L'entreprise d'économie mixte est une entreprise dont la capitalisation appartient pour partie à des particuliers, donc à des sujets de droit privé,

---

718. Claude DEVÈS, « À quoi sert l'économie mixte ? », *RFAP*. 1987.27, p. 32.
719. R. DUSSAULT et L. BORGEAT, *op. cit.*, note 284, p. 186 ; G. VLACHOS, *op. cit.*, note 371, p. 329.
720. R. P. BARBE, *op. cit.*, note 107, p. 7.
721. C. DEVÈS, *loc. cit.*, note 718, p. 36.
722. Sébastien BERNARD, *La recherche de la rentabilité des activités publiques et le droit administratif*, coll. « Bibliothèque de droit public », t. 218, Paris, LGDJ, 2001, p. 81 ; Lysiane CARTELIER, « Entreprises publiques concurrentielles, économie mixte et politique industrielle », dans Lionel MONNIER (dir.), *Entreprises publiques et marché unique*, Bruxelles, Labor, 1992, p. 129, à la p. 152 ; Ch. STOFFAËS (Commission présidée par), *op. cit.*, note 42, p. 375.

et pour partie à l'État ou à des sujets de droit public. La participation de l'État peut être soit majoritaire, soit minoritaire.[723]

Elle peut aussi être qualifiée de « trait d'union » entre des partenaires publics et privés[724]. Ainsi, pour qu'une entreprise publique soit qualifiée de SCM, il faut constater le fractionnement de son capital-actions entre le secteur privé et le secteur public, ou, en d'autres mots entre des entreprises privées ou des citoyens et l'État sous sa forme centralisée ou décentralisée. En France, l'ouverture du capital d'entreprises publiques a été qualifiée de « respiration du secteur public »[725]. Nous pouvons aussi dire que « [...] l'économie mixte est [...] une sorte de troisième voie entre socialisme et libéralisme, permettant de rapprocher ces deux modes d'organisation du système économique »[726].

Alors que le droit administratif est habituellement constitué de catégories hermétiques, la SCM est pour nous une entité *sui generis* partagée entre des acteurs de droit privé et de droit public. Pour nous, elle demeure cependant attachée au droit administratif et il s'agit d'un type d'entreprise publique[727]. À cet égard, l'article 2 de la Directive européenne relative à la transparence des relations financières entre les États membres et les entreprises publiques définit l'entreprise publique comme étant toute entreprise sur laquelle les pouvoirs publics peuvent exercer directement ou indirectement une influence dominante du fait de la propriété, de la participation financière ou des règles qui la régissent[728]. Ainsi, tel que nous le croyons, pour le droit communautaire l'entreprise publique est une entreprise dont l'État ou d'autres personnes publiques détiennent une part du capital ou du pouvoir. Dans l'entreprise publique à capital public, l'État détient la totalité du capital, tandis que dans la SCM il partage sa propriété avec le secteur privé. D'ailleurs, le concept même d'« entreprise publique » tend à être remplacé de plus en plus par celui de « participation de l'État ». Il semble que cette terminologie traduise mieux l'influence réelle de l'État sur l'économie tout en permettant d'accompagner de manière moins rigide les évolutions dues aux contraintes de la concurrence[729].

L'inclusion de la formule juridique de la SCM au sein du droit administratif démontre bien la faculté de ce domaine du droit de

---

723. R. P. BARBE, *op. cit.*, note 107, p. 7.
724. J. KERNINON, *op. cit.*, note 709, p. 19.
725. Notamment depuis la *Loi n° 83-597 du 7 juillet 1983 relative aux sociétés d'économie mixte locales*, *JO* 8 juillet 1983, p. 2099.
726. C. DEVÈS, *loc. cit.*, note 718, p. 27.
727. Tel que l'écrit P. GARANT, *op. cit.*, note 23, p. 128.
728. Directive 80/723 du 25 juin 1980 relative à la transparence des relations financières entre les États membres et les entreprises publiques, *JOCE* n° L 195 du 29 juillet 1980, p. 35.
729. A. G. DELION et M. DURUPTY, *loc. cit.*, note 13, p. 759.

s'assouplir pour répondre au renouveau que nécessitent les enjeux actuels. Compte tenu du fait que la notion de service public est une notion centrale du droit administratif, nous croyons qu'en tant qu'entité de droit administratif la SCM est chargée d'une mission de service public.

1.2. L'organisation de la société à capital mixte : reflet de sa mixité

Face à l'intégration économique, l'État a tout intérêt à s'allier avec le secteur privé afin de continuer à assurer sa mission de service public dans l'intérêt général de tous les citoyens. N'oublions pas que « [...] soumises à une concurrence internationale de plus en plus sévère, les entreprises ont besoin d'avoir un actionnariat qui les finance et aussi les protège, c'est-à-dire qui soit à la fois riche et stable »[730]. Caractérisée par une gestion à la fois publique et privée, l'organisation de la SCM est métissée. Conséquemment, il importe de trouver un équilibre au sein de l'organisation de la SCM afin d'assurer la délivrance des prestations de service public.

a) La structure organisationnelle de la société à capital mixte

La structure organisationnelle de la SCM est particulière. Elle comprend une assemblée générale, un conseil d'administration et une direction dans lesquels se retrouvent une part de public et une part de privé. Le métissage de l'organisation de la SCM lui octroie de nombreuses particularités qui la différencient d'une entreprise privée et qui la soustraient de l'application de certaines règles propres au droit commercial. L'État est le principal bénéficiaire de ces particularités, ce qui nous laisse penser que la SCM est une entité publique destinée à servir le citoyen. Voyons maintenant les principales dérogations au droit commercial qui s'appliquent à l'organisation de la SCM.

Le conseil d'administration est composé d'administrateurs représentant l'État et d'administrateurs représentant le privé. Naturellement, les administrateurs qui représentent l'État ne sont pas personnellement actionnaires de l'entreprise. En plus d'être mandataires de l'entreprise[731], ils sont mandataires de l'État et siègent lors des assemblées d'actionnaires. Faisant habituellement l'objet de nominations par décret suivant la proposition du ministre responsable de l'entreprise ou de celle de l'assemblée, les administrateurs privés ne sont pas élus par l'assemblée générale des actionnaires,

---

730. L. CARTELIER, *loc. cit.*, note 722, p. 153.

731. « Les administrateurs, dirigeants et autres représentants de la compagnie sont des mandataires de la compagnie ». – Art. 123.83 LcQ

contrairement aux règles du droit commercial[732]. Ils sont nommés pour quelques années.

Comme dans toute entreprise, la direction de la SCM est marquée par la présence d'un président du conseil d'administration et d'un directeur général. Dans la SCM le président du conseil d'administration a préséance sur le directeur général qui est son collaborateur.

En France, il est intéressant de constater que quelques SCM, telles que la Société nationale des poudres et la Société des mines de potasse d'Alsace, ont adopté le modèle allemand d'organisation d'entreprise. La forme juridique des entreprises allemandes assure la séparation des pouvoirs puisque la totalité des responsabilités opérationnelles revient au *Vorstand* (direction) et la fonction de surveillance à l'*Aufsichtsrat* (conseil de surveillance). Le conseil de surveillance nomme la direction et conseille ses membres en plus de les surveiller.

La tenue d'assemblées générales est moins fréquente dans une SCM que dans une entreprise privée. Cette situation s'explique par le fait que la désignation des membres du conseil échappe aux actionnaires et que les modifications du statut ou du capital social relèvent de la loi et du règlement élaborés par l'État[733].

Étant donné la présence de l'État, la structure organisationnelle de la SCM diffère de celle d'une entreprise privée. Cette situation résulte de la mission de service public que doit remplir la SCM.

b) La recherche de l'équilibre à travers l'organisation de la société à capital mixte

La coexistence des secteurs public et privé peut entraîner une tension au sein de la SCM. Nous constatons d'ailleurs que

> [...] le plus grave reproche porte sur l'antagoniste fondamental et le caractère équivoque du procédé de l'économie mixte qui résulte de l'association de personnes privées et de personnes publiques dont les unes recherchent le profit et les autres poursuivent un but d'intérêt général. Des perspectives aussi antinomiques ne peuvent se concilier [...].[734]

---

732. Art. 88 LcQ ; *Loi canadienne sur les sociétés par actions*, LRC (1985), c. C-44, art. 106, ci-après désignée « *Loi canadienne sur les sociétés par actions* » ou « LCSa ».

733. J.-P. COLSON, *op. cit.*, note 359, n° 284, p. 299 ; D. LINOTTE et R. ROMI, *op. cit.*, note 710, n° 670, p. 168.

734. Jean DUFAU, *Les entreprises publiques*, Paris, Éditions du Moniteur, 1991, n° 217, p. 99.

D'autre part, cette réflexion pose « [...] la question de la confrontation de l'intérêt social et de l'intérêt général dont la réalisation est poursuivie par l'intérêt public. Les actionnaires publics majoritaires devront agir conformément à l'intérêt de la société commerciale [...] »[735]. Un équilibre doit donc être atteint afin d'assurer le fonctionnement adéquat de l'entreprise et la satisfaction de la mission de service public.

L'équilibre de la SCM passe avant tout par son organisation. Cette dernière doit être constituée de manière à ne pas laisser la priorité aux intérêts commerciaux au détriment de l'intérêt public. C'est dans cette optique qu'une organisation métissée doit être constituée au sein de la SCM afin d'assurer les prestations de service public.

André Santini a identifié cinq qualités qui assurent l'équilibre de la SCM malgré son organisation particulière :

Plusieurs facteurs expliquent l'apparition d'une nouvelle génération de SÉM qui réalise mieux aujourd'hui qu'hier une synthèse heureuse entre l'intérêt général qu'elles doivent promouvoir et le réalisme de la gestion qu'elles doivent respecter. Ces qualités, qui contribuent plus spécifiquement à la réussite de ces sociétés, sont au nombre de cinq :

- un partenariat véritable ;
- une bonne prise en compte de l'usager ;
- une souplesse de gestion indiscutable ;
- une dynamique commerciale réelle ;
- une conception globale des phases d'investissement et gestion.[736]

Nous pensons que ces éléments sont primordiaux et qu'ils doivent être pris en compte dans l'organisation de la SCM. Rappelons-nous que ce qui fait le succès de l'économie mixte c'est justement son caractère « mixte ». Face à l'intégration économique, l'État a tout intérêt à s'allier au secteur privé afin de pouvoir continuer à assurer le service public et, à plus grande échelle, l'intérêt public. Il est temps de considérer la SCM « [...] comme une voie d'équilibre où plan et marché se conjuguent et où privé et public s'épaulent mutuellement en s'appuyant sur leurs richesses respectives, plutôt qu'en dénigrant leurs insuffisances ou leurs lourdeurs »[737].

Selon Jean-Denis Bredin « [d] ans une entreprise semi-publique, l'État refuse d'être un actionnaire comme les autres, fussent-ils majoritaires. [...]

---

735. G. ECKERT, *op. cit.*, note 290, p. 179.
736. André SANTINI, « L'avenir de l'économie mixte », dans FÉDÉRATION NATIONALE DES SOCIÉTÉS D'ÉCONOMIE MIXTE, *40 ans de sociétés d'économie mixte en France*, Paris, Économica, 1988, p. 299, à la p. 304.
737. J.-L. JOLIOT, *op. cit.*, note 210, p. 168.

L'État actionnaire sert toujours de masque à l'État souverain »[738]. À son avis, dans toute SCM, qu'elle soit à capital public majoritaire ou minoritaire, l'État restreint les droits des actionnaires. Ainsi, la présence d'actionnaires privés serait une illusion. La SCM constituerait en fait de l'étatisme déguisé. En réponse à cette opinion, nous pensons qu'il serait injustifié de limiter le rôle important que l'État joue dans la SCM. Il vaudrait mieux en ce cas créer une société entièrement privée qui ne serait assujettie à aucune obligation de service public. La SCM étant une entité de droit administratif, il est justifié que l'État en soit l'acteur principal. Ce partage du capital-actions entre le public et le privé maintient certes une forme d'étatisme, mais il a pour avantage de permettre à l'État de continuer à fournir des prestations de service public dans un contexte d'intégration économique et de déclin de l'entreprise publique. La reconnaissance de la SCM contribue à la mutation de l'entreprise publique et en conséquence, de celle de l'intervention de l'État dans l'économie. Bien que le partage du capital-actions d'une entreprise publique assure son renouveau, il faut prendre garde à ce que cela « [...] ne constitue qu'une étape vers une privatisation intégrale ; ainsi se profile la perspective d'un démantèlement complet du secteur public économique »[739]. C'est ce qui se passe en France et c'est ce qui s'est passé au Canada avec Pétro-Canada et Air Canada.

Afin de faire de l'organisation de la SCM un modèle de réconciliation d'intérêts opposés plutôt qu'un modèle de compromis[740], il importe de laisser une marge de manœuvre appréciable à l'État et de ne pas perdre de vue la mission de service public qui lui est dévolue. Telle l'entreprise publique, la SCM est partagée entre une mission commerciale et une mission d'intérêt général. Afin d'assurer la mutation de l'entreprise publique par le biais de la SCM, il faut faire en sorte que l'État occupe une place satisfaisante, sans empiéter sur les intérêts des actionnaires privés. L'État doit avoir la capacité de faire infléchir les stratégies industrielles dans le sens souhaité[741].

2. Des aspects juridiques relatifs au fonctionnement de la société à capital mixte

Après nous être attardés à l'organisation de la SCM, nous étudions son fonctionnement. L'entreprise publique est soumise à des objectifs de rentabilité et de productivité. Ces objectifs sont aussi le mandat de la SCM du fait de son capital ouvert au secteur privé. D'autre part, son appartenance au

---

738. Jean-Denis BREDIN, *L'entreprise semi-publique & publique et le droit privé*, coll. « Bibliothèque de droit public », t. IV, Paris, LGDJ, 1957, p. 46.
739. J. CHEVALLIER, *op. cit.*, note 32, p. 93.
740. A. SANTINI, *loc. cit.*, note 736, p. 304.
741. L. CARTELIER, *loc. cit.*, note 722, p. 151.

secteur public lui impose l'obligation de remplir une mission de service public. C'est ainsi que nous analyserons le degré de participation étatique requis afin de pouvoir affirmer que la SCM assure des obligations de service public et qu'elle agit suivant l'intérêt général propre aux entités publiques. D'abord, nous porterons un regard sur l'application du droit au fonctionnement de la SCM.

2.1. Regard sur l'application du droit au fonctionnement de la société à capital mixte

La SCM est soumise à l'application du droit commercial (ou droit commun) afin d'assurer son fonctionnement. Cependant, des règles du droit administratif tempèrent l'application systématique du droit commercial. Cela est justifié par la mission de service public poursuivie par la SCM.

a) L'application du droit commercial à la société à capital mixte

Le régime juridique applicable au fonctionnement de la SCM est particulier. En effet, telle une entreprise publique et contrairement aux organismes publics à mission purement administrative, la SCM est soumise aux règles du droit commercial dans une certaine mesure. Par exemple, l'article 12 de la *Loi sur les sociétés d'économie mixte dans le secteur municipal* prévoit qu'une SCM doit être constituée conformément à la partie IA de la Loi sur les compagnies du Québec. De plus, l'article 39 de cette loi soumet la SCM à l'application de la *Loi sur la publicité légale des entreprises individuelles, des sociétés et des personnes morales*[742].

Cette soumission au droit commercial entraîne-t-elle une dévalorisation du statut particulier de la puissance publique dans le cadre de ses interventions en matière économique ? Selon Gabriel Eckert l'État « [...] perd la maîtrise absolue de cette activité car elle se voit contrainte de respecter les droits des autres actionnaires et l'intérêt de la société »[743]. Nous ne le croyons pas car « [c] es sociétés, quoique également soumises au droit commun, sont soustraites à un plus grand nombre de règles générales que ne le sont les *sociétés à capital public* »[744]. Il importe donc d'adapter l'application du droit commercial à la SCM. D'ailleurs, l'article 19 de la *Loi sur les sociétés d'économie mixte dans le secteur municipal* prévoit que « [t] out règlement que la société d'économie mixte adopte en vertu de l'article 93 de la *Loi sur les compagnies* et toute convention unanime des actionnaires prévue à l'article 123.91 de cette loi doivent, pour avoir effet, être approuvés par le ministre des Affaires municipales et des Régions ».

---

742. LRQ, c. P-45.
743. G. ECKERT, *op. cit.*, note 290, p. 183.
744. R. DUSSAULT et L. BORGEAT, *op. cit.*, note 284, p. 186.

Nous avons ici un exemple de dérogation au droit des compagnies particulier au caractère mixte de la SCM. Cette disposition a pour effet de confirmer le pouvoir de l'État dans le fonctionnement de l'entreprise.

La présence de l'État au sein de la SCM permet d'assurer le respect de l'intérêt général inhérent à toute prestation de service public. Dans l'exercice de cette fonction, l'État peut utiliser, selon nous, les prérogatives de puissance publique dont il bénéficie. En fait, même « [d] ans les sociétés à capitaux mixtes où il est actionnaire minoritaire, l'État dispose parfois de privilèges spéciaux, hors de proportion avec sa participation au capital social »[745]. Ainsi, les administrateurs qui représentent l'État sont nommés et révoqués par lui et non par l'assemblée des actionnaires. Par ailleurs, il est reconnu en France que dans les SCM à capital public majoritaire, l'État dispose d'un nombre de sièges au conseil d'administration inférieur à ce qu'il devrait avoir compte tenu de sa participation. Ceci permet de contrebalancer l'effet de ses prérogatives. La participation de l'État au capital de l'entreprise limite donc l'application systématique du droit commercial. Certaines règles du droit commercial peuvent en conséquence « [...] être méconnues en raison de décisions émanant de l'actionnaire public qui seront inspirées par l'intérêt général et non par le seul intérêt de l'entreprise »[746]. De même, l'entreprise publique à capital public unique est déjà soumise au droit commercial à différents degrés et cela ne l'empêche pas de conserver son statut public.

Il apparaît aussi que le secteur privé joue le plus souvent un rôle marginal au sein de la SCM[747]. Cette constatation va de soit puisque l'organisation d'une entreprise sous cette forme juridique provient généralement de l'ouverture du capital d'une entreprise publique nécessitée par les enjeux de la nouvelle économie ou tout simplement en réponse à un besoin financier difficile à assumer pour l'État.

b) Les privilèges législatifs octroyés à l'État : une forme implicite de société à capital mixte

La SCM est une formule fréquemment utilisée par le gouvernement fédéral canadien. La Société de télécommunications par satellite du Canada (Télésat), la Corporation de développement des investissements du Canada, Air Canada et Pétro-Canada ont notamment déjà été constituées sous cette forme.

D'autre part, l'État fédéral exerce aussi un contrôle législatif sur d'anciennes entreprises publiques qui ont été privatisées. En effet, il se

---

745. J. DUFAU, *op. cit.*, note 734, n° 208, p. 96.
746. C. DEVÈS, *loc. cit.*, note 718, p. 30.
747. G. VLACHOS, *op. cit.*, note 371, p. 329.

trouve que, malgré leur privatisation, des entreprises privées soient soumises à un certain nombre de « [...] modalités particulières, analogues à celles qui s'appliquaient lorsqu'elle [s] étai [en] t exploitée [s] par une société d'État »[748]. Ce contrôle législatif octroyé à l'État est une manifestation de « [...] la permanence de l'intérêt public associé à l'activité de la société d'État »[749]. Il est intéressant de faire le parallèle entre cette pratique et la SCM. Nous trouvons qu'il s'agit-là d'une forme *implicite* de SCM.

Ainsi, le gouvernement canadien détient des privilèges législatifs sur Pétro-Canada. En vertu de l'article 9 (1) de la *Loi sur la participation publique au capital de Pétro-Canada*[750] et malgré sa privatisation, cette entreprise doit fournir ses services dans les deux langues officielles. Par ailleurs, le Canadien national et Air Canada sont assujetties explicitement à la *Loi sur les langues officielles*[751] qui est une loi adoptée afin d'assurer l'intérêt général. Le premier, en vertu de l'article 15 de la *Loi sur la commercialisation du Canadien national*[752] et le second, en vertu des articles 10 (1) et (2) de la *Loi sur la participation publique au capital d'Air Canada*[753]. Les filiales d'Air Canada sont aussi assujetties à cette obligation en vertu de l'article 10 (2) de la *Loi sur Air Canada*.

Suite à une importante restructuration survenue en 2004, Air Canada est devenue une filiale de la compagnie Gestion Aviation Inc. Pour leur part, les filiales d'Air Canada sont devenues des sociétés en commandite relevant de Gestion Aviation Inc. Or, il appert que, contrairement à Air Canada, les anciennes filiales d'Air Canada ainsi que Gestion Aviation Inc. n'ont aucune obligation législative de fournir des services aux Canadiens dans les deux langues officielles. Afin de remédier à cette situation, le projet de loi C-47[754] fut déposé à la Chambre des communes le 2 mai 2005. Ce projet de loi prévoyait la soumission des entreprises qui ont succédé à Air Canada à la *Loi sur les langues officielles*. Ce projet est malheureusement mort au feuilleton. La situation actuelle laisse subsister un vide juridique quant aux obligations linguistiques des entreprises qui ont succédé à Air Canada. Nous trouvons déplorable le fait que le projet de loi n'ait pas été adopté et croyons que cette situation devrait être réglée. En 2006, le ministre Lawrence Cannon a

---

748. *Id.*
749. P. ISSALYS et D. LEMIEUX, *op. cit.*, note 1, n° 6.29, p. 432.
750. L.C. 1991, c. 10.
751. L.C. 1985, c. 31 (4e suppl.) ci-après désignée « *Loi sur les langues officielles* ».
752. L.C. 1995, c. 24.
753. L.C. 1985, c. 35, ci-après désignée « *Loi sur Air Canada* ».
754. Projet de loi C-47, *Loi modifiant la Loi sur la participation publique au capital d'Air Canada*, Première session, 36e législature, 53-54, Elisabeth II, 2004-2005.

réintroduit le projet de loi C-29[755] qui est similaire au projet de 2005. Il a passé l'étape de la première lecture le 10 décembre 2007. Nous espérons qu'il sera adopté.

Le législateur peut prévoir des restrictions à la vente d'actions, afin d'éviter la concentration du capital-actions de l'entreprise[756]. À cet égard, l'article 8 de la Loi sur la commercialisation du C.N., qui prévoit la vente des actions de l'entreprise au public, impose des restrictions concernant la propriété des actions de l'entreprise. Il se lit ainsi :

> (1) Les clauses de prorogation des statuts du CN comportent obligatoirement :
>
> *a)* des dispositions imposant des restrictions à l'émission, au transfert et à la propriété, ou à la copropriété, d'actions avec droit de vote du CN afin d'empêcher toute personne, de concert avec des personnes avec qui elle est liée, d'être la détentrice ou la véritable propriétaire ou d'avoir le contrôle, directement ou indirectement, autrement qu'à titre de garantie seulement, d'une quantité totale d'actions avec droit de vote conférant plus de quinze pour cent des droits de vote qui peuvent normalement être exercés pour l'élection des administrateurs du CN. (Nos soulignements)

Dans la décision *Bas-Richelieu (Municipalité régionale de comté du)* c. *Union des producteurs agricoles et al.* la Cour d'appel affirme que cet article impose des restrictions importantes à la propriété des actions de l'entreprise[757].

L'article 6 (1) de la *Loi sur Air Canada* prévoit aussi des restrictions au transfert des actions de l'entreprise. Ces restrictions ont pour but d'empêcher des non-résidents canadiens d'être les détenteurs ou les véritables propriétaires d'actions ou d'en avoir le contrôle, directement ou indirectement, autrement qu'à titre de garantie seulement.

De même le paragraphe *e)* de l'article 6 (1) de la *Loi sur Air Canada* établit le siège social de l'entreprise à Montréal tout comme le fait l'article 11 de la *Loi sur la réorganisation et l'aliénation de Téléglobe Canada*[758].

---

755. Projet de loi C-29, *Loi modifiant la Loi sur la participation publique au capital d'Air Canada*, Deuxième session, 39e législature, 56, Elisabeth II, 2006.
756. P. ISSALYS et D. LEMIEUX, *op. cit.*, note 1, n° 6.29, p. 432.
757. JE 2004-1967 (CA), n° 44 du jugement intégral.
758. L.C. 1987, c. 12.

Le législateur peut aussi accorder un droit de préemption en faveur des salariés de l'entreprise tel que prévu à l'article 27.3 (1) de la *Loi sur la Société canadienne des postes* :

> Le ministre, la Société et ses filiales sont autorisés à émettre à l'intention des employés de la Société des actions sans droit de vote de la Société, à les leur transférer et à les racheter de ceux-ci – directement ou indirectement – en conformité avec le régime que le conseil établit par règlement administratif, avec l'autorisation du gouverneur en conseil, sur recommandation du ministre, du ministre des Finances et du Conseil du Trésor. (Nos soulignements)

Dans cette sous-section, nous avons constaté, qu'à l'instar de la situation qui prévaut au sein d'une SCM, l'État peut soumettre une entreprise privatisée à des obligations découlant de son ancien statut public. Cela constitue une technique qui assure la mutation de l'entreprise publique et le maintien de la fourniture d'obligations de service public.

2.2. Le degré de participation publique requis pour le fonctionnement de la société à capital mixte

Tel que nous l'avons déjà expliqué, la SCM est une entité juridique dont le capital est partagé entre le secteur public et le secteur privé. Dès lors, la constitution d'un capital public minoritaire soulève diverses questions. À partir de quel pourcentage de participation de l'État peut-on dire qu'une SCM fait partie du secteur public ? Lorsque le capital privé est majoritaire, l'État a-t-il encore un rôle à jouer ? Le capital public minoritaire équivaut-il à soumettre la SCM à des obligations de service public provenant de son capital mixte ? Plus particulièrement, en procédant à la vente d'une part des actions de l'entreprise, le gouvernement manifeste son désir d'en garder le contrôle ou du moins un certain contrôle et ce, durant un certain temps. La SCM est ainsi investie d'une obligation de service public conséquemment au contrôle public exercé sur elle.

a) La référence patrimoniale

Le droit français retient la référence patrimoniale afin d'apprécier l'appartenance d'une entreprise au secteur public. Habituellement, le critère d'appartenance au secteur public correspond à la barre des 50 %. D'ailleurs, la *Loi n° 83-675 du 26 juillet 1983 relative à la démocratisation du secteur public*[759], octroie la qualité d'entreprise publique aux entreprises dans

759. *JO* 27 juillet 1983, p. 2326.

lesquelles l'État détient plus de la moitié du capital-actions. Claude Devès a appliqué la même règle afin de classifier les types de SCM[760]. Ainsi, une SCM à participation publique majoritaire est celle dont l'État détient plus de la moitié du capital de l'entreprise. Cette entreprise est qualifiée de « publique » et est considérée comme faisant partie du secteur public. Cela implique la détention par l'État de la majorité des sièges au sein du conseil d'administration[761]. La *Loi n° 96-660 du 26 juillet 1996 relative à l'entreprise nationale France Télécom*[762] dispose que « [l] a personne morale de droit public France Télécom [...] est transformée [...] en une entreprise nationale dénommée France Télécom, dont l'État détient directement plus de la moitié du capital social ».

Au Québec, il semble que cette proportion soit la même. D'ailleurs, l'article 5, paragraphe 2 de la *Loi sur le Vérificateur général*[763] définit le terme « entreprise du gouvernement » ainsi :

> Est une entreprise du gouvernement, aux fins de la présente loi [...] toute société à fonds social, autre qu'un organisme du gouvernement, dont plus de 50 % des actions comportant le droit de vote font partie du domaine de l'État ou sont détenues en propriété par un organisme public, par un organisme du gouvernement ou par une entreprise du gouvernement.

Malgré le fait que son application soit réservée aux fins de la *Loi sur le Vérificateur général*, cet article est pertinent à évoquer. En effet, le Vérificateur général surveille les activités des entreprises publiques québécoises. Soulignons que l'article 14 de la *Loi sur les sociétés d'économie mixte dans le secteur municipal* prévoit que l'actionnaire privé doit détenir au moins 20 % du capital-actions, mais n'indique pas le pourcentage minimal devant être détenu par l'État.

En 2002, la Cour d'appel du Québec dans l'affaire *Pouliot c. Cour du Québec*, a renversé le courant jurisprudentiel en vigueur en indiquant que les mots « fonds social qui fait partie du domaine public » contenus dans la *Loi sur l'accès aux documents des organismes publics et sur la protection des renseignements personnels*[764] visent les actions détenues par l'État[765]. Il en

---

760. C. DEVÈS, *loc. cit.*, note 718, p. 38.

761. CE, 24 novembre 1978, *Syndicat Nat. du personnel de l'énergie atomique CFDT et Sieurs Schwartz et autres*, AJDA 1979.42, concl. LATOURNERIE, note M. BAZEX ; D. LINOTTE et R. ROMI, *op. cit.*, note 168, n° 657, p. 164.

762. *JO* 27 juillet 1996, p. 11398.

763. LRQ, c. V-5.01, ci-après désignée « *Loi sur le Vérificateur général* » ; *Pouliot c. Cour du Québec*, [2002] CAI 463 (CA), par. 8.

764. LRQ, c. A-2.1, ci-après désignée « *Loi sur l'accès* ».

découle qu'une société à fonds social du domaine public est celle dont les actions sont détenues directement ou indirectement par l'État. Puisque nous étudions la SCM, demandons-nous si la totalité des actions doit être détenue par l'État pour que le fonds social fasse partie du domaine public. Tel que nous l'avons indiqué précédemment, au départ la Société générale de financement fut constituée sous la forme d'une SCM. Néanmoins, l'article 3 de la *Loi constituant la Société générale de financement du Québec*[766] précisait qu'une « [...] compagnie à fonds social est constituée sous le nom de « Société générale de financement du Québec » [...] ». À l'origine, ses actions appartenaient à l'État qui les a transférées au secteur privé par la suite. Il appert donc que le fonds social transféré au secteur privé ne peut pas être considéré comme faisant partie du domaine public, contrairement à la SCM elle-même. Cependant, l'État peut disposer de certaines prérogatives compte tenu de la mission d'intérêt général de la SCM.

Afin de conclure à la présence d'une SCM, la participation de l'État dans l'entreprise doit être active. L'État doit intervenir directement dans les activités de l'entreprise. Il doit être représenté au sein des organes dirigeants. Cette participation ne doit pas se manifester par des orientations exclusivement financières comme des placements de fonds ou l'octroi de subventions. Par ailleurs, bien que la participation de l'État soit habituellement financière, d'autres formes de participation sont possibles tels qu'un apport de crédit, ou un apport en nature en contrepartie desquels l'État se voit attribuer des sièges au conseil d'administration[767].

Nous avons donc vu que l'État doit détenir plus de la moitié du capital-actions de l'entreprise afin d'être considéré comme actionnaire majoritaire et que la SCM soit considérée comme faisant partie du secteur public. Cependant, qu'arrive-t-il lorsque l'État est actionnaire minoritaire ?

b) L'État en tant qu'actionnaire minoritaire

La diminution de la participation de l'État en dessous de la barre de 50 % est considérée comme une privatisation de l'entité, cette dernière n'appartenant plus au secteur public. François Bostnavaron a d'ailleurs indiqué au sujet d'Air Algérie que « [...] l'État algérien ne conservera qu'une participation minoritaire. Il estime que cette privatisation donnera

---

765. *Pouliot c. Cour du Québec*, [2002] CAI 463 (CA), par. 6 et 7 ; *contra* : *Nouveler Inc.* c. *Breton*, [1995] CAI 434 (C.Q.) ; *Breton* c. *Boissonneault*, [1996] CAI 460 (CS) ; *Laliberté* c. *Loto-Québec*, [1996] CAI 111.

766. S.Q. 1962, c. 54.

767. J.-P. COLSON, *op. cit.*, note 359, n° 283, p 298.

les moyens à la compagnie d'accélérer son développement »[768] (Nos soulignements). La mutation de l'entreprise publique ne serait alors pas assurée puisque l'entreprise ne pourrait plus être qualifiée comme telle.

i. Les critères de détermination de la participation minoritaire de l'État

Le critère patrimonial est encore généralement utilisé afin de conclure à la participation minoritaire de l'État. Ainsi, lorsque l'État perd la majorité du capital-actions d'une entreprise au profit du secteur privé, il est considéré comme étant minoritaire. Inversement, la prise de participation minoritaire de l'État dans une entreprise privée entraîne la création d'une SCM à participation publique minoritaire. En droit français la participation de l'État ne doit cependant pas être abaissée sous un seuil de 10 % car cela fait de la SCM une entreprise privée non intégrée au secteur public et non assujettie aux obligations de service public. Il n'est pas certain que ce seuil s'applique au Canada, surtout que la *Loi sur la gestion des finances publiques* réfère au seuil de 50 % afin de reconnaître le contrôle de l'État sur l'entreprise[769]. L'ALÉNA réfère à cette loi à son annexe 1505 afin de définir la notion « d'entreprise d'État ».

Un autre critère, auquel nous adhérons, s'est développé afin de reconnaître l'appartenance au secteur public de la SCM à capital public minoritaire et de la lier aux entreprises publiques : lorsque l'actionnaire public possède la majorité des pouvoirs dans les organismes délibérants[770]. D'ailleurs,

> [l] es notions de *pouvoir prépondérant* ou *d'influence dominante* coïncident mieux avec la réalité économique. Elles permettent de réintégrer dans le secteur public les SÉM à participation publique minoritaire ou au moins certaines d'entre elles, dans lesquelles l'État entend exercer une « influence dominante ».[771]

Au niveau européen, la Directive relative à la transparence des relations financières entre les États membres et les entreprises publiques définit l'entreprise publique comme étant « toute entreprise sur laquelle les pouvoirs publics exercent directement ou indirectement une influence dominante du fait de la propriété, de la participation financière ou des

---

768. François BOSTNAVARON, « Air Algérie poursuit ses efforts de réorganisation pour préparer sa privatisation », *Le Monde*, 16 mai 2006, p. 14.
769. Art. 83 (7) LGFP
770. Ch. DEBBASCH et F. COLIN, *op. cit.*, note 35, p. 319 ; C. DEVÈS, loc. cit., note 718, p. 30.
771. C. DEVÈS, *Id.*

règles qui la régissent »[772]. Nous voyons donc par cette directive, qui adopte l'approche préconisée par l'article 90 du *Traité de Rome*, que le critère patrimonial n'est pas le seul qui permette de considérer l'appartenance d'une SCM au secteur public et conséquemment, d'assurer la mutation de l'entreprise publique dans le cadre de l'intégration économique.

ii. Des dérogations au droit commercial à la disposition de l'État minoritaire

En tant qu'actionnaire minoritaire, l'État peut disposer de diverses dérogations au droit commercial qui lui permettent d'assurer la maîtrise de la SCM. Le droit de vote est un exemple de ces dérogations. Ainsi, contrairement au droit commercial suivant lequel une action égale une voix[773], l'État minoritaire peut disposer d'actions à vote multiple. De plus, des règles de majorité spéciale peuvent être adoptées de manière à favoriser l'État malgré son statut d'actionnaire minoritaire. Le plafonnement du vote personnel des actionnaires privés est aussi envisageable. À cet égard, les statuts peuvent fixer un seuil maximal quant au nombre de voix détenues par les actionnaires privés quel que soit le nombre d'actions qu'ils détiennent. L'État peut aussi être directement à l'origine du financement de l'entreprise malgré sa minorité. Même si l'État est minoritaire au sein de la SCM, il peut partager sa place avec plusieurs actionnaires privés qui, pris individuellement, n'ont pas plus d'actions que lui. L'État demeure alors l'actionnaire le plus important de l'entreprise.

Exposons maintenant le cas de l'action spécifique, apparentée à la *golden share* anglaise, qui peut être attribuée à l'État lors de la privatisation de l'une de ses entreprises[774]. Des lois privatisant des entreprises britanniques (Jaguar, Bristol ou Cable and Wireless) ont prévu la détention par le gouvernement anglais d'une golden share. En France, l'article 10 de la *Loi n° 86-912 du 6 août 1986 relative aux modalités d'application des privatisations décidées par la loi n° 86-793 du 2 juillet 1986* a instauré le mécanisme de l'action spécifique « [...] qui n'est pas sans rappeler l'esprit de l'économie mixte puisqu'il s'agit de conférer à l'État des prérogatives tout à fait inhabituelles dans le droit commun des sociétés »[775]. En septembre 2007, la Belgique a demandé à la Commission européenne l'autorisation d'acquérir

---

772. Directive 80/723, précitée, note 728, art 2 ; CJCE 6 juillet 1982, *France, Italie, Royaume-Uni c. Commission*, aff. 188 à 190/80, *Rec. CJCE*, p. 2545.

773. Voir : art. 102 LcQ et art. 140 (1) LCSa

774. Michael MORAN, *The British regulatory state*, Oxford, Oxford University Press, 2003, p. 112.

775. C. DEVÈS, *loc. cit.*, note 718, p. 39 ; Loi n° 86-912 du 6 août 1986 relative aux modalités d'application des privatisations décidées par la loi n° 86-793 du 2 juillet 1986, *JO* 7 août 1986, p. 9695.

une golden share dans l'entreprise GDF-Suez, afin de défendre ses intérêts dans le groupe fusionné dont la France est propriétaire à 35 %. La Belgique devait demander cette autorisation car le procédé de la golden share est une exception à la libre circulation des capitaux et à la liberté d'établissement, principes essentiels de l'Union européenne. En effet, cette catégorie d'actions octroie divers pouvoirs à l'État tels ceux d'interdire la détention d'actions par des étrangers, d'exiger que le président de l'entreprise soit de nationalité britannique ou d'interdire que le capital ne soit détenu par une seule personne. Cela ressemble aux privilèges législatifs dont nous avons parlé précédemment. La Commission a auparavant accepté la golden de share de la France dans l'ensemble GDF-Suez, pour la principale raison qu'elle protège l'approvisionnement stratégique du pays. Mais, généralement elle n'est pas favorable aux *golden shares*. D'ailleurs, le 23 octobre 2007, la Cour de justice des Communautés européennes a condamné la République fédérale d'Allemagne (ci-après « République ») à abroger le dispositif de golden share qu'elle détient dans le fabriquant d'automobiles Volkswagen qui fut privatisé[776]. La République protège ainsi l'entreprise contre les tentatives de rachat. La Cour de justice des Communautés européennes a donné raison à la Commission européenne qui avait lancé la procédure d'infraction contre la République en 2003. La Basse-Saxe et la République pouvaient nommer chacun deux représentants au conseil de surveillance en autant qu'ils étaient actionnaires. Malgré le fait que l'État fédéral allemand ne possède plus d'actions dans l'entreprise, il lui suffirait d'en acheter une seule pour avoir ce privilège. Ils bénéficient donc de plus de droits que les actionnaires « ordinaires ». La Cour de justice a indiqué que ce droit spécifique est contraire au droit commun des sociétés et au seul bénéfice des acteurs publics. Il s'agit-là d'une restriction aux mouvements de capitaux car, sachant qu'ils ne pourront participer activement aux décisions de l'entreprise, les investisseurs étrangers ne seront pas tentés de devenir actionnaires[777]. Cette décision de la Cour de justice des Communautés européennes permettra probablement à l'entreprise Porsche de prendre le contrôle de Volkswagen.

Ainsi, selon nous, une SCM fait partie du secteur public lorsque l'État possède au moins la majorité des actions ou, dans le cas où la part du capital qu'il détient est minoritaire, s'il exerce une influence ou un pouvoir déterminant dans l'entreprise. Ce dernier critère étant cependant difficile à définir, une intervention législative ou jurisprudentielle serait la bienvenue en ce domaine.

---

776. CJCE 23 octobre 2007, *Commission c. République fédérale d'allemagne*, aff. C-112/05.

777. *Id.*, n°s 60 à 69.

iii. La protection des actionnaires minoritaires

Ces dérogations dont bénéficie l'État peuvent être contrebalancées par des mesures de protection des actionnaires minoritaires qui visent à éviter les abus de la part des actionnaires majoritaires.

Plus particulièrement, la *Loi canadienne sur les sociétés par actions* offre une véritable protection aux actionnaires minoritaires. Ces derniers bénéficient de plusieurs droits tels celui de faire des propositions à l'assemblée annuelle ou le droit de dissidence. Ils ont aussi à leur disposition un grand nombre de recours. Ils peuvent demander le rachat de leurs actions, exercer un recours pour oppression en cas d'abus de leurs droits ou demander au tribunal la rectification des registres. Par ailleurs, étant donné que la *Loi sur les compagnies* du Québec prévoit peu de règles applicables en cette matière, il faut aussi se référer au droit civil. La *Loi sur les compagnies* permet néanmoins aux actionnaires minoritaires de réagir lorsque leurs droits sont susceptibles d'être atteints[778]. Le *Code civil du Québec* et le *Code de procédure civile* offrent aux actionnaires minoritaires certains recours intéressants[779] mais qui n'ont pas la portée de ceux qui sont prévus par la loi fédérale.

Les mesures de protection des actionnaires minoritaires peuvent-elles s'appliquer à l'État lorsqu'il est actionnaire minoritaire ? Nous croyons que oui, parce que les règles du droit commercial s'appliquent à la SCM dans une certaine mesure et qu'en plus l'État a le privilège de se soumettre à l'application de la loi. Il devrait donc pouvoir profiter des règles applicables aux actionnaires minoritaires. Dans l'arrêt *Sparling* c. *Québec (Caisse de dépôt et de placement du Québec)*[780] la Cour suprême du Canada a jugé que la Caisse, qui avait décidé de se prévaloir de certains avantages de la *Loi canadienne sur les sociétés par actions*, devait assumer les obligations qui y sont rattachées.

Dans cette section, nous avons constaté que le partage du capital-actions de l'entreprise publique est une méthode qui permet sa mutation. Diverses questions relatives à cette méthode restent en suspens. Les expériences des prochaines années nous permettront peut-être d'y voir plus clair afin d'affiner cette méthode qui, nous l'espérons sera appliquée dans un but de mutation et non pas de privatisation de l'entreprise publique.

---

778. Arts. 49 [le compromis], 51 [l'acquisition forcée d'actions], 110 [l'inspection] et 123.44 [l'annulation de statuts] LcQ.
779. Arts. 33 [révision de la Cour supérieure] et 844 [recours en *mandamus*] C.p.c. ; art. 316 [recours en cas de fraude] C.c.Q.
780. [1988] 2 RCS 1015.

SECTION II
L'APPLICATION DE PRATIQUES DU SECTEUR PRIVÉ À L'ENTREPRISE PUBLIQUE

L'application de pratiques du secteur privé à l'entreprise publique fait l'objet de la deuxième section de ce chapitre consacré aux méthodes liées à la structure de l'entreprise publique pouvant être utilisées afin de permettre sa mutation.

Cette section est particulièrement intéressante alors que nous verrons que la présence du secteur privé au sein d'entreprises publiques se manifeste parfois de manière très subtile. Ainsi, les entreprises publiques peuvent emprunter des éléments structurels autrefois propres à l'entreprise privée sans porter atteinte à leur mission de service public. De la même manière, il ne faut pas perdre de vue que désormais l'entreprise publique exerce ses activités économiques dans un cadre mondialisé et concurrentiel. Il est donc nécessaire de la placer au même rang que ses homologues privés afin d'en assurer la pérennité. L'utilisation de méthodes du secteur privé est donc tout à fait justifiée afin d'assurer la mutation de l'entreprise publique. Elle doit même se poursuivre dans le cadre de la modernisation justifiée de l'État.

Nous avons donc choisi deux méthodes afin d'illustrer l'application à l'entreprise publique de pratiques qui étaient autrefois l'apanage du secteur privé. Il s'agit du gouvernement d'entreprise et de la filialisation.

1. L'application du gouvernement d'entreprise à l'entreprise publique

Actuellement, partout dans le monde les entreprises privées et publiques vivent de profonds bouleversements. Plus particulièrement, des scandales financiers tels que ceux d'Enron et de Worldcom ont entraîné une remise en cause mondiale des règles de gouvernance des entreprises.

C'est ainsi qu'en 1999 et en 2004 l'Organisation de coopération et de développement économiques (OCDE) publia ses *Principes de gouvernement d'entreprise*[781] afin de mettre en place des règles coercitives en matière de gouvernance et de restaurer la confiance du public envers les entreprises. Nous pouvons lire dans le Préambule de ce document que :

---

781. ORGANISATION DE COOPÉRATION ET DE DÉVELOPPEMENT ÉCONOMIQUES, *Principes de gouvernement d'entreprise*,
[En ligne] http://www.oecd.org/dataoecd/32/19/31652074.PDF (Page consultée le 1er janvier 2009).

> Le gouvernement d'entreprise est l'un des principaux facteurs d'amélioration de l'efficience et de la croissance économiques et de renforcement de la confiance des investisseurs. Le gouvernement d'entreprise fait référence aux relations entre la direction d'une entreprise, son conseil d'administration, ses actionnaires et d'autres parties prenantes. Il détermine également la structure par laquelle sont définis les objectifs d'une entreprise, ainsi que les moyens de les atteindre et d'assurer une surveillance des résultats obtenus. Un gouvernement d'entreprise de qualité doit inciter le conseil d'administration et la direction à poursuivre des objectifs conformes aux intérêts de la société et de ses actionnaires et faciliter une surveillance effective des résultats obtenus.[782] (Nos soulignements).

L'organisation de l'entreprise telle que connue traditionnellement est bouleversée. Les relations entre le conseil d'administration et la présidence de l'entreprise sont modifiées. L'ère mondiale actuelle est à l'étape d'un renouveau de la manière de faire des affaires.

Malgré leur appartenance à l'État, les entreprises publiques n'échappent pas à cette vague. Elles sont appelées à s'y conformer. Il ne faut pas oublier qu'« [à] l'heure de la mondialisation et de la redéfinition du rôle de l'État, on met en question les différentes formes d'intervention publique. C'est particulièrement le cas des entreprises publiques dont les mécanismes de gouvernance sont relativement méconnus »[783]. Il est donc important de s'en préoccuper et de modifier leur cadre juridique afin de leur permettre d'évoluer dans l'environnement économique et social actuel. Ainsi, en 2005, l'OCDE a publié des lignes directrices concernant le gouvernement d'entreprise des entreprises publiques[784]. Dans le cadre de cette étude, nous verrons de quelle manière le gouvernement d'entreprise assure la mutation de l'entreprise publique afin de lui permettre d'exercer sa mission de service public dans le cadre de l'intégration économique.

1.1. L'évolution de l'application du gouvernement d'entreprise à l'entreprise publique

Lorsque nous avons entendu parler du gouvernement d'entreprise, nous ne pensions pas que ses répercussions sur la structure de l'entreprise publique étaient si importantes. Tel que nous le verrons, cette méthode,

---

782. *Id.*, p. 11.
783. L. SIMARD, A. DUPUIS et L. BERNIER, *loc. cit.*, note 425, p. 309.
784. ORGANISATION DE COOPÉRATION ET DE DÉVELOPPEMENT ÉCONOMIQUES, *Lignes directrices de l'OCDE sur le gouvernement d'entreprise des entreprises publiques*, [En ligne] http://www.oecd.org/dataoecd/47/6/34803478.pdf (Page consultée le 1er janvier 2009).

d'abord appliquée aux entreprises privées, est le fruit de réflexions provenant de divers acteurs.

a) Le gouvernement d'entreprise : un phénomène anglo-saxon

En 1999, Frédéric Parrat a écrit que depuis quelques années, « [l] es idées relatives au gouvernement d'entreprise ont émergé dans les pays anglo-saxons. L'Allemagne, le Japon et l'Italie commencent tout juste à s'intéresser au sujet »[785]. La *corporate governance* a été élaborée en Angleterre et aux États-Unis en réaction à divers phénomènes affectant les entreprises privées, tels que le développement important des offres publiques d'achat, les opérations de fusions-acquisitions, la montée des investisseurs institutionnels, l'émergence des fonds de pension et les pertes financières subies par de grandes entreprises américaines dans les années 1990.

En 1994, l'American Law Institute, qui réunit les grands juristes du pays, a publié un rapport intitulé *Principles of Corporate Governance. Analysis and recommendations*[786]. C'est cependant en Angleterre que la *corporate governance* est véritablement née. En 1992, Sir Adrian Cadbury élabora le code intitulé *Report on the Commitee on the Financial Aspects of Corporate Governance : The Code of Best Pratice.* Il s'agit du premier code en matière de gouvernement d'entreprise. En 1995 le code intitulé *Director's remuneration* de Sir Richard Greenbury et en 1998 le *Combined Code*[787] lui ont succédé.

Le *Code Cadbury* comprend dix-neuf recommandations concernant les « [...] principes que toute société doit mettre en œuvre au regard de la séparation des pouvoirs exécutifs et de contrôle, la composition du conseil ou encore l'élaboration d'une charte sur les droits et les devoirs des administrateurs »[788]. Le *Code Greenbury* est consacré au problème de la rémunération des dirigeants au sein des sociétés cotées. Il recommande la création d'un

---

785. Frédéric PARRAT, *Le gouvernement d'entreprise – Ce qui a changé, ce qui va encore évoluer*, Paris, Maxima, 1999, p. 259.
786. AMERICAN LAW INSTITUTE, *Principles of Corporate Governance. Analysis and recommendations*, St-Paul, American Law Institute Publishers, 1 994 ; J.-P. COLSON, *op. cit.*, note 359, n° 344, p. 353.
787. COMMITTEE ON THE FINANCIAL ASPECTS OF CORPORATE GOVERNANCE, *Report on the Commitee on the Financial Aspects of Corporate Governance : The Code of Best Pratice*, [En ligne] http://www.juridix.net/cg/cadbury.pdf (Page consultée le 1er janvier 2009), ci-après désigné « *Code Cadbury* » ; COMMITTEE ON THE FINANCIAL ASPECTS OF CORPORATE GOVERNANCE, *Code of best practices*, [En ligne] http://www.juridix.net/cg/greenbury.pdf (Page consultée le 1er janvier 2009), ci-après désigné « *Code Greenbury* » ; COMMITTEE ON THE FINANCIAL ASPECTS OF CORPORATE GOVERNANCE, *Combined Code : Principles of good governance and code of best practice*, [En ligne] http://www.juridix.net/cg/combined_code_cg_cadgreen_en. pdf (Page consultée le 1er janvier 2009), ci-après désigné « *Combined Code* ».
788. F. PARRAT, *op. cit.*, note 785, p. 246.

comité de la rémunération dont les membres n'entretiendraient aucun lien avec les dirigeants de l'entreprise. À cet égard, il prévoit la confection par le président du comité d'un rapport annuel présentant de manière détaillée les rémunérations attribuées aux dirigeants.

Le Combined Code est une combinaison du *Code Cadbury* et du *Code Greenbury*. La section I de ce code est consacrée aux principes applicables à l'entreprise, tandis que la section II contient les principes et les dispositions applicables à ses actionnaires (vote, évaluation, etc.). La section I prévoit la séparation entre le conseil d'administration et la présidence de l'entreprise. Ainsi, le *Combined Code* préconise la séparation des fonctions de directeur général de la compagnie de celle du président du conseil. Un processus formel et transparent doit être mis en place afin de fixer des rémunérations alléchantes permettant d'attirer des dirigeants compétents. La rémunération de chaque directeur doit être divulguée dans le rapport annuel de l'entreprise. Le code est favorable à la formation d'un comité d'audit (aussi appelé comité de vérification dans certains cas).

Principalement, le gouvernement d'entreprise suggère le renforcement des rapports entre les hauts dirigeants de l'entreprise et le conseil d'administration. Il valorise la surveillance des activités de l'entreprise, la transparence, l'information, l'imputabilité, l'intégrité et l'éthique.

Aujourd'hui, l'application du gouvernement d'entreprise aux entreprises privées s'est notamment étendue en France, en Allemagne, en Suède, en Italie, en Australie, en Nouvelle-Zélande, en Suisse et, plus près de nous, au Canada. Mais qu'en est-il de son application à l'entreprise publique ?

b) L'entreprise publique et le gouvernement d'entreprise

Le gouvernement d'entreprise a commencé à s'appliquer peu à peu à l'entreprise publique avec l'essor de la « gouvernance ». Tel que l'a écrit Daniel Mockle, « [l] e terme "gouvernance" [...] indique la priorité accordée aux méthodes et aux mécanismes de transformation de l'action publique, ainsi qu'aux modes de gestion. [...] Il faut d'abord appréhender la gouvernance comme un phénomène politique et administratif qui reflète la transformation du rôle des États dans un contexte de mondialisation »[789].

C'est ainsi que, tel qu'indiqué précédemment, en 2005 l'OCDE publia ses lignes directrices sur le gouvernement d'entreprise des entreprises publiques. Il s'agit d'un complément aux Principes de gouvernement d'entreprise

---

789. Daniel MOCKLE, « La gouvernance publique et le droit », (2006) 47 *C. de D.* 89, p. 159.

qu'elle a publiés en 2004[790]. Les lignes directrices de l'OCDE sont divisées en six sujets principaux : I – Garantir aux entreprises publiques un cadre juridique et réglementaire efficace ; II – L'État actionnaire ; III - L'égalité de traitement entre les actionnaires ; IV – Les relations entre les parties prenantes ; V – La transparence et la diffusion de l'information ; VI - Les responsabilités du conseil d'administration d'une entreprise publique.

Le gouvernement d'entreprise est certainement une méthode qui permet la mutation de l'entreprise publique de service public :

> Si on peut donc sans inconvénients accepter la privatisation intégrale des entreprises de secteur concurrentiel, on peut admettre pour les entreprises de service public jouissant de monopoles naturels ou gérant des actifs dont l'horizon temporel de valorisation échappe aux investisseurs privés, le maintien de l'entreprise publique mais avec la présence d'actionnaires privés afin d'empêcher la prédation et obliger l'État à se comporter en actionnaire.
>
> Dans ce cas [...], il faut envisager des règles de « corporate governance » publique [...].[791]

Il faut dire que pour les entreprises publiques, « [l] a privatisation a [...] été présentée comme une panacée [...] »[792]. Cependant, « [d] ans bien des cas, les exigences de l'intérêt public et les contraintes du marché auraient justifié des solutions plus limitées et peut-être plus imaginatives : un meilleur contrôle politique et financier, une gestion plus rigoureuse, l'association des travailleurs à la gestion »[793] tel que le permet l'application du gouvernement d'entreprise aux entreprises publiques.

i. L'application du gouvernement d'entreprise aux entreprises publiques canadiennes

Le Canada, reconnaît l'application des règles du gouvernement d'entreprise à l'entreprise publique. Les entreprises publiques fédérales sont régies par la Partie X de la *Loi sur la gestion des finances publiques*. En 2005, le législateur fédéral a intégré dans la LGFP certaines règles propres au gouvernement d'entreprise. Ainsi, en vertu de l'article 105 (6) LGFP le conseil d'administration participe maintenant à la nomination des hauts dirigeants de la société, et ce, toujours en collaboration avec le ministre : « Le ministre de tutelle consulte le conseil d'administration d'une société d'État mère avant que ses administrateurs-dirigeants ne soient nommés ». Au

790. ORGANISATION DE COOPÉRATION ET DE DÉVELOPPEMENT ÉCONOMIQUES, *op. cit.*, note 784 ; ORGANISATION DE COOPÉRATION ET DE DÉVELOPPEMENT ÉCONOMIQUES, *op. cit.*, note 781.
791. É. COHEN et C. HENRY, *op. cit.*, note 24, p. 65 et 66.
792. P. ISSALYS et D. LEMIEUX, *op. cit.*, note 1, n° 16.5, p. 1258.
793. *Id.*

sens de la LGFP, le terme « administrateurs-dirigeants » s'entend du président et du premier dirigeant, indépendamment de leur titre, d'une société d'État mère[794]. Soulignons que, selon l'article 105 (2) de la LGFP, la majorité des administrateurs d'une société d'État mère ne peut être constituée de dirigeants ou de salariés de la société. L'article 148 LGFP prévoit aussi la constitution d'un comité de vérification : « Chaque société d'État mère dont le conseil d'administration se compose d'au moins quatre membres constitue un comité de vérification formé d'au moins trois administrateurs dont la majorité n'est pas prise parmi ses dirigeants ou salariés [...] ».

Antérieurement aux modifications apportées à la LGFP, le gouvernement canadien avait préparé divers documents concernant la gouvernance des entreprises. Ainsi, en 1993 il a publié le *Guide d'introduction aux rôles et aux responsabilités des administrateurs de sociétés d'État*[795] qui renferme des précisions relatives au régime de responsabilisation des sociétés d'État, notamment en matière de conflits d'intérêts. Il s'agit du premier pas canadien vers la reconnaissance de l'application des règles du gouvernement d'entreprise aux sociétés d'État fédérales. En juin 1996, il dévoilait les *Lignes directrices sur la régie des sociétés d'État et autres entreprises publiques*[796]. Ce rapport présente des moyens qui permettent d'accroître l'efficacité des conseils d'administration. Il s'inspire de moyens provenant du secteur privé. N'étant que des indicateurs, ces moyens n'ont aucune valeur normative.

Plus spécifiquement, le rapport présente dix lignes directrices portant sur la gérance de la société, la collaboration avec la direction ainsi que le fonctionnement du conseil. La ligne directrice n° 1 prévoit que le conseil d'administration doit assumer formellement la responsabilité de la gérance de la société. La ligne directrice n° 3 prévoit que le conseil d'administration de chaque société doit veiller à ce que la société communique efficacement avec le gouvernement, les autres intervenants et le grand public. Suivant la ligne directrice n° 4, le conseil d'administration doit travailler en étroite collaboration avec la direction. En vertu de la ligne directrice n° 5, le conseil d'administration doit cependant s'assurer d'être indépendant par rapport à la direction. À cet égard, le gouvernement fédéral est favorable à la séparation des fonctions de président-directeur général de l'entreprise et de président du conseil. La constitution de comités (comité de direction, comité de vérification, comité de régie de la société et comité des ressources humaines) est

794. Art. 104.1 LGFP

795. GOUVERNEMENT DU CANADA, *Guide d'introduction aux rôles et aux responsabilités des administrateurs de sociétés d'État,* [En ligne] http://www.tbs-sct.gc.ca/gov-gouv/role/role01-fra.asp (Page consultée le 1er janvier 2009).

796. MINISTÈRE DES FINANCES ET SECRÉTARIAT DU CONSEIL DU TRÉSOR DU CANADA, *La régie des sociétés d'État et autres entreprises publiques – Lignes directrices,* [En ligne] http://www.tbs-sct.gc.ca/gov-gouv/entreprise/entreprise01-fra.asp (Page consultée le 1er janvier 2009).

aussi recommandée afin de renforcer l'indépendance du conseil d'administration. L'évaluation du poste de chef de la direction par le conseil d'administration est prévue à la ligne directrice n° 6. La gérance de la société devant être au cœur des préoccupations du conseil d'administration, la ligne directrice n° 10 prévoit qu'il est préférable que le conseil assume la responsabilité de déterminer l'approche de la société en cette matière.

Le chapitre XVIII du *Rapport du vérificateur général du Canada*[797] publié en décembre 2000, traitait de la régie des sociétés d'État. Le Vérificateur indique que le principal critère de nomination des membres du conseil d'administration doit être la compétence et non pas le sexe ou la politique. L'établissement d'un profil de compétences est la solution préconisée par le Vérificateur afin de s'assurer que les nominations répondent véritablement aux besoins du conseil[798]. Dans son rapport, le Vérificateur préconise le fait que le gouvernement consulte le conseil d'administration au sujet de la nomination du président[799]. À cet égard, le modèle du « conseil qui fait la recherche » est jugé le plus efficace. Dans ce cas, l'entreprise publique dirige le processus de sélection par l'intermédiaire du conseil ou d'un comité. Les candidats sont interviewés tant par le conseil que par le ministre et il revient au gouvernement d'effectuer la sélection finale[800]. Le Vérificateur réitère aussi l'importance du comité de vérification au sein de l'entreprise publique.

En février 2005, le Conseil du Trésor a déposé un rapport concernant le cadre de gouvernance des entreprises publiques canadiennes[801]. Ce rapport présente diverses mesures ayant pour objectif d'accroître la surveillance, la gestion, la responsabilisation et la transparence des entreprises publiques fédérales. Plus spécifiquement, ces mesures visent à clarifier les liens entre les ministres et les entreprises publiques, à préciser les régimes de responsabilisation, à rendre le processus de nomination plus transparent, à harmoniser la gouvernance et les réformes du secteur privé, à renforcer les régimes de

---

797. BUREAU DU VÉRIFICATEUR GÉNÉRAL DU CANADA, *Rapport du vérificateur général du Canada – décembre 2000, La régie des sociétés d'État*, chapitre XVIII, [En ligne] http://www.oag-bvg.gc.ca/domino/rapports.nsf/html/00menu_f. html (Page consultée le 1er janvier 2009).
798. *Id.*, p. 18-14.
799. *Id.*, p. 18-17.
800. *Id.*, p. 18-19 et 18-20.
801. GOUVERNEMENT DU CANADA, *Examen du cadre de gouvernance des sociétés d'État du Canada – Répondre aux attentes des Canadiennes et des Canadiens*, [En ligne] http://www.tbs-sct.gc.ca/report/rev-exa/gfcc-cgse_f. asp (Page consultée en 2006-2007, mais introuvable au 1er janvier 2009).

vérification et à accroître la transparence des activités et du fonctionnement[802].

Examinons maintenant diverses mesures proposées par ce rapport. La mesure n° 6 favorise l'indépendance du conseil d'administration face à la direction. Elle indique que les postes de président du conseil et de président-directeur général de l'entreprise doivent être occupés par des personnes différentes. La mesure n° 10 suggère l'adoption d'une charte dans laquelle les rôles et les responsabilités du conseil et des comités seraient précisément définis.

Par les mesures n°s 13 et 15, le gouvernement propose la création d'un comité de vérification pour toutes les entreprises publiques dont le rôle serait de surveiller les affaires de l'entreprise et dont relèveraient les vérificateurs internes et externes. En vertu de la mesure n° 26, le Vérificateur général serait le co-vérificateur de toutes les entreprises publiques. Il travaillerait en partenariat avec les vérificateurs provenant du secteur privé. En décembre 2006, le gouvernement fédéral a adopté la *Loi fédérale sur la responsabilité*[803] en vertu de laquelle le Vérificateur général dispose d'un pouvoir renforcé, notamment sur les entreprises publiques. Cette loi a aussi modifié la *Loi sur l'accès à l'information*[804] puisqu'elle étend sa portée à toutes les entreprises publiques fédérales.

ii. Les entreprises publiques québécoises assujetties au gouvernement d'entreprise

En décembre 2004, le gouvernement du Québec a franchi une première étape en matière de gouvernement d'entreprise en adoptant la *Loi modifiant la Loi sur la Caisse de dépôt et placement du Québec*[805]. Cette loi a établi les règles de gouvernance applicables à la Caisse de dépôt et placement du Québec. Elle a eu particulièrement des répercussions sur les règles qui régissent le fonctionnement de son conseil d'administration et ses pouvoirs.

En avril 2006 le gouvernement du Québec a publié un énoncé de politique intitulé *Moderniser la gouvernance des sociétés d'État*[806]. Selon

---

802. Communiqué de presse, *Le président du Conseil du Trésor dépose l'examen de la gouvernance des sociétés d'État*, [En ligne] http://www.tbs-sct.gc.ca/media/nr-cp/2005/0217_f. asp (Page consultée en 2006-2007, mais introuvable au 1er janvier 2009).

803. Titre abrégé de la *Loi prévoyant des règles sur les conflits d'intérêts et des restrictions en matière de financement électoral, ainsi que des mesures en matière de transparence administrative, de supervision et de responsabilisation*, L.C. 2006, c. 9, Sommaire.

804. LRC (1985), c. A-1.

805. *Loi modifiant la Loi sur la Caisse de dépôt et placement du Québec*, L.Q. 2004, c. 33, ci-après désignée « *Loi modifiant la Loi sur la Caisse de dépôt* ».

806. GOUVERNEMENT DU QUÉBEC, *Moderniser la gouvernance des sociétés d'État*, Bibliothèque nationale du Québec, [En ligne] http://www.finances.gouv.qc.ca/

nous, ce document s'inscrit favorablement dans la lignée d'une réforme nécessaire de l'État et de ses entreprises. Le gouvernement a manifesté sa volonté d'avoir des entreprises performantes, transparentes et imputables[807]. Afin d'y arriver, une modification de la gouvernance de ses entreprises s'impose. À ce sujet, le gouvernement est d'avis que « [l] e Québec sortira gagnant d'une gouvernance modernisée de ses sociétés d'État axée sur la confiance à renforcer et l'intérêt public à préserver »[808].

Pour faire suite à son énoncé de politique, le 14 décembre 2006 le gouvernement du Québec a adopté la *Loi sur la gouvernance des sociétés d'État et modifiant diverses dispositions législatives*[809] entrée en vigueur le jour même. Cette loi a pour objet d'introduire des règles de gouvernance au sein de certaines entreprises publiques québécoises, à savoir Hydro-Québec, Investissement Québec, la Société de l'assurance automobile du Québec, la SAQ, Loto-Québec et la Société générale de financement du Québec. Cette loi, grandement inspirée de la *Loi modifiant la Loi sur la Caisse de dépôt* de 2004, vise notamment la composition, le fonctionnement et les responsabilités du conseil d'administration. Les autres mécanismes de gouvernance ont également été revus. Au cours des prochaines années, son application s'étendra à d'autres organismes étatiques.

C'est ainsi que cette *Loi sur la gouvernance* a été adoptée en réponse à la popularité mondiale dont fait l'objet le gouvernement d'entreprise. Selon son article 1, elle a pour objet d'établir des principes de gouvernance d'entreprise afin de renforcer la gestion des sociétés d'État dans une optique visant à la fois l'efficacité, la transparence et l'imputabilité des composantes de leur direction.

Voyons maintenant les conséquences de l'application du gouvernement d'entreprise et de la *Loi sur la gouvernance* à l'entreprise publique québécoise.

1.2. Les conséquences de l'application du gouvernement d'entreprise à l'entreprise publique québécoise

À première vue, les principes du gouvernement d'entreprise semblent répondre au critère de rentabilité qui caractérise le secteur privé. Les idées d'intérêt général, de service public et de secteur public paraissent étrangères à ce nouveau type de *management*. Nous croyons que la réalité est toute autre et que l'application de ces principes à l'entreprise publique, telle que

---

documents/Autres/fr/Moderniser_GouvernanceEtat. pdf (Page consultée le 1er janvier 2009).

807. *Id.*, p. 1.

808. *Id.*, p. XIII.

809. LRQ, c. G-1.02, ci-après désignée « *Loi sur la gouvernance* » ou « L.g.s.é. ».

proposée par l'OCDE, assure sa modernisation dans le respect du service public. En effet, « [...] ce thème se singularise par la recherche de nouvelles techniques de gouvernement ou de modes différents de gouvernement en vue de combler des besoins que les modes traditionnels d'intervention de l'État ne parviennent pas à satisfaire »[810]. Il semble que le gouvernement d'entreprise permette de rapprocher les entreprises publiques des citoyens à l'ère actuelle d'ouverture des marchés et de privatisation. Les principes du gouvernement d'entreprise « [...] inscrivent les entreprises publiques dans un cadre réglementaire général qui doit pouvoir préserver la spécificité du comportement des entreprises publiques »[811].

Nous exposons donc dans cette étude les conséquences de l'application du gouvernement d'entreprise à l'entreprise publique québécoise. N'oublions pas que le gouvernement d'entreprise est une méthode qui laisse place à la mutation de l'entreprise publique dans le cadre de l'intégration économique.

a) Le rôle renforcé du conseil d'administration

Le gouvernement d'entreprise préconise le renforcement du rôle du conseil d'administration de l'entreprise, tel que prévu à la *Loi sur la gouvernance*. L'avenir dira si ces conseils renforcés seront aptes à remplir leur rôle et ce qu'il faudra faire si la réponse n'est pas à la hauteur des attentes du gouvernement.

La *Loi sur la gouvernance* attribue diverses responsabilités au conseil d'administration. Par exemple, suivant son article 14, le conseil d'administration établit les orientations stratégiques de la société et s'assure de leur application. De même, l'article 15 L.g.s.é. énumère de manière non limitative les fonctions du conseil d'administration. Celui-ci doit notamment approuver les règles de gouvernance de la société (par. 3), approuver le code d'éthique (par. 4), approuver les profils de compétence et d'expérience requis pour la nomination des membres du conseil (par. 5), adopter des mesures d'évaluation de l'efficacité et de la performance de la société et approuver la nomination des dirigeants autres que le président-directeur général (par. 13). Soulignons que le conseil d'administration sera consulté par le gouvernement pour la nomination de l'un de ses membres. Le conseil d'administration recommandera les profils de savoir-faire et d'expérience requis des membres du conseil[812]. Les conseils d'administration jouent désormais un rôle important au sein des entreprises publiques visées par la *Loi sur la gouvernance*.

---

810. Daniel MOCKLE, « Mondialisation et État de droit », (2000) 41 C. *de D.* 237, p. 282.
811. Jean-Yves CHÉROT, « L'avenir des entreprises publiques nationales dans le contexte des réformes sur le gouvernement d'entreprise », *Dr. adm.* 2006.4.5, p. 7.
812. Art. 15 (5) et (13) L.g.s.é.

L'un des objectifs de la *Loi sur la gouvernance* est de moderniser de façon substantielle les conseils d'administration des entreprises publiques notamment par le biais de la création de comités spéciaux et ce, dans la foulée du gouvernement d'entreprise.

C'est ainsi que le Chapitre III de la *Loi sur la gouvernance* traite des divers comités que doit créer le conseil d'administration dans l'exercice de ses activités. Ainsi, l'article 19 de cette loi prévoit que le conseil d'administration doit constituer un comité de gouvernance et d'éthique, un comité de vérification et un comité des ressources humaines.

En vertu de l'article 22, le comité de gouvernance et d'éthique doit élaborer deux codes d'éthique, dont l'un pour la conduite des affaires de la société et l'autre applicable à ses membres du conseil d'administration et à ses dirigeants (par. 1 et 2), en plus de mettre en place des critères d'évaluation du fonctionnement du conseil (par. 6). En vertu de l'article 22 (4) et (5), ce comité doit instaurer un processus d'évaluation des membres et de fonctionnement du conseil d'administration. Pour sa part, le comité de vérification s'occupe de vérifier les états financiers de la société et de veiller à l'utilisation optimale des ressources[813]. En vertu de l'article 27 le comité des ressources humaines a pour fonction d'élaborer et de proposer un profil de compétence et d'expérience pour la nomination du président-directeur général (par. 2). Il doit aussi élaborer et proposer les critères d'évaluation du président-directeur général, et faire des recommandations au conseil concernant la rémunération de celui-ci, à l'intérieur des paramètres fixés par le gouvernement (par. 3).

C'est dans ce contexte, qu'en vertu de la *Loi sur la Caisse de dépôt et placement du Québec*, depuis 2004 le conseil d'administration de cette entreprise publique doit créer divers comités et évaluer l'intégrité des contrôles internes, des contrôles de la divulgation de l'information ainsi que des systèmes d'information et approuver une politique de divulgation financière[814]. De nouvelles règles d'éthique applicables aux dirigeants doivent être élaborées par le comité de gouvernance et d'éthique[815]. Des profils de compétence et d'expérience pour la nomination du président et des membres indépendants du conseil d'administration doivent être élaborés par le comité des ressources humaines[816]. Le comité de vérification est chargé de plusieurs tâches, dont notamment, celles de mettre en place un processus de gestion des risques et de vérifier les états financiers de la société avec le Vérificateur général[817].

---

813. Art. 24 (2) et (6) L.g.s.é.
814. Arts. 13.3 et 13.2.
815. *Id.*, art. 13.11 (4).
816. *Id.*, art. 13.10 (2).
817. *Id.*, art. 13.8 (2) et (8).

b) Nomination et rémunération des membres du conseil d'administration

Une pratique intéressante du gouvernement d'entreprise consiste à évaluer la performance des conseils d'administration. Cette pratique devrait s'étendre à toutes les entreprises publiques. La rémunération des membres du conseil d'administration constitue un enjeu important qui permet d'en assurer la performance puisqu'elle est un élément de motivation. Cette rémunération pourrait s'évaluer au mérite selon l'ampleur des tâches et des responsabilités confiées.

Ainsi, en vertu de la *Loi sur la Caisse de dépôt et placement du Québec* le conseil d'administration de cette entreprise nomme le président-directeur général avec l'approbation du gouvernement et fixe sa rémunération[818]. Désormais les membres du conseil d'administration des six entreprises visées par la *Loi sur la gouvernance* et ceux de la Caisse de dépôt et placement du Québec, pourront bénéficier d'une rémunération déterminée par le Gouvernement[819].

Le gouvernement d'entreprise valorise l'établissement d'une limite au nombre de mandats pouvant être effectués par les administrateurs de la société et la durée de ceux-ci.

L'article 4 L.g.s.é. prévoit la nomination de membres indépendants au sein du conseil d'administration. Un « membre indépendant » est celui qui n'a pas de relations ou d'intérêts quelconques susceptibles de nuire à la qualité de ses décisions concernant la société. Au moins deux tiers des membres du conseil doivent être indépendants.

Président de l'Institut sur la gouvernance d'organisations privées et publiques, Yvan Allaire attribue plusieurs mérites à une bonne gouvernance des entreprises publiques. Il considère qu

> [u] ne bonne gouvernance des sociétés d'État rend le gouvernement plus vulnérable devant le grand public et les médias pour les décisions prises à son insu par celles-ci ; par contre, une mauvaise gouvernance aboutit à des sociétés d'État moins performantes, politisées et bureaucratiques, mais possiblement moins risquées politiquement pour les gouvernements [...].[820]

Il faut donc éviter que le gouvernement assume les responsabilités du conseil de sorte que ce dernier n'aurait plus sa véritable raison d'être et ne pourrait plus jouer pleinement son rôle.

---

818. *Id.*, art. 5.3.
819. GOUVERNEMENT DU QUÉBEC, *op. cit.*, note 806, p. 18 ; art. 39 (1) L.g.s.é.
820. Yvan ALLAIRE, « La gouvernance des sociétés d'État : entre le paradoxe et l'ambiguïté », *Le Soleil*, 3 mars 2006, p. A-15.

c) La séparation des fonctions

La séparation des fonctions de président du conseil d'administration de celle de président-directeur général de l'entreprise est l'un des principes du gouvernement d'entreprise. La *Loi sur la Caisse de dépôt et placement du Québec* prévoit d'ailleurs la séparation des fonctions du président du conseil d'administration de celle du président-directeur général depuis sa modification en 2004[821].

Le Chapitre IV de la *Loi sur la gouvernance* est consacré à l'exercice des fonctions de président du conseil d'administration et de celle de président-directeur général. En vertu de l'article 28 L.g.s.é., ces fonctions ne peuvent être cumulées. Le président du conseil d'administration voit au bon fonctionnement des comités du conseil[822]. Il évalue aussi la performance des autres membres du conseil d'administration[823]. L'article 31 L.g.s.é. prévoit que pour sa part, le président-directeur général assume la direction et la gestion de l'entreprise suivant ses règlements et ses politiques. Il propose au conseil d'administration les orientations stratégiques ainsi que les plans d'immobilisation et d'exploitation de l'entreprise. Il lui est aussi possible d'exercer toute fonction que lui confie le conseil d'administration. Il veille à ce que le conseil d'administration dispose des ressources nécessaires à l'accomplissement de ses fonctions[824].

d) Une vérification accrue

Le gouvernement d'entreprise favorise le souci d'une reddition de compte plus transparente et suggère un plus grand accès à l'information pour le Vérificateur général du Québec.

La divulgation des renseignements relatifs à la gouvernance fait l'objet du Chapitre VI de la *Loi sur la gouvernance*. L'article 36 L.g.s.é. prévoit que le rapport annuel de chaque société doit contenir un sommaire du rapport de chaque comité. La société doit aussi rendre public le code d'éthique de ses employés[825]. Suivant l'article 38 L.g.s.é., divers renseignements concernant les membres du conseil d'administration doivent être inclus dans une section consacrée à la gouvernance au sein même du rapport annuel de la société. L'article 39 L.g.s.é. prévoit que certains renseignements relatifs à la rémunération des dirigeants doivent être dévoilés dans le rapport annuel de la société : la rémunération et les avantages versés à chacun des membres du conseil (par. 1), la rémunération, y compris la rémunération variable et les autres avantages, versée à chacun des cinq dirigeants les mieux rémunérés de

821. *Loi sur la Caisse de dépôt et de placement du Québec*, art. 5.2.
822. Art. 29 l.g.s.é.
823. Art. 30 l.g.s.é.
824. Art. 32 l.g.s.é.
825. Art. 37 l.g.s.é.

la société (par. 2), la rémunération, y compris la rémunération variable et les autres avantages, des administrateurs et des cinq dirigeants les mieux rémunérés de toute filiale en propriété exclusive de la société (par. 3) et les honoraires payés au vérificateur externe (par. 4).

Le rôle du Vérificateur général dans le cadre de la gouvernance des entreprises publiques demeure une question ouverte. Le Vérificateur général a-t-il les compétences pour évaluer les entreprises publiques ? Pour notre part, nous croyons qu'il est essentiel de faire du Vérificateur général un acteur clé du système de la gouvernance des entreprises publiques. Cela devrait transparaître dans la *Loi sur la gouvernance*. De même, le comité de vérification devrait être présidé par un administrateur externe. Ceci éviterait probablement certains conflits susceptibles de découler d'un trop grand intérêt de la part d'administrateurs à l'égard des affaires financières de la société.

Voici les éléments propres au gouvernement d'entreprise qui sont à notre avis les plus importants et les plus représentatifs de la ligne de conduite adoptée en matière de gouvernance d'entreprise publique au Québec. Est-ce que l'application aux entreprises publiques québécoises des règles de la gouvernance d'entreprises est annonciatrice d'un changement de mentalité ou, en d'autres mots, d'une volonté de préserver nos institutions publiques ? Nous l'espérons étant donné que « [...] les débats sur les privatisations ont eu pour conséquence que l'étude de l'évolution des entreprises publiques encore existantes est négligée depuis 25 ans »[826]. Dans son ensemble, nous considérons positivement cette démarche du gouvernement du Québec.

2. La filialisation de l'entreprise publique

L'application à l'entreprise publique de pratiques propres au secteur privé se perçoit aussi à travers un mouvement important de filialisation. À l'image des multinationales privées, l'entreprise publique crée des filiales qui lui permettent d'intervenir sur les marchés étrangers. La diversification des activités de l'entreprise publique par la création de filiales est désormais essentielle à sa survie dans un environnement mondialisé et concurrentiel.

Malgré ses avantages, la filialisation de l'entreprise publique soulève diverses problématiques juridiques sur lesquelles nous donnerons notre point de vue dans les lignes qui suivent. La question centrale de cette étude consiste à se demander si la filialisation est une méthode qui assure la mutation de l'entreprise publique. Afin de répondre à cette question, nous procéderons en deux temps en nous basant sur la notion de service

---

826. L. SIMARD, A. DUPUIS et L. BERNIER, *loc. cit.*, note 425, p. 309.

public. Nous établirons l'appartenance de la filiale au secteur public afin de la qualifier d'entité publique et nous verrons si ses activités satisfont des besoins collectifs. Cette démarche nous permettra certainement de conclure à la possible mutation de l'entreprise publique investie d'une mission de service public par la filialisation.

2.1. L'appartenance de la filiale au secteur public

Le sujet de l'appartenance de la filiale au secteur public soulève des doutes. À première vue, l'État semble être propriétaire de diverses entreprises « privées », ce qui nous incite à considérer les filiales comme des entités de droit privé étrangères au secteur public non assujetties à des obligations de service public. Cela est-il réaliste ? C'est ce que nous verrons immédiatement.

a) La création de filiales

Entraînée dans le mouvement de mondialisation des marchés, l'entreprise publique doit désormais exercer ses activités au niveau international. Dans ce contexte, la filialisation présente plusieurs avantages pour l'entreprise publique. Elle lui permet de « [...] profiter des avantages économiques de l'intégration [...], ou même [de] tirer purement ou simplement profit de disponibilités financières [...] ou techniques [...] »[827]. Plus particulièrement, « [l] e statut de filiale sera particulièrement utile aux succursales situées à l'étranger ; de nombreux obstacles fiscaux et douaniers seront levés, car la filiale sera généralement considérée comme ressortissant du pays où elle est installée » [828]. En milieu concurrentiel, la filiale se trouve placée dans la même situation que n'importe quelle entreprise privée, ce qui permet à l'entreprise publique de s'adapter aux nouvelles règles du marché international. L'entreprise publique est considérée comme un outil de développement technologique. La filialisation permet la progression de la technologie car « [...] de nos jours, une technologie ne peut progresser que si elle est "mondiale"[829] ». La création de filiales répond donc à la montée de l'intégration économique. Permettant sa mutation, la filialisation peut être considérée comme un instrument de survie de l'entreprise publique dans le contexte actuel.

Malgré ses avantages, la filialisation, comme moyen de diversification des activités de l'entreprise publique soulève des interrogations dans

---

827. André G. DELION, « Les entreprises publiques en France », dans André GÉLINAS (dir.), *L'entreprise publique et l'intérêt public,* Toronto, L'Institut d'administration publique du Canada, 1978, p. 119, à la p. 120.
828. N. QUOC VINH, *op. cit.*, note 528, n° 319, p. 253.
829. Jean-Pierre ANASTASSOPOULOS, Georges BLANC et Pierre DUSSAUGE, *Les multinationales publiques*, Paris, PUF, 1985, p. 146.

plusieurs milieux[830]. Cela est probablement dû au fait que le rattachement des filiales au secteur public est incertain.

Le mode de création des filiales est diversifié. Par exemple, en 1998 les entreprises publiques SOQUIA, SOQUEM, REXFOR ET SOQUIP sont devenues des filiales à cent pour cent de la Société générale de financement[831]. Des filiales peuvent aussi être créées de toutes pièces ou naître « [...] de “nationalisations sans le dire”, par rachat selon les modes capitalistes : négociations directes, ou même offres publiques d’échange ou d’achat en bourse »[832]. Au Québec et au Canada, la création de filiales nécessite l’approbation gouvernementale. Par exemple, l’article 39 de la *Loi sur Hydro-Québec* prévoit qu’Hydro-Québec « [...] ne peut, sans l’autorisation du gouvernement, acquérir ou détenir des actions d’une personne morale dans une proportion supérieure à 50 % ou dans une proportion suffisante pour élire la majorité des administrateurs de cette personne morale ».

La filialisation n’est pas l’équivalent d’une privatisation. Elle « [...] ne constitue pas une privatisation au sens de transfert d’entreprise du secteur public au secteur privé dès lors qu’isolément ou à plusieurs, les entreprises publiques créant une filiale conservent la majorité du capital »[833]. Soulignons qu’habituellement, le capital de la filiale appartient entièrement à l’entreprise publique. Nous parlons dans ce cas de « concentration absolue »[834].

Le droit distingue l’entreprise publique de premier rang des entreprises filiales. D’ailleurs, l’article 83 (1) de la Loi sur la gestion des finances publiques indique qu’une filiale à cent pour cent est une :

> Personne morale appartenant à cent pour cent à une ou plusieurs sociétés d’État mères, soit directement, soit par l’intermédiaire de filiales dont chacune n’appartient à cent pour cent, même indirectement, à une ou plusieurs sociétés d’État mères.

Cette loi nomme l’entreprise publique de premier rang « société d’État mère ». Il est aussi possible de considérer l’entreprise publique de premier rang comme étant une entreprise publique *directe* dont l’État détient le capital et/ou les pouvoirs de gestion. Dans ce cas, les filiales des entreprises publiques sont des entreprises publiques *indirectes*[835].

---

830. Patrice GARANT, « Enfin une loi-cadre des sociétés d’État au fédéral », (1985) 26 *C. de D.* 549, p. 558.
831. Loi sur le regroupement de certaines sociétés d’État, L.Q. 1998, c. 45 ; Pierre BRUNET (dir.), *op. cit.*, note 638, p. 21.
832. A. G. DELION, *loc. cit.*, note 827, p. 120.
833. S. BERNARD, *op. cit.*, note 722, p. 68.
834. N. QUOC VINH, *op. cit.*, note 528, n°s 314 à 322, p. 250 à 255.
835. A. G. DELION, *loc. cit.*, note 827, p. 122.

b) Le statut public de la filiale

Afin de répondre à notre question de départ, « [o] n peut également se demander quel est le statut des filiales des entreprises de la Couronne [...] »[836]. Peuvent-elles être considérées comme des entités publiques ?

L'article 4 de la *Loi sur l'accès* prévoit que « [l] es organismes gouvernementaux comprennent les organismes [...] dont le fonds social fait partie du domaine de l'État ». En 1999, dans l'affaire *Pouliot* c. *Hydro-Québec International* la Cour supérieure du Québec a conclu que le fonds social d'une filiale d'Hydro-Québec, appelée Hydro-Québec International, ne faisait pas partie du domaine public et que de ce fait, cette filiale n'était pas un organisme gouvernemental au sens de cet article 4. La Cour supérieure a conclu ainsi malgré qu'Hydro-Québec soit la seule actionnaire de cette filiale dont tout le fonds social appartient à l'État par son entremise[837].

En 2002, la Cour d'appel renversa cette décision. En effet, elle jugea que les mots « fonds social qui fait partie du domaine public » renvoient aux actions détenues par l'État et qu'en conséquence, la *Loi sur l'accès* s'applique aux entreprises dont les actions sont détenues par l'État[838]. Comme le fonds social d'Hydro-Québec International fait partie du domaine public et appartient à l'État cette filiale est considérée comme étant un organisme public auquel la *Loi sur l'accès* s'applique. Ce raisonnement est applicable à toutes les filiales d'entreprises publiques.

Nous souscrivons au raisonnement de la Cour d'appel. Une entreprise publique mère et ses filiales forment un ensemble appelé « groupe public »[839]. Le terme « public » nous indique qu'il s'agit d'organismes de l'État. Dans sa thèse de doctorat consacrée entièrement à la filiale de l'entreprise publique, Lucien Rapp a défini la filiale de cette façon :

> *Ainsi [...] les filiales d'entreprises publiques peuvent être définies, comme des sociétés juridiquement distinctes de leurs entreprises publiques mères, mais plus ou moins soumises à leur contrôle, notamment en raison de la détention d'une part prépondérante de leur capital social par une ou plusieurs entreprises publiques ou par elles et leurs filiales ; <u>ce qui leur confère une appartenance au secteur public qui justifie leur</u>*

---

836. Denis LEMIEUX, « Privilèges et immunités des entreprises publiques québécoises », dans CENTRE DE RECHERCHES ET D'ÉTUDES ADMINISTRATIVES DE MONTPELLIER, *Études en l'honneur du doyen Péquignot : L'interventionnisme de la puissance publique*, t. 2, Montpellier, Université de Montpellier-I, 1984, p. 419, à la p. 432.

837. Pouliot c. Hydro-Québec International, [1999] RJQ 2759 (CS).

838. *Pouliot* c. *Cour du Québec*, [2002] CAI 463 (CA), n° 7 du jugement intégral.

839. Lucien RAPP, *Les groupes d'entreprises publiques*, coll. « Que sais-je ? », n° 2295, Paris, PUF, 1986, p. 6.

soumission au contrôle de l'État, sans pour autant leur donner la nature d'entreprises publiques, comme leurs entreprises-mères.[840] (Nos soulignements ; les italiques de l'auteur).

Sébastien Bernard abonde dans le même sens dans sa thèse de doctorat en indiquant que la filiale est une société de droit privé qui relève du secteur public[841].

L'appartenance de la filiale au secteur public est soumise à une condition. En effet, bien qu'habituellement le fonds social de la filiale soit détenu entièrement par l'entreprise publique, la détention majoritaire du capital (plus de 50 %) par l'entreprise publique suffit à conclure à son appartenance au secteur public[842]. De même l'article 83 (7) de la Loi sur la gestion des finances publiques indique qu'une entreprise publique a le contrôle d'une personne morale ayant un capital-actions notamment si elle détient plus de 50 % des actions de cette dernière. D'ailleurs, l'article 5 de la Loi sur le vérificateur général prévoit qu'est une entreprise du gouvernement

> [...] toute société à fonds social, autre qu'un organisme du gouvernement, dont plus de 50 % des actions comportant le droit de vote font partie du domaine de l'État ou sont détenues en propriété par un organisme public, par un organisme du gouvernement ou par une entreprise du gouvernement.

Cet article fut appliqué par la Cour d'appel dans l'affaire *Pouliot c. Cour du Québec* dont nous avons parlé précédemment. Raoul Barbe précise aussi que la filiale est « [...] toute entreprise dont plus de la moitié du capital-actions émis appartient à une entreprise-mère »[843]. L'ALÉNA aborde cette question plus largement. L'article 1505, définit l'entreprise d'État comme étant « [...] une entreprise possédée, ou contrôlée au moyen d'une participation au capital, par une Partie ». Dans le cadre de l'ALÉNA, une filiale est donc considérée comme étant une entreprise d'État.

Malgré que la filiale fasse partie du secteur public et qu'elle soit soumise à divers contrôles de la part de l'entreprise publique mère, elle possède sa propre personnalité juridique. Cela s'illustre notamment par le fait qu'elle possède son propre siège social. En vertu de l'article 39.3 de la *Loi sur Hydro-Québec*, la Société d'énergie de la Baie James a les pouvoirs

---

840. Lucien RAPP, *Les filiales des entreprises publiques*, coll. « Bibliothèque de droit public », t. CXLIV, Paris, LGDJ, 1983, p. 17.

841. S. BERNARD, *op. cit.*, note 722, p. 67.

842. P. DELVOLVÉ, *op. cit.*, note 3, p. 644 ; N. QUOC VINH, *op. cit.*, note 528, n°s 314 à 322, p. 250 à 255 ; L. RAPP, *op. cit.*, note 840, p. 15 ; *CE*, 24 novembre 1978, *Syndicat du personnel de l'énergie atomique CFDT et Sieurs Schwartz et autres*, *AJDA* 1979.42, concl. Latournerie, note M. Bazex.

843. R. P. BARBE, *op. cit.*, note 107, p. 703.

d'une compagnie constituée en vertu de la *Loi sur les compagnies*. D'autre part, il importe d'analyser le degré d'assujettissement des filiales de l'entreprise publique aux règles du droit public. La filiale est régie par le droit commun des compagnies. Cependant, des règles dérogatoires au droit commun des compagnies peuvent lui être appliquées[844].

Ainsi, les filiales de l'entreprise publique sont des entités publiques. Cela n'est pas tout, il faut aussi considérer l'activité de la filiale afin de conclure à la mutation de l'entreprise publique.

2.2. La diversification des activités de l'entreprise publique par la filialisation

Nous avons constaté que la filiale fait partie du secteur public. Afin de conclure à la mutation de l'entreprise publique par la filialisation, nous verrons maintenant quel type d'activité est accompli par la filiale. S'agit-il d'une activité purement commerciale ou d'une activité d'intérêt général profitant à la collectivité ?

a) L'accomplissement par la filiale d'une activité éloignée de la mission principale de l'entreprise publique mère

La filialisation de l'entreprise publique permet la diversification de ses activités. Par exemple, en vertu de l'article 39.1 de la *Loi sur Hydro-Québec*, l'une des filiales à cent pour cent d'Hydro-Québec, appelée Société d'énergie de la Baie James, a pour objet de poursuivre les travaux de développement des ressources hydro-électriques du bassin de La Grande Rivière et des bassins adjacents pour la Phase I du Complexe La Grande, soit l'aménagement des sites de centrales et des ouvrages de détournement de rivières.

Or, par cette diversification l'entreprise publique peut être appelée à accomplir des activités éloignées de sa mission principale de service public. Cette situation peut certes présenter des avantages mais aussi des risques en regard du maintien de la mission de service public dévolue à l'entreprise publique qui en est un attribut.

À première vue, il peut y avoir un risque que la mission de service public de l'entreprise publique mère ne soit pas assurée par la filialisation. En effet, la diversification des activités a permis à plusieurs entreprises publiques de réaliser des activités purement commerciales, difficiles à lier avec leur mission principale. Par exemple, les entreprises publiques Air France et Via Rail possédaient des chaînes hôtelières. Dans l'arrêt *Conseil canadien des relations du travail* c. *Cie des chemins de fer nationaux du Canada*[845], la Cour suprême a jugé que la Compagnie des chemins de fer nationaux du

844. P. Issalys et D. Lemieux, *op. cit.*, note 1, n° 6.25, p. 420.
845. [1975] 1 RCS 786.

Canada n'avait pas été constituée afin d'exploiter une chaîne hôtelière au nom du gouvernement du Canada. Ainsi, les employés de la chaîne hôtelière possédée par la compagnie ferroviaire fédérale ne furent pas considérés comme étant assujettis à une loi qui s'applique uniquement aux employés du gouvernement fédéral.

La diversification des activités par la filialisation entraîne une atténuation du principe de spécialité propre à l'entreprise publique dont nous avons parlé dans la première partie de notre étude[846]. L'application stricte du principe de spécialité octroie une protection juridique aux entreprises privées qui considèrent que la diversification n'est pas acceptable puisqu'elle ne répond pas à un réel besoin pour l'entreprise et n'est pas d'un réel intérêt pour l'économie nationale. Le principe de spécialité doit s'assouplir afin de permettre la mutation de l'entreprise publique. Cet assouplissement ne doit cependant pas conduire l'entreprise publique à agir dans des domaines contradictoires à son obligation de service public ou qui l'empêchent de remplir correctement cette obligation. Il importe donc de vérifier jusqu'à quel point les filiales peuvent s'éloigner de la mission de base de l'entreprise.

b) L'activité de la filiale : complément normal de la mission de l'entreprise publique mère

La plupart du temps, la filiale n'assure pas une mission de service public. Cependant, nous pouvons affirmer qu'elle participe à celle qui est accomplie par l'entreprise publique mère.

Étant le prolongement de l'entreprise publique mère, la filiale exerce une activité en relation avec cette dernière. Ainsi, il s'agit d'un mode de réalisation de la mission principale de l'entreprise publique mère[847]. Nous croyons que les activités accomplies par les filiales doivent être compatibles avec l'objet de l'entreprise publique mère. Il peut s'agir d'activités relevant de domaines connexes, telles la recherche dans le domaine de l'énergie ou la conception d'un moteur électrique pour les filiales d'Hydro-Québec, appelées Institut de recherche en électricité du Québec et IndusTech[848].

Les législateurs tendent à élargir la mission attribuée à l'entreprise publique. Le meilleur exemple à ce sujet est probablement l'article 22 de la *Loi sur Hydro-Québec* : « La Société a pour objets de fournir de l'énergie et d'œuvrer dans le domaine de la recherche et de la promotion relatives à l'énergie, de la transformation et de l'économie de l'énergie,

846. *Supra*, Partie I, titre II, chapitre I, section I, point 2.2. ; BUREAU DU CONSEIL PRIVÉ, *op. cit.*, note 197, p. 26.
847. L. RAPP, *op. cit.*, note 840, p. 16 et 12.
848. Hélène BARIL, « Hydro accumule pertes dans ses filiales », *Le Soleil*, 6 avril 2005, p. C-3.

de même que dans tout domaine connexe ou relié à l'énergie ». La formulation de cet article est large et souple donnant ainsi ouverture à la filialisation. La mission confiée à la Société des traversiers par l'article 3 de sa loi constitutive présente aussi une formulation large et souple :

> **3.** La Société a pour objets :
>
> *a)* de fournir des services de transport par traversier entre les rives des fleuves, rivières et lacs qui sont situés dans le Québec et des services d'excursion sur ces fleuves, rivières et lacs, ainsi que, sur ses navires, des services accessoires ou complémentaires ;
>
> [...]
>
> La Société peut aussi, avec l'autorisation du ministre des Transports, fournir sur terre des services accessoires ou complémentaires à ceux qui font partie de ses objets. (Nos soulignements)

Il est essentiel que les législateurs soient souples dans la rédaction des lois constitutives d'entreprises publiques en ce qui a trait aux dispositions attributives d'une mission, car l'application stricte du principe de spécialité « [...] joue au détriment des entreprises publiques en leur interdisant certaines diversifications [...] »[849].

À l'image de l'entreprise privée, les filiales de l'entreprise publique accomplissent des activités annexes qui sont le *complément normal* des activités de service public de l'entreprise publique. C'est à cette condition que la diversification des activités de l'entreprise publique est acceptable. Cela permet à l'entreprise publique mère de se concentrer sur ses activités de service public. D'ailleurs, « [...] l'extension des activités [...] à des domaines qui ont un lien direct ou indirect, qu'il soit technique ou économique, avec l'activité principale n'est pas regardée comme contraire au principe de spécialité »[850]. Par exemple, l'article 3 de la *Loi n° 97-135 du 13 février 1997 portant création du Réseau ferré de France*[851] permet à l'entreprise de créer des filiales qui présentent un but connexe ou complémentaire à ses missions. De même, l'article 7 de la *Loi n° 90-568 du 2 juillet 1990* indique que l'entreprise publique La Poste peut exercer en France et à l'étranger toutes activités qui se rattachent directement ou indirectement à son objet. Pour ce faire, elle peut créer des filiales ayant un objet connexe ou complémentaire. Plus près de nous, l'article 95 (1) de la *Loi sur la gestion des*

849. J.-P. COLSON, *op. cit.*, note 359, p. 467.
850. G. DUPIELLET, *loc. cit.*, note 402, p. 434.
851. *Loi n° 97-135 du 13 février 1997 portant création du Réseau ferré de France en vue du renouveau du transport ferroviaire*, *JO* 15 février 1997, p. 2592 ; L'article de cette loi indique la mission du Réseau ferré de France : l'aménagement, le développement, la cohérence et la mise en valeur de l'infrastructure du réseau ferré national.

finances publiques interdit à toute entreprise publique mère et à ses filiales à cent pour cent d'exercer une activité incompatible avec les buts pour lesquels l'entreprise publique mère a été constituée ou les restrictions imposées aux activités qu'elle peut exercer, tels qu'ils figurent dans son acte constitutif.

Au-delà de l'autorisation de créer des filiales, l'État doit exercer une surveillance sur leurs activités afin d'éviter qu'elles ne s'éloignent trop de la mission de service public dévolue à l'entreprise publique mère[852]. L'article 21.1 de la *Loi sur Hydro-Québec* oblige l'entreprise publique à fournir au ministre tous les renseignements qu'il requiert concernant ses filiales. À titre d'exemple de la nécessité d'une surveillance par l'État sur les activités des filiales, soulignons le cas d'Air Canada qui, au début des années 1970, avait constitué une filiale dont les comptes n'apparaissaient pas sur son rapport annuel alors qu'elle avait subi des pertes financières importantes[853]. Le Vérificateur général a maintenant un rôle primordial à jouer à cet égard puisque désormais, en vertu de l'article 132 (1) de la *Loi sur la gestion des finances publiques*, chaque entreprise publique mère « [...] fait établir un rapport annuel de vérification à l'égard de ses opérations et de celles de ses filiales à cent pour cent ».

Il faut prendre garde à ce que la filialisation ne serve à confier aux entreprises publiques « [...] qu'un rôle de holding, entraînant ainsi une diminution corrélative de l'activité industrielle directement exercée [...], sans, bien entendu qu'il y ait transfert d'activité du secteur public vers le secteur privé »[854]. Dans ce cas, l'entreprise publique mère deviendrait une « coquille vide » servant uniquement à gérer ses filiales, tel que ce fut le cas au Québec pour la Société nationale de l'amiante. De là, surviendrait sûrement une disparition des activités de service public et une impossibilité de conclure à la mutation de l'entreprise publique par la filialisation.

Il est essentiel que l'activité de la filiale soit complémentaire à la mission de l'entreprise publique mère, sans quoi il serait impossible de conclure à la mutation de l'entreprise publique par la filialisation. Après tout, il est intéressant que les filiales « [...] bénéficient de l'image de marque du service public, le label offrant un avantage dans la concurrence »[855].

En conclusion, nous constatons que la filialisation est une méthode permettant la mutation de l'entreprise publique selon les deux conditions suivantes :

1) La reconnaissance de l'appartenance de la filiale au secteur public ;

---

852. En 1977, cette nécessité était énoncée dans : BUREAU DU CONSEIL PRIVÉ, *op. cit.*, note 197, p. 26.

853. L. RAPP, *op. cit.*, note 840, p. 47.

854. J. VIROLE, *loc. cit.*, note 192, p. 89.

855. J.-M. RAINAUD, *op. cit.*, note 29, p. 48.

2) La complémentarité de l'activité de la filiale avec la mission de l'entreprise publique mère.

Dans ce cadre, la mission de service public de l'entreprise publique et les avantages en découlant seront sauvegardés malgré la filialisation.

CHAPITRE II

DES MÉTHODES LIÉES AU FONCTIONNEMENT DE L'ENTREPRISE PUBLIQUE

Des méthodes liées au fonctionnement de l'entreprise publique permettent sa mutation.

C'est ainsi que nous étudierons la délégation de service public comme étant un contrat passé entre une entreprise publique et un acteur du secteur privé afin que ce dernier assure des prestations de service public autrement dévolues à l'entreprise publique. Dans ce type d'entente, l'entreprise publique doit assurer un contrôle suffisant de l'entreprise privée afin d'assurer la pérennité des prestations de service public. Nous croyons que la délégation est une alternative intéressante pour l'entreprise publique afin de lui permettre d'accomplir sa mission de fourniture d'un service public. Cette méthode est fortement liée à la contractualisation de l'action gouvernementale présentement valorisée.

De plus, il semble que la régulation soit une méthode laissant place à la mutation de l'entreprise publique et à la sauvegarde de l'interventionnisme public et du service public dans le contexte actuel. Jean-Bernard Auby indique que « [...] les agences anglaises de régulation assurent en même temps une régulation sociale – garantir l'accès aux services sur tout le territoire –, et une régulation environnementale »[856]. Étant donné le déclin de l'entreprise publique et notre volonté d'assurer sa mutation, il est essentiel d'analyser le lien entre la régulation de l'entreprise publique et sa mission de service public. Le droit de la régulation est en pleine expansion et semble être la voie de l'avenir en matière d'interventionnisme public. C'est ainsi que l'entreprise publique doit se soumettre au contrôle d'un organisme de régulation.

---

856. Jean-Bernard AUBY, « Régulations et droit administratif », dans *Études en l'honneur de Gérard Timsit*, Bruxelles, Bruylant, 2004, p. 210, à la p. 210. M. Auby se réfère à l'ouvrage suivant : Tony Prosser, *Law and the regulators*, London, Clarendon Press, 1997.

SECTION I
LA DÉLÉGATION PAR L'ENTREPRISE PUBLIQUE D'UNE ACTIVITÉ DE SERVICE PUBLIC AU SECTEUR PRIVÉ

Pratique fort ancienne, la délégation par l'État d'une activité de service public au secteur privé est plus que jamais valorisée dans le cadre de l'intégration économique. Il s'agit d'une pratique que les États utilisent de plus en plus afin de remplir leur mission de service public. En fait, « [s] i l'entreprise publique continue de jouer un rôle non négligeable dans l'économie, on ne songe plus guère à en faire un instrument majeur de développement ; la mode est devenue au partenariat public-privé [...] »[857]. Cette citation est exacte, mais nous pensons qu'il est possible et avantageux de concilier les instruments juridiques que sont l'entreprise publique et la délégation de service public.

Ainsi, selon nous, la mutation de l'entreprise publique en liaison avec son fonctionnement est aussi rendue possible par la délégation au secteur privé d'une activité de service public autrement dévolue à l'entreprise publique.

S'inscrivant tout à fait dans le processus accru de contractualisation de l'action gouvernementale, cette méthode est une alternative intéressante afin de permettre à l'entreprise publique d'accomplir sa mission de fourniture de service public dans le cadre de l'intégration économique. Nous verrons cependant que des éléments essentiels doivent être mis en place afin de faire de la délégation un véritable instrument « de service public » et de permettre la mutation de l'entreprise publique. La clé de l'analyse réside dans le contrôle exercé par l'entreprise publique sur l'entité privée. C'est pourquoi nous en faisons la base de notre étude.

Compte tenu des diverses formes qu'elle peut revêtir, nous présentons la délégation de service public par une entreprise publique en nous attardant aussi à la délégation de service public en général.

Avant de débuter notre exposé, une remarque terminologique s'impose. Nous utilisons divers termes afin de parler de la délégation par l'État d'une activité de service public au secteur privé. Ainsi, bien que nous privilégiions l'expression délégation de service public, nous utilisons aussi celle de partenariat public-privé (ci-après désigné « PPP ») et de gestion privée d'un service public suivant le contexte et l'État dont nous parlons. Nous sommes aussi conscients que divers types de contrats peuvent être conclus sous cette formule. En résumé, « [...] <u>sous des appellations différentes</u>, on assiste dans le monde entier [...] à un

857. P. GARANT, *op. cit.*, note 464, p. 103.

engouement croissant pour *les techniques contractuelles de création et de gestion des services publics qui font intervenir des financements privés directs* »[858] (Nos soulignements).

1. Vers une reconnaissance de la délégation de service public par l'entreprise publique

La délégation de service public est actuellement de plus en plus utilisée par les gouvernements centraux (ministères) afin de remplir leur mission de service public. Cependant, l'entreprise publique peut aussi utiliser cette méthode fort intéressante aux fins de la prestation de service public dans le cadre de l'intégration économique.

Étant présentement peu utilisée au Québec et au Canada, la délégation par l'entreprise publique d'une activité de service public au secteur privé doit être reconnue afin d'assurer sa mutation. Cette méthode trouve son fondement dans la notion même de délégation de service public. L'objet de cette sous-section est donc de définir la délégation de service public tout en constatant la possibilité pour l'entreprise publique de l'utiliser.

1.1. Présentation de la « délégation de service public »

Un peu à l'image de la notion de service public, la délégation de service public a donné lieu à plusieurs définitions en droit français, en droit anglais et, plus récemment en droit québécois.

a) La définition de la délégation de service public par une entreprise publique

En France, la délégation de service public a fait l'objet de plusieurs définitions. Il faut dire que le droit français distingue quatre formes de délégation de service public : la concession, l'affermage, la gérance et la régie intéressée. Plus particulièrement, la *concession* est un contrat en vertu duquel un particulier ou une entreprise (le concessionnaire) exécute un ouvrage public ou assure un service public à ses frais et est rémunéré par la perception des redevances des usagers de l'ouvrage ou des bénéficiaires du service[859]. Ce contrat est conclu pour une durée déterminée, en général de dix à vingt ans. L'*affermage* est « [...] une convention par laquelle une personne publique charge d'un service public une autre personne (le fermier) qui en assure l'exploitation, sous sa responsabilité, grâce aux ouvrages qui lui

858. B. DU MARAIS, *op. cit.*, note 30, p. 348.
859. CE, 30 mars 1916, *Compagnie d'éclairage de Bordeaux*, *Rec. CE*, p. 125, concl. CHARDONNET.

sont remis et verse en contrepartie des redevances à la collectivité publique »[860]. Les Anglais appellent cette pratique *lease*. La gérance et la régie intéressée concernent plus spécifiquement les contrats conclus entre une collectivité publique et une personne privée.

Plusieurs juristes français ont défini la délégation de service public chacun à leur manière. Par exemple,

> [u] ne délégation de service public est un contrat par lequel une personne morale de droit public confie la gestion d'un service public dont elle a la responsabilité à un délégataire public ou privé, dont la rémunération est substantiellement liée aux résultats de l'exploitation du service. Le délégataire peut être chargé de construire des ouvrages ou d'acquérir des biens nécessaires au service.[861]

De plus, elle a été définie comme étant « [...] le contrat par lequel une personne morale publique – État, collectivité locale, établissement public – confie à un tiers la gestion d'un service public »[862].

Le législateur français s'est aussi attardé à définir la délégation de service public. Par exemple, l'article 3 de la *Loi n° 2001-1168 du 11 décembre 2001* dite loi « MURCEF » introduit dans la *Loi n° 93-122 du 29 janvier 1993* dite loi « Sapin » la définition suivante de la délégation de service public : « un contrat par lequel une personne morale de droit public confie la gestion d'un service public dont elle a la responsabilité à un délégataire public ou privé, dont la rémunération est substantiellement liée au résultat de l'exploitation du service. Le délégataire peut être chargé de construire des ouvrages ou d'acquérir des biens nécessaires au service »[863].

En droit anglais, le terme *contracting out* réfère à la délégation de service public :

> [t] he term contracting out describes the situation where one organisation contracts with another for the provision of a particular good or service. It is essentially a form of procurement, in the sense that contractors may be considered suppliers, but in common usage it has come to refer more specifically to the purchase of and end product

---

860. B. DU MARAIS, *op. cit.*, note 30, p. 365 et 366.

861. F. COLIN, *op. cit.*, note 64, p. 90.

862. Ch. DEBBASCH et F. COLIN, *op. cit.*, note 35, p. 332.

863. *Loi n° 93-122 du 29 janvier 1993 relative à la prévention de la corruption et à la transparence de la vie économique et des procédures publiques*, *JO* 30 janvier 1993, p. 1588 ; *Loi n° 2001-1168 du 11 décembre 2001 portant mesures urgentes de réformes à caractère économique et financier*, *JO* 12 décembre 2001, p. 19703.

which could otherwise be provided in-house by the purchaser himself.[864]

Utilisant ce terme anglais, Yves Derome l'a défini ainsi : « [...] le *contracting out*, c'est-à-dire le fait pour une administration publique de confier, par contrat, la gestion complète d'un service public à l'entreprise privée, avec ou sans but lucratif. C'est ce que nous appellerons le "contrat de gestion privée d'un service public" »[865]. Il s'agit d'« [...] ententes portant sur la gestion privée d'un service ou d'un programme qui est sous la responsabilité d'une autorité publique »[866].

Le droit anglais a introduit le contrat de partenariat public-privé. Il s'agit aussi d'une méthode par laquelle l'État délègue des activités de service public au secteur privé. En fait, nous considérons, contrairement au droit français, qu'il s'agit d'une forme de délégation de service public.

Le PPP recouvre un large éventail de contrats[867]. Lors de la réalisation d'un PPP, le rôle de l'entreprise privée est plus étendu que dans le simple contrat de délégation, tel qu'il est reconnu en droit français. En effet, l'entrepreneur privé assure la construction, le financement, la gestion et la fourniture du service sur une longue période. Il faut prendre garde que la mission ainsi confiée ne devienne implicitement privée par l'effet du laisser faire de l'État.

Le législateur français a adopté la Loi n° 2008-735 du 28 juillet 2008[868] dont l'article 1 définit ainsi les contrats de PPP :

> Le contrat de partenariat est un contrat administratif par lequel l'État ou un établissement public de l'État confie à un tiers, pour une période déterminée en fonction de la durée d'amortissement des investissements ou des modalités de financement retenues, une mission globale ayant pour objet le financement, la construction ou la transformation, l'entretien, la maintenance, l'exploitation ou la gestion d'ouvrages, d'équipements ou de biens immatériels nécessaires au service public.

---

864. K. ASCHER, *op. cit.*, note 442, p. 7 et 8.
865. Yves DEROME, « Le contrat de gestion privée d'un service public », (1995) 36 *C. de D.* 323, p. 325.
866. P. ISSALYS et D. LEMIEUX, *op. cit.*, note 1, n° 13.41, p. 1074.
867. B. DU MARAIS, *op. cit.*, note 30, p. 418.
868. *Loi n° 2008-735 du 28 juillet 2008 relative aux contrats de partenariat*, *JO* 29 juillet 2008, p. 12151 ; Cons. constit. 2008-567 DC, 24 juillet 2008, *Loi relative aux contrats de partenariat*, *JO* 29 juillet 2008, p. 12151.

Malgré les origines françaises de son droit contractuel, le Québec a adhéré à la notion anglo-saxonne de contrat de PPP. L'article 6 de la Loi sur l'Agence des partenariats public-privé définit ainsi le contrat de PPP :

> Un contrat de partenariat public-privé est un contrat à long terme par lequel un organisme public associe une entreprise du secteur privé, avec ou sans financement de la part de celle-ci, à la conception, à la réalisation et à l'exploitation d'un ouvrage public. Un tel contrat peut avoir pour objet la prestation d'un service public. (Nos soulignements)

D'ailleurs, l'article 1 de la *Loi concernant les partenariats en matière d'infrastructures de transport*[869] se lit ainsi :

> La présente loi s'applique à toute entente de partenariat à long terme entre le gouvernement et une entreprise privée pour réaliser la construction, la réfection ou l'exploitation d'une infrastructure de transport. Une telle entente doit comporter un partage de risques entre le gouvernement et le secteur privé. (Nos soulignements)

Nous constatons que le législateur a repris la définition de PPP prévue à la *Loi sur l'Agence des PPP*, mais en la restreignant à son utilisation par le gouvernement. Par ailleurs, en vertu de l'article 8 de la même loi « [l] e ministre peut, dans une entente de partenariat et aux conditions qu'il détermine, déléguer à un partenaire tout ou partie de ses pouvoirs concernant l'exploitation d'une infrastructure routière ».

Pour sa part, le Conseil canadien des partenariats public-privé définit le PPP comme étant une « entreprise de collaboration entre les secteurs public et privé, fondée sur le savoir-faire de chacun des partenaires, qui répond le mieux aux besoins clairement définis du public grâce à une répartition appropriée des ressources, des risques et des bénéfices »[870]. Ainsi, la collaboration constitue un élément clé dans le cadre du contrat de PPP et ce, en vue de répondre aux besoins des citoyens.

À la lecture de ces définitions, deux conclusions s'imposent. Premièrement, suivant les définitions de la délégation de service public introduites en France, en Angleterre, au Québec et au niveau fédéral canadien, une entreprise publique peut déléguer une activité de service public à une personne privée. Cette méthode n'est pas réservée à l'État central, bien qu'il en soit présentement le principal utilisateur. Deuxièmement, nous constatons que la présence et le contrôle du secteur public

---

869. LRQ, c. P.-9.001, ci-après désignée « *Loi concernant les partenariats en matière d'infrastructures de transport* ».

870. Ernst & Young, *Étude sur les PPP canadiens*, p. 8, [En ligne] canadien % 20PPPCDN_P3_FR. pdf (Page consultée le 1er janvier 2009).

constituent des facteurs décisifs permettant de conclure à une délégation de service public et accordent à cette méthode une spécificité qui assure la mutation de l'entreprise publique dans le cadre de l'intégration économique.

b) Les éléments constitutifs du contrat de délégation de service public

La délégation de service public découle donc d'un type de contrat conclu entre le secteur public et une entreprise privée afin que cette dernière assure des prestations de service public. Cette méthode peut laisser croire que l'État n'est plus apte à exercer lui-même les activités de service public qui lui incombent. Dans ce type d'entente, l'État doit assurer un contrôle suffisant de l'entreprise privée afin de garantir la pérennité et la qualité des prestations de service public. Pour certains, il s'agit même d'un retrait de la mission de service public de la sphère étatique, pour devenir une *relation de dépendance* entre l'activité érigée en service public et l'administration[871]. Selon nous, il s'agit plutôt d'une inclusion de la mission de service public dans la sphère privée, contribuant ainsi à l'érection d'entreprises privées de service public.

Des éléments incontournables se retrouvent dans ce type de contrat. Les voici :

– **L'autorité délégante** : Il s'agit d'une personne morale de droit public, dans notre cas une entreprise publique.

– **Le délégataire de service public** : Il peut s'agir d'une personne physique ou morale, privée, chargée de l'exploitation du service.

– **La nature du lien** : Il s'agit d'un contrat d'une durée limitée qui transfert la réalisation de l'activité de service public de l'entreprise publique à la personne privée. Il y a cession de droits réels et personnels et de responsabilité.

– **L'exigence d'un service public** : Le service public est l'élément essentiel de la délégation et contribue à conserver l'activité dans la sphère publique. Les principes rattachés à la notion de service public s'appliquent.

– **Le critère financier** : Habituellement, la personne privée perçoit des redevances auprès des usagers du service, cependant sa rémunération peut aussi provenir de l'entreprise publique elle-même totalement ou partiellement, par exemple, dans le cas où elle provient des résultats de l'exploitation.

– **Les usagers du service** : La personne privée doit servir les usagers du service de la même manière que le ferait l'autorité délégante, ce qui signifie qu'elle ne peut appliquer des méthodes purement commerciales. Le lien de

871. Ch. DEBBASCH et F. COLIN, *op. cit.*, note 35, p. 350.

l'usager avec la personne privée se matérialise par le contrat d'abonnement et un règlement de service. Dans d'autres cas, l'usager devient un contribuable et finance le service au moyen de ses impôts. La personne privée devient l'interlocuteur des usagers ; les poursuites et les critiques lui sont adressées[872].

Peu importe le type de délégation de service public, une entité publique, telle une entreprise publique, est toujours partie au contrat. Cette caractéristique nous permet de conclure au caractère « public » de l'activité confiée à la personne privée. Ainsi, la mission de service public et le rattachement à l'État ou aux municipalités permettent de qualifier une activité déléguée d'activité publique[873]. Selon nous, il s'agit d'un contrat administratif étant donné la mission de service public qui en fait l'objet[874]. Il s'agit aussi par extension d'un contrat de service public, tel que l'a défini Claude Masse :

> « [...] relation contractuelle entre un usager et une entreprise, publique ou privée, qui dispense un service à caractère monopolistique dans le secteur de l'énergie, du transport ou des communications et dont les tarifs et les conditions de services sont placés sous le contrôle d'une régie d'État ou des pouvoirs étatiques »[875].

En effet, en déléguant une activité de service public à une personne privée, l'entreprise publique délègue à la personne privée le contrat qui la lie avec les usagers. La personne privée devient alors le principal interlocuteur des usagers. Cette situation nous permet de conclure à la mutation de l'entreprise publique par le biais de la délégation d'une activité de service public.

Cela est d'autant plus vrai que l'entreprise délégataire du service public devient une « entreprise privée de service public »[876]. Elle dispose du pouvoir de gestion de l'activité qui lui est déléguée durant un laps de temps important.

---

872. Ces critères sont tirés de : Jean-François AUBY et Olivier RAYMUNDIE, *Le service public : droit national et droit communautaire, régime juridique et catégories, modes de gestion*, Paris, Moniteur, 2003, n°s 7 à 132, p. 413 à 437 ; P. ISSALYS et D. LEMIEUX, *op. cit.*, note 1, n° 13.43, p. 1081 et 1082.

873. J. CHEVALLIER, *op. cit.*, note 32, p. 34 ; P. GARANT, *op. cit.*, note 464, p. 33 ; Philippe TERNEYRE, « La notion de convention de délégation », *AJDA* 1996.588, p. 591.

874. CE, 4 mars 1910, *Thérond*, *Rec. CE*, p. 193, concl. PICHAT ; *S.* 1911.3.17, concl. PICHAT, note HAURIOU ; *RDP* 1910.249, note JÈZE ; CE, 20 avril 1956, *Bertin*, *Rec. CE*, p. 167 ; J.-F. AUBY et O. RAYMUNDIE, *op. cit.*, note 872, n° 4, p. 14 ; B. DU MARAIS, *op. cit.*, note 30, p. 357 ; J.-P. VALETTE, *op. cit.*, note 76, p. 124.

875. C. MASSE, *loc. cit.*, note 106, p. 854.

876. Laurent RICHER, « Remarques sur les entreprises privées de service public », AJDA 1997.103, n° spécial, p. 105.

c) La délégation de service public face à d'autres méthodes

La délégation de service public n'est pas synonyme de privatisation. L'entreprise publique doit encadrer l'activité de service public confiée au partenaire privé. Il faut, nous le rappelons, que l'État laisse une certaine autonomie à l'entreprise privée mais sans se retirer complètement du projet. Dans le cas contraire, il risquerait d'y avoir une diminution de la qualité et de la continuité du service public[877] et, possiblement, une difficulté d'utiliser le vocable délégation de « service public ». Nous partageons donc l'opinion de Pierre Issalys et Denis Lemieux selon laquelle la délégation de service public « [...] se situe au point d'équilibre entre un désengagement total de l'État – qui se traduit par la privatisation totale d'un programme ou d'un service public – et le maintien de la puissance publique sous une autre forme, en faisant appel à des ressources nouvelles »[878]. Nous comptons d'ailleurs sur cette méthode afin de permettre la mutation de l'entreprise publique.

La délégation de service public n'est pas non plus synonyme de marché public[879]. Un marché public est un contrat par lequel un organisme public convient de s'approvisionner en biens ou en services auprès d'une personne privée. Au Québec il s'agit d'un « contrat d'approvisionnement, de services et de construction ». Dans une délégation de service public, l'entreprise publique confie l'action de fourniture d'une prestation de service public à un partenaire privé tandis que dans le cas d'un marché public, l'entreprise publique exerce elle-même cette action, sans déléguer ses droits réels et personnels[880]. Dans un marché public, l'engagement de la personne privée se limite à fournir les moyens à l'entreprise publique d'accomplir elle-même son action de fourniture d'une prestation de service public. Par contre dans une délégation de service public, l'entreprise publique « [...] devient essentiellement le consommateur d'un service dont la gestion et l'exécution se font à l'extérieur de l'appareil d'État »[881]. L'entreprise privée a la liberté de gestion du contrat. De plus, dans le cadre d'une délégation de service public, la rémunération du délégataire provient généralement de l'exploi-

---

877. Denis LEMIEUX, « Les contrats de gestion privée d'un service public », dans Jean-Philippe COLSON et D. LEMIEUX (dir.), *Le droit supranational et les techniques contractuelles*, Ste-Foy, Institut national des hautes études internationales, Université Laval, 1997, p. 179, à la p. 181.

878. P. ISSALYS et D. LEMIEUX, *op. cit.*, note 1, n° 13.41, p. 1074 [et au même sujet : n° 13.42, p. 1080] ; voir aussi : Jean-François AUBY, *La délégation de service public*, coll. « Que sais-je ? », n° 3027, Paris, PUF, 1998, p. 63 ; GOUVERNEMENT DU QUÉBEC, *op. cit.*, note 17, p. 11.

879. MINISTÈRE DES TRANSPORTS DU QUÉBEC, *Le partenariat public-privé au ministère des Transports*, Québec, 2004, p. 4, [En ligne] http://bibnum2.banq.qc.ca/pgq/2005/2920176.pdf (Page consultée le 1er janvier 2009).

880. D. LEMIEUX, *loc. cit.*, note 877, p. 185.

881. Y. DEROME, *loc. cit.*, note 865, p. 325.

tation de l'activité contrairement à un marché public dans lequel sa rémunération provient de l'entreprise publique de façon intégrale et immédiate[882]. Contrairement au contrat de délégation de service public, le contrat d'approvisionnement, de services et de construction est conclu pour une courte période ; il n'y a pas d'occupation du domaine public de longue durée.

Au Québec, le droit applicable aux marchés publics n'est pas applicable à la délégation de service public. Cette situation est la même en France où les contrats de délégation de service public ne sont pas soumis au *Code des marchés publics*[883]. Ainsi, au Québec, les contrats de délégation de service public ne sont pas soumis au *Règlement sur les contrats d'approvisionnement, de construction et de services des ministères et des organismes publics*[884]. De même ces contrats ne sont pas réglementés par le *Règlement sur les contrats de concession du gouvernement* qui s'applique aux activités de nature purement commerciale, ce qui n'inclut pas une mission de service public exécutée par une entreprise publique[885].

Aussi, il est particulièrement intéressant de constater que, contrairement aux contrats d'approvisionnement, de services et de construction, le contrat de délégation de service public échappe pour l'instant aux règles de l'intégration économique. Par exemple, les règles coercitives prévues à l'ALÉNA, à l'Accord sur les marchés publics[886] de l'OMC et au chapitre V de l'Accord sur le commerce intérieur[887] concernant les marchés publics s'appliquent uniquement aux contrats d'approvisionnement, de services et de construction conclus dans le cadre de marchés publics. L'article 1022 de l'ALÉNA réfère positivement au contrat de délégation de service public. Son paragraphe 4 se lit ainsi :

> Nonobstant toute autre disposition du présent chapitre, une Partie pourra procéder à des réorganisations de ses entités publiques acheteuses visées par le présent chapitre, et notamment mettre en œuvre des programmes de décentralisation des marchés passés par ces entités ou des programmes par lesquels les fonctions gouvernementales correspondantes cessent d'être assumées par une entité publique,

---

882. CE, 15 avril 1996, *Préfet des Bouches-du-Rhône*, *Rec. CE*, p. 137 ; *RFDA* 1996.715, concl. CHANTEPY, note TEYRNERE.

883. *JO* 4 août 2006, p. 11627.

884. (2000) 132 G.O. II, 5635 [RRQ 1981, c. A-6.01, r. 0.03].

885. *Règlement sur les contrats de concession du gouvernement*, (1994) 126 G.O. II, 6256 [RRQ 1981, c. A-6.01, r. 0.05] ; Y. DEROME, *loc. cit.*, note 865, p. 355.

886. [En ligne] http://www.marche-public.fr/Marches-publics/amp/amp-accord-marches-publics-plan.htm (Page consultée le 1er janvier 2009).

887. [En ligne] http://www.ic.gc.ca/epic/site/ait-aci.nsf/fr/h_il00034f. html (Page consultée le 1er janvier 2009).

qu'elle soit ou non assujettie au présent chapitre. Dans de tels cas, il ne sera pas nécessaire d'offrir une compensation [...].

Au sens de l'ALÉNA, la délégation semble favoriser « [...] la mise en concurrence [...] lors de l'acquisition de biens et de services, assurant dès lors le droit d'accès à ses marchés aux fournisseurs des autres parties »[888]. Par ailleurs, en Europe, les délégations de service public ayant le caractère de marchés de travaux (concessions de travaux publics) sont soumises à une directive[889].

1.2. Le développement du recours à la délégation de service public

Utilisé tout au long du XIXe siècle afin de mettre en place et de développer des infrastructures publiques, l'instrument juridique de la délégation de service public fut délaissé par la suite car l'État prenait en charge les activités de service public par le biais d'entreprises publiques[890]. Aujourd'hui conscients de l'impact de l'intégration économique sur les services aux citoyens et du désengagement accru de l'État dans divers secteurs, plusieurs États ont recours à la délégation d'une activité de service public au secteur privé. Ils en font même un instrument stratégique dans lequel le secteur public, investi d'une mission de service public, demeure présent tout en laissant une place de choix au secteur privé.

Pour notre part, nous pensons qu'il est temps de concilier entreprise publique et délégation de service public afin de permettre la mutation de l'entreprise publique. Nous étayerons cette affirmation à l'aide d'exemples provenant de l'Angleterre et du Canada.

a) L'utilisation de la délégation de service public en remplacement de l'entreprise publique : les exemples de l'Angleterre et du Canada

L'utilisation de la délégation de service public s'est accrue en Angleterre dans les années 1980 au même rythme que les privatisations d'entreprises publiques se concrétisaient. En 1992, l'Angleterre dévoilait sa politique publique de délivrance de prestations de service public appelée *Private Finance Initiative* (PFI) pour laquelle l'outil privilégié est le contrat. Grâce à la PFI, le gouvernement fait financer ses infrastructures et ses services par le secteur privé.

---

888. D. LEMIEUX, *loc. cit.*, note 877, p. 191.
889. Directive 2004/18 du 31 mars 2004 relative à la coordination des procédures de passation des marchés publics de travaux, de fournitures et de services, *JOCE* n° L 134 du 30 avril 2004, p. 114.
890. J.-F. AUBY et O. RAYMUNDIE, *op. cit.*, note 872, p. 406 ; P.-L. FRIER et J. PETIT, *op. cit.*, note 206, n° 351, p. 207.

En 1997, le vocable général de « partenariat public-privé » fut utilisé pour la première fois afin de désigner les contrats conclus sous la PFI. Il est intéressant de souligner qu'aucune forme contractuelle stricte n'est prévue. Cette pratique ne se limite pas aux activités de SPIC, mais s'étend à des activités typiquement administratives, comme par exemple les services de santé. En effet, « [...] l'on a confié la gestion partielle de certains hôpitaux à des entreprises privées qui assument la construction d'hôpitaux ainsi que la gestion des services hospitaliers. Le ministère de la santé de l'Angleterre continue d'assurer les traitements des médecins ainsi que la gratuité des soins »[891]. Plusieurs contrats ont maintenant été conclus dans le cadre de cette politique et ce, pour divers secteurs tels la santé, la sécurité et la défense, le transport, le traitement de l'eau, les technologies ou la culture. Ainsi, le recours aux PPP est lié à une multitude d'opérations et de domaines en plus de couvrir un très large éventail de formules contractuelles[892].

L'utilisation de la délégation de service public en Angleterre n'a pas toujours été un succès. Par exemple, en 1996 la délégation de la gestion du réseau de chemin de fer à l'entreprise privée Railtrack suite à la privatisation de l'entreprise publique British Railways n'a pas donné les résultats escomptés. Cette organisation a fait l'objet de plusieurs critiques « [...] de la part des salariés et des usagers du rail. Ces critiques se sont cristallisées autour de l'absence de billetterie unique, du coût des subventions reçues de l'État [...], mais surtout de l'affaiblissement de la sécurité dû à la vétusté du réseau, à l'origine de trois accidents mortels [...] »[893].

Depuis 1997, le Canada s'est engagé dans la voie de la délégation de service public. Plus particulièrement, la délégation d'activités de service public fut reconnue et utilisée en Colombie-Britannique, en Alberta, en Ontario, au Nouveau-Brunswick et au Québec. Ces provinces sont dotées d'organismes dont le rôle est de faciliter l'approvisionnement des PPP. Le Conseil canadien du partenariat public-privé a d'ailleurs été formé dans le but de développer et d'uniformiser cette pratique dans l'ensemble du Canada. Dans son budget 2007, le gouvernement fédéral a soulevé le projet de création d'un bureau fédéral des partenariats public-privé. Pour ce faire, un fonds national de 1,2 milliard de dollars assumant jusqu'à 25 % des coûts des projets sera mis sur pied.

La situation de NAV Canada est représentative de l'utilisation de la délégation de service public en remplacement de l'entreprise publique. NAV

---

891. D. LEMIEUX, *loc. cit.*, note 877, p. 182.

892. Frédéric MARTY et Arnaud VOISIN, « Le contrat de partenariat constitue-t-il une *private finance initiative* à la française ? », *Revue internationale de doit économique*. 2006.131, p. 133.

893. Michel LAFITTE, *Les partenariats public-privé : une clé pour l'investissement public en France*, Paris, Revue Banque Édition, 2006, p. 62 ; Tony PROSSER, *The limits of competition law*, Oxford, Oxford University Press, 2005, p. 22.

Canada est une exploitante nationale de navigation aérienne civile. Il s'agit d'une entreprise privée canadienne « [...] qui a pris la relève du gouvernement lorsque le système de navigation aérienne civile a été privatisé »[894]. NAV Canada a pour mandat de fournir divers services, tels que le contrôle de la circulation aérienne, l'information de vol ou des exposés météorologiques à tout aéronef qui circule dans l'espace aérien canadien. Malgré son statut d'entreprise privée, NAV Canada est soumise à diverses obligations liées au fait qu'elle remplit une fonction autrefois dévolue à l'État :

> Un autre facteur commercial important est que non seulement NAV Canada et les administrations aéroportuaires sont tenues de fournir leurs services au tarif établi en fonction des coûts, mais elles ne peuvent refuser leurs services même à un transporteur aérien clairement au bord de la déconfiture. Les baux conclus entre Transport Canada et les administrations aéroportuaires prévoient que les aéroports ne peuvent restreindre l'accès des aéronefs à leurs installations sauf en cas d'intempéries ou d'urgence [...]. NAV Canada est pareillement tenue, en vertu de l'art. 9 de la *LCSNAC*, de fournir ses services de navigation aérienne civile à tous les usagers. Ces mesures correspondent aux obligations internationales contractées par le Canada.[895]

Nous pouvons tirer de cette citation des conclusions concernant la relation entre le gouvernement fédéral et NAV Canada. Premièrement, le tarif de ses services est établi par règlement du Gouvernement. Deuxièmement, contrairement à la situation habituelle d'une entreprise privée, NAV Canada est assujettie à une obligation de service public en ce qu'elle doit fournir ses services à tout transporteur aérien, quelle que soit sa situation financière et qu'elle ne peut restreindre l'accès des aéronefs aux aéroports, sauf en cas de force majeure. De même, en vertu de l'article 9 de la *Loi sur la commercialisation des services de navigation aérienne civile*[896] elle est tenue « [...] de fournir, à tous les usagers et dans la même mesure, les services de navigation aérienne civile que fournissait avant cette date le ministère des Transports ». NAV Canada agit donc comme le faisait le gouvernement avant la privatisation et ce, dans le sens de l'intérêt public inhérent à la fourniture de prestations de service public.

Nous constatons que cette « [...] entente par laquelle le contrôle de la navigation aérienne a été confié à une personne morale de droit privé participe de la gestion privée d'un service public, car l'État continue

---

894. *Canada 3000 Inc. (Re)* ; *Inter-Canadian (1991) Inc. (Trustee of)*, [2006] 1 RCS 865, p. 882.
895. *Id.*, p. 893 et 894.
896. L.C. 1996, c. 20.

d'assumer la responsabilité politique de cette activité essentielle »[897]. Cette mission de service public attribuée à NAV Canada de manière contractuelle et législative contribue à en faire une « entreprise privée de service public ».

Le recours à la délégation par l'État d'une activité de service public au secteur privé dépasse aujourd'hui l'Angleterre et le Canada. Il s'agit désormais d'un phénomène mondial. D'autres pays anglo-saxons tel l'Australie ont adhéré à cette méthode. D'autre part, même la France l'a reconnue depuis longtemps, lui consacrant une abondante doctrine. Ce pays « [...] dispose [...] d'une longue expérience d'association de prestataires privés à des missions de service public »[898]. Il est donc aussi pertinent de se pencher sur l'expérience de la France en cette matière. À l'instar de l'entreprise publique à une certaine époque, la délégation d'une activité de service public est utilisée afin de favoriser l'essor de pays en voie de développement[899]. Plus particulièrement, la République démocratique du Congo espère relancer son économie à l'aide de l'utilisation du partenariat public-privé par ses entreprises publiques. Les entreprises publiques de cet État sont en difficulté financière, ce qui freine l'activité et la croissance du pays dans plusieurs secteurs stratégiques, tels le transport ferroviaire, le transport fluvial, la poste, les télécommunications, l'énergie électrique et la distribution d'eau potable. L'apport de capitaux privés par le biais de la délégation de service public représente donc la solution afin de relancer les entreprises publiques de la République[900].

Nous voyons donc que la délégation de service public est utilisée par divers États quels que soient leur position sur l'échiquier politique, leur niveau de vie et leur système juridique. Penchons-nous maintenant plus attentivement sur le cas du Québec.

b) La délégation par une entreprise publique d'une activité de service public au Québec

La province de Québec n'échappe pas à la délégation de service public. Dans la foulée de la réingénierie de l'État, en 2006 le législateur québécois a adopté la *Loi sur l'Agence des PPP*. La création de cette agence instaure un cadre rigoureux destiné à la coordination et à la réalisation des projets de PPP au Québec. La loi vise tous les secteurs de l'action gouvernementale.

---

897. D. LEMIEUX, *loc. cit.*, note 877, p. 183 ; au même effet : Jean-Pierre TARDIEU, « Les modes de régulation à l'étranger », *AJDA* 1996.603, p. 605.

898. Frédéric MARTY et Arnaud VOISIN, « Le contrat de partenariat constitue-t-il une *private finance initiative* à la française ? », *Rev. int. dr. écon.* 2006.131, p. 137.

899. Pierre JACQUET, « Allier public et privé », *Le Monde économie*, 9 novembre 2004, p. 5.

900. Amedee MWARABU KIBOKO, « Relance de l'économie : des entreprises candidates au partenariat public-privé », *Le Potentiel*, 27 septembre 2006, [En ligne] http://www.lepotentiel.com/afficher_article. php ? id_edition =& id_article =34841 (Page consultée en 2006-2007, mais introuvable au 1er janvier 2009).

Particulièrement utilisé dans le domaine du transport routier, le contrat de PPP en cette matière est assujetti à la *Loi concernant les partenariats en matière d'infrastructures de transport* qui établit un cadre pour la réalisation de projets de construction, de réfection ou d'exploitation d'infrastructures de transport effectués en partenariat avec le secteur privé. Le gouvernement du Québec a aussi confié la construction et l'entretien d'édifices hospitaliers au secteur privé. Afin de ne pas réitérer des erreurs commises en Angleterre, l'État continue par contre de veiller sur le personnel, sur les équipements et sur les services offerts dans ces centres hospitaliers.

À cette étape de notre étude, précisons que nous sommes conscients que le délégataire du service public gère bien un service public, mais qu'il n'est pas nécessairement une entreprise publique. Pour notre part, nous nous concentrons ici sur la délégation de service public par une entreprise publique. L'entreprise publique peut donc utiliser la délégation de service public afin de permettre l'accomplissement de ses activités.

Au Canada, l'exemple le plus intéressant à ce sujet est celui de la délégation du service postal de la Société canadienne des postes à des pharmacies. Des comptoirs postaux sont placés dans des pharmacies. Ce sont les employés de la pharmacie qui répondent aux clients. Cette délégation permet de maintenir des services publics partout sur le territoire à des prix égaux[901]. Cette situation n'est pas comparable avec celle de la France où la poste, le service ferroviaire et d'autres services publics sont en retraits dans certaines régions.

L'entente conclue entre la Société des traversiers du Québec et une entreprise privée (la N.M. Grue-des-Îles) afin que cette dernière assure le transport maritime entre l'Île-aux-Grues et Montmagny[902] est un autre exemple de ce type. Le navire, les quais et les gares demeurent la propriété de la Société des traversiers du Québec qui les met gratuitement à la disposition de l'entreprise privée. Ce service assure le désenclavement des habitants de l'Île-aux-Grues. En pratique, c'est cependant à la municipalité de l'Île-aux-Grues qu'est maintenant déléguée la traversée Montmagny – Île-aux-Grues.

La Société immobilière du Québec est un autre exemple d'utilisation de PPP. Elle a la responsabilité d'acheter ou de construire des immeubles et de les louer au gouvernement et à des organismes publics. Elle aménage et entretient des espaces mis à la disposition des ministères. En vertu des

---

901. Voir à ce sujet la décision de la Cour fédérale *Syndicat des postiers du Canada* c. *Société canadienne des postes*, [1994] 3 C.F. 140 ; *supra*, Partie II, titre I, chapitre I, section I.

902. *Décret concernant la conclusion d'une entente entre le gouvernement et la Paroisse de Saint-Antoine-de-l'Isle-aux-Grues pour la prise en charge du service de transport maritime entre l'Île aux Grues et Montmagny*, 272-2007, (2007) 139 G.O. II, p. 1883.

articles 22 à 24 du *Règlement sur les modalités d'exercice des pouvoirs contractuels de la Société immobilière du Québec*, elle peut conclure des contrats de concession. Ainsi dans les faits, elle est propriétaire à 60 % des espaces qu'elle loue, alors qu'elle en confie la gestion et la détention à l'entreprise privée dans une proportion de 40 %. En ce dernier cas, le coût de location n'est pas réglementé par le gouvernement ou la Société[903].

Hydro-Québec délègue aussi des activités de service public à des entreprises privées autochtones. Dans le cadre du projet hydroélectrique Eastmain-1, la convention Nadoshtin a été conclue afin de favoriser la participation des communautés cries. La convention prévoit une exigence d'attribution de contrats à des entreprises cries. Les Cris constituent une nation autochtone d'Amérique du Nord.

En 2004, Hydro-Québec prévoyait la construction d'une centrale au gaz naturel de 800 mégawatts en Montérégie qui aurait été le fruit d'un PPP. L'entreprise publique se serait associée à General Electric qui a développé une technologie de turbine unique en Amérique du Nord et dont l'expertise aurait été grandement profitable. La centrale au gaz aurait été la propriété de General Electric, tandis qu'Hydro-Québec serait demeurée propriétaire du terrain et des lignes à haute-tension. Hydro-Québec se serait engagée à acheter la production totale d'électricité de la centrale sur une période de dix à vingt ans[904]. Finalement, la construction de la centrale ne s'est pas concrétisée. D'autre part, à défaut d'une nationalisation nous verrons peut-être apparaître des PPP dans le domaine de l'énergie éolienne dans les prochaines années...

La transformation de l'Agence d'efficacité énergétique en PPP a aussi été évoquée par la Corporation des entreprises de traitement de l'air et du froid (CETAF) et le Conseil du patronat du Québec devant la Commission de l'économie et du travail, en 2005, lors de la Consultation générale sur la stratégie énergétique du Québec. L'Agence de l'efficacité énergétique a le mandat de promouvoir l'efficacité énergétique et d'aider les entreprises qui œuvrent dans le domaine énergétique. Elle travaille donc étroitement avec Hydro-Québec. La constitution d'un PPP aurait permis au secteur privé d'intervenir activement dans ce domaine afin de l'améliorer[905].

---

903. *Règlement sur les modalités d'exercice des pouvoirs contractuels de la Société immobilière du Québec* c. S-17.1, r. 1.01 ; Adopté en vertu de l'article 15 de la *Loi sur la Société immobilière du Québec*, LRQ, c. S-17.1 ; *PPP : Questions et réponses*, [En ligne] http ://www.secteurpublic.info/cmsContent. aspx ? Lang = FR & ParentID = PPP & SectionID = P0409511049BV0517AM (Page consultée le 1er janvier 2009).

904. Pierre COUTURE, « Le privé à la rescousse du Suroît », *Le Soleil*, 23 janvier 2004, p. C-1 et C-2.

905. ASSEMBLÉE NATIONALE DU QUÉBEC, Débats parlementaires, 10 février 2005, [En ligne] http://www.assnat.qc.ca/fra/37Legislature1/DEBATS/journal/cet/050210.htm#_Toc102790219 (Page consultée le 1er janvier 2009).

Nous croyons que les entreprises publiques québécoises sont à l'aube de l'utilisation de la délégation de service public. Cette pratique devant se répandre dans les prochaines années, il est maintenant pertinent d'identifier les conditions d'utilisation de la délégation de service public par l'entreprise publique.

2. Les conditions d'utilisation de la délégation de service public par l'entreprise publique

Nous abordons maintenant la question des conséquences juridiques du contrôle étatique dans le cadre de la délégation de service public. Après avoir saisi les caractéristiques de la délégation de service public au point de vue juridique, quelques critiques s'imposent afin d'enrichir cette méthode qui permet une mutation de l'entreprise publique. Nous verrons d'abord les avantages reconnus à la délégation de service public dans le contexte de l'intégration économique.

2.1. Les avantages de la délégation de service public

Plusieurs avantages font de la délégation de service public un instrument juridique privilégié par les gouvernements afin de remplir leur mission de service public. Évidemment, « [l] e procédé d'action gouvernementale que constitue la délégation des services publics [...] comporte des avantages indéniables sur la privatisation pure et simple où l'on s'en tient aux seules lois du marché »[906]. Ces avantages sont tous liés d'une manière ou d'une autre au contrôle étatique exercé sur l'activité déléguée. Nous distinguons les avantages pour l'entreprise publique partie au contrat de ceux des citoyens qui sont usagers du service.

Pour nous, l'utilisation de la délégation de service public par l'entreprise publique permet sa mutation pour toutes les raisons que nous évoquerons dans les lignes qui suivent. En plus d'être un instrument intéressant pour le gouvernement central, la délégation de service public présente divers avantages pour l'entreprise publique. Nous ne croyons pas qu'il s'agisse de son déclin. Nous croyons plutôt que ce procédé permet d'améliorer le rendement général de l'entreprise publique.

a) Des avantages pour l'entreprise publique

S'agissant d'un instrument juridique supplémentaire à la portée de l'entreprise publique afin d'exercer ses activités, la délégation de service public présente plusieurs avantages que nous résumons ici.

---

906. D. LEMIEUX, *loc. cit.*, note 877, p. 192.

Le principal avantage de la délégation de service public est le maintien de la mission de service public de l'entreprise publique et des principes en découlant.

La délégation de service public présente aussi des avantages particuliers au point de vue de l'efficacité. L'entreprise publique profite souvent d'une expertise particulière et d'innovations technologiques provenant du secteur privé, ce qui contribue à son développement économique et au respect de l'échéancier des activités. Nous pouvons d'ailleurs lire dans le Plan de modernisation 2004-2007 du gouvernement du Québec que :

> Le gouvernement entend par ailleurs s'ouvrir aux partenariats, et amorcer ainsi le début d'une nouvelle ère de collaboration gagnant-gagnant avec le secteur privé, fondée sur la réduction des risques, des délais et des coûts. Le secteur privé, de même que le secteur communautaire et coopératif, ne détiennent pas toujours la réponse à tout, mais ils abritent des compétences dont l'État aurait tort de se priver[907].

Les règles administratives, souvent jugées lourdes et contraignantes, disparaissent ici pour laisser une certaine liberté d'action à la personne privée. La délégation de service public étant basée sur un contrat conclu avec le secteur privé, elle accorde une flexibilité accrue dans l'exercice des activités déléguées. Les renégociations sont possibles en cours d'exécution du contrat. L'utilisation du mode contractuel accorde donc une souplesse aux Parties tout en les obligeant à bien planifier les besoins de manière serrée et à respecter les échéanciers[908].

La délégation de service public présente surtout des avantages d'ordre financier en ce qu'elle entraîne une réduction des coûts engagés par l'entreprise publique tout en maintenant son engagement. En effet,

> [l]'administration publique détermine les caractéristiques des ouvrages et des modalités d'exploitation du service, sans avoir à financer, par la mobilisation de considérables masses budgétaires, l'édifice qu'elle récupérera gratuitement en fin de concession.[909]

Des économies sont réalisées par l'allègement des contraintes administratives et légales qui pèsent habituellement sur l'État. Le secteur privé participe au financement d'activités étatiques. Spécifions cependant que la délégation de service public n'est pas une source de financement au sens strict du terme. Il

---

907. GOUVERNEMENT DU QUÉBEC, *op. cit.*, note 17, p. IX.
908. « La classe politique a la fâcheuse manie de minimiser les coûts et les risques d'un projet pour mieux le vendre à la population. La planification serrée des besoins ainsi que le respect des échéanciers ne sont pas sa force » – Brigitte BRETON, « Les PPP à l'épreuve », *Le Soleil*, 25 juin 2007, p. 23.
909. P.-L. FRIER et J. PETIT, *op. cit.*, note 206, n° 351, p. 206.

s'agit plutôt d'un mode de financement des infrastructures et des services de l'État. En effet, dans une telle entente l'État a généralement un statut de locateur des infrastructures et des services. Il en est donc encore propriétaire et doit exercer une surveillance sur les activités de la personne privée. Dans le même ordre d'idée, la délégation de service public permet de répartir les risques financiers liés à la réalisation du projet. Le contrat doit comprendre une clause à cet effet.

Rappelons aussi que le contrat de délégation de service public n'est pas soumis en tant que tel aux règles de l'intégration économique et qu'il est même valorisé par celles-ci compte tenu de l'intégration du secteur privé aux activités étatiques. Cependant, d'autres règles de l'OMC et de l'ALÉNA pourraient s'appliquer, tel que par exemple, les mesures de régulation contraires au traitement national ou les subventions. En général l'entreprise publique peut donc accomplir sa mission de service public sans entrer en conflit avec les règles de l'intégration économique. Il s'agit sans contredit pour l'entreprise publique d'une méthode qui contribue à l'accomplissement de la mission de service public et par le fait même à sa mutation.

b) Des avantages pour les citoyens

Les citoyens sont aussi avantagés par la délégation de service public. Nous incluons dans le terme « citoyen », la Partie privée ainsi que l'usager du service public.

La Partie privée joue un rôle important dans l'activité publique qui lui est déléguée. Elle devient un véritable partenaire de l'entreprise publique en participant à la conception, au financement et aux risques liés à l'activité déléguée.

Bien que soumise aux obligations de service public, la Partie privée profite des prérogatives de puissance publique nécessaires à l'accomplissement de la mission de service public comme le pouvoir d'expropriation et le droit de tarifer les usagers du service. L'absence au contrat de dispositions qui soumettent la personne privée à des obligations de service public fait en sorte que nous ne pouvons conclure à la présence d'une délégation de service public. En fait, « [l] a soumission à l'ensemble des principes qui caractérisent le service public est inhérente à la notion même de délégation et se retrouve dans tous les cas »[910]. Nous constatons que le contrôle public est la clé de la délégation de service public.

---

910. Carole CHENUAUD-FRAZIER, « La notion de délégation de service public », RDP 1995.175, p. 186 ; voir aussi : Ch. Debbasch et F. Colin, *op. cit.*, note 35, p. 350.

De par la mission de service public qui lui est inhérente, la délégation de service public présente des conséquences immédiates pour les usagers du service. Par exemple,

> [...] ces ententes peuvent permettre de maintenir [...] l'égalité d'accès aux programmes ou services publics. On peut également exercer une péréquation tarifaire au profit de certains groupes. L'on peut également prévoir comme conditions contractuelles des dispositions relatives à la continuité du service, à la protection de l'environnement ainsi qu'à la qualité du service. [...] Enfin, on peut greffer à ces ententes des stipulations au profit des régions ainsi que des groupes défavorisés[911].

Des stipulations prévoyant les résultats à atteindre et l'application de sanctions dans le cas de non-respect doivent aussi être intégrées au contrat de délégation de service public et ce, tant à l'avantage de l'usager que de l'entreprise publique.

La délégation de service public est aussi avantageuse pour le partenaire privé qui participe activement à la réalisation d'une mission de service public. Celui-ci a même la possibilité d'établir ses propres règles de fonctionnement et d'en définir les modalités, en plus d'être l'employeur des agents du service. Il est l'interlocuteur juridique des usagers. La personne privée demeure un entrepreneur autonome, elle ne devient pas employée de l'État[912].

Selon nous, la délégation de service public n'est pas uniquement un mode de financement d'une activité publique par le secteur privé, mais constitue un partenariat global entre l'État et le secteur privé[913] dans la réalisation conjointe d'une mission publique. C'est à cette condition que le citoyen sera réellement avantagé et qu'il sera alors inadéquat d'assimiler la délégation de service public à une privatisation.

2.2. Suggestions de règles applicables aux contrats de délégation de service public

Il est important de planifier toutes les clauses du contrat de contrat de délégation de service public « [...] sinon, les imprévus et les problèmes surgiront. Et les factures supplémentaires aussi »[914]. Un peu à l'image des règles de justice naturelle dégagées en droit administratif, nous avons identifié des règles auxquelles devrait être soumis tout contrat de délégation de service public.

---

911. D. LEMIEUX, *loc. cit.*, note 877, p. 192 et 193.
912. *Id.*, p. 186 et 190.
913. P.-L. FRIER et J. PETIT, *op. cit.*, note 206, n° 352, p. 208.
914. B. BRETON, *loc. cit.*, note 908, p. 23.

Première règle : *Avant de mettre en œuvre une délégation de service public, l'entreprise publique doit s'assurer que cette méthode ne nuira pas aux citoyens.*

Cette première règle est inspirée du Plan de modernisation 2004-2007 du gouvernement du Québec suivant lequel il « [...] souhaite s'assurer que chaque fois qu'elle est retenue, l'option partenariat public-privé conduise à un rapport qualité-prix avantageux par rapport au mode conventionnel de réalisation des projets »[915]. S'agissant d'un moyen de modifier l'entreprise publique, la délégation de service public doit répondre à la mission de service public autrement assurée par l'entreprise publique. C'est ainsi qu'en vertu de l'article 5 de la *Loi sur l'Agence des PPP*, l'Agence a notamment comme fonction de conseiller le gouvernement sur toute question relative aux partenariats publics-privés, notamment en ce qui concerne la sélection et la priorité de réalisation des projets.

À notre avis, il faut prendre garde à l'utilisation systématique de la délégation de service public pour toutes les fonctions étatiques. Certaines fonctions, telle la construction d'infrastructures publiques, peuvent être déléguées facilement, sans entraver le rôle fondamental de l'État, alors que la délégation de certaines activités liées à la souveraineté étatique, telle la délégation de services militaires au secteur privé, peut soulever des questionnements. Nous pensons qu'il est possible de déléguer des activités exercées en monopole par les entreprises publiques[916]. Dans ce cas, le contrôle exercé par l'entreprise publique qui bénéficie du monopole doit être accru et le contrat de délégation doit délimiter clairement les aspects de l'activité exercée. D'ailleurs, la Cour fédérale a reconnu dans l'affaire *Syndicat des postiers du Canada* c. *Société canadienne des postes* que la Société canadienne des postes peut déléguer l'exercice de ses activités monopolistiques à des tiers. La Cour fédérale indique que la manière dont l'activité monopolistique doit être exercée dépend des pouvoirs de la Société et qu'ainsi « [l]'économie de la Loi et les pouvoirs généraux octroyés à la nouvelle société d'État, [...] mettent en évidence [...] l'intention du législateur d'habiliter la nouvelle société d'État de telle sorte qu'elle puisse réaliser efficacement [sa] mission [...] à une époque de bouleversements techniques et de commercialisation des services »[917]. Malgré sa situation monopolistique, une entreprise publique a la liberté de choisir le moyen d'accomplir ses activités.

---

915. GOUVERNEMENT DU QUÉBEC, *op. cit.*, note 17, p. 31.
916. *Contra* : Jean-François AUBY, *La délégation de service public*, Paris, Dalloz, 1998, p. 34.
917. *Syndicat des postiers du Canada* c. *Société canadienne des postes*, [1994] 3 C.F. 140, p. 174.

En général, la Partie publique met fin à ses propres services techniques afférents à la réalisation d'une activité sous prétexte que celle-ci a été déléguée à une Partie privée. Elle doit cependant conserver un certain nombre d'experts qui assureront le suivi de l'activité et le respect du contrat. Grâce à cette démarche le service public sera assuré.

Deuxième règle : *La mission de service public est spécifiée expressément dans le contrat de délégation de service public.*

Cette règle trouve son fondement dans le fait que l'activité déléguée est de « service public ». Le fait que l'entreprise publique maintienne un contrôle sur l'activité accomplie par la personne privée est sous-jacent à cette règle. Sans Partie publique, il n'y a pas de service public. Dans la décision *Aéroports de Montréal* c. *Meilleur* la Cour d'appel du Québec indique que le fait qu'une entité fournisse un service public n'en fait pas pour autant une entité soumise aux devoirs d'un organisme public. Il faut tenir compte du degré de contrôle exercé par le gouvernement sur l'entité privée. Le contrat de délégation de service public doit donc faire ressortir des éléments de contrainte publique qui l'emportent sur les éléments d'autonomie ou de discrétion de l'entité privée[918].

De même, l'obligation de maintenir la qualité et la continuité du service liée à la prestation de service public peut être prévue au contrat. Néanmoins, la seule spécification de la mission de service public entraîne l'application des principes qui y sont sous-jacents. Après tout, « [...] l'entreprise privée ne peut rester sur le marché si elle n'a pas elle-même cette éthique reposant sur les principes qui fondent le service public ; c'est pour elle un défi qui s'ajoute à celui de la compétition initiale »[919]. Suite à une délégation de service public, l'entreprise privée doit être constamment soucieuse de répondre aux besoins des citoyens.

Troisième règle : *La transparence doit régir tous les contrats de délégation de service public*

Face à la montée de l'intégration économique, l'obligation de transparence s'impose de plus en plus dans les actions et les décisions de l'entreprise publique. De plus, cette obligation de transparence met l'entreprise publique à l'abri contre les pressions de groupes privés qui voudraient manipuler le processus de décision publique.

Nous traitons ici de la transparence sous deux angles complémentaires, soit la transparence dans le choix du délégataire et la transparence quant à la conclusion et à la mise en œuvre du contrat de délégation de service public.

---

918. *Aéroports de Montréal* c. *Meilleur*, [1997] RJQ 1516 (CA) ; *Stoffman* c. *Vancouver General Hospital*, [1990] 3 RCS 483.

919. Bernard PRADES, « Les relations entre le délégataire et le délégant », *AJDA* 1996.638, p. 641.

La transparence dans le choix du délégataire est primordiale. C'est pourquoi le gouvernement du Québec démontre son intérêt à assurer cette transparence par l'application de la *Loi sur l'Agence des PPP* et de la *Loi sur les contrats des organismes publics*[920] adoptées en 2006. L'article 4 de la *Loi sur l'Agence des PPP* prévoit que l'Agence favorise « l'application d'un processus de sélection de partenaires et de conclusion de contrats qui est à la fois transparent et équitable, de façon à assurer une saine concurrence entre les entreprises intéressées ». Suivant son article 2, la *Loi sur les contrats des organismes publics* vise à promouvoir la transparence dans le processus décisionnel. En vertu de son article 3 cette loi s'applique autant aux contrats d'approvisionnement qu'aux contrats de délégation de service public. Plus spécifiquement, en vertu de l'article 10 L.c.o.p. la procédure d'appel d'offres est désormais obligatoire, sauf exceptions, pour la conclusion de contrats de délégation de service public. Soulignons qu'en France, l'article 38 de la *Loi n° 93-122 du 29 janvier 1993*[921] soumet la conclusion des contrats de délégation de service public à des règles de publicité et de mise en concurrence, afin d'en renforcer la transparence.

Dans une délégation de service public le plus bas soumissionnaire n'est pas nécessairement le meilleur. La longue durée et la portée du contrat de délégation de service public justifient un assouplissement des règles de l'appel d'offres. De plus, compte tenu du nombre restreint d'entrepreneurs spécialisés au Québec, il est pertinent de se demander s'il serait favorable d'ouvrir l'appel d'offres aux entreprises internationales, bien que cela impliquerait de moins favoriser le marché intérieur.

La transparence quant à la conclusion et à la mise en œuvre du contrat de délégation de service public est aussi fondamentale. Au Québec, l'Agence sur les PPP est appelée à jouer un rôle primordial à cet égard. En effet, suivant l'article 4 de sa loi constitutive elle doit favoriser :

- la mise en œuvre de moyens permettant aux citoyens de connaître le processus de partenariat public-privé et la valeur ajoutée des fonds publics investis (par. 2) ;
- le recours à des mécanismes de reddition de comptes fondés sur l'imputabilité des organismes publics et sur le fait que ceux-ci doivent assurer la maîtrise des projets d'infrastructures, d'équipements ou de prestation de services publics (par. 3) ;

---

920. LRQ c. C-65.1, ci-après désignée « *Loi sur les contrats des organismes publics* » ou « L.c.o.p. ».

921. *Loi n° 93-122 du 29 janvier 1993 relative à la prévention de la corruption et à la transparence de la vie économique et des procédures publiques*, *JO* 30 janvier 1993, p. 1588.

– le recours, dans l'intérêt du public, à des processus de consultation et de communication impliquant les personnes concernées par les projets (par. 4).

Nous constatons une volonté gouvernementale d'impliquer les citoyens dans les projets de délégation de service public et de garder le contrôle sur les projets délégués.

Plus précisément, l'article 22 de la *Loi sur les contrats des organismes publics* prévoit la publication de toute information relative à tout contrat conclu dont la dépense est supérieure à 25 000 $. Malgré que cette disposition fasse part d'une démarche très intéressante, nous nous demandons si elle englobe la publicisation du contrat lui-même, ce qui serait une bonne chose. Le contrat doit être rédigé dans des termes clairs et compréhensibles. Paul P. Craig a indiqué à ce sujet :

> [i] n order that programmes can be made accountable, government must be as clear as is possible in the terms of the contract or grant as to what it requires of the contractor. [...] the need for government to maintain control over general policy, and the use of directives to attain this end, when the function is being performed outside of the normal departmental structure.[922]

Cette obligation de précision contractuelle contribue à accroître la transparence du contrat de délégation de service public et favorise le contrôle exercé par l'entreprise publique sur le partenaire privé afin de garantir le maintien de la mission de service public.

Denis Lemieux a soulevé une question intéressante concernant la tarification des biens et des services offerts par le partenaire privé en se demandant si elle sera « [...] soumise à la procédure de consultation préalable prévue à la *Loi sur les règlements* ? »[923]. En d'autres mots, les tarifs doivent-ils être approuvés par les citoyens eux-mêmes avant de l'être par l'entreprise publique ? Nous pensons que cette démarche de consultation préalable s'avère nécessaire à l'exécution transparente du contrat de délégation de service public. Bien que l'Administration dégage des économies importantes par la délégation de service public, les citoyens doivent assumer les coûts inhérents à la réalisation de l'activité déléguée. Au Québec, la procédure de consultation préalable relative à la tarification pourrait faire partie du rôle de l'Agence des PPP qui doit favoriser « [...] dans l'intérêt du public, le recours, à des processus de consultation et de

---

922. Paul P. CRAIG, *Administrative law*, London, Sweet & Maxwell, 1983, p. 140.
923. D. LEMIEUX, *loc. cit.*, note 877, p. 189 ; *Loi sur les règlements*, LRQ, c. R-18.1, art. 10 ; voir aussi : P. ISSALYS et D. LEMIEUX, *op. cit.*, note 1, n° 13.44, p. 1087.

communication impliquant les personnes concernées par les projets »[924]. L'approbation de la tarification par les citoyens est étroitement liée à l'accessibilité au service public.

La résolution de litiges au cours de l'exécution du contrat doit aussi s'effectuer de manière transparente. À cet égard, le recours à l'arbitrage commercial, dont l'un des atouts est actuellement la confidentialité, devrait être adapté de façon à en assurer la transparence.

Quatrième règle : *Des mécanismes de surveillance des activités du délégataire doivent être prévus au contrat de délégation de service public.*

Lors de l'exécution de l'activité déléguée, le partenaire privé établit ses propres règles de fonctionnement et est le seul maître d'œuvre de l'activité. Compte tenu de cette autonomie, il existe un risque de dérapage qui entraînerait la diminution de la qualité et de la continuité du service[925]. En réalité, « [d] es dépassements de coûts de 200 % et des contrats mal ficelés existent aussi dans des projets où l'État a confié la construction et l'entretien d'une infrastructure à l'entreprise privée plutôt que de s'en charger lui-même »[926].

L'entreprise publique doit donc surveiller rigoureusement les activités accomplies par le partenaire privé et ce, dans l'intérêt public. Reprenons à ce sujet les propos de Pierre-Laurent Frier et Jacques Petit :

> Enfin, la concession ne fonctionne dans des conditions satisfaisantes du point de vue du service public, que si l'administration a une réelle capacité de fixer les obligations du service public et d'en contrôler strictement l'exécution par l'exploitant du service. Il s'agit d'éviter les conflits d'intérêt entre les nécessités de la rentabilité et les impératifs du service public, le gestionnaire privé risquant de négliger certaines obligations (en matière de sécurité par exemple) et de n'assurer les prestations qu'à destination des seuls usagers solvables. C'est parfois le concessionnaire d'ailleurs, et non le concédant qui domine ![927]

Par exemple, en 1996, le Premier ministre de l'Ontario Mike Harris a délégué au secteur privé la gestion des systèmes de contrôle d'eau potable et des laboratoires d'analyse de l'eau. L'allègement du contrôle gouvernemental fut causé par des compressions budgétaires, entraînant une baisse des inspections étatiques. Conséquemment, à Walkerton le scandale de l'eau contaminée à la bactérie E-coli a éclaté après qu'il y ait eu de la mortalité, de la maladie et l'absence d'eau potable durant six mois. Suite à cela, le

---

924. Art. 4, al. 2 (4) *Loi sur l'Agence des PPP*.
925. D. LEMIEUX, *loc. cit.*, note 877, p. 181 ; P. ISSALYS et D. LEMIEUX, *op. cit.*, note 1, n° 13.41, p. 1076.
926. B. BRETON, *loc. cit.*, note 908, p. 23.
927. P.-L. FRIER et J. PETIT, *op. cit.*, note 206, n° 353, p. 208.

gouvernement ontarien a remplacé les tuyaux d'eau et a repris le contrôle de l'activité[928].

Nous pouvons également tirer des leçons de la situation qui prévaut dans le cas de la cession par le gouvernement canadien de la gestion et de l'entretien d'un tronçon de l'autoroute 407. Le contrat comporte une clause qui interdit au gouvernement de limiter les bénéfices de la Partie privée. Nous sommes défavorables à une telle clause et privilégions la mise en place d'une réglementation sur les tarifs ou du moins, la présence au contrat d'une clause qui accorde à la Partie publique un contrôle sur l'augmentation des tarifs applicables à l'activité déléguée.

Le gouvernement du Québec applique l'obligation de surveillance en matière de délégation de service public. Ainsi, en vertu de l'article 4 de la *Loi sur l'Agence sur les PPP*, l'Agence « [...] a pour mission de contribuer, par ses conseils et son expertise, [...] à l'amélioration de la qualité des services aux citoyens dans le cadre de la mise en œuvre de projets de partenariats public-privé ». L'article 2 (5) de la *Loi sur les contrats des organismes publics* vise notamment à promouvoir « [...] la mise en œuvre de systèmes d'assurance de la qualité dont la portée couvre la fourniture de biens, la prestation de services ou les travaux de construction requis par les organismes publics ». D'ailleurs, en matière de délégation de construction d'infrastructures routières les plans et les devis sont élaborés au ministère des Transports et les entrepreneurs privés sont soumis à une série de normes éprouvées. La conformité de la réalisation de l'activité avec les plans et devis fait l'objet d'une surveillance sur le chantier et des pénalités sont imposées en cas d'écarts de la part de l'entrepreneur privé[929]. À défaut d'être prévus de manière réglementaire, des mécanismes de surveillance similaires devraient être inclus dans tout contrat de délégation de service public.

> **Cinquième règle** : *Le degré de responsabilité de chaque Partie doit être clairement énoncé au contrat de délégation de service public.*

L'article 1 de la *Loi concernant les partenariats en matière d'infrastructures de transport* se lit ainsi :

> La présente loi s'applique à toute entente de partenariat à long terme entre le gouvernement et une entreprise privée pour réaliser la construction, la réfection ou l'exploitation d'une infrastructure de transport. Une telle entente doit comporter un partage de risques entre le gouvernement et le secteur privé.

---

928. Florence MENEY, *Walkerton ou l'enfer de l'eau contaminée*, [En ligne] http://www.radio-canada.ca/nouvelles/actualite/walkerton/(Page consultée le 1er janvier 2009).

929. Simon BOIVIN, « Une légende urbaine, répondent les ingénieurs », *Le Soleil*, 27 juin 2007, p. 3.

À l'instar des contrats en matière d'infrastructures routières, tout contrat de délégation de service public doit prévoir un partage des risques qui soit équitable pour les partenaires. Contrairement à la situation qui prévaut dans les marchés publics, la délégation de service public a notamment pour objectif de transférer au secteur privé une plus grande responsabilité[930] puisque des risques habituellement assumés par la Partie publique sont transférés à la Partie privée. Conscients que les obligations découlant de la délégation de service public doivent être générales et souples[931], nous proposons uniquement la détermination du degré de responsabilité de chaque Partie. Par ailleurs, la répartition des risques doit s'effectuer en tenant compte des capacités respectives des Parties à les évaluer, à les éviter et à les gérer. Chaque Partie doit donc supporter le risque qu'elle maîtrise le mieux. Par exemple, la Partie privée est en mesure d'assumer les risques associés à la gestion des coûts tandis que l'entreprise publique peut assumer les risques associés à des changements réglementaires[932].

La personne privée, partie au contrat de délégation de service public, n'est pas assujettie au principe de la subordination hiérarchique et est un entrepreneur autonome, de sorte que cette cinquième règle est particulièrement importante. De plus, l'obligation de prouver la négligence de l'Administration dans la surveillance de la personne privée est une conséquence de l'absence de lien de préposition entre les Parties. Cette preuve s'avère difficile à établir. La meilleure solution pour remédier à cette situation est d'établir au contrat quelle sera la responsabilité de la Partie privée et de prévoir la stipulation pour autrui en faveur des citoyens.

En cas de force majeure, il appartient à l'entreprise publique « [...] de prendre les mesures nécessaires pour que le concessionnaire puisse assurer la marche du service public dont il a la charge et notamment lui fournir une aide financière pour pourvoir aux dépenses extra-contractuelles afférentes à la période d'imprévision »[933].

Sixième règle : *À la fin du contrat de délégation de service public, le délégataire remet à l'État les infrastructures en bon état.*

Les infrastructures utilisées dans le cadre de l'exécution de l'activité déléguée devraient demeurer la propriété de l'État (et de la collectivité) durant le contrat qui peut d'ailleurs être conclu pour une durée très

---

930. MINISTÈRE DES TRANSPORTS DU QUÉBEC, [En ligne] http://www4.bnquebec.ca/pgq/2005/2920176.pdf (Page consultée le 1er janvier 2009), p. 5.
931. P. ISSALYS et D. LEMIEUX, *op. cit.*, note 1, n° 13.44, p. 1086 et 1087.
932. Allison PADOVA, *La commercialisation des entreprises fédérales au Canada*, [En ligne] http://www.parl.gc.ca/information/library/PRBpubs/prb0545-f.html#les partenariat (Page consultée le 1er janvier 2009).
933. J.-C. VENEZIA, *loc. cit.*, note 174, p. 1665.

importante[934]. Une clause à cet effet devrait être prévue dans le contrat. Cette règle s'étend aussi aux constructions réalisées durant le contrat. D'ailleurs, l'article 6 de la *Loi concernant les partenariats en matière d'infrastructures de transport* indique que « [t] ous les biens et les ouvrages acquis, construits ou exploités par un partenaire en vertu de la présente loi restent ou deviennent la propriété de l'État au terme de l'entente de partenariat ».

Il est donc primordial de responsabiliser le partenaire privé au maintien en bon état des infrastructures étant donné leur caractère public et leur remise au secteur public à l'expiration du contrat. Cette cinquième règle permet d'établir de bons rapports entre l'entreprise publique et le partenaire privé à la fin du contrat et d'assurer la conservation des biens publics. Il s'agit là d'une caractéristique inhérente à la délégation d'une activité de service public.

En contrepartie, l'entreprise publique doit envisager la reprise du fonctionnement de l'activité déléguée à la fin du contrat et à cette fin, prévoir sa propre capacité technique, laquelle devra être à la hauteur de celle utilisée par la Partie privée.

En conclusion de ce titre consacré à la délégation par l'entreprise publique d'une activité de service public au secteur privé nous pouvons dire que cette démarche représente le « [m] ariage intelligent de la décision publique et du savoir-faire privé »[935]. Plus largement elle « [...] s'inscrit dans l'évolution plus générale du rôle de l'État au sein de la sphère économique, passant du rôle d'acteur, d'opérateur direct, à un rôle d'organisateur, de régulateur, de contrôleur »[936]. À cet égard, la délégation de service public assure la mutation de l'entreprise publique.

Nous désirons effectuer deux remarques quant à l'utilisation de cet instrument juridique. Premièrement, nous savons que « [...] le mode contractuel ne correspond pas très bien à la formule classique de détermination des normes par l'État, et qu'il remet en cause à ce titre plusieurs valeurs et principes reconnus en droit administratif [...] »[937]. Deuxièmement, nous croyons qu'en plus de la création d'un organisme voué au développement de la délégation de service public, il y aurait lieu d'adopter une loi portant sur l'encadrement des modalités de mise en

---

934. Par exemple, au Canada la gestion du tronçon de l'autoroute 407 a été confiée à un consortium privé pour une durée de 99 ans.

935. J.-F. AUBY, *op. cit.*, note 878, p. 121.

936. Michel LAFITTE, *Les partenariats public-privé : une clé pour l'investissement public en France*, Paris, Revue Banque Édition, 2006, préface de Didier SCHLACTHER.

937. Françoise SAINT-MARTIN, « L'utilisation des contrats comme mode de participation des parties privées à la détermination des normes », dans GOUVERNEMENT DU QUÉBEC, *Actes de la XVe Conférence des juristes de l'État*, Cowansville, Éditions Yvon Blais, 2002 p. 61, à la p. 65.

œuvre de ces contrats. Les enjeux découlant de la délégation de service public nous portent à croire qu'un énoncé de politique ou qu'un guide destiné aux Parties privées ne sont pas suffisants afin d'assurer un encadrement adéquat de ces contrats et la mutation de l'entreprise publique.

SECTION II
LA SOUMISSION DE L'ENTREPRISE PUBLIQUE À LA RÉGULATION

En deuxième lieu, nous proposons comme méthode de mutation de l'entreprise publique en liaison avec son fonctionnement, la soumission de cette dernière à la régulation. Il importe de savoir avant tout que

> [l] e droit de la régulation constitue une branche du droit regroupant l'ensemble des règles affectées à la régulation de secteurs qui ne peuvent engendrer leurs équilibres par eux-mêmes, comme le droit de la régulation financière, le droit de la régulation énergétique, le droit du secteur audiovisuel et des télécommunications etc.[938]

La régulation de l'entreprise publique est une méthode reconnue et utilisée. Il s'agit d'une voie intéressante afin d'en permettre la mutation tout en maintenant ses obligations de service public. En tant que juriste, nous pensons que la régulation est un procédé qui permet de sauvegarder l'interventionnisme public et le service public, dans le respect de l'intérêt général. Nous verrons que, malgré les différentes formes qu'elle peut revêtir, la régulation de l'entreprise publique présente un intérêt en ce qu'elle permet le maintien des obligations de service public inhérentes à l'entité.

Nous adhérons à la définition de la régulation de Gérard Marcou suivant laquelle :

> [l] a régulation est une fonction de la puissance publique qui tend à établir un compromis entre des objectifs et des valeurs économiques et non économiques, pouvant être antinomiques, dans le cadre d'un marché concurrentiel. [...] En d'autres termes, il s'agit de la fonction de la puissance publique visant à la satisfaction de besoins collectifs par des activités de nature économique sous un régime concurrentiel.[939]

---

938. Marie-Anne FRISON-ROCHE, « Le droit de la régulation », *D.* 2001.610, p. 610.
939. Gérard MARCOU, « La notion juridique de régulation », *AJDA* 2006.347, p. 349.

À la lecture de cette définition, nous constatons que la régulation est une fonction exercée par l'État dans un domaine économique. Il existe donc un tiraillement constant entre la mission de service public et les objectifs économiques dans un système donné. L'organisme de régulation cherche à instaurer un équilibre entre ces considérations opposées, tel que nous le verrons ultérieurement.

Dans un système régulé, plusieurs acteurs ont un rôle à jouer : le régulateur, l'entreprise publique ou les opérateurs et les citoyens-consommateurs. Par exemple, en Angleterre, le régulateur d'un secteur est le directeur d'un office de régulation nommé par le gouvernement tandis qu'aux États-Unis, des commissions indépendantes assurent l'essentiel de la régulation des réseaux. Par ailleurs, l'opérateur est l'entreprise (privée ou publique) qui est chargée d'assurer matériellement le service aux citoyens-consommateurs[940]. Soulignons que la régulation des entreprises privées de service public (ou délégataire de service public) est une alternative au maintien d'entreprises publiques.

1. La situation de l'entreprise publique par rapport à la régulation

De nos jours, aborder la question de la régulation n'est pas simple ! En fait, la régulation souffre de la multiplicité des formes qu'elle peut désormais revêtir selon les secteurs concernés[941]. Dans la réalité ces types s'entremêlent afin de former un système de régulation. Il est difficile de les appliquer séparément. Cela contribue à la multiplication des formes de régulation.

Dans la continuité du sujet de notre thèse, nous entendons nous concentrer sur la régulation de l'entreprise publique par un organisme étatique. C'est ainsi que le droit administratif québécois reconnaît l'existence des organismes de régulation comme entités étatiques décentralisées. Il s'agit alors d'une « [t] echnique d'intervention de nature politique dans un secteur qui le requiert au nom de l'intérêt général »[942]. Par ailleurs, nous nous attarderons aussi à la régulation qui fait suite à la privatisation d'entreprises publiques et à l'ouverture des marchés. Le régulateur joue alors son rôle à

---

940. Pierre BAUBY et Jean-Claude BOUAL, « Régulateurs-opérateurs ? Une clarification nécessaire », dans P. BAUBY et J.-Cl. BOUAL (dir.), *Pour une citoyenneté européenne : quels services publics ?*, Paris, Les Éditions de l'Atelier, 1994, p. 113, aux p. 125 et 126 ; É. COHEN et C. HENRY, *op. cit.*, note 24, p. 34.

941. Voir pour une récapitulation des types de régulation : Hervé DUMEZ et Alain JEUNEMAÎTRE, « Les institutions de la régulation des marchés : étude de quelques modèles de référence », *RIDE.* 1999.11, p. 28.

942. Marie-Anne FRISON-ROCHE, « Les différentes définitions de la régulation », *Pet. aff.* 1998.82.5, p. 5 [Paru aussi dans : *Rev. conc. cons.* 1998.103.42].

l'égard d'entreprises privées et de l'ancienne entreprise publique devenue *opérateur historique*. Cette forme de régulation est surtout présente en Europe et au Canada.

Il s'agit donc maintenant d'exercer la régulation d'un monopole ou de la concurrence. Bien que la régulation emprunte diverses formes, nous verrons que les obligations qui s'y rattachent sont sensiblement les mêmes. En matière de mission de service public, une chose est certaine :

> c'est qu'on ne peut pas les abandonner au « laissez-faire » : on ne peut pas davantage laisser les acteurs d'un secteur concurrentiel comme le transport routier détruire les bases mêmes de leur activité, qu'on ne peut laisser un monopole exploiter les usagers. Sous une forme ou une autre, une régulation publique est nécessaire.[943]

Étant donné le sujet de notre thèse, nous avons ciblé les deux formes de régulation liées à l'entreprise publique. Nous démontrerons ainsi comment la régulation assure la mutation de l'entreprise publique investie d'une mission de service public.

1.1. La régulation d'une entreprise publique monopolistique

Attardons-nous au cas suivant lequel une entreprise publique est placée en situation monopolistique. Traditionnellement, la régulation sert à contrôler les activités d'une entreprise publique monopolistique dans un secteur donné. Ce modèle de régulation découle de la juxtaposition des types de la régulation sectorielle indépendante et de la régulation quasi-juridictionnelle. Ainsi, au Québec la production, le transport et la distribution de l'électricité par Hydro-Québec sont régulés par la Régie de l'énergie. Hydro-Québec jouit d'un monopole en ce qui a trait à la production, au transport et à la distribution de l'électricité au Québec. À ses côtés, nous retrouvons quelques producteurs privés qui lui vendent leur production ainsi que des autoproducteurs industriels qui consomment leur propre production. Les producteurs privés exploitent des centrales de moins de 50 mégawatts. Leur rôle est marginal par rapport à celui d'Hydro-Québec. Neuf distributeurs municipaux et une coopérative régionale d'électricité redistribuent sur leur territoire l'électricité qu'ils achètent d'Hydro-Québec.

Quel est donc l'organe voué à exercer une fonction régulatrice envers une entreprise publique monopolistique ? Le droit québécois reconnaît l'existence d'organismes décentralisés par rapport à l'Administration centrale qui exercent des activités de régulation économique telles la Régie de l'énergie

---

943. É. COHEN et C. HENRY, *op. cit.*, note 24, p. 33.

et la Régie des alcools, des courses et des jeux[944]. La catégorie des « organismes de régulation » est donc reconnue en droit administratif québécois. Par contre, en droit français, les organismes de régulation font partie de la catégorie plus large des autorités administratives indépendantes (A.A.I.). En France, la discussion concernant l'organe de régulation n'est pas terminée, elle mérite d'être approfondie. Étant donné l'émergence de la régulation en Europe en réaction aux privatisations déclenchées par la construction européenne, nous croyons que les juristes français devraient prendre exemple sur le Québec et créer une catégorie distincte pour les organismes de régulation.

Bien qu'habituellement, une partie de l'infrastructure du réseau continue de relever de l'entreprise publique monopolistique, différents opérateurs peuvent y avoir accès. Par exemple, conséquemment à l'ouverture des marchés nord-américains, le 11 décembre 1998, le gouvernement du Québec a adopté le *Règlement numéro 652*[945] donnant l'accès au réseau de transport d'électricité d'Hydro-Québec à tous les producteurs d'énergie d'Amérique du Nord, incluant des entreprises privées américaines qui ne sont pas soumises au contrôle de la Régie de l'énergie.

Compte tenu de sa relative nouveauté et de son intérêt pour notre étude, attardons-nous plus longuement à la régulation d'une entreprise publique devenue opérateur historique.

1.2. La régulation d'une entreprise publique devenue opérateur historique

Le déclin de l'entreprise publique, étudié dans la première partie de notre étude, a comme conséquence la régulation d'entreprises privées qui exercent leurs activités dans un champ autrefois occupé par une entreprise publique placée en situation monopolistique. Dans ce contexte, la régulation sert à coordonner et à ajuster le fonctionnement du marché suite à l'ouverture à la concurrence.

---

944. *Loi sur la Régie de l'énergie* ; *Loi sur la Régie de l'alcool des courses et des jeux*, LRQ, c. R-6.1 ; « [...] la Régie comporte toutes les caractéristiques d'un organisme de régulation [...] » – *Action réseau consommateur* c. *P.G. Québec et Régie de l'énergie*, [2000] RJQ 1769 (CS), p. 1778.

945. *Règlement numéro 652 d'Hydro-Québec sur les conditions et les tarifs du service de transport en gros de l'électricité*, (1996) 128 G.O. II, 7387 [RRQ, c. H-5, r. 0.2.1.] abrogé et devenu : *Règlement numéro 659 d'Hydro-Québec sur les conditions et les tarifs du service de transport pour l'accessibilité à son réseau*, (1997) 129 G.O. II 1248 [RRQ, c. H-5, r. 0.3].

a) Les origines

Ce phénomène en plein essor est impulsé par une économie sociale de marché qui nie les monopoles, qu'ils soient publics ou privés. Il s'agit d'une économie basée sur une concurrence régulée. Selon cette doctrine née en Allemagne, l'État doit mettre en place et faire fonctionner des instruments de régulation économique. L'économie sociale de marché sert de cadre au déploiement de la régulation[946]. C'est ainsi que l'économie sociale de marché développée sous l'effet de l'intégration économique a entraîné l'émergence de la régulation telle que nous l'étudierons maintenant, soit l'interrelation du régulateur avec l'entreprise publique devenue opérateur historique.

Pionnière en matière de privatisation d'entreprises publiques, l'Angleterre a joué un rôle important dans l'élaboration de la régulation économique. Suivant la vision anglo-saxonne, la régulation est un procédé juridique par lequel « [...] la puissance publique s'efforce d'agir pour corriger ou prévenir ce qui aura été considéré par ceux qui ont à décider de son action comme constituant des défectuosités du fonctionnement de la société, dans le domaine économique [...] »[947]. Suite à la privatisation d'entreprises publiques, l'Angleterre a créé des offices de régulation : OFGAS dans le secteur gazier ; OFTEL dans le secteur des télécommunications ; OFFER dans le secteur électrique ; OFWAT dans les secteurs de la distribution et de l'assainissement de l'eau ; ORR et OPR dans le domaine du transport ferroviaire.

Prônant une économie de type libéral, les États-Unis gèrent depuis longtemps leurs activités de service public à l'aide de la régulation. Les activités de service public étant confiées à des entreprises privées, le contrôle de l'État par le biais d'organismes appelés « commissions de régulation » s'avérait donc nécessaire. Le taux de profit (rate cap) y est utilisé comme instrument de contrôle des entreprises régulées. En général, « [i] n North America, regulatory agencies regulate the quality of service, the level of service and profit (rate of return) »[948]. L'Angleterre n'a pas suivi le modèle américain. Elle fait majoritairement appel au type de la régulation sectorielle indépendante, tandis que les États-Unis privilégient l'utilisation du type de la régulation quasi-juridictionnelle. Elle utilise la méthode du plafonnement des

---

946. Marie-Anne FRISON-ROCHE, « Définition du droit de la régulation économique », *D.* 2004.126, p. 126 [Aussi publié sous : « Définition du droit de la régulation économique », dans M.-A. FRISON-ROCHE (dir.), *Les régulations économiques : légitimité et efficacité*, Paris, Presses de Science po et Dalloz, 2004, p. 7].

947. Jean-Bernard AUBY, « Toute régulation, par essence, comporte une part d'autorégulation », *R.L. conc.* 2006.6.104, p. 104.

948. Andrew J. ROMAN, « Regulation, deregulation, competition and privatisation : The canadian experience », dans Jeremy John RICHARDSON (dir.), *Privatisation and deregulation in Canada and Britain*, Aldershot, Darmouth, 1990, p. 229, à la p. 238.

prix (price cap)[949] plutôt que celle des taux de profit. La France s'inspire aussi du type de la régulation sectorielle indépendante.

Le principal objectif de la régulation sectorielle indépendante est l'introduction de la concurrence tout en assurant un niveau de qualité de service adéquat. Suivant ce type de régulation, les régulateurs ont le mandat de déterminer les services qui peuvent être fournis par les entreprises privées. Ils sont dotés de pouvoirs très larges définis de manière imprécise par la législation, tels que la fixation de tarifs et l'octroi de licences. Pour sa part, l'utilisation du type de la régulation quasi-juridictionnelle laisse une large place au processus contradictoire et à la participation du public. Soulignons qu'aux États-Unis certaines autorités de régulation, qui étaient autrefois indépendantes, sont maintenant placées sous l'autorité directe du Président[950]. Alors que, tel que nous l'avons spécifié précédemment, il peut être difficile de scinder chaque type de régulation, il est néanmoins possible de dégager certaines généralités qui nous portent à croire qu'un système de régulation appartient plus particulièrement à un type précis.

b) Le passage du statut d'entreprise publique à celui d'opérateur historique

Lorsque le secteur dans lequel évolue une entreprise publique monopolistique s'ouvre à la concurrence, un régulateur est créé afin de maintenir l'ordre sur le marché. L'entreprise publique devient l'*opérateur historique*. Elle fait face aux entreprises privées qui ont envahi son marché. Le régulateur, qui peut être l'État central ou un organisme décentralisé, doit agir de manière égalitaire entre tous les opérateurs afin d'en assurer l'équilibre. Il les protège contre la puissance de l'opérateur historique et impose l'équitabilité dans la fixation des prix imposés par ce dernier. Ainsi, suite à l'ouverture du monopole à la concurrence, le régulateur exerce son action sur l'opérateur historique et diverses entreprises privées.

En vertu du principe de la séparation des fonctions, l'opérateur historique peut conserver son monopole sur l'infrastructure du service, à la condition de laisser le libre accès aux opérateurs privés. En d'autres mots, dans un même secteur certaines activités demeurent non compétitives tandis que d'autres s'ouvrent à la concurrence. Par exemple, en Angleterre, la production de l'électricité est placée en situation de concurrence, tandis que

949. Ray REES et John VICKERS, « RPI – X Price-cap regulation », dans Matthew BISHOP, John KAY and Colin MAYER (dir.), *The Regulatory Challenge*, Oxford, Oxford University Press, 1995, p. 358.

950. Stéphane BRACONNIER, « La régulation des services publics », *RFD adm.* 2001.43, p. 46 et 47 ; Cosmo GRAHAM et Tony PROSSER, *Privatizing public enterprises : constitutions, the state, and regulation in comparative perspective*, Oxford/New York, Clarendon Press/Oxford University Press, 1991, p. 177 à 188.

son transport et sa distribution constituent un monopole d'État géré par des entreprises privées.

Bien que l'essor de cette forme de régulation constitue un reflet de la mutation de l'entreprise publique et du rôle de l'État, il convient de s'interroger sur la place occupée par l'entreprise publique :

> Dès lors, cette évolution ne mène-t-elle pas à une sorte de *dissolution du concept d'entreprise publique*, bientôt plus ou moins assimilée à un banal opérateur sur le marché ? [...] À quoi bon un secteur public, s'il doit être traité comme les entreprises du commerce ? [...] En définitive, l'opérateur public, quand bien même il revêt tous les attributs de l'entreprise privée (fonds de commerce etc.), ne lui est jamais totalement assimilable. En l'état du droit applicable, il lui reste toujours cette sorte d'immunité que lui procure le « parapluie » de la puissance publique.[951]

A priori, il n'est pas facile de conclure à la mutation de l'entreprise publique par son passage au statut d'opérateur historique. Ceci, d'autant plus que la régulation peut s'appliquer à toutes les entreprises, qu'elles soient publiques ou privées. Une entreprise privée régulée constitue-t-elle une forme atténuée d'entreprise publique ? Une entreprise privée régulée devient-elle une entreprise privée de service public du fait de la régulation ? Une réponse affirmative à cette question reviendrait à dire que l'entreprise privée doit remplir des obligations de service public par l'effet de la régulation. Nous devons donc considérer l'entreprise privée régulée comme étant distincte de ses homologues non régulées. Selon nous, l'opérateur historique soumis à la régulation qui exerce ses activités dans un champ ouvert à la concurrence devient en quelque sorte une forme poussée de mutation de l'entreprise publique. D'autre part, la régulation devrait transformer « [...] des entreprises privées en de véritables gestionnaires de services publics »[952].

C'est ainsi que nous analyserons jusqu'à quel point la régulation dans le cadre de la libéralisation des marchés assure le maintien de missions de service public autrefois dévolues à l'entreprise publique présentant des particularités traditionnelles.

c) La régulation, outil de transition ou de conservation ?

En matière de régulation économique deux positions s'affrontent. D'un côté, la position libérale prône une régulation qui permet d'assurer la

---

951. M. BAZEX, *loc. cit.*, note 710, p. 663.
952. P. GARANT, *op. cit.*, note 28, p. 325.

transition paisible vers la concurrence et la libéralisation des marchés[953]. Suivant cette position, l'intervention de l'État régulateur est nécessaire afin de construire un secteur nouvellement ouvert à la concurrence. Le régulateur détermine alors les conditions d'interconnexion des réseaux ou d'accès des tiers aux réseaux ainsi que la fixation des coûts destinés à financer le service. Par la suite, l'État se retire et les opérateurs s'autorégulent eux-mêmes. Ils se réfèrent au pouvoir judiciaire en cas de mésentente importante. Si le régulateur sectoriel ne disparaît pas, ses fonctions changeront de nature.

Pour notre part, nous adhérons plutôt à la position suivant laquelle la régulation par la puissance publique n'est pas temporaire et limitée et permet de concilier la concurrence et l'intérêt général. En vertu de cette position, le régulateur public doit rester en place suite à l'ouverture des marchés afin de garantir la satisfaction d'intérêts collectifs[954]. Cela assure le maintien nécessaire des obligations de service public. En effet, tel que l'indique Jean-Louis Autin,

> [...] le bon fonctionnement du marché implique l'intervention permanente d'un régulateur extérieur car, spontanément, l'affrontement auquel se livrent les opérateurs économiques est destructeur et risque d'aboutir, par fusions et concentrations successives, à l'anéantissement de la concurrence.[955]

Pour sa part, Gérard Marcou écrit que « [...] la fonction de régulation qui semble émerger du droit positif est durable et structurellement liée à la nécessité de garantir la satisfaction de certains intérêts collectifs également dans le cadre du marché »[956].

2. Le maintien du service public par la régulation

Nous voulons démontrer que la soumission de l'entreprise publique à la régulation lui permet de se modifier et par là, de survivre dans un contexte

---

953. Jean-Louis AUTIN, « Réflexions sur l'usage de la régulation en droit public » dans Michel MIAILLE (dir.), *La régulation entre droit et politique*, Colloque du Centre d'études et de recherches sur la théorie de l'État, Université Montpellier-I, Paris, L'Harmattan, 1995, p. 43, à la p. 51 ; M.-A. FRISON-ROCHE, *loc. cit.*, note 942, p. 5.

954. Jean-Louis AUTIN, « Du juge administratif aux autorités administratives indépendantes : un autre mode de régulation », *RDP* 1988.1213, p. 1214 ; Marie-Anne FRISON-ROCHE, « Les nouveaux champs de la régulation », *RFAP*. 2004.53, p. 56.

955. Jean-Louis AUTIN, « Les autorités de régulation sont-elles des autorités administratives indépendantes », dans J.-L. AUTIN, et Catherine RIBOT (dir.), *Environnements : Mélanges en l'honneur du professeur Jean-Philippe Colson*, Paris, PUG, 2004, p. 440, aux p. 444 et 445.

956. G. MARCOU, *loc. cit.*, note 939, p. 349.

de mise en concurrence. Nous venons d'exposer le lien entretenu entre l'entreprise publique et la régulation. Afin de compléter notre réflexion, nous devons évaluer si la régulation permet le maintien du service public. Cette démarche est importante d'autant plus que « [...] the Government created new regulatory authorities for each of the public utility sectors, initially with the aim of restraining monopoly until it could be replaced by competition »[957]. Il ne faut pas confondre le maintien du service public et le maintien de l'entreprise publique qui se métamorphose. Le premier peut exister sans le second, alors que le second devrait s'inclure dans le premier.

Étant donné que les caractéristiques favorables au maintien du service public demeurent les mêmes quelle que soit la forme de régulation, nous appliquons la même réflexion aux deux formes de régulation décrites précédemment. Un équilibre est aussi recherché par l'utilisation de la régulation.

2.1. L'équilibre recherché par l'utilisation de la régulation

Sans régulateur, le marché à lui seul ne peut garantir le respect du service public et encore moins des objectifs d'intérêt général. La régulation peut alors s'analyser comme étant un moyen de conciliation entre le marché concurrentiel et le service public ou, plus largement, l'intérêt général. En effet, la régulation doit permettre de préserver les obligations de service public dans le cadre de la concurrence et de l'ouverture des marchés. C'est à cette condition, que nous pouvons dire que la régulation est une méthode permettant la mutation de l'entreprise publique investie d'une mission de service public. À cet égard, notre vision de la régulation coïncide avec celle du droit français dans lequel la notion de service public est la plus achevée[958].

La régulation impulsée par l'ouverture à la concurrence n'est pas incompatible avec la présence d'entreprises publiques. Il s'agit d'une garantie supplémentaire à la fourniture des activités de service public par l'entreprise publique. L'opérateur historique demeure soumis à l'application du service public, du service universel et du service d'intérêt économique général.

Dans ce cadre d'ouverture des marchés, les opérateurs privés, qui demeurent avant tout des entrepreneurs, peuvent être tentés d'obéir uniquement à des impératifs économiques et financiers, sans se soucier de la mission de service public autrefois confiée à l'entreprise publique monopo-

---

957 T. PROSSER, *op. cit.*, note 893, p. 44.

958. « De plus, la conception française de la régulation ne s'attache pas simplement au respect de la concurrence par les opérateurs économiques – comme dans les pays totalement gagnés au libéralisme – mais entend opérer la conciliation entre marché et service public ». – J.-L. AUTIN et C. RIBOT, *op. cit.*, note 93, n° 524, p. 260.

listique et dont ils sont devenus investis. Or, l'intervention du régulateur n'est pas motivée par le profit, comme l'est la concurrence. Elle impose plutôt « [...] (selon les expressions du droit communautaire dérivées et importées dans le droit des État membres) des *obligations de service* public, qui établissent souvent d'assurer le *service universel* [...] »[959]. L'une des raisons d'être de la régulation est notamment de forcer l'opérateur privé à exercer des activités dans un secteur autrefois construit et géré par une entreprise publique. Ce secteur présente des exigences liées à la présence d'une entreprise publique.

L'État a alors un rôle important à jouer. En plus d'assurer la régulation, il doit prendre le relais lorsque l'entreprise privée est incapable de respecter ses engagements. En vertu du principe de subsidiarité l'État doit donc intervenir afin de faire respecter les droits des citoyens. Par exemple, l'État doit fournir aux citoyens une quantité minimale d'énergie, que les redevances aient été payées ou non[960]. De même, il doit s'assurer que les obligations liées au service universel (ou les services de base) soient fournies à un prix abordable.

L'article 5 de la *Loi sur la Régie de l'énergie* est un exemple intéressant de l'équilibre recherché par l'utilisation de la régulation. Il se lit comme suit :

> Dans l'exercice de ses fonctions, la Régie assure la conciliation entre l'intérêt public, la protection des consommateurs et un traitement équitable du transporteur d'électricité et des distributeurs. Elle favorise la satisfaction des besoins énergétiques dans une perspective de développement durable et d'équité au plan individuel comme au plan collectif.

Cet article est éloquent en ce qui concerne les obligations de service public assurées par la régulation ce qui constitue une justification de plus à la mutation de l'entreprise publique. En effet, la régulation impose des limites au marché concurrentiel. Ces limites relèvent des obligations de service public :

- Protection de la santé et de l'environnement[961];

---

959. Domenico SORACE, « Régulation, besoins collectifs et concurrence », dans Gérard MARCOU et Franck MODERNE, *Droit de la régulation, services publics et intégration régionale*, vol 1, Paris, UMR de droit comparé de Paris, 2005, p. 47, à la p. 51 [Rapport de recherche aussi publié sous l'éd. L'Harmattan, 2005].

960. *Glykis c. Hydro-Québec*, [2004] 3 RCS 285.

961. J.-P. COLSON, *op. cit.*, note 359, n° 499, p. 511 ; Thomas CAZENAVE, David MARTIMORT et Jérôme POUYET, « Crise de régulation », dans Marie-Anne FRISON-ROCHE (dir.), *Les risques de régulation*, Paris, Presses de Sciences po et Dalloz, 2005, p. 1, à la p. 1 ; Francis DELPÉRÉE, « La régulation et la protection des usagers

– Assurance du développement durable[962];
– Égalité d'accès au service[963];
– Maintien de la cohésion sociale[964];
– Protection des citoyens-consommateurs[965];
– Sécurité et qualité du service[966].

C'est ainsi que la régulation constitue une méthode privilégiée par l'État afin de contrôler les activités de service public placées en situation concurrentielle. Au Canada, l'exemple du Conseil de la radiodiffusion et des télécommunications canadiennes (ci-après désigné CRTC) est très intéressant. Dans l'accomplissement de son rôle de régulation, le CRTC doit tenir compte de divers facteurs prévus à l'article 5 (2) de la *Loi sur la radiodiffusion* : la langue de diffusion *(a)*, les préoccupations et les besoins régionaux *(b)*, l'adaptation aux progrès scientifiques et techniques *(c)*, la présentation d'émissions de radio et de télévision canadiennes aux Canadiens *(d et e)*, la mise au point de techniques d'information et leur application ainsi que la fourniture des services qui en découlent *(f)* et le fardeau administratif imposé aux exploitants d'entreprises de radiodiffusion *(g)*. Nous retrouvons ici plusieurs obligations de service public justifiant la mutation de l'entreprise publique.

Le CRTC a perdu beaucoup de pouvoirs en matière de réglementation de la téléphonie suite à la déréglementation de la téléphonie locale. Le CRTC fixe les tarifs de la téléphonie locale de base pour chaque marché. Il réglemente depuis des années la tarification des services des anciens monopoles du téléphone, comme Telus et Bell Canada, dans le but d'encourager la concurrence dans le service résidentiel et de protéger les consommateurs. Or,

---

consommateurs », dans Gérard MARCOU et Franck MODERNE, *Droit de la régulation, services publics et intégration régionale*, vol 1, UMR de droit comparé de Paris, 2005, p. 53, à la p. 58 [Rapport de recherche aussi publié sous l'éd. L'Harmattan, 2005] ; *Québec (Procureur général)* c. *Canada (Office nationale de l'énergie)*, [1994] 1 RCS 159.

962. J.-P. COLSON, *op. cit.*, note 359, n° 499, p. 511.

963. *Id.*, n° 500, p. 512 ; Jean-Hervé LORENZI et Claude MARTINAND (groupe présidé par), *La Régulation des services publics : concilier égalité et efficacité*, Commissariat général du Plan, Paris, ASPE Europe/ESKA, 1995, p. 73 et 74.

964. Élie COHEN, « Régimes économiques et régulation du service public », dans Luc ROUBAN (dir.), *Le service public en devenir*, Paris, L'Harmattan, 2000, p. 219, à la p. 221 ; J.-P. COLSON, *Id.*, n° 499, p. 511 ; F. DELPÉRÉE, *loc. cit.*, note 961, p. 53 ; J.-H. LORENZI et C. MARTINAND, *Id.*, p. 73 et 74.

965. F. DELPÉRÉE, *Id.* ; M.-A. FRISON-ROCHE, *loc. cit.*, note 946, p. 129 ; G. MARCOU, *loc. cit.*, note 939, p. 350 ; Sir William WADE et Christopher FORSYTH, *Administrative Law*, 9e éd., New York, Oxford University Press, 2004, p. 148.

966. Pensons aux quatre accidents graves survenus au Royaume-Uni entre 1997 et 2002 dans le secteur ferroviaire qui ont nettement miné la confiance des citoyens ; F. DELPÉRÉE, *Id.*, p. 55 ; M.-A. FRISON-ROCHE, *loc. cit.*, note 954, p. 56.

en 2008 les entreprises de téléphonie jouissent d'un marché déréglementé et concurrentiel dans la plupart des régions métropolitaines du Canada. Elles peuvent ainsi fixer les tarifs à leur guise, à la condition de ne pas dépasser le plafond imposé par le CRTC Cette déréglementation permet aux anciens monopoles de ne plus avoir besoin de l'approbation du CRTC pour établir les tarifs téléphoniques locaux ou pour mettre en place de nouveaux services et des services à forfait. De même, ils n'ont plus l'obligation d'assurer un tarif unique pour tous les citoyens, quel que soit leur lieu de résidence entraînant l'application d'un tarif différencié selon les territoires. Les résidants des régions éloignées subissent donc une augmentation de tarifs. Pourtant, le service de téléphonie contribue au développement des régions éloignées, compte tenu notamment des nouvelles technologies qui en sont issues[967].

La régulation présente donc une dimension sociale importante. Au-delà du contrôle de la concurrence, elle permet le maintien des obligations de service public. Afin d'atteindre cet équilibre, la régulation doit être assurée par l'État. Certaines caractéristiques propres au régulateur permettent d'atteindre cet équilibre et ultimement de maintenir le service public dans le cadre de la mutation de l'entreprise publique.

2.2. Les caractéristiques du régulateur favorables au maintien du service public

Selon nous, les objectifs liés à la mission de service public de l'entreprise publique peuvent se réaliser à travers la régulation suivant le respect de trois caractéristiques propres au régulateur : l'indépendance, la multidisciplinarité et la transparence.

a) La conciliation de l'indépendance du régulateur et de la sauvegarde du service public

Au Québec, l'organisme de régulation fait partie de l'Administration décentralisée dont les « [...] autorités administratives [...] se caractérisent en premier lieu par la situation de relative *autonomie* dans laquelle elles sont placées par le Parlement »[968]. Cette indépendance ne signifie pas que le régulateur échappe à toute surveillance gouvernementale, mais plutôt qu'il a le pouvoir de prendre ses décisions sans influence externe, telle que celle provenant du gouvernement qui nomme ses membres.

---

967. (Auteur inconnu), « Ottawa enlèverait des pouvoirs au CRTC », *Le Soleil*, 11 décembre 2006, p. 5 ; (Auteur inconnu), « Le projet du ministre Bernier mal accueilli », *Le Soleil*, 12 décembre 2006, p. 5. (Auteur inconnu), « Bell demande la déréglementation dans six villes », *Le Soleil*, 13 avril 2007, p. 43 ; Lise FOURNIER, « Téléphonie local : guerre des prix en vue », *Le Soleil*, 4 août 2007, p. 37.

968. P. ISSALYS et D. LEMIEUX, *op. cit.*, note 1, n° 6.1, p. 331.

L'encadrement de l'exercice des pouvoirs discrétionnaires du régulateur doit être assez souple[969]. Le régulateur doit donc être indépendant face au pouvoir politique central et au marché. Par ailleurs, cette indépendance n'est pas la même que celle dont jouissent les tribunaux judiciaires. Ces derniers sont distincts du pouvoir exécutif, tandis que l'organisme de régulation en fait partie[970].

Marie-Anne Frison-Roche a observé que, lorsque l'État est propriétaire de l'opérateur historique et en même temps titulaire du pouvoir régulateur, il peut utiliser son pouvoir afin d'accorder des privilèges à l'opérateur historique. Elle suggère donc la création d'une autorité de régulation indépendante pour un secteur dans lequel l'État demeure propriétaire de l'entreprise publique devenue opérateur historique[971]. Nous pouvons probablement assimiler cette suggestion à une méthode de mutation de l'entreprise publique.

La sauvegarde du service public est rendue possible grâce à l'indépendance du régulateur. Par exemple, l'ingérence d'un sous-ministre dans la décision d'un organisme de régulation est inacceptable et remet en cause son indépendance. En mai 2007, à la demande du Premier ministre du Québec, un sous-ministre des ressources naturelles est intervenu, avec succès, auprès du président de la Régie de l'énergie afin de venir en aide à un citoyen qui menait une bataille contre Hydro-Québec depuis quatre ans. Cette situation va totalement à l'encontre de la nécessaire indépendance du régulateur[972].

Deux fois par an, la Régie de l'Énergie approuve les niveaux des réserves énergétiques (niveau d'eau) d'Hydro-Québec. La vérification de ces données lui permet de valider le plan d'approvisionnement d'Hydro-Québec[973]. Cette situation démontre qu'il est essentiel d'instaurer une séparation entre l'État actionnaire et l'État régulateur. Dans le modèle de régulation appliqué en Europe, nous constatons une séparation très nette entre le régulateur et les opérateurs ceci, afin d'éviter la capture de l'opérateur historique (tel que reconnu en droit anglo-saxon) et les conflits d'intérêt. Jean-Louis Autin est d'avis qu'un régulateur doit être situé à équidistance de

---

969. *Id.*, n° 6.18, p. 397 ; *Action réseau consommateur* c. *P.G. Québec et Régie de l'énergie*, [2000] RJQ 1769 (CS), p. 1782 à 1784.

970. *Ocean Port Hotel* c. *General Manager, Liquor Control and Licensing Branch*, [2001] 2 RCS 781, p. 794 et 795.

971. M.-A. FRISON-ROCHE, *loc. cit.*, note 938, p. 615.

972. (Auteur inconnu), « Régie de l'énergie – une intervention embarrassante », *Radio-Canada*, [En ligne] http://www.radio-canada.ca/nouvelles/Politique/2007/05/15/005-Regie-energie-electrik.shtml (Page consultée le 1er janvier 2009).

973. Pierre COUTURE, « Hydro-Québec : le niveau d'eau des réservoirs a fondu près de moitié », *Le Soleil*, 6 juillet 2007, p. 41.

l'État et des opérateurs économiques afin de remplir sa mission adéquatement[974]. Afin de répondre à cette exigence, au commencement de l'utilisation de la régulation en réponse aux privatisations, le Royaume-Uni a créé des autorités de régulation dites « indépendantes ». C'est le cas également en France et au Canada.

Plusieurs caractéristiques sont indissociables de l'indépendance du régulateur, quelle que soit la forme de régulation appliquée : la collégialité ; la désignation des membres de l'organisme de régulation par le gouvernement ; l'inamovibilité des membres et le renouvellement de leurs mandats ainsi que le choix d'experts. En France l'ART jouit de ces caractéristiques et est qualifiée de régulateur indépendant. Observons les dispositions pertinentes tirées de lois constitutives d'organismes de régulation canadiens et québécois :

Loi sur le Conseil de la radiodiffusion et des télécommunications canadiennes[975] :

> **3.** (1) Est constitué le Conseil de la radiodiffusion et des télécommunications canadiennes, composé d'au plus treize membres à temps plein et six membres à temps partiel, nommés par le gouverneur en conseil.
>
> (2) La durée maximale du mandat est de cinq ans pour tous les conseillers. Ceux-ci occupent leur poste à titre inamovible, sous réserve de révocation motivée de la part du gouverneur en conseil.

Loi sur l'Office national de l'énergie[976]

> **3.** (1) Est constitué l'Office national de l'énergie, composé d'au plus neuf membres nommés par le gouverneur en conseil.
>
> (2) Sous réserve du paragraphe (3), les membres de l'Office occupent leur poste à titre inamovible pour un mandat de sept ans, sous réserve de révocation par le gouverneur en conseil.

Loi sur la Régie de l'énergie

> **7.** La Régie est composée de sept régisseurs, dont un président et un vice-président, nommés par le gouvernement. Ils exercent leurs fonctions à temps plein.
>
> **10.** La durée du mandat d'un régisseur est de cinq ans.

---

974. J.-L. AUTIN, *loc. cit.*, note 955, p. 445.
975. LRC (1985), c. C-22, ci-après désignée « *Loi sur le CRTC* ».
976. LRC (1985), c. N-7, ci-après désignée « *Loi sur l'Office national de l'énergie* ».

Loi sur la Régie de l'alcool des courses et des jeux[977]

> **3.** La Régie est composée de dix-sept régisseurs, dont un président et au plus deux vice-présidents, nommés par le gouvernement pour un mandat d'au plus cinq ans.

Des conclusions peuvent être tirées de la lecture de ces dispositions. Premièrement, dans tous les cas la nomination des membres de l'organisme de régulation relève du gouvernement. Dans chaque cas, la durée du mandat est fixée de façon à ce qu'un changement de gouvernement n'implique pas systématiquement un changement de membres. Ceci assure l'indépendance de l'organisme. Un certain nombre de membres « non partisans » demeurent donc en toujours en fonction au sein de l'organisme. Au fédéral, les membres occupent leur poste à titre inamovible. L'inamovibilité des membres de l'organisme est un élément essentiel de l'indépendance de l'organisme[978] au même titre que les immunités dont ils jouissent dans l'exercice de leurs fonctions. Dans l'affaire *116845 Canada c. Régie des permis d'alcool du Québec*, se référant à l'immunité de poursuite des membres d'un organisme de régulation, la Cour d'appel du Québec a indiqué qu'étant donné que les régisseurs n'avaient pas témoigné d'une mauvaise foi caractérisée, leurs manquements ne permettaient pas d'écarter l'immunité dont ils jouissaient. En effet, ils[979]. Par contre, tel que prévu à l'article 9 de la *Loi sur la Régie de l'énergie*, un membre peut être congédié s'il a « [...] un intérêt direct ou indirect dans une entreprise susceptible de mettre en conflit son intérêt personnel et les devoirs de sa charge ».

L'organisme de régulation est composé d'experts tels que des juristes, des économistes, des industriels ou des universitaires[980]. Il faut cependant prendre garde que l'organisme de régulation ne soit imprégné trop fortement d'une seule ligne de pensée alors qu'il doit agir sur le marché suivant l'intérêt de la population. Cette situation ne présente pas nécessairement de « risque de capture » pour le régulateur[981]. L'indépendance du régulateur peut être préservée par une ouverture à des membres provenant de différents groupes d'intérêts et représentatifs de plusieurs modes de pensée.

---

977. LRQ, c. R-6.1.
978. *Ocean Port Hotel* c. *General Manager, Liquor Control and Licensing Branch*, [2001] 2 RCS 781, p. 795 ; P. ISSALYS et D. LEMIEUX, *op. cit.*, note 1, n° 6.17, p. 395.
979. [1999] RRA 814 (CA), p. 816.
980. P. ISSALYS et D. LEMIEUX, *op. cit.*, note 1, n° 6.17, p. 394.
981. Pierre ISSALYS, « La régulation par un organisme administratif autonome comme modèle de contrôle et de participation » (1983) 24 C. *de D.* 831, p. 884.

b) La pérennité du service public garantie par la multidisciplinarité du régulateur

La préoccupation de la mission de service public propre au régulateur est aussi garantie par sa multidisciplinarité. D'ailleurs, en 1989 la Cour suprême dans l'affaire *Brosseau c. Alberta Securities Commission* a reconnu le chevauchement de fonctions des organismes de régulation[982].

Le régulateur est doté d'un rôle de surveillance et de contrôle, d'un pouvoir de sanction en plus d'être un créateur de normes. Par la régulation, « [...] des actions sont prohibées, autorisées, ordonnées ou des sanctions appliquées, même à la suite de contrôles ou après le règlement de différends »[983]. Par analogie, nous pouvons dire que le régulateur appartient à la fois aux ordres législatif, exécutif et judiciaire. Dans l'arrêt *Newfoundland Telephone c. Terre-Neuve* le juge Cory au nom de la majorité a indiqué que « [s] eules les commissions réunissant ces trois pouvoirs sont en mesure d'assurer une réglementation adéquate d'industries complexes ou monopolistiques fournissant des services essentiels »[984]. Dans l'affaire *2747-3174 Québec Inc.* c. *Québec (Régie des permis d'alcool)*, la Cour suprême a jugé que l'organisation interne de l'organisme de régulation doit comporter un cloisonnement entre ses diverses fonctions afin de dissiper toute crainte de partialité[985].

Le pouvoir d'édiction de règlements du régulateur lui octroie une certaine appartenance à l'ordre législatif. Même si en langue anglaise le terme « regulation » est utilisé invariablement afin d'exprimer ces deux réalités différentes, en langue française les termes régulation et réglementation sont clairement distincts. Ainsi, en édictant des règlements le régulateur crée des normes juridiques. L'Office national de l'énergie dispose d'un pouvoir de réglementation prévu aux articles 129 et 131 de sa loi constitutive. Plus particulièrement, l'article 131 lui octroie le pouvoir d'adopter des règlements sur la sécurité des pipelines ou des lignes internationales, avec l'approbation du Gouvernement. L'article 58.33 de la *Loi sur l'Office national de l'énergie* lui octroie (a) un pouvoir de réglementation en matière de conception, de construction, d'exploitation et de cessation d'exploitation des installations qui passent par, sur ou sous des lignes, ou le long de celles-ci et (b) de mesures à prendre à l'égard de la construction d'installations, de la construction des lignes au-dessus, au-dessous ou le long d'installations, autres que des voies ferrées, et des travaux

---

982. *Brosseau c. Alberta Securities Commission*, [1989] 1 RCS 301, p. 310.
983. D. SORACE, *loc. cit.*, note 959, p. 48.
984. *Newfoundland Telephone c. Terre-Neuve*, [1992] 1 RCS 623, p. 635.
985. *2747-3174 Québec Inc.* c. *Québec (Régie des permis d'alcool)*, [1996] 3 RCS 919, p. 954 ; À ce sujet : Patrice GARANT, « L'impartialité structurelle des tribunaux administratifs », (1995) 36 C. *de D.* 379, p. 382 à 390.

d'excavation dans les trente mètres des lignes. Le CRTC possède aussi un pouvoir de réglementation prévu notamment à l'article 11 de la *Loi sur le CRTC*.

Les rôles de surveillance, d'information et d'ordonnance du régulateur s'apparentent à ceux du pouvoir exécutif. Le régulateur peut accomplir plusieurs rôles tels que la fixation des tarifs, la surveillance du bon fonctionnement des marchés, la délivrance d'autorisations, l'organisation d'appels d'offres, l'allocation de ressources rares, la définition des obligations des opérateurs et de leurs cahiers des charges, le contrôle tarifaire et le contrôle des conditions techniques et tarifaires d'accès au réseau ou l'attribution de licences d'accès aux infrastructures. Des licences d'exportation d'électricité peuvent aussi être attribuées par l'organisme de régulation[986].

Le contrôle des tarifs présente deux réalités. Le régulateur contrôle la tarification de l'accès aux infrastructures du monopole naturel par les tiers, mais aussi les tarifs payés par les citoyens afin d'utiliser le service. D'ailleurs, un organisme de régulation jouit habituellement de pouvoirs discrétionnaires larges en matière de contrôle des tarifs[987]. La fixation de tarifs par un organisme de régulation peut être définie comme étant l'« [...] opération [...] qui implique une intervention de l'autorité à la suite d'une demande à laquelle peuvent s'opposer des intervenants dans le cadre d'une audience [...] »[988]. C'est ainsi qu'en vertu de l'article 31 (1) de la *Loi sur la Régie de l'énergie*, la Régie de l'énergie a compétence exclusive pour fixer ou modifier les tarifs et les conditions auxquels l'électricité est transportée et distribuée par Hydro-Québec. L'article 48 de la *Loi sur la Régie de l'énergie* prévoit d'ailleurs que :

> Sur demande d'une personne intéressée ou de sa propre initiative, la Régie fixe ou modifie les tarifs et les conditions auxquels l'électricité est transportée par le transporteur d'électricité ou distribuée par le distributeur d'électricité ou ceux auxquels le gaz naturel est fourni, transporté ou livré par un distributeur de gaz naturel ou emmagasiné.

Lorsqu'il exerce un rôle assimilable au pouvoir exécutif, le régulateur élabore des normes juridiques souples (soft law) sous la forme de directives, de recommandations, de communiqués ou d'énoncés de politique[989]. Dans

---

986. *Loi sur l'Office national de l'énergie*, LRC (1985), c. N-7, art. 119.02 ; *Québec (Procureur général)* c. *Canada (Office national de l'énergie)*, [1994] 1 RCS 159.
987. *Bell Canada c. CRTC*, [1989] 1 RCS 1722, p. 1756 à 1758.
988. Patrice GARANT et Philippe GARANT, « La tarification de l'énergie en droit administratif », (2001-2002) 15 *CJALP* 137, p. 145.
989. P. ISSALYS et D. LEMIEUX, *op. cit.*, note 1, n° 6.22, p. 412 ; Pierre-Alain JEANNENEY, « Le régulateur producteur de droit », dans Marie-Anne FRISON-ROCHE (dir.), *Règles et*

l'arrêt Capital Cities Communications c. CRTC, la Cour suprême a reconnu la capacité des organismes de régulation d'élaborer des politiques générales qu'ils doivent ensuite appliquer[990]. Le CRTC peut à tout moment formuler des directives sur toute question relevant de sa compétence en vertu de l'article 6 de la Loi sur la radiodiffusion. L'article 32 de la Loi sur la Régie de l'énergie prévoit que :

> La Régie peut de sa propre initiative ou à la demande d'une personne intéressée :
>
> 1. déterminer le taux de rendement du transporteur d'électricité, du distributeur d'électricité ou d'un distributeur de gaz naturel ;
>
> 2. déterminer la méthode d'allocation du coût de service applicable au transporteur d'électricité ou au distributeur d'électricité ou à un distributeur de gaz naturel ;
>
> 3. énoncer des principes généraux pour la détermination et l'application des tarifs qu'elle fixe ;
>
> 3.1. déterminer, pour le transporteur d'électricité, le distributeur d'électricité et chaque distributeur de gaz naturel les méthodes comptables et financières qui leur sont applicables.

Suivant l'article 42 de la même loi, la Régie de l'énergie « [...] donne son avis au gouvernement sur toute question qu'il lui soumet en matière énergétique ou, de sa propre initiative, sur toute question qui relève de sa compétence ». Nous constatons donc que la Régie de l'énergie dispose d'un large pouvoir quant à l'élaboration de normes souples.

Doté du pouvoir de régler les différends qui mettent en cause les citoyens et l'entreprise publique et/ou les opérateurs ou opposant l'opérateur historique aux opérateurs privés, le régulateur semble être rattaché au pouvoir judiciaire. Bien que s'apparentant au rôle des tribunaux, le rôle du régulateur est plutôt un rôle quasi-judiciaire par lequel il « [...] contrôle l'accomplissement des missions de service public [...] »[991].

En somme, caractérisé par une multidisciplinarité le régulateur utilise des procédures quasi-juridictionnelles, des procédures de concertation et des procédures contractuelles. D'ailleurs, cette phrase tirée de la thèse de Patrice Garant, est applicable de nos jours : « L'avènement d'une justice administrative adaptée à notre époque et aux exigences d'un Service public moderne ne saurait être assuré uniquement par les

---

pouvoirs dans les systèmes de régulation, Paris, Presses de Sciences po et Dalloz, 2004, p. 44, à la p. 44.

990. [1978] 2 RCS 141, p. 150.

991. Claude HENRY, *Concurrence et services publics dans l'Union européenne*, Paris, PUF, 1997, p. 206.

voies et méthodes traditionnelles ; le régime des Régies apporte un élément de renouveau [...] »[992].

c) La transparence du régulateur, caractéristique favorable aux usagers du service public

La transparence du régulateur est une caractéristique favorable aux usagers du service public. Il s'agit d'un corollaire au principe d'égalité du service public[993]. Les moyens procéduraux utilisés par le régulateur lui permettent d'assurer la transparence de ses décisions.

Lors de prise de décisions, le régulateur ne doit pas faire preuve d'arbitraire. Les données dont il tient compte afin de prendre une décision doivent aussi être bien ciblées. Il ne doit pas uniquement tenir compte de données financières, mais aussi de données rattachées à l'intérêt public. Nous pensons que les régulateurs doivent « [...] s'ajouter et contribuer à la prise en compte des points de vue, valeurs et intérêts diversifiés de la société »[994]. C'est ainsi que les citoyens participent de plus en plus à la prise de décisions du régulateur. La régulation se manifeste maintenant « [...] par la généralisation des procédures de concertation préalable et de participation des intéressés à la prise de décision, témoignant sinon d'une volonté de consensus du moins d'une recherche systématique de l'adhésion des citoyens aux normes en gestation »[995]. La Régie de l'énergie a le devoir de tenir une audience publique dans certains cas prévus à l'article 25 de sa loi constitutive[996].

Nous espérons que cette pratique de consultation publique sera intégrée dans les mœurs du fonctionnement de la machine gouvernementale, et plus particulièrement des organismes de régulation. Divers arguments sont invoqués afin de démontrer les avantages de la participation des citoyens au processus décisionnel des organismes de régulation. En faisant participer les citoyens, l'organisme de régulation obtient ainsi des informations qui lui permettent de prendre une décision éclairée, de plus, la participation citoyenne accroît l'imputabilité de l'organisme de régulation[997].

---

992. P. GARANT, *op. cit.*, note 28, p. 356.
993. Nicole BELLOUBET-FRIER, « Service public et droit communautaire », *AJDA* 1994.270, p. 281.
994. L. SIMARD, A. DUPUIS et L. BERNIER, *loc. cit.*, note 425, p. 314 et 315.
995. J.-L. AUTIN, *loc. cit.*, note 953, p. 55 ; La régulation a même été assimilée à un modèle de contrôle et de participation : P. ISSALYS, *loc. cit.*, note 981.
996. *Hydro-Québec* c. *Regroupement national des conseils régionaux de l'environnement du Québec*, JE 2001-1074 (CA).
997. Jean-Luc BILODEAU, « La participation des administrés à l'élaboration de normes de portée générale dans le cadre de la régulation du marché des valeurs mobilières », (1999) 33 *R.J.T.* 449, p. 455.

Le traitement des plaintes dont est chargé le régulateur, doit s'effectuer de manière transparente. L'article 31 (4) de la *Loi sur la Régie de l'énergie* accorde le pouvoir à la Régie de l'énergie d'examiner toute plainte d'un consommateur portant sur un tarif ou une condition liée à la fourniture d'électricité par Hydro-Québec ou une entreprise privée d'électricité[998]. À cet égard, ses membres doivent faire preuve d'impartialité en tout temps.

La fixation des tarifs d'accès aux activités du service public doit aussi s'effectuer de façon transparente. Ces tarifs doivent être non discriminatoires et ce, afin de favoriser l'égalité d'accès suivant le principe d'égalité du service public dont nous avons parlé dans la première partie de notre thèse. À cet égard, la Régie de l'énergie doit surveiller les opérations de transport et de distribution d'électricité d'Hydro-Québec afin de s'assurer que les consommateurs paient un tarif juste[999]. D'ailleurs, l'égalité d'accès est au cœur de la régulation. L'article 62 de la *Loi sur l'Office national de l'énergie* prévoit que tous les droits imposés par une entreprise doivent être justes et raisonnables et, dans des circonstances et conditions essentiellement similaires, être exigés de tous, au même taux, pour tous les transports de même nature sur le même parcours. Aux États-Unis, la Federal Energy Regulatory Commission (FERC) applique aussi le principe de l'accès ouvert et non discriminatoire aux réseaux d'électricité. C'est ainsi que tous les exploitants d'un réseau de transport d'électricité aux États-Unis doivent publier les tarifs et les modalités qui permettent l'accès au réseau de transport d'électricité.

Lorsque l'entrée sur le marché n'est possible que par l'accès aux infrastructures d'un réseau possédées par une entreprise monopolistique, la régulation a pour effet de permettre l'accès des tiers à ces infrastructures. N'oublions pas que par exemple « [...] on ne peut pas plus séparer [...] le système de transmission, le dispositif matériel et les signaux reçus et diffusés par celui-ci qu'on ne peut séparer les voies de chemin de fer du service de transport ou les routes des véhicules de transport et des services de transport qu'ils assurent »[1000]. La pratique dite de « subvention croisée », qui consiste pour l'entreprise publique à se réserver un accès privilégié aux infrastructures et à faire subventionner ses activités à travers les coûts d'accès payés par ses concurrents, doit être évitée[1001].

À la lumière de ce que nous venons d'exposer en matière de régulation de l'entreprise publique, trois conclusions s'imposent. Premièrement, la régulation de l'entreprise publique, prise en son sens traditionnel, s'est modifiée par le fait de l'intégration économique. Deuxièmement, l'entreprise

998. Voir la décision : *Solunac* c. *Hydro-Québec*, JE 2001-1241 (C.Q.).
999. *Loi sur la Régie de l'énergie*, art. 31 (2.1).
1000. *Régie des services publics* c. *Dionne*, [1978] 2 RCS 191, p. 197.
1001. Laurent RICHER, « Droit d'accès et service public », *AJDA* 2006.73, p. 74 et 77.

publique soumise à une régulation dans le cadre d'une ouverture à la concurrence peut être considérée comme étant l'aboutissement ultime de la mutation de l'entreprise publique. Troisièmement, la régulation doit répondre à des conditions spécifiques d'indépendance, de multidisciplinarité et de transparence afin de permettre la mutation de l'entreprise publique et le maintien de sa mission de service public.

Selon nous, la régulation est appelée à devenir un outil étatique de première importance dans le cadre de l'exécution des obligations de service public. À cet égard, tous les membres de l'Union européenne sont assujettis à l'obligation de désigner des organes compétents afin d'exécuter les missions de régulation spécifiées dans les directives européennes en matière d'électricité et de gaz[1002]. Cet exemple, démontre bien que, malgré un désir de plus en plus pressant de privatiser, libéraliser, concurrencer, la régulation s'impose comme un outil privilégié de mutation de l'entreprise publique de service public.

1002. Décision 2003/796 du 11 novembre 2003 instituant le groupe des régulateurs européens dans le domaine de l'électricité et du gaz, *JOCE* n° L 296 du 14 novembre 2003, p. 47.

CONCLUSION DE LA PARTIE II

La deuxième partie de notre thèse abordait une étape cruciale de l'évolution juridique de l'entreprise publique : sa mutation. Nous avons cherché à démontrer que le recours à l'entreprise publique investie d'une mission de service public est encore envisageable afin de répondre à son déclin.

Pour ce faire, nous avons d'abord identifié et analysé les motifs justifiant la mutation de l'entreprise publique. Étant en fait des obligations de service public, ces motifs sont tous liés à la notion de service public. Bien que certains d'entre eux soient plus traditionnels tandis que d'autres sont plus modernes, ils présentent tous la même finalité, celle de fournir des prestations de service public adéquates aux citoyens. Il ne faut pas oublier que le citoyen est au centre de l'action étatique. C'est pour lui que l'État agit par l'entremise de ses entreprises publiques. Alors que certains motifs répondent aux besoins essentiels de chaque citoyen individuellement, les autres assurent le maintien d'un contrôle collectif. Il ne faut pas oublier qu'à l'origine l'entreprise publique a été créée afin de répondre à ces motifs. Abolir l'entreprise publique nous ferait revenir au point de départ.

Afin de continuer notre réflexion, nous avons exposé et critiqué des méthodes qui permettent d'effectuer la mutation de l'entreprise publique dans le cadre actuel. Ces méthodes sont liées à la structure ou au fonctionnement de l'entreprise publique. Nous constatons que les méthodes utilisées allient toutes d'une façon ou d'une autre l'entreprise publique avec le secteur privé. De plus, afin que les obligations de service public soient maintenues, il faut que l'État garde une place au sein de chacune de ces méthodes. La méthode qui est à notre avis la plus extrême est celle de la régulation publique d'entreprises publiques (appelées *opérateurs historiques*) qui agissent dans un secteur ouvert à la concurrence. Il s'agit de la forme de mutation de l'entreprise publique la plus poussée. D'autre part, nous constatons, particulièrement par l'introduction des règles du gouvernement d'entreprise au sein de l'entreprise publique, la volonté de certains gouvernements d'adapter leurs entreprises publiques à l'intégration économique.

Bref, la deuxième partie de notre thèse nous aura permis de constater que l'entreprise publique remplit toujours des fonctions importantes et qu'il est possible d'utiliser des méthodes afin de lui permettre de les remplir malgré l'intégration économique et le désengagement de l'État.

CONCLUSION GÉNÉRALE

L'entreprise publique investie d'une mission de service public semble condamnée à disparaître par l'effet de l'intégration économique. Son déclin paraît sans fin. C'est ainsi que tout au long de notre thèse nous avons tenté de répondre à la question générale suivante :

> *Le recours à l'entreprise publique investie d'une mission de service public est-il encore envisageable dans le cadre de l'intégration économique et du désengagement de l'État ?*

La réponse à cette question est affirmative. Nous considérons que, malgré son déclin décrit dans la Partie I de notre thèse, l'entreprise publique est appelée à se modifier sous de nouveaux contours ajustés à l'environnement juridique et économique actuel. Elle doit concilier ses activités commerciales et concurrentielles avec sa mission de service public afin d'assurer sa mutation. Tel que nous l'avons exposé dans la Partie II de notre thèse, la mutation de l'entreprise publique, liée à l'introduction de la concurrence, doit se faire afin d'en préserver les avantages.

L'entreprise publique doit être organisée différemment de façon à mieux faire face à l'intégration économique et à continuer d'assurer sa mission de service public. Dans ce contexte nous devons lui donner les outils nécessaires à son accomplissement et à sa survie. Ainsi, nous croyons qu'il est nécessaire de la voir différemment. Après tout, « [l] es entreprises publiques comme les entreprises privées doivent pouvoir vivre, s'adapter à la réalité, prendre en considération leur environnement, se développer, se séparer de certaines activités pour en créer d'autres [...] »[1003].

Nous devons reconnaître les divers besoins des citoyens auxquels répond l'entreprise publique investie d'une mission de service public. Parallèlement, malgré son déclin actuel, il reste une place pour la notion de service public. En effet, « [...] l'étude du droit administratif montre que le Service public demeure toujours un concept juridique fondamental. De plus, il apparaît comme l'assise du droit public économique moderne français et l'un des piliers du droit économique communautaire »[1004]. Au même titre que nous croyons à la mutation de l'entreprise publique, nous croyons au

1003. Marc DEBÈNE « L'ouverture du capital des entreprises publiques », *AJDA* 1991.623, p. 623 et 624.
1004. C. RIBOT, *loc. cit.*, note 38, p. 48.

renouveau du service public. Il faudra d'ailleurs suivre les développements du droit communautaire européen à cet effet.

Il est intéressant de rappeler qu'en 2005, nous affirmions que l'« [...] entreprise publique peut demeurer un modèle intéressant à la condition de s'adapter aux enjeux de l'intégration économique. Au même titre que les entreprises privées, elle est en mesure de faire face à la nouvelle donne mondiale ». Nous avons aussi écrit qu'elle « [...] doit demeurer dans le patrimoine étatique. Sa mission de service public est essentielle et témoigne de la fonction primordiale de l'État-entrepreneur. [...] Nous devons nous rappeler que l'entreprise publique est définitivement un instrument très important [...] »[1005]. Après les nombreuses recherches et analyses effectuées pour les besoins de notre thèse, nous sommes en mesure de répéter les mêmes mots. Nous ne sommes pas les seuls à penser cela. Par exemple, Patrice Garant croit « [...] que les sociétés d'État [...] sont des instruments irremplaçables de mise en œuvre de certaines politiques économiques de nos gouvernements »[1006]. Notre thèse se termine donc sur une note positive quant à l'évolution juridique de l'entreprise publique de service public.

Pour nous, la mutation de l'entreprise publique va de pair avec la modification du rôle de l'État. L'évolution juridique de l'entreprise publique illustre la transformation nécessaire des organismes étatiques et du rôle de l'État. Autrefois uniquement investi de missions régaliennes, l'État est devenu providence, pour ensuite devenir interventionniste. Nous entendons parler aujourd'hui d'un État-régulateur :

> Powerful pressures pushed the state to privatize, and impelled it to create the regulatory structure [...] the new regulatory creations reflected the exhaustion of one mode of economic government, which ruled the old system of nationalized industries, and the inadequacy of another, which connected with the traditional mode of regulating business in the private sector.[1007]

Est-ce représentatif d'un nouveau souffle pour l'État ? Seul l'avenir le dira...

Pour l'instant, nous nous questionnons à propos des fondements mêmes du droit administratif. Plus particulièrement, notre thèse sous-tend l'assertion suivant laquelle l'État fournisseur de services publics a sa place malgré la pénétration toujours plus importante du marché concurrentiel et des objectifs de rentabilité. Il faut cependant que l'État fasse preuve de flexibilité et d'ouverture s'il veut conserver sa place, pour ce faire, il doit se moderniser. Par le fait même, nous ne pouvons échapper à une modification

---

1005. M.-L. PELLETIER, *op. cit.*, note 15, n°s 200 et 201, p. 139 et 140.
1006. P. GARANT, *op. cit.*, note 446, p. 332.
1007. M. MORAN, *op. cit.*, note 774, p. 95.

du droit administratif. Ce domaine du droit doit évoluer sous l'effet de l'intégration économique et de ses nouvelles règles juridiques.

L'abondance des sources juridiques impose au droit administratif des concepts et des règles qui lui étaient étrangers ou à tout le moins modifient ceux existants. Ainsi, le vocabulaire propre au droit administratif, qu'il soit français ou québécois, se modifie. Il laisse place à de nouvelles expressions que les juristes doivent désormais tenter de définir et d'ajouter au vocabulaire juridique en accord avec les autres notions. Par exemple, il faut mettre en parallèle la nouvelle notion de service universel avec celle de service public ou encore, positionner la notion centrale d'intérêt général par rapport à celle d'utilité publique dérivée du droit anglo-saxon. Il faut aussi intégrer et appliquer les notions de gouvernement d'entreprise et celle de partenariat public-privé. À notre point de vue, ce phénomène confirme le fait que le droit administratif vit une mutation en lien avec l'effacement progressif des spécificités du droit interne et des droits nationaux.

Face aux propositions que nous soumettons dans notre thèse, il est légitime de nous demander si la privatisation systématique du droit administratif est à venir. Il s'agit là d'un aboutissement quelque peu excessif. Nous croyons plutôt que l'avenir du droit administratif passe par la conciliation des actions de l'État avec celles du secteur privé. Cela laisse entrevoir un enchevêtrement des domaines juridiques.

L'environnement dans lequel l'État évolue s'est modifié de sorte qu'il doit s'assouplir afin de trouver sa place dans le cadre de l'intégration économique. Désormais, le droit administratif « [...] doit faire face à un monde de plus en plus compliqué et est irrigué par des rapports extérieurs qui, s'inscrivant dans une vision globale du droit, l'obligent à repenser ses contours »[1008]. Cette pensée s'applique à tous les instruments étatiques et particulièrement à l'entreprise publique dont nous souhaitons la survie par sa mutation.

Cela dit, il ne faut pas perdre de vue les fondements du droit administratif qui serviront de base à l'État pour s'adapter à la modernité. Le rôle dévolu à l'État dans toute société entraîne des conséquences sociales. Le citoyen doit donc demeurer la préoccupation principale dans le processus d'adaptation de l'État puisque le rôle premier de l'Administration publique est la fourniture de services publics de qualité et constants aux citoyens. Tout comme celles des tribunaux judiciaires, les décisions prises par l'État et leur mise en application affectent directement les citoyens. Le cadre juridique qui sert et limite l'activité de l'État est très vaste. Particulièrement au Québec, deux paliers gouvernementaux se chevauchent, favorisant ainsi le foisonnement et l'application de lois, de règlements et de décisions politiques

---

1008. D. TRUCHET, *loc. cit.*, note 281, p. 461.

variés. Tout administrativiste doit garder cette considération en tête, d'autant plus qu'il travaille avec des notions juridiques aussi fondamentales que celles de service public et d'entreprise publique. Alors qu'il désigne l'État comme étant un chef d'orchestre, Jean-Marie Woehrling a écrit que « [l] e chef d'orchestre n'est pas le maître de la partition il est à son service : la musique est écrite par les citoyens. L'idée de service public ce serait l'idée d'un concert harmonieux... »[1009].

Nous croyons à un retour du balancier en faveur de « plus d'État ». Suite aux événements survenus le 11 septembre 2001 à New York, la cohésion sociale a acquis de l'importance. Au Vénézuéla, la renationalisation d'entreprises qui ont été privatisées dans les domaines de l'électricité et de la téléphonie fut proposée par le Président[1010]. En Angleterre, l'État a dû reprendre en mains des entreprises qui avaient été privatisées. Plusieurs États prennent en main la crise financière en venant en aide aux banques et aux entreprises[1011]. Le Brésil a évoqué l'idée de créer une compagnie pétrolière totalement publique. Afin d'équilibrer ce balancier, il faut accorder à l'État l'utilisation de nouvelles méthodes afin de réaliser sa mission de service public. C'est ainsi que « [l] a tâche d'intérêt général [...] devient, plus exactement, une affaire politique au sens de *chose de tous*. Nul doute que la citoyenneté elle-même s'en trouve profondément modifiée »[1012].

En conclusion, nous ne croyons pas que l'interventionnisme public soit à jamais condamné. Au contraire, nous sommes d'avis qu'il est en phase d'ajustement. Il faut concilier les activités concurrentielles et la mission de service public afin d'assurer la mutation des instruments qui permettent à

1009. Jean-Marie WOEHRLING, « Réflexions sur le renouveau du service public », *Rev. adm.* 1992.394, p. 400.

1010. Victor FLORES, « Les nationalisations relancent les hostilités », *Le Soleil*, 10 janvier 2007, p. 6.

1011. « Le rétablissement de la prospérité suppose un engagement plus important de l'État dans l'économie, en tant que régulateur et en tant qu'acteur économique » – Pierre BEAULNE, « Dans l'œil du cyclone », *Le Devoir*, 9 décembre 2008, p. A-9.

1012. Chantal MILLON-DELSOL, *Le principe de subsidiarité*, coll. « Que sais-je ? », n° 2793, Paris, PUF, 1993, p. 124.

l'État d'intervenir dans l'économie. Le Président français Nicolas Sarkozy, réputé pour ses idées libérales, a même affirmé en septembre 2008 que l'ère du tout libéral s'achève et qu'il faut un nouvel équilibre entre l'État et le marché.

(La recherche est à jour au **1er janvier 2009** et a été terminée à cette date)

TABLES BIBLIOGRAPHIQUES*

1 – TABLE DE LA LÉGISLATION ET DE LA RÉGLEMENTATION

1.1. Textes d'intégration économique

1.1.1. Textes internationaux et européens

Accord de libre-échange nord-américain, Mis en œuvre par L.C. 1993, c. 44. [En ligne], http://www.dfait-maeci.gc.ca/nafta-alena/agree-fr.asp (Page consultée le 1er janvier 2009).

Accord sur le commerce intérieur, [En ligne http://www.ic.gc.ca/epic/site/ait-aci.nsf/fr/h_il00034f. html (Page consultée le 1er janvier 2009).

Accord général sur les tarifs douaniers et le commerce de 1994, [En ligne] http://www.wto.org/french/docs_f/legal_f/legal_f. htm (Page consultée le 1er janvier 2009).

Accord général sur le commerce des services, [En ligne] http://www.wto.org/french/docs_f/legal_f/26-gats_01_f. htm (Page consultée le 1er janvier 2009).

---

* La méthode de citation utilisée est tirée de : Didier LLUELLES, *Guide des références pour la rédaction juridique*, 6e éd., Montréal, Thémis, 2000. L'auteure a cependant adapté certaines règles propres à cette méthode au besoin. Les adresses URL sont fournies à titre purement indicatif, sans aucune garantie compte tenu de l'instabilité des adresses Internet, y compris des sites officiels.

Accord sur les subventions et les mesures compensatoires de 1994, [En ligne] http://www.wto.org/french/docs_f/legal_f/24-scm. pdf (Page consultée le 1er janvier 2009).

Projet de Constitution européenne, [En ligne] http://eur-lex.europa.eu/JOHtml.do?uri=OJ:C:2004:310:SOM:FR:HTML (Page consultée le 1er janvier 2009).

Traité de Maastricht sur l'Union européenne, [En ligne] http://eur-lex.europa.eu/fr/treaties/dat/11992M/htm/11992M.html#0001000001 (Page consultée le 1er janvier 2009).

Traité instituant la Communauté européenne, [En ligne] http://eur-lex.europa.eu/LexUriServ/site/fr/oj/2006/ce321/ce32120061229fr00010331.pdf (Page consultée le 1er janvier 2009).

1.1.2. Directives européennes

Directive 80/723 du 25 juin 1980 relative à la transparence des relations financières entre les États membres et les entreprises publiques, *JOCE* n° L 195 du 29 juillet 1980, p. 35.

Directive 85/413 du 24 juillet 1985 modifiant la directive 80/723 du 25 juin 1980 relative à la transparence des relations financières entre les États membres et les entreprises publiques, *JOCE* n° L 229 du 28 août 1985, p. 20.

Directive 88/301 du 16 mai 1988 relative à la concurrence dans les marchés de terminaux de communication, *JOCE* n° L 131 du 27 mai 1988, p. 73.

Directive 90/387 du 28 juin 1990 relative à l'établissement du marché intérieur des services de télécommunications par la mise en œuvre de la fourniture d'un réseau ouvert de télécommunications, *JOCE* n° L 192 du 24 juillet 1990, p. 1.

Directive 91/440 du 29 juillet 1991 relative au développement de chemins de fer communautaires, *JOCE* n° L 237 du 24 août 1991, p. 25.

Directive 93/84 du 30 septembre 1993 modifiant la directive 80/723 du 25 juin 1980 relative à la transparence des relations financières entre les

États membres et les entreprises publiques, *JOCE* n° L 254 du 12 octobre 1993, p. 16.

Directive 96/92 du 19 décembre 1996 relative aux règles communes pour le marché intérieur de l'électricité, *JOCE* n° L 27 du 30 janvier 1997, p. 20.

Directive 97/33 du 30 juin 1997 relative à l'interconnexion dans le secteur des télécommunications en vue d'assurer un service universel et l'interopérabilité par l'application des principes de fourniture d'un réseau ouvert (ONP), *JOCE* n° L 1999 du 26 juillet 1997, p. 32.

Directive 97/67 du 15 décembre 1997 concernant les règles communes pour le développement du marché intérieur des services postaux de la Communauté et l'amélioration de la qualité du service, *JOCE*, n° L 15 du 21 janvier 1998, p. 14.

Directive 98/30 du 22 juin 1998 concernant les règles communes pour le marché intérieur du gaz naturel, *JOCE*, n° L 204 du 21 juillet 1998, p. 1.

Directive 2000/52 du 26 juillet 2000 modifiant la directive 80/723 du 25 juin 1980 relative à la transparence des relations financières entre les États membres et les entreprises publiques, *JOCE* n° L 193 du 29 juillet 2000, p. 75.

Directive 2002/21 du 7 mars 2002 relative à un cadre réglementaire commun pour les réseaux et services de communications électroniques (directive « cadre »), *JOCE* n° L 108 du 24 avril 2002, p. 33.

Directive 2002/22 du 7 mars 2002 concernant le service universel et les droits des utilisateurs au regard des réseaux et services de communications électroniques (directive « service universel »), *JOCE* n° L 108 du 24 avril 2002, p. 51.

Directive 2002/39 du 10 juin 2002 modifiant la directive 97/67/CE en ce qui concerne la poursuite de l'ouverture à la concurrence des services postaux dans la Communauté, *JOCE* n° L 176 du 5 juillet 2002, p. 21.

Directive 2002/77 du 16 septembre 2002 relative à la concurrence dans les marchés des réseaux et des services de communications électroniques, *JOCE* n° L 249 du 17 septembre 2002, p. 21.

Directive 2003/54 du 26 juin 2003 concernant des règles communes pour le marché intérieur de l'électricité et abrogeant la directive 96/92, *JOCE* n° L 176 du 15 juillet 2003, p. 37.

Directive 2003/55 du 26 juin 2003 concernant des règles communes pour le marché intérieur du gaz naturel et abrogeant la directive 98/30, *JOCE* n° L 176 du 15 juillet 2003, p. 57.

Directive 2004/18 du 31 mars 2004 relative à la coordination des procédures de passation des marchés publics de travaux, de fournitures et de services, *JOCE* n° L 134 du 30 avril 2004, p. 114.

Directive 2004/49 du 29 avril 2004 concernant la sécurité des chemins de fer communautaires et modifiant la directive 95/18 et la directive 2001/14, *JOCE* n° L 164 du 30 avril 2004, p. 44.

Directive 2004/51 du 29 avril 2004 modifiant la directive 91/440 relative au développement de chemins de fer communautaires, *JOCE* n° L 164 du 30 avril 2004, p. 164.

Directive 2006/123/CE du 12 décembre 2006 relative aux services dans le marché intérieur, *JOCE*, n° L 376 du 27 décembre 2006, p. 36.

1.2. TEXTES DU CANADA

1.2.1. Lois constitutionnelles

Loi constitutionnelle de 1867, LRC (1985), app. II, n° 5.

Loi constitutionnelle de 1982, LRC (1985), app. II, n° 44.

1.2.2. Lois fédérales

Loi ayant pour objet de constituer en corporation la Canadian National Railway Company et concernant les chemins de fer nationaux du Canada, L.C. 1919, c. 13.

Loi sur la réorganisation de Bell Canada, L.C. 1987, c. 19.

Loi sur les langues officielles, L.C. 1985, c. 31 (4e suppl.).

Loi sur la participation publique au capital d'Air Canada, L.C. 1985, c. 35.

Loi sur la réorganisation et l'aliénation de Téléglobe Canada, L.C. 1987, c. 12.

Loi sur la participation publique au capital de Pétro-Canada, L.C. 1991, c. 10.

Loi sur la radiodiffusion, L.C. 1991, c. 11.

Loi sur la dissolution ou la cession de sociétés d'État, L.C. 1991, c. 38.

Loi canadienne sur l'évaluation environnementale. L.C. 1992, c. 37.

Loi sur les télécommunications, L.C. 1993, c. 38.

Loi sur la commercialisation du CN, L.C. 1995, c. 94.

Loi sur les transports au Canada, L.C. 1996, c. 10.

Loi sur la commercialisation des services de navigation aérienne civile, L.C. 1996, c. 20.

Loi sur la commercialisation du Canadien national, L.C. 1995, c. 24.

Déclaration canadienne des droits, LRC (1985), App. III.

Loi sur l'accès à l'information, LRC (1985), c. A-1.

Code criminel, LRC (1985), c. C-46.

Loi sur la Société canadienne des postes, LRC (1985), c. C-10.

Loi canadienne sur la protection de l'environnement, LRC (1985), c. 16 (4e supp.).

Loi sur le Conseil de la radiodiffusion et des télécommunications canadiennes, LRC (1985), c. C-22.

Loi canadienne sur les sociétés par actions, LRC (1985), c. C-44.

Loi sur l'expropriation, LRC (1985), c. E-21.

Loi sur la gestion des finances publiques, LRC (1985), c. F-11.

Loi d'interprétation, LRC (1985), c. I-21.

Loi sur l'Office national de l'énergie, LRC (1985), c. N-7.

Loi sur les brevets, LRC (1985), c. P-4.

Loi sur la Société Petro-Canada Limitée, LRC (1985), c. P-11 (abrogée).

Projet de loi C-47, *Loi modifiant la Loi sur la participation publique au capital d'Air Canada*, Première session, 36e législature, 53-54, Elisabeth II, 2004-2005.

Projet de loi C-29, *Loi modifiant la Loi sur la participation publique au capital d'Air Canada*, Deuxième session, 39e législature, 56, Elisabeth II, 2006.

1.2.3. Lois du Québec

Loi relative à la surveillance et au contrôle de certains services publics, 13 Geo VI, c. 47, 1949.

Loi constituant la Société générale de financement du Québec, S.Q. 1962, c. 54.

Loi concernant la Société générale de financement du Québec, L.Q. 1972, c. 52.

Loi sur la réduction du capital-actions de personnes morales de droit public et leurs filiales, L.Q. 1984, c. 45.

Code civil du Québec, L.Q. 1991, c. 64.

Loi sur Financière du Québec, L.Q. 1998, c. 17.

Loi sur le regroupement de certaines sociétés d'État, L.Q. 1998, c. 45.

Loi sur la Financière agricole du Québec, L.Q. 2000, c. 53.

Loi modifiant la Loi concernant la Société nationale du cheval de course, L.Q. 2006, c. 15.

Loi sur la Commission des services d'utilité public, S.R.Q. 1909, c. 16.

Loi sur l'accès aux documents des organismes publics et sur la protection des renseignements personnels, LRQ, c. A-2.1.

Loi sur l'administration financière, LRQ, c. A-6.001.

Loi sur l'administration publique, LRQ, c. A-6.01.

Règlement sur les contrats d'approvisionnement, de construction et de services des ministères et des organismes publics, (2000) 132 G.O. II, 5635 [RRQ 1981, c. A-6.01, r. 0.03].

Règlement sur les contrats de concession du gouvernement, (1994) 126 G.O. II, 6256 [RRQ 1981, c. A-6.01, r. 0.05].

Loi sur l'Agence des partenariats public-privé du Québec, LRQ, c. A-7.002.

Loi sur l'Autorité des marchés financiers, LRQ, c. A-33.2.

Loi sur les bureaux de la publicité des droits, LRQ, c. B-9.

Loi sur la Caisse de dépôt et de placement, LRQ, c. C-2.

Loi sur le Centre de services partagés du Québec, LRQ, c. C-8.1.1.

Charte de la langue française, LRQ, c. C-11.

Charte des droits et libertés de la personne, LRQ, c. C-12.

Code de procédure civile, LRQ, c. C-25.

Loi sur les Commissions d'enquête, LRQ, c. C-37.

Loi sur les compagnies, LRQ, c. C-38.

Loi sur les contrats des organismes publics, LRQ, c. C-65.1.

Loi sur le développement durable, LRQ, c. D-8.1.1.

Loi sur l'expropriation, LRQ, c. E-24.

Loi sur Financement-Québec, LRQ, c. F-2.01.

Loi sur la fiscalité municipale, LRQ, c. F-2.1.

Loi sur la gouvernance des sociétés d'État et modifiant diverses dispositions législatives LRQ c. G-1.02.

Loi sur les impôts, LRQ, c. I-3.

Loi d'interprétation, LRQ, c. I-16.

Loi sur Investissement Québec et sur la financière du Québec, LRQ, c. I-16.1.

Loi sur Hydro-Québec, LRQ, c. H-5.

Règlement nº 411 établissant les conditions de fourniture d'électricité, (1987) 119 G.O. II, 1918 [RRQ, c. H-5, r. 0.1].

Règlement numéro 634 sur les conditions de fourniture de l'électricité, (1996) 128 G.O. II, 2998 [RRQ, c. H-5, r. 0.2].

Règlement numéro 652 d'Hydro-Québec sur les conditions et les tarifs du service de transport en gros de l'électricité, (1996) 128 G.O. II, 7387 [RRQ, c. H-5, r. 0.2.1.].

Règlement numéro 659 d'Hydro-Québec sur les conditions et les tarifs du service de transport pour l'accessibilité à son réseau, (1997) 129 G.O. II 1248 [RRQ, c. H-5, r. 0.3].

Loi sur la Régie des marchés agricoles, LRQ, c. M-35.

Loi sur la Financière agricole du Québec, LRQ, c. L-0.1.

Loi assurant le maintien des services essentiels dans le secteur de la santé et des services sociaux, LRQ, c. M-1.1.

Loi concernant les partenariats en matière d'infrastructures de transport, LRQ, c. P-9.001.

Loi sur la protection du territoire agricole et des activités agricoles, LRQ, c. P-41.1.

Loi sur la publicité légale des entreprises individuelles, des sociétés et des personnes morales, LRQ, c. P-45.

Loi sur la qualité de l'environnement, LRQ, c. Q-2.

Règlement sur l'évaluation et l'examen des impacts sur l'environnement, RRQ, 1981, c. Q-2, r. 9.

Règles de procédures relatives au déroulement des audiences publiques, RRQ, 1981, c. Q-2, r. 19.

Loi sur la Régie de l'énergie, LRQ, c. R-6.01.

Loi sur la Régie de l'alcool des courses et des jeux, LRQ, c. R-6.1.

Loi sur les règlements, LRQ, c. R-18.1.

Loi sur Services Québec, LRQ, c. S-6.3.

Loi sur la Société de l'assurance automobile du Québec, LRQ, c. S-11.011.

Loi sur la Société de télédiffusion du Québec, LRQ, c. S-12.01.

Règlement sur l'exercice général des pouvoirs de Télé-Québec, RRQ, 1981, c. S-12.01, r. 6.

Loi sur la Société des alcools du Québec, LRQ, c. S-13.

Loi sur la Société des établissements de plein air du Québec, LRQ, c. S-13.01.

Loi sur la Société des loteries du Québec, LRQ, c. S-13.1.

Loi sur la Société des traversiers du Québec, LRQ, c. S-14.

Loi sur la Société du Grand théâtre de Québec, LRQ, c. S-14.01.

Loi sur la Société générale de financement du Québec, LRQ, c. S-17.

Loi sur la Société immobilière du Québec, *LRQ, c. S-17.1.*

Règlement sur les modalités d'exercice des pouvoirs contractuels de la Société immobilière du Québec, (1985) 117 G.O. II, 6846 [RRQ, c. S-17.1, r. 1.01].

Loi sur la Société Innovatech du Grand Montréal, LRQ, c. S-17.2.0.1.

Loi sur la Société Innovatech du sud du Québec, LRQ, c. S-17.2.2.

Loi sur la Société Innovatech Québec et Chaudière-Appalaches, LRQ, c. S-17.4.

Loi sur la Société Innovatech régions ressources, LRQ, c. S-17.5.

Loi sur la Société nationale de l'amiante, LRQ, c. S-18.2.

Loi sur les sociétés d'économie-mixte dans le secteur municipal, LRQ, c. S-25.01.

Loi sur les sociétés de transport en commun, LRQ, c. S-30.01.

Loi sur les terres du domaine de l'État, LRQ, c. T-8.1.

Loi sur le Vérificateur général, LRQ, c. V-5.01.

1.2.4. Lois de provinces canadiennes

Interpretation Act, R.S.B.C. 1996, c. 238.

Interpretation Act, S.P.E.I. 1988, c. I-8.

Public utilities Act, RSO (1990), c. P-52.

Public utilities board Act, RSA (2000), c. P-45.

Public utilities Act, RSNS (1989), c. 380.

1.3. Textes de la France

1.3.1. Lois constitutionnelles

Constitution française du 4 octobre 1958.

Préambule de la Constitution française du 27 octobre 1946.

1.3.2. Lois françaises

Code des marchés publics, *JO* 4 août 2006, 11627.

Loi n° 83-675 du 26 juillet 1983 relative à la démocratisation du secteur public, *JO* 27 juillet 1983, p. 2326.

Loi n° 86-793 du 2 juillet 1986 autorisant le gouvernement à prendre diverses mesures d'ordre économique et social, *JO* 3 juillet 1986, p. 8240.

Loi n° 86-912 du 6 août 1986 relative aux modalités d'application des privatisations décidées par la loi n° 86-793 du 2 juillet 1986, *JO* 7 août 1986, p. 9695.

Loi n° 90-568 du 2 juillet 1990 relative à l'organisation du service public de la poste et des télécommunications, *JO* 8 juillet 1990, p. 8069.

Loi n° 93-122 du 29 janvier 1993 relative à la prévention de la corruption et à la transparence de la vie économique et des procédures publiques, *JO* 30 janvier 1993, p. 1588.

Loi n° 93-923 du 19 juillet 1993 de privatisation, *JO* 21 juillet 1993, p. 10255.

Loi n° 96-659 du 26 juillet 1996 relative à la réglementation des télécommunications, *JO* 27 juillet 1996, p. 11398.

Loi n° 96-660 du 26 juillet 1996 relative à l'entreprise nationale France Telecom, *JO* 27 juillet 1996, p. 11398.

Loi n° 97-135 du 13 février 1997 portant création de l'établissement public Réseau ferré de France en vue du renouveau du transport ferroviaire, *JO* 15 février 1997, p. 2592.

Loi n° 99-553 du 25 juin 1999 d'orientation pour l'aménagement et le développement durable du territoire, *JO* 29 juin 1999, p. 9515.

Loi n° 2000-108 du 10 février 2000 relative à la modernisation et au développement du service public d'électricité, *JO* 11 février 2000, p. 2143.

Loi n° 2001-420 du 15 mai 2001 relative aux nouvelles régulations économiques, *JO* 16 mai 2001, p. 7776.

Loi n° 2001-1168 du 11 décembre 2001 portant mesures urgentes de réformes à caractère économique et financier, *JO* 12 décembre 2001, p. 19703.

Loi n° 2002-1 du 2 janvier 2002 tendant à moderniser le statut des sociétés d'économie mixte locales, *JO* 3 janvier 2002, p. 121.

Loi n° 2003-322 du 9 avril 2003 relative aux entreprises de transport aérien et notamment à la société Air France, *JO* 10 avril 2003, p. 6326.

Loi n° 2003-591 du 2 juillet 2003 habilitant le gouvernement à simplifier le droit, *JO* 3 juillet 2003, p. 11192.

Loi n° 2003-1365 du 31 décembre 2003 relative aux obligations de service public des télécommunications et à France Télécom, *JO* 1er janvier 2004, p. 9.

Loi n° 2004-734 du 26 juillet 2004 modifiant la loi n° 2003-322 du 9 avril 2003 relative aux entreprises de transport aérien et notamment à la société Air France, *JO* 28 juillet 2004, p. 13417.

Loi n° 2004-803 du 9 août 2004 relative au service public de l'électricité et du gaz et aux entreprises électriques et gazières, *JO* 11 août 2004, p. 14256.

Loi n° 2007-1224 du 21 août 2007 sur le dialogue social et la continuité du service public dans les transports terrestres de voyageurs, *JO* 22 août 2007, p. 13956.

Loi n° 2008-735 du 28 juillet 2008 relative aux contrats de partenariat, *JO* 29 juillet 2008, p. 12151.

2 – TABLE DE LA JURISPRUDENCE

2.1. Canada/Québec

2.1.1. Cour suprême du Canada

2747-3174 Québec Inc. c. *Québec (Régie des permis d'alcool)*, [1996] 3 RCS 919.

Alberta Government Telephones c. *Canada (Conseil de la radiodiffusion et des télécommunications canadiennes)*, [1989] 2 RCS 225.

Andrews c. Law Society of British Columbia, [1989] 1 RCS 143.

ATCO Gas & Pipelines Ltd. c. *Alberta (Energy & Utilities Board)*, [2006] 1 RCS 140.

Barrie Public Utilities c. Association canadienne de télévision par câble, [2003] 1 RCS 476.

Bell Canada c. Harding Communications, [1979] 1 RCS 395.

Bell Canada c. CRTC, [1989] 1 RCS 1722.

CRTC c. *C.T.V. Television Network*, [1982] 1 RCS 530.

Canada 3000 Inc. (Re) ; Inter-Canadian (1991) Inc. (Trustee of), [2006] 1 RCS 865.

Canadian Pacific Railway Co. v. City of Winnipeg, [1952] 1 RCS 424.

Capital Cities Communications c. *CRTC*, [1978] 2 RCS 141.

Commission hydro-électrique de Kenora (ville) c. *Vacationland Dairy Co-operative Ltd*, [1994] 1 RCS 80.

Committee for Justice and liberty c. Office nationale de l'énergie, [1978] 1 RCS 369.

Conseil canadien des relations du travail c. Cie des chemins de fer nationaux du Canada, [1975] 1 RCS 786.

Conseil des Canadiens avec déficiences c. Via Rail Canada Inc., [2007] CSC 15.

Conseil des ports nationaux c. Langelier, [1969] RCS 60.

Fonds de développement économique local c. *Canadian Pickles Corp.*, [1991] 3 RCS 388.

Glykis c. Hydro-Québec, [2004] 3 RCS 285.

Halifax v. Harbour Commissionners, [1935] RCS 215.

Kootenay and Elk Ry Co c. *Compagnie de chemin de fer du Pacifique*, [1974] RCS 955.

Newfoundland Telephone Co. c. *Terre-Neuve (Board of Commissionners of public utilities)*, [1992] 1 RCS 624.

North Coast Air Services c. *CCT*, [1968] RCS 940.

Ocean Port Hotel c. General Manager, Liquor Control and Licensing Branch, [2001] 2 RCS 781.

Procureur général du Canada c. *Inuit Tapirisat*, [1980] 2 RCS 735.

Québec (Procureur général) c. *Canada (Office nationale de l'énergie)*, [1994] 1 RCS 159.

R. c. *Eldorado Nucléaire*, [1983] 2 RCS 551.

R. c. *Hydro-Québec*, [1997] 3 RCS 213.

Régie des services publics c. Dionne, [1978] 2 RCS 191.

Société Radio-Canada c. *La Reine*, [1983] 1 RCS 339.

Sparling c. *Québec (Caisse de dépôt et de placement du Québec)*, [1988] 2 RCS 1015.

Stoffman c. Vancouver General Hospital, [1990] 3 RCS 483.

Westeel-Rosco Limited c. Board of Governors of South Saskatchewan Hospital Centre, [1977] 2 RCS 238.

2.1.2. Cour d'appel du Québec

116845 Canada c. Régie des permis d'alcool du Québec, [1999] R.R.A. 814 (CA).

Aéroports de Montréal c. *Meilleur*, [1997] RJQ 1516 (CA).

Allendale Mutuel Insurance Company c. Hydro-Québec, [2002] RJQ 84 (CA).

Association des juristes de l'État c. *Conseil des services essentiels*, JE 2007-91 (CA).

Bas-Richelieu (Municipalité régionale de comté du) c. *Union des producteurs agricoles et al.*, JE 2004-1967 (CA).

Bâtiments Kalad'Art inc. c. *Construction D.R.M. inc*, [2000] RJQ 72 (CA).

Bell Canada c. *Harding Communications*, [1977] CA 54.

Bellefleur c. Québec (Procureur général), [1993] RJQ 2320 (CA).

Brasserie seigneuriale c. Société des alcools du Québec, [2003] (CA)

Brown c. Hydro-Québec, [2003] R.R.A. 769 (CA).

Caisse de dépôt et placement du Québec c. Investissements Oxdon inc., [1996] RJQ 1486 (CA).

Canada (Procureur général) c. *Hydro-Québec*, [1997] RJQ 398 (CA).

Canadian Pacific Ltd. v. Telesat Canada (1982), 133 D.L.R. (3d) 321 (CA Ont.).

Coopérative de commerce « des Mille-Îles » c. *Société des alcools du Québec*, [1996] RJQ 2112 (CA).

Cordeau c. Hydro-Québec, JE 2004-2067 (CA).

Dionne c. *Régie des services publics*, [1977] CA 38.

Eastern Coated Papers Ltd. c. *Charles Duranceau Ltée*, [1986] R.R.A. 374 (CA).

Hydro-Québec c. *Hampstead (Ville de)*, [2000] RJQ 683 (CA)

Hydro-Québec c. *Ottoni*, [1994] R.D.I. 556 (CA).

Hydro-Québec c. Regroupement national des conseils régionaux de l'environnement du Québec, JE 2001-1074 (CA).

Hydro-Québec c. *Surma*, [2001] RJQ 1127 (CA).

Ministre de la Justice du Dominion c. *Cité de Lévis*, [1919] A.C. 505.

Pouliot c. Cour du Québec, [2002] CAI 463 (CA).

Québec (Procureur général) c. *Villeneuve*, [1996] RJQ 2199 (CA).

Société Asbestos c. Société nationale de l'amiante, [1981] CA 43.

Société des alcools du Québec c. *Steinberg*, [1992] RJQ 2701 (CA).

Société Radio-Canada c. Radio Sept-Îles inc., [1994] RJQ 1811 (C.A.).

Stoffman c. *Vancouver General Hospital*, [1990] 3 RCS 483.

Surprenant c. Air Canada, [1973] CA 107.

2.1.3. Cour supérieure du Québec

2985420 Canada inc. c. *Hydro-Québec*, [1996] RJQ 2687 (CS).

2968-9825 Québec inc. c. *CSST et SIQ.*, CS Québec, 200-05-011364-994, 7 janvier 2004.

Action réseau consommateur c. P.G. Québec et Régie de l'énergie, [2000] RJQ 1769 (CS).

Barrette c. Société canadienne des postes, [2003] R.R.A. 1314 (CS).

Berthiaume c. Great West Life Assurance Co., (1942) 48 *R. de J.* 16 (CS).

Breton c. *Boissonneault,* [1996] CAI 460 (CS).

Brochu c. Société des loteries du Québec, [2002] RJQ 1351 (CS).

Brochu c. *Société des loteries du Québec (Loto-Québec)*, JE 2007-83 (CS).

Cloutier c. Compagnie des chemins de fer nationaux du Canada (Canadien National), [1996] RJQ 1650 (CS).

Coalition des citoyens et citoyennes du Val Saint-François c. Québec (Procureur général), [1999] RJQ (CS).

Compagnie American Home c. Hydro-Québec, [2005] R.R.A. 87 (CS).

Compagnie de fiducie Guardian c. Bell Canada, JE 83-308 (CS).

Coopérative de commerce « des Mille-Îles » c. *Société des alcools du Québec*, [1994] RJQ 1354 (CS).

Entreprise Bon conseil ltée. c. *Hydro-Québec*, [1999] RJQ (CS).

Godbout c. *Hydro-Québec*, [2001] R.D.I. 106 (CS).

Harding Communications Ltd. c. *Cie de téléphone Bell du Canada*, [1975] CS 1116.

Hydro-Québec c. Désaulniers, JE 2005-1398 (CS).

Hydro-Québec c. Jobin, JE 2003-1360 (CS).

Hydro-Québec c. Lépine, JE 2006-1001 (CS).

Hydro-Québec c. Ouellet, JE 2003-1755 (CS).

Hydro-Québec c. Société Radio-Canada, JE 2005-381 (CS).

Hydro-Québec International c. Pouliot, [1999] RJQ 2759 (CS).

ING Groupe Commerce c. Hydro-Québec, [2005] R.R.A. 149 (CS).

Jalem inc. et Québec (Procureur général), [2000] R.D.I. 408 (CS).

Lévesque c. Hydro-Québec, [2004] R.R.A. 363 (CS).

Lévis (Ville de) c. *Compagnie des chemins de fer nationaux du Canada*, JE 95-2226 (CS).

Québec (Procureur général) c. *Bertrand*, [1997] RJQ 487 (CS).

Radio Sept-îles c. *Société Radio-Canada*, [1988] R.R.A. 552 (CS).

Rouleau c. Station Mont-Tremblant, JE 2003-555 (CS).

Société canadienne des postes c. Pospar Inc., (CS).

Société des alcools du Québec c. *Mont Sainte-Marie Ltée*, [1985] CS 1206 (CS).

Société des traversiers du Québec c. *Produits d'acier Écan inc.*, [2002] R.L. 320 (CS).

Société de vin international c. Société des alcools du Québec, (CS).

Syndicat des travailleurs et travailleuses des postes c. *Canada (Procureur général)*, DTE 99T-399 (CS).

Val-St-François (Coalition des citoyens et citoyennes du) c. *Québec (Procureur général)*, [2001] RJQ 2281.

Verdun (Ville de) c. *Conseil des services essentiels*, DTE 2000T-188 (CS).

Villeneuve c. *Québec (Procureur général)*, [1994] RJQ 1935 (CS).

2.1.4. Cour du Québec

Gagnon c. Hydro-Québec, [1977] C.P. 244.

Marleau c. *Hydro-Québec*, JE 2004-390 (C.Q.).

Nouveler Inc. c. *Breton*, [1995] CAI 434 (C.Q.).

Solunac c. Hydro-Québec, JE 2001-1421 (C.Q.).

2.1.5. Tribunaux administratifs

Laval (Société de transport de la Ville de) et Syndicat des chauffeurs de la Société de transport de la Ville de Laval (CSN), DTE 2002T-68 (CSE).

Québec (Société de transport de la Communauté urbaine de) et Syndicat des employés du transport public du Québec métropolitain inc., DTE 94T-1359 (CSE).

2.1.6. Cour fédérale du Canada

Air Canada c. Bain, [1982] 2 C.F. 341.

Société canadienne des postes c. *Canada (Ministre des Travaux publics)*, [1995] 2 C.F. 110.

Syndicat des postiers du Canada c. *Société canadienne des postes* [1994] 3 C.F. 140.

2.1.7. Manitoba Queen Bench

Farm Credit Corp. c. *A.G. of Manitoba*, [1988] 3 W.W.R. 613 (Man. Q. B.).

2.2. FRANCE

2.2.1. Tribunal des conflits

T. confl. 8 février 1873, *Blanco, Rec. CE,* p. 61 ; *D.* 1873.3.20, concl. DAVID.

T. confl. 22 janvier 1921, *Société commerciale de l'Ouest africain dit « Bac d'Eloka », Rec. CE,* p. 91 ; *D.* 1921.3.1, concl. MATTER.

T. confl. 22 janvier 1955, *Naliato, Rec. CE,* p. 694 ; *RPDA.* 1955.53, concl. CHARDEAU.

T. confl. 15 janvier 1968, *Compagnie Air France c. Époux Barbier*, *RDP* 1968.893, note M. WALINE et 1969.142, concl. KAHN ; *D.* 1969.202, note AUBY ; *Dr Soc.* 1969.51, note SAVATIER.

T. confl. 6 juin 1989, *Préfet de la Région d'Île-de-France c. Sté d'Exploitation et de Distribution d'Eau (SAEDE)*, *Rec. CE*, p. 292 ; *AJDA* 1989.467, note BAZEX ; *RFDA* 1989.457, concl. STIRN.

T. confl. 21 mars 2005, *Alberti-Scott c. Commune de Tournefort*, n° C3413 ; *RFDA* 2006.119, obs. LACHAUME.

2.2.2. Cour de Cassation

Soc. nationale des entreprises de presse c. *Camacho* et *Soc. Nationale des entreprises de presse c. Arthur et autres*, Cour de Cassation, 9 juillet 1951, *D.* 1952, 141, note BLAEVOET.

2.2.3. Conseil d'État

CE, 10 janvier 1902, *Compagnie nouvelle du gaz de Déville-lès-Rouens*, *Rec. CE*, p. 5 ; *S.* 1902.3.17, note HAURIOU.

CE, 6 février 1903, *Terrier*, *Rec. CE*, p. 94 ; *D.* 1904.3.65, concl. ROMIEU ; *S.* 1903.3.25, concl. ROMIEU, note HAURIOU.

CE, 7 août 1909, *Winkell*, *Rec. CE*, p. 826 et 1296, concl. TARDIEU ; *S.* 1909.3.145, concl. TARDIEU, note HAURIOU ; *RDP* 1909.494, note JÈZE.

CE, 4 mars 1910, *Thérond*, *Rec. CE*, p. 193, concl. PICHAT ; *S.* 1911.3.17, concl. PICHAT, note HAURIOU ; *RDP* 1910.249, note JÈZE.

CE, 30 mars 1916, *Compagnie d'éclairage de Bordeaux*, *Rec. CE*, p. 125, concl. CHARDONNET.

CE, 28 juin 1918, *Heyriès*, *Rec. CE*, p. 651 ; *S.* 1922.3.49, note HAURIOU.

CE, 30 mai 1930, *Chambre syndicale du commerce en détail de Nevers*, *Rec. CE*, p. 583 ; *S.* 1931.3.73, concl. JOSSE.

CE, 20 décembre 1935, *Établissements Vézia*, *Rec. CE*, p. 1212 ; *RDP* 1936.119, concl. R. Latournerie.

CE, 5 mai 1944, *Cie maritime de l'Afrique orientale*, *Rec. CE*, p. 129.

CE, 22 nov. 1946, *Commune de Saint-Priest-la-Plaine*, Rec. *CE*, p. 279 ; *D.* 1947.375, note BLAEVOET ; *S.* 1947.105, note F.P.B.

CE, 6 février 1948, *Sté Radio-Atlantique et Cie carcassonnaise de transports*, *RDP* 1948.244, concl. CHENOT ;

CE, 25 juin 1948, *Société du journal l'Aurore*, *Gaz. Pal.* 1948.2.7., concl. LETOURNEUR ; *S.* 1948.3.69, concl. LETOURNEUR ; *D.* 1948.437, note WALINE.

CE, 7 juillet 1950, *Dehaene*, *Rec. CE*, p. 426 ; *RDP* 1950.691, concl. GRAZIER, note WALINE ; *JCP*. 1950.II.5681, concl. GAZIER.

CE, 9 mars 1951, *Société des concerts du conservatoire*, *S.* 1951.3.81, note C.H. ; *Dr Soc.* 1951.168, concl. LETOURNEUR, note RIVERO.

CE, 20 avril 1956, *Bertin*, *Rec. CE*, p. 167.

CE, 16 novembre 1956, *Union syndicale des industries aéronautiques*, *Rec. CE*, p. 434 ; *S.* 1957, p. 38, concl. LAURENT.

CE, 18 décembre 1959, *Delansorme*, *Rec. CE*, p. 692 ; *AJDA* 1960.213, concl. MAYRAS ; *D.* 1960.371, note LESAGE.

CE, 29 avril 1970, *Société Unipain*, *Rec. CE*, p. 280, *AJDA* 1970.430, concl. BRAIBANT ; *RDP* 1970.1423, note WALINE.

CE, 24 novembre 1978, *Syndicat du personnel de l'énergie atomique CFDT et Sieurs Schwartz et autres*, *AJDA* 1979.42, concl. LATOURNERIE, note M. BAZEX.

CE, 25 mars 1988, *Commune d'Hyères*, *Rec. CE*, p. 668.

CE, 15 avril 1996, *Préfet des Bouches-du-Rhône*, *Rec. CE*, p. 137 ; *RFDA* 1996.715, concl. CHANTEPY, note TEYRNERE.

CE, 23 octobre 1998, *Électricité de France*, *AJDA* 1998.1017, concl. ARRIGHI DE CASANOVA.

CE, 27 octobre 1999, *Rolin*, *CJEG*. 2000.24, concl. DAUSSUN.

CE, 1er décembre 2004, *Onesto et autres*, *Rec. CE*, p. 446 ; *RDP* 2005.1087, note NOGUELLOU ; *RDP* 2005.1105, concl. COLLIN.

CE, 8 mars 2006, *Onesto et autres*, *RFDA* 2006.1236, concl. KELLER.

CE, 22 février 2007, *Association du personnel relevant des établissements pour inadaptés (APREI)*, n° 264541.

CE, 6 avril 2007, *Commune d'Aix-en-Provence*, n° 284736.

CE, 5 octobre 2007, *Société UGC Ciné-Cité*, n° 298773.

2.2.4. Tribunal administratif et Cour administrative d'appel

C. adm. Lyon, 27 juin 2002, *Daniel Brindel*, *AJDA* 2002.1409, note BRONDEL.

2.2.5. Conseil constitutionnel

Cons. constit., 79-107 DC, 12 juillet 1979, *Ponts à péage*, *Rec. Cons. constit.*, p. 31 ; *AJDA* 1975.46 ; *RDP* 1979.1726.

Cons. constit., 79-105 DC, 25 juillet 1979, *Droit de grève à la radio et à la télévision*, *Rec. Cons. constit.*, p. 33 ; *AJDA* 1980.191, note LEGRAND.

Cons. constit., 81-132 DC, 16 janvier 1982 et 82-139, 11 février 1982, *Lois de nationalisation*, *Rec. Cons. constit.*, p. 18.

Cons. constit., 86-207 DC, 25 et 26 juin 1986, *Privatisations*, *Rec. Cons. constit.*, p. 61.

Cons. constit., 86-217 DC, 18 septembre 1986, *Privatisations*, *Rec. Cons. constit.*, p. 39.

Cons. constit., 89-254 DC, 4 juillet 1989, *Dénoyautage des entreprises privatisées*, *Rec. Cons. constit.*, p. 41 ; *RTD civ.* 1990.209, note Zenati.

Cons. constit., 96-380 DC, 23 juillet 1996, *Loi relative à l'entreprise nationale France Télécom*, *RFD adm.* 1996.950 ; *AJDA* 1996.694, note O. SCHRAMECK.

Cons. constit., 2006-543 DC, 30 novembre 2006, *Loi relative au secteur de l'énergie*, *AJDA* 2007.192, comm. G. MARCOU.

Cons. constit., 2008-567 DC, 24 juillet 2008, *Loi relative aux contrats de partenariat*, *JO* 29 juillet 2008, p. 12151.

2.3. EUROPE

2.3.1. Cour de justice des Communautés européennes

CJCE 30 avril 1974, *Sacchi*, aff. 155/73, *Rec. CJCE*, p. 409, concl. REISCHL.

CJCE 13 mars 1979, *Hansen*, aff. 91/78, *Rec. CJCE*, p. 935, concl. CAPOTORTI.

CJCE 14 juillet 1981, *Zuchner*, aff. 172/80, *Rec. CJCE*, p. 2021.

CJCE 6 juillet 1982, *France, Italie, Royaume-Uni c. Commission*, aff. 188 à 190/80, *Rec. CJCE*, p. 2545.

CJCE 20 mars 1985, *République italienne c. Commission* (dite *British Telecom*), aff. 41/83, *Rec. CJCE*, p. 873.

CJCE 23 avril 1991, *Hofner et Elser c. Macroton*, aff. C-41/90, *Rec. CJCE*, p. I-1979, concl. Jacobs.

CJCE 19 mai 1993, *Paul Corbeau*, aff. C-320/91, *Rec. CJCE*, p. I-2533 ; *AJDA* 1993.865, note HAMON ; *Pet. Aff.* 1995.32.4, note RAYMUNDIE.

CJCE 19 janvier 1994, *SAT c. Eurocontrol*, aff. C-364/92, *Rec. CJCE*, p. 43 ; *D.* 1995.33, note LHUILLIER.

CJCE 27 avril 1994, *Commune d'Almelo et autres* c. *Energiebedrijf Ijsselmij*, aff. C- 393/92, *Rec. CJCE*, p. I-1477 ; *AJDA* 1994.637, note HAMON ; *Pet. Aff.* 1995.9, note RAYMUNDIE.

CJCE 23 octobre 1997, *Commission c. Italie*, aff. C-158/94, *Rec. CJCE*, p. I-5789.

CJCE 23 octobre 1997, *Commission c. France*, aff. C-159/94, *Rec. CJCE*, p. I-5815 ; *AJDA* 1997.991, note HAMON.

CJCE 23 octobre 2007, *Commission c. République fédérale d'Allemagne*, aff. C-112/05.

2.3.2. Commission européenne

Décision 2003/796 du 11 novembre 2003 instituant le groupe des régulateurs européens dans le domaine de l'électricité et du gaz, *JOCE* n° L 296 du 14 novembre 2003, p. 47.

3 – TABLE DE LA DOCTRINE

3.1. MONOGRAPHIES

AMERICAN LAW INSTITUTE, *Principles of Corporate Governance. Analysis and recommendations*, St-Paul, American Law Institute Publishers, 1994

ANASTASSOPOULOS, Jean-Pierre, Georges BLANC et Pierre DUSSAUGE, *Les multinationales publiques*, Paris, PUF, 1985.

ARBOUR, Jean-Maurice, *Droit international public*, 4e éd., Cowansville, Éditions Yvon Blais, 2002.

ASCHER, Kate, *The politics of privatisation – Contracting out public services*, London, Macmillan, 1987.

AUBY, Jean-Bernard, *La globalisation, le droit et l'État*, Paris, Montchrestien, 2003.

AUBY, Jean-François, *Management public*, Paris, Sirey, 1996.

AUBY, Jean-François, *Les services publics en Europe*, coll. « Que sais-je ? », n° 3414, Paris, PUF, 1998.

AUBY, Jean-François, *La délégation de service public*, coll. « Que sais-je ? », n° 3027, Paris, PUF, 1998.

AUBY, Jean-François et Olivier RAYMUNDIE, *Le service public*, Paris, Le moniteur, 2003.

AUBY, Jean-François et Olivier RAYMUNDIE, *Le service public : droit national et droit communautaire, régime juridique et catégories, modes de gestion*, Paris, Moniteur, 2003.

AUTIN, Jean-Louis et Catherine RIBOT, *Droit administratif général*, 5e éd., Paris, LexisNexis/Litec, 2007.

BAILLON, Christian, *Droit des entreprises publiques*, Paris, Delmas, 1992.

BALDWIN, JOHN R., *Échec et renouveau : l'évolution de la réglementation des monopoles naturels*, Ottawa, Conseil économique du Canada, 1989.

BARBE, Raoul P., *Les entreprises publiques*, Montréal, Wilson & Lafleur/Sorej Ltée, 1985.

BARBE, Raoul P., *Les organismes québécois de régulation des entreprises d'utilité publique*, Montréal, Wilson & Lafleur Ltée, 1980.

BEAUFORT, Viviane DE, *Gouvernance d'entreprise en Europe*, Paris, Économica, 2006.

BÉDARD, Michel G. et Viviane LEMAY, *Privatisation et implication socio-économique*, Montréal, Guérin Université, 2000.

BÉLANGER, Michel, *La responsabilité de l'État et de ses sociétés en environnement*, Cowansville, Éditions Yvon Blais, 1994.

BERGOUGNOUX, Jean, *Services publics en réseau : perspectives de concurrence et nouvelles régulations*, Paris, La documentation française, 2000.

BORTOLOTTI, Bernardo et Domenico SINISCALCO, *The challenges of privatization – An international analysis*, Oxford, Oxford University Press, 2004.

BOURQUE, Gilles L., *Le modèle québécois de développement de l'émergence au renouvellement*, Sainte-Foy, PUQ, 2000.

BRUNELLE, Dorval (dir.), *Main basse sur l'État : les partenariats public-privé au Québec et en Amérique du nord*, Montréal, Fides, 2005.

CARBAJO, Joël, *Droit des services publics*, 3e éd., Paris, Dalloz, 1997.

CÉLIER, Charles, *Droit public et vie économique*, Paris, PUF, 1949.

CHENOT, Bernard, *Les entreprises nationalisées,* coll. « Que sais-je ? », n° 695, Paris, PUF, 1977.

CHÉROT, Jean-Yves, *Droit public économique*, Paris, Économica, 2002.

CHEVALLIER, Jacques, *Le service public*, 6e éd., coll. « Que sais-je ? », n° 2359, Paris, PUF, 2005.

CHEVALLIER, François, *Les entreprises publiques en France*, Paris, La documentation française, 1979.

COHEN, Élie et Claude HENRY, *Service public et secteur public*, Paris, La documentation française, 1997.

COHEN, Élie, *L'ordre économique mondial. Essai sur les autorités de régulation*, Paris, Fayard, 2001.COLIN, Frédéric, *Droit public économique*, Paris, Gualino, 2005.

COLSON, Jean-Philippe, *Droit public économique*, 3e éd., Paris, LGDJ, 2001.

COMMISSARIAT GÉNÉRAL DU PLAN, *Services publics en réseau : Perspectives de concurrence et nouvelles régulations*, Paris, La documentation française, 2000

CONSEIL D'ÉTAT (Rapport public), *Service public, services publics : déclin ou renouveau ?*, Paris, La documentation française, ECDE, n° 46, 1995.

CRAIG, Paul P., *Administrative law*, London, Sweet & Maxwell, 1983.

CRAIG, Paul P., *Administrative law*, 5e éd., London, Sweet & Maxwell, 2003.

DEBBASCH, Charles, *L'État civilisé, contre le pouvoir sauvage*, Paris, Fayard, 1979.

DEBBASCH, Charles, *Institutions et droit administratif*, 5e éd., t. 1 – *Les structures administratives*, Paris, PUF, 1999.

DEBBASCH, Charles, *Droit administratif*, 6e éd., Paris, Économica, 2002.

DEBBASCH, Charles et Frédéric COLIN, *Droit administratif*, 7e éd., Paris, Économica, 2004.

DE LAUBADÈRE, André et Pierre DELVOLVÉ, *Droit public économique*, 5e éd., Paris, Dalloz, 1986.

DE LAUBADÈRE, André, Jean-Claude VENEZIA et Yves GAUDEMET, *Traité de droit administratif*, 12e éd. Paris, Librairie générale de droit et de jurisprudence, 1992.

DELION, André G., *L'État et les entreprises publiques*, Paris, Sirey, 1958.

DELION, André G. et Michel DURUPTY, *Les nationalisations 1982*, Paris, Économica, 1982.

DEMERS, Christiane et Taïeb HAFSI, *Le changement radical dans les organisations complexes, le cas d'Hydro-Québec*, Boucherville, Gaétan Morin éditeur, 1989.

DENIS-JUDICIS, Xavier et Jean-Pierre PETIT, *Les privatisations*, Paris, Montchrestien, 1998.

DENOIX DE SAINT MARC, Renaud, *Le service public*, Paris, La documentation française, 1996.

DELVOLVÉ, Pierre, *Droit public de l'économie*, Paris, Dalloz, 1998.

DUFAU, Jean, *Les entreprises publiques*, Paris, Éditions du Moniteur, 1991.

DUGUIT, Léon, *Traité de droit constitutionnel*, 2e éd., t. 2 – *La théorie générale de l'État*, Paris, de Boccard, 1923.

DU MARAIS, Bertrand, *Droit public de la régulation économique*, Paris, Presses de Sciences Po et Dalloz, 2004.

DUPUIS, Georges, Marie-José GUÉDON et Patrice CHRÉTIEN, *Droit administratif*, 9e éd., Paris, Armand Colin, 2004.

DURUPTY, Michel, *Les entreprises publiques*, 2 vol., Paris, PUF, 1986.

DUSSAULT, René, *Traité de droit administratif*, t. 1, Québec, PUL, 1974.

DUSSAULT, René et Louis BORGEAT, *Traité de droit administratif*, 2e éd., t. 1, Québec, PUL, 1984.

ÉCOLE NATIONALE D'ADMINISTRATION (ENA), *Services publics comparés en Europe : exception française, exigence européenne*, tt. I et II, Paris, La documentation française, 1997.

ESPLUGAS, Pierre, *Le service public*, 2e éd., Paris, Dalloz, 2002.

FAUCHER, Philippe, *L'entreprise publique comme instrument de politique économique*, Montréal, Université de Montréal, Département de science politique, 1981.

FRIER, Pierre-Laurent, *Précis de droit administratif*, 3e éd., Paris, Montchrestien, 2004.

GARANT, Patrice, *Les entreprises publiques de l'État du Québec*, Ste-Foy, Université Laval, 1972, non publié.

GARANT, Patrice, *La fonction publique canadienne et québécoise*, Québec, PUL, 1973.

GARANT, Patrice, *La Régie des services publics*, Travaux du Laboratoire de recherche sur la justice administrative, Québec, 1977,

GARANT, Patrice, *Droit administratif*, 4e éd., Cowansville, Éditions Yvon Blais, 1996.

GARANT, Patrice, *Droit administratif*, 5e éd., Cowansville, Éditions Yvon Blais, 2004.

GARANT, Patrice, *Précis de droit des administrations publiques*, 3e éd., Cowansville, Éditions Yvon Blais, 1995.

GARANT, Patrice, *Précis de droit dès administrations publiques*, 4e éd., Cowansville, Éditions Yvon Blais, 2005.

GENDRON, Corinne et Jean-Guy VAILLANCOURT (dir.), *L'énergie au Québec : quels sont nos choix*, Montréal, Éditions Écosociété, 1998.

GILLI, Jean Paul, *La continuité des services publics*, Paris, PUF, 1973.

GOUVERNEMENT DU ROYAUME-UNI, *The citizen's charter : Raising the standard*, Londres, HMSO, 1991.

GRAHAM, Cosmo et Tony PROSSER, *Privatizing public enterprises : constitutions, the state, and regulation in comparative perspective*, Oxford/New York, Clarendon Press/Oxford University Press, 1991.

GUGLIELMI, Gilles J., Geneviève KOUBI et Gilles DUMONT, *Droit du service public*, Paris, Montchrestien, 2007.

GUISLAIN, Pierre et Michel KERF, *Les privatisations : un défi stratégique, juridique et institutionnel*, Bruxelles, De Boeck, 1995.

HARDEN, Ian, The *contracting State*, Buckingham, Open University Press, 1992.

HENRY, Claude, *Concurrence et services publics dans l'Union européenne*, Paris, PUF, 1997.

HOULE, France, *Les règles administratives et le droit public : aux confins de la régulation juridique*, Cowansville, Éditions Yvon Blais, 2001.

HUBRECHT, Hubert-Gérald, *Droit public économique,* Paris, Dalloz, 1997.

ISSALYS, Pierre et Denis LEMIEUX, *L'action gouvernementale – Précis de droit des institutions administratives*, 2e éd., Cowansville, Éditions Yvon Blais, 2002.

JEANNEAU, Benoît, *Droit des services publics et des entreprises nationales*, Paris, Dalloz, 1984.

JEANNOT, Gilles, *Les usagers des services publics*, coll. « Que sais-je ? », n° 3359, Paris, PUF, 1998.

JOLIOT, Jean-Louis, *Les entreprises publiques en question*, Paris, Les Éditions Ouvrières, 1991.

KERNINON, Jean, *Les cadres juridiques de l'économie mixte*, Paris, LGDJ, 1992.

LACHAUME, Jean-François, Claudie BOITEAU et Hélène PAULIAT, *Grands services publics,* 2e éd., Paris, Armand Colin, 2000.

LACHAUME, Jean-François, Claudie BOITEAU et Hélène PAULIAT, *Droit des services publics,* 3e éd., Paris, Armand Colin, 2004.

LAFITTE, Michel, *Les partenariats public-privé : une clé pour l'investissement public en France*, Paris, Revue Banque Édition, 2006.

LAMONTAGNE, Denys-Claude, *Biens et propriété*, 5e éd., Cowansville, Éditions Yvon Blais, 2005.

LANOUX, Roger et Luc BERNIER, *l'offre de services publics : par le secteur public ou le secteur privé ?*, Québec, centre de recherche sur la gouvernance, 2006.

LAUZON, Léo-Paul, Michel BERNARD, François PATENAUDE et Martin POIRIER, *Privatisations, L'autre point de vue*, Montréal, Éditions du Renouveau québécois et de la chaire socio-économique de l'UQUAM, 1998.

LECERF, Michel, *Droit des consommateurs et obligations des services publics*, Paris, Éditions d'Organisations, 1999.

LE MESTRE, Renan, *Droit du service public*, Paris, Gualino éditeur, 2005.

LINOTTE, Didier et Alexandre GRABOY-GROBESCO, *Droit public économique*, Paris, Dalloz, 2001.

LINOTTE, Didier et Raphaël ROMI, *Services publics et droit public économique*, 5e éd., Paris, Litec, 2003.

LINOTTE, Didier et Raphaël ROMI, *Droit public économique*, 6e éd., Paris, Litec, 2006.

LINOTTE, Didier et Raphaël ROMI, *Droit du service public*, Paris, Litec, 2007.

LORENZI, Jean-Hervé et Claude MARTINAND (groupe présidé par), *La Régulation des services publics : concilier égalité et efficacité*, Commissariat général du Plan, Paris, ASPE Europe/ESKA, 1995.

MACKAAY, Ejan et Stéphane ROUSSEAU, 2e éd., *Analyse économique du droit*, Montréal/Paris, Thémis/Dalloz, 2008.

MAGNAN DE BORNIER, Jean, *Le monopole*, coll. « Que sais-je ? », no 2324, Paris, PUF, 1986.

MARTINAND, Claude, *La régulation des services publics*, Paris, Rapport au Commissariat général du Plan, ASPE Europe/ESKA, Commissariat général du Plan, 1995.

MESCHERIAKOFF, Alain-Serge, *Droit des services publics*, 2e éd., Paris, PUF, 1997.

MORAN, Michael, *The British regulatory state*, Oxford, Oxford University Press, 2003.

MOREAU DESFARGES, Philippe, *La mondialisation*, 6e éd., coll. « Que sais-je ? », no 1687, Paris, PUF, 2005.

NORA, Simon, *Rapport sur les entreprises publiques*, Paris, La documentation française, 1968

PARENTEAU, Roland, *Hydro-Québec les relations entre L'état et son entreprise*, Ottawa, Conseil économique du Canada, document no 312, 1986.

PARIZEAU Jacques, *Privatisation : l'expérience à Ottawa et à Québec*, Ottawa, Le Groupe canadien d'étude des questions parlementaires, 1987.

PARRAT, Frédéric *Le gouvernement d'entreprise – Ce qui a changé, ce qui va encore évoluer*, Paris, Maxima, 1999.

PRABBHAKAR, Rajiv, *Rethinking public services*, England, Palgrave Macmillan, 2006.

PROSSER, Tony, *Law and the regulators*, Oxford, Oxford University Press, 1997.

PROSSER, Tony, *The limits of competition law*, Oxford, Oxford University Press, 2005.

RAINAUD, Jean-Marie, *La crise du service public français*, coll. « Que sais-je ? », n° 3482, Paris, PUF, 1999.

RAPP, Lucien, *Les groupes d'entreprises publiques*, coll. « Que sais-je ? », n° 2295, Paris, PUF, 1986.

SERVOIN, François, *Droit administratif de l'économie*, 2e éd., Grenoble, Presses universitaires de Grenoble, 2001.

STOFFAËS, Christian (Commission présidée par), *Services publics, question d'avenir*, Commissariat général du plan, Paris, Odile Jacob/La documentation française, 1995.

STOFFAËS, Christian, *L'Europe de l'utilité publique – Des industries de services publics rénovées dans l'Europe libérale*, Rapport au ministre de l'Économie, Paris, ASPE Europe, 1995.

STOFFAËS, Christian, *Vers une régulation européenne des réseaux*, Paris, ASPE Europe, 2003.

VALETTE, Jean-Paul, *Le service public à la française*, Paris, Ellipses, 2000.

VAN LANG, Agathe, Geneviève GONDOUIN et Véronique INSERGUET-BRISSET, *Dictionnaire de droit administratif*, 4e éd., Paris, Armand Colin, 2005.

VEDEL, Georges et Pierre DELVOLVÉ, *Droit administratif*, 12e éd., t. 2, Paris, PUF, 1982.

VLACHOS, Georges, *Droit public économique français et communautaire*, Paris, Armand Colin, 1996.

VLACHOS, Georges, *Droit public économique français et européen*, 2e éd., Paris, Armand Colin, 2001.

WADE, Sir William et Christopher FORSYTH, *Administrative Law*, 9e éd., New York, Oxford University Press, 2004.

WALRAVE, Michel et Nicole JESTIN-FLEURY, *Les réseaux de services publics dans le monde : organisation, régulation, concurrence*, Commissariat général du plan, Paris, ASPE Europe/ESKA, 1995.

3.2. ARTICLES D'OUVRAGES COLLECTIFS

APPEL MOLOT, Maureen, « The provinces and privatizations : are the provinces really getting out of business ? », dans TUPPER, Allan et G. Bruce Doern (dir.), *Privatization, Public Policy and Public Corporations in Canada*, Montréal, Institut de recherches politiques, 1988, p. 399.

ARDITI, Maryse, « Marché de l'électricité : les consommateurs et l'environnement vont payer », dans *L'Europe de l'électricité face au modèle français*, Paris, PUF, 2004, p. 100.

ARNAUD, Patrick, « Hydro-Québec : 25 ans de participation publique », dans SIMARD, Louis et *al.* (dir.), *Le débat public en apprentissage : aménagement et environnement. Regards-croisés sur les expériences française et québécoise*, Paris, L'Harmattan, 2006, p. 107.

AUBY, Jean-Bernard, « Le mouvement de banalisation du droit des personnes publiques et ses limites », dans *Études offertes à Jean-Marie Auby*, Paris, Dalloz, 1992, p. 3.

AUBY, Jean-Bernard, « Régulations et droit administratif », dans Nicole BELLOUBET-FRIER *et al.* (dir.), *Études en l'honneur de Gérard Timsit*, Bruxelles, Bruylant, 2004, p. 209.

AUSTIN, Rodney C., « Le concept de service public en droit britannique », dans GRARD, Loïc, Jacques VANDAMME et François VAN DER

MENSBRUGGHE (dir.), *Vers un service public européen*, Paris, ASPE, 1996, p. 133.

AUTIN, Jean-Louis, « Réflexions sur l'usage de la régulation en droit public » dans MIAILLE, Michel (dir.), *La régulation entre droit et politique*, Colloque du Centre d'études et de recherches sur la théorie de l'État, Université Montpellier-I, Paris, L'Harmattan, 1995, p. 43.

AUTIN, Jean-Louis, « Les autorités de régulation sont-elles des autorités administratives indépendantes ? », dans AUTIN, J.-L. et Catherine RIBOT (dir.), *Environnements – Mélanges en l'honneur du professeur Jean-Philippe Colson*, Paris, P.U.G., 2004, p. 440.

BARBE, Raoul P., « Les sociétés de la Couronne », dans *Le système politique du Canada : institutions fédérales et québécoises*, Ottawa, Université d'Ottawa, 1968, p. 165.

BAUBY, Pierre et Jean-Claude BOUAL, « Les services publics entre l'État et le marché », dans BELLON, Bernard (dir.), *L'État et le marché*, Paris, Économica, 1994, p. 133.

BAUBY, Pierre et Jean-Claude BOUAL, « Régulateurs-opérateurs ? Une clarification nécessaire », dans BAUBY, P. et J.-Cl. BOUAL (dir.), *Pour une citoyenneté européenne : quels services publics ?* Paris, Les Éditions de l'Atelier, 1994, p. 113.

BAUBY, Pierre et Jean-Claude BOUAL, « Refonder la légitimité des services publics », dans BAUBY, P. et J.-Cl. BOUAL (dir.), *Pour une citoyenneté européenne : quels services publics ?*, Paris, Les Éditions de l'Atelier, 1994, p. 195.

BAUBY, Pierre et Jean-Claude BOUAL, « La gestion déléguée : une forme de service public », dans BAUBY, P. et J.-Cl. BOUAL (dir.), *Pour une citoyenneté européenne : quels services publics ?*, Paris, Les Éditions de l'Atelier, 1994, p. 277.

BAZEX, Michel, « Le concept de service public en droit national français », dans GRARD, Loïc, Jacques VANDAMME et François VAN DER MENSBRUGGHE (dir.), *Vers un service public européen*, Paris, ASPE, 1996, p. 117.

BAZEX, Michel, « Services publics industriels et commerciaux locaux et droit de la concurrence », dans AUBY, Bernard et Stéphane BRACONNIER (dir.), *Services publics industriels et commerciaux : questions actuelles*, Paris, LGDJ, 2003, p. 29.

BÉDARD, Michel G. et Luc BERNIER, « Les entreprises publiques », dans TREMBLAY, Pierre P. (dir.), *L'État administrateur, modes et émergences*, Ste-Foy, PUQ, 1997, p. 49.

BERNIER, Luc, « L'évolution des sociétés d'État au Québec depuis 1960 », dans GAGNON, Alain-Gustave, *Québec : État et société*, Montréal, Québec/Amérique, 1994, p. 243.

BERNIER, Luc, « Adjusting to Nafta : State enterprises and privatization in Quebec in light of the Mexican and American Experiences » dans LACHAPELLE, Guy (dir.), *Quebec under free trade : making public policy in North America*, Ste-Foy, PUQ, 1995, p. 191.

BERNIER, Luc, Patrick PETIT, Michel G. BÉDARD et André FORGET, « La performance financière des sociétés d'État au Québec », dans GUAY, Marie-Michèle *et al.* (dir.), *Performance et secteur public : réalités, enjeux et paradoxes*, Sainte-Foy, PUQ, 1997, p. 97.

BERNIER, Luc et Michel G. BÉDARD, « Les entreprises publiques », dans TREMBLAY, Pierre P. (dir.) et André BERNARD (coll.), *L'État administrateur : modes et émergences*, Ste-Foy, PUQ, 1997, chapitre II, p. 49.

BERNIER, Luc et Francis GARON, « Les sociétés d'État québécoises : après les privatisations, l'adaptation à l'économie mondialisée », dans Alain-G. GAGNON (dir.), *Québec : État et société*, Québec/Amérique, Montréal, 2003, p. 227.

BERNIER, Luc, « Que faire des sociétés d'État aujourd'hui ? » dans BERNIER, Robert (dir.), *L'État québécois au XXIe siècle*, Sainte-Foy, PUQ, 2004, p. 103.

BIANCO, Jean-Louis, « Pour une initiative européenne », dans STOFFAËS, Christian (dir.), *L'Europe à l'épreuve de l'intérêt général*, Paris, ASPE Europe, 1995, p. 465.

BOITEUX, Marcel, « Entreprises publiques et monopoles », dans DRAGO, Roland (dir.), *Quel avenir pour les entreprises publiques ?*, Paris, PUF, 2001, p. 13.

BOITEUX, Marcel, « Régulation des tarifs et régulation des marchés », dans HENRY, Claude et Émile QUINET, *Concurrence et service public*, Paris, L'Harmattan, 2003, p. 19.

BREWER, S., « Typical justifications for regulation », BALDWIN, Robert, Colin SCOTT et Christopher HOOD (dir.), *A reader on Regulation*, Oxford, Oxford University Press, 1998, p. 59.

BUREAU, Dominique et Nicolas CURIEN, « L'émergence des régulateurs indépendants en France », dans Henry, Claude, Michel MATHEU et Alain JEUNEMAÎTRE (dir.), *Réguler les services publics en réseaux : l'expérience européenne*, Paris, La documentation française, 2003, p. 119.

CARTELIER, Lysiane, « Entreprises publiques concurrentielles, économie mixte et politique industrielle », dans MONNIER, Lionel (dir.), *Entreprises publiques et marché unique*, Bruxelles, Labor, 1992, p. 129.

CAZENAVE, Thomas, David MARTIMORT et Jérôme POUYET, « Crise de régulation », dans FRISON-ROCHE, Marie-Anne (dir.), *Les risques de régulation*, Paris, Presses de Sciences po et Dalloz, 2005, p. 1.

CHARLES-LEBIHAN, Danielle, « De l'usager, au consommateur-citoyen : les mutations du service public à la française », dans GUERRAOUI, Driss, Noureddine EL AOUFI et Jocelyne BARREAU (dir.), *Le devenir du service public : comparaison France-Maroc*, Paris, L'Harmattan, 1998, p. 45.

CHARLIER, Robert-Édouard, « Signification de l'intervention de l'État dans l'économie », dans CENTRE DE RECHERCHES ET D'ÉTUDES ADMINISTRATIVES DE MONTPELLIER, *Études en l'honneur du doyen Péquignot : L'interventionnisme de la puissance publique*, t. 1, Montpellier, Université Montpellier-I, 1984, p. 95.

CÔTÉ, Marcel, « La privatisation et Hydro-Québec », dans BÉLANGER, Yves et Robert COMEAU (dir.), *Hydro-Québec, Autres temps, autres défis*, Ste-Foy, PUQ, 1995, p. 283.

COHEN, Elie, « Régimes économiques et régulation du service public », dans ROUBAN, Luc (dir.), *Le service public en devenir*, Paris, L'Harmattan, 2000, p. 219.

COMPEYRON, Arielle, « Dynamique de convergence entre valeurs de service public et rapports de production », dans BARREAU, Jocelyne, A. COMPEYRON, Christelle, HAVARD, Jean-Yves MÉNARD et Laurence SERVEL, *Une irrésistible modernisation des entreprises de service public ?*, Rennes, Presses universitaires de Rennes, 2000, p. 19.

DELION, André G., « Les entreprises publiques en France », dans GÉLINAS, André (dir.), *L'entreprise publique et l'intérêt public,* Toronto, L'Institut d'administration publique du Canada, 1978, p. 119.

DELPÉRÉE, Francis, « La régulation et la protection des usagers consommateurs », dans MARCOU, Gérard et Franck MODERNE, *Droit de la régulation, services publics et intégration régionale*, vol 1, UMR de droit comparé de Paris, 2005 [Rapport de recherche aussi publié sous l'éd. L'Harmattan, 2005], p. 53.

DESLAURIERS, Hélène, « Une décennie de déréglementation dans l'Union européenne : entre libre-concurrence et service public », dans SERVICE DE LA FORMATION PERMANENTE DU BARREAU DU QUÉBEC. *L'accès au marché de l'Union européenne et le droit européen des affaires (1995)*, Cowansville, Éditions Yvon Blais, 1995, p. 107.

DOMBERGER, Simon et Avrom SHERR, « The impact of competition on pricing and quality of legal services », dans BISHOP, Matthew, John KAY and Colin MAYER (dir.), *The Regulatory Challenge*, Oxford, Oxford University Press, 1995, p. 119.

DUPIE, Agnès, « Le principe de continuité des services publics », dans GUÉDON, Marie-José (dir.), *Sur les services publics*, Paris, Économica, 1986, p. 39.

FEINTUCK, Mike, « La régulation des services publics en Grande-Bretagne – Passé, présent et avenir en Europe », dans CENTRE EUROPÉEN DES ENTREPRISES À PARTICIPATION PUBLIQUE, *Europe, concurrence et service public*, Paris, Masson-Armand Colin, 1995, Annexe IV, p. 131.

FOURNIER, Jacques, « Le service public en France : Un concept fédérateur et englobant », dans INSTITUT POUR LA COOPÉRATION RÉGIONALE ET L'ADMINISTRATION EUROPÉENNE, *Services d'intérêt général et enjeux de société dans le contexte européen : Approches allemande, autrichienne et française*, Strasbourg, Presses universitaires de Strasbourg, 1999, p. 33.

FRÉCHETTE, Yves, « L'approvisionnement des marchés québécois en électricité », dans SERVICE DE LA FORMATION CONTINUE DU BARREAU DU QUÉBEC, *Développements récents en droit de l'énergie*, vol 262, Cowansville, Éditions Yvon Blais, 2007, p. 73.

GARANT, Patrice, « Introduction à l'étude du droit des entreprises publiques au Canada », dans CENTRE DE RECHERCHES ET D'ÉTUDES ADMINISTRATIVES DE MONTPELLIER, *Études en l'honneur du doyen Péquignot : L'interventionnisme de la puissance publique*, t. 1, Montpellier, Université Montpellier-I, 1984, p. 281.

GARANT, Patrice, « Les sociétés d'État : instruments d'intervention économique », dans BERNIER, Ivan et André LAJOIE, *Les règlements, les sociétés d'État et les tribunaux administratifs*, Ottawa, Commission royale sur l'union économique et les perspectives de développement du Canada, 1986, p. 1.

GÉLINAS, André, « Autonomie et contrôle des sociétés d'État », dans PARENTEAU, Roland (dir.), *Sociétés d'État : autonomie ou intégration*, Montréal, École des Hautes études commerciales, 1980.

GERTLER, Franklin S., Barbara CUBER et Mathieu MARCOTTE, « La participation élargie aux décisions en matière d'énergie : les groupes environnementaux et les Autochtones devant la Régie de l'énergie du Québec », dans SERVICE DE LA FORMATION CONTINUE DU BARREAU DU QUÉBEC, *Développements récents en droit de l'énergie*, vol 262, Cowansville, Éditions Yvon Blais, 2007, p. 105.

GIROUX, Guy, « La société civile face au désengagement de l'État » dans GIROUX, G. (dir.), *L'État, la société civile et l'économie*, Saint-Nicolas/Paris, PUL/L'Harmattan, 2001, p. 77.

GILLI, Jean-Paul, « Le principe de continuité », dans GILLI, J.-P., *La continuité des services publics*, Paris, PUF., 1973, p. 7.

GRIMSTONE, Gerry, « The British privatisation program », dans RICHARDSON, Jeremy John (dir.), *Privatisation and deregulation in Canada and Britain*, Aldershot, Darmouth, 1990, p. 3.

GRINDLEY, Peter, « Regulation and standards policy : setting standards by committees and markets », dans BISHOP, Matthew, John KAY and Colin MAYER (dir.), *The Regulatory Challenge*, Oxford, Oxford University Press, 1995, p. 210.

GROUD, Hervé, « Grands principes et régime du service public : permanences et évolutions », dans GROUD, H., *Mutations du service public et territoires,* Paris, L'Harmattan, 1999, p. 53.

GUÉDON, Marie-José, « Service public et intérêt économique » dans GUÉDON, M.-J. (dir.), *Sur les services publics*, Paris, Économica, 1986, p. 6.

HALLEY, Paule et Aude TREMBLAY, « Participation publique et environnement au Québec : Accès à l'information, consultation et accès à la justice », dans *Contractualisation de l'action publique, participation des citoyens et développement durable*, Montpellier, Faculté de droit, 2007.

HALLEY, Paule et Denis LEMIEUX, « L'action publique et la mise en œuvre du développement durable : la *Loi* québécoise *sur le développement durable* », dans DEGUERGUE, Maryse et Laurent FONBAUSTIER (dir.), *Confluences, Mélanges en l'honneur de Jacqueline Morand-Deviller*, Paris, Montchrestien, 2007, p. 835.

HELM, Dieter, « A critique of rail regulation », dans ROBINSON, Colin (dir.), *Utility regulation and competition policy*, Cheltenham/Northampton, Edward Elgar Publishing Limited. 2002, p. 19.

HENRY, Claude et Michel MATHEU, « De nouvelles régulations pour des services publics en concurrence », HENRY, C., M. MATHEU et Alain JEUNEMAÎTRE (dir.), *Réguler les services publics en réseaux : l'expérience européenne*, Paris, La documentation française, 2003, p. 7.

JEANNENEY, Pierre-Alain, « Le régulateur producteur de droit », dans FRISON-ROCHE, Marie-Anne (dir.), *Règles et pouvoirs dans les systèmes de régulation*, Paris, Presses de Sciences po et Dalloz, 2004, p. 44.

LABRECQUE, Pierre, « Le droit applicable au domaine public québécois », dans CONFÉRENCE DES JURISTES DE L'ÉTAT, *Actes de la XIVe Conférence des juristes de l'État*, Cowansville, Éditions Yvon Blais, 2000, p. 195.

LAFFONT, Jean-Jacques, « Service public et théorie économique », dans STOFFAËS, Christian (dir.), *L'Europe à l'épreuve de l'intérêt général*, Paris, ASPE Europe, 1995, p. 333.

LAFOND, Georges, « Hydro-Québec : louve ou vache à lait ? », dans BÉLANGER, Yves et Robert COMEAU (dir.), *Hydro-Québec, Autres temps, autres défis*, Ste-Foy, Les PUQ, 1995.

LANDRY, Bernard, « Des diverses manières de vivre dans une économie de marché », dans BÉLANGER, Yves et Robert COMEAU (dir.), *Hydro-Québec, Autres temps, autres défis*, Ste-Foy, PUQ, 1995, p. 299.

LANGFORD, John et Ken HUFFMAN, « Air Canada », dans TUPPER, Allan et G. Bruce Doern (dir.), *Privatization, Public Policy and Public Corporations in Canada*, Montréal, Institut de recherches politiques, 1988, p. 93.

LARCHER, Gérard, « Quelle relation entre pouvoirs publics et régulateurs », dans FRISON-ROCHE, Marie-Anne (dir.), *Les régulations économiques : légitimité et efficacité*, Paris, Presses de Science po et Dalloz, 2004, p. 19.

LAUZON, Léo-Paul, « Continuer à privatiser Hydro-Québec ou consolider ses opérations », dans BÉLANGER, Yves et Robert COMEAU (dir.), *Hydro-Québec, Autres temps, autres défis*, Ste-Foy, PUQ, 1995, p. 305.

LEMIEUX, Denis, « Privilèges et immunités des entreprises publiques québécoises », dans CENTRE DE RECHERCHES ET D'ÉTUDES ADMINISTRATIVES DE MONTPELLIER, *Études en l'honneur du doyen Péquignot : L'interventionnisme de la puissance publique*, t. 2, Montpellier, Université de Montpellier-I, 1984, p. 419.

LEMIEUX, Denis, « Les contrats de gestion privée d'un service public », dans COLSON, Jean-Philippe et D. LEMIEUX (dir.), *Le droit supranational et les techniques contractuelles*, Ste-Foy, Institut national des hautes études internationales, Université Laval, 1997, p. 179.

LÉVÊQUE, François, « Concepts économiques et conceptions juridiques de la notion de service public », dans KIRAT, Thierry et Evelyn SERVERIN, *Le droit dans l'action économique*, CNRS Éditions, 2000, p. 179.

LONG, Martine, « La tarification des services publics industriels et commerciaux locaux », dans AUBY, Bernard et Stéphane BRACONNIER (dir.), *Services publics industriels et commerciaux : questions actuelles*, Paris, LGDJ, 2003, p. 43.

MAJONE, G., « The rise of the regulatory state in Europe », BALDWIN, Robert, Colin SCOTT et Christopher HOOD (dir.), *A reader on Regulation*, Oxford, Oxford University Press, 1998, p. 192.

MARCOU, Gérard, « De l'idée de service public au service d'intérêt général », dans MODERNE, Franck et G. MARCOU, *L'idée de service public dans le droit des États de l'Union européenne*, Paris, L'Harmattan, 2001, p. 365.

MARCOU, Gérard, « Droit de la régulation, service public et intégration régionale », dans MARCOU, G. et Franck MODERNE, *Droit de la régulation, services publics et intégration régionale*, vol 1, UMR de droit comparé de Paris, 2005, p. 3 [Aussi publié sous l'éd. L'Harmattan, 2005].

MASSÉ, Henri, « La privatisation d'Hydro-Québec : un jeu qui nous vaudra la chandelle », dans BÉLANGER, Yves et Robert COMEAU (dir.), *Hydro-Québec, Autres temps, autres défis*, Ste-Foy, PUQ, 1995, p. 323.

MASSE, Claude, « Le *Code civil du Québec* et les contrats de services publics : quelques pistes de réflexion », dans SERVICE DE LA FORMATION PERMANENTE DU BARREAU DU QUÉBEC, *Congrès annuel du Barreau du*

Québec 1994, Service de la formation permanente, Barreau du Québec, Montréal, 1994

MCELDOWNEY, John, « Law and regulation : Current issues and future directions », dans BISHOP, Matthew, John KAY and Colin MAYER (dir.), *The Regulatory Challenge*, Oxford, Oxford University Press, 1995, p. 408.

MCGOWAN, Francis, « La réforme des entreprises d'utilité publique au Royaume-Uni », dans CENTRE EUROPÉEN DES ENTREPRISES À PARTICIPATION PUBLIQUE, *Europe, concurrence et service public*, Paris, Masson-Armand Colin, 1995, Annexe III, p. 94.

MCGOWAN, Francis, « Le modèle britannique », dans STOFFAËS, Christian (dir.), *L'Europe à l'épreuve de l'intérêt général*, Paris, ASPE Europe, 1995, p. 71.

MCGOWAN, Francis et Paul SAEBRIGHT, « Regulation in the European community and its impact on the UK », dans BISHOP, Matthew, John KAY and Colin MAYER (dir.), *The Regulatory Challenge*, Oxford, Oxford University Press, 1995, p. 227.

MITCHELL, James, « Britain : Privatisation as a myth ? », dans RICHARDSON, Jeremy John (dir.), *Privatisation and deregulation in Canada and Britain*, Aldershot, Darmouth, 1990, p. 14.

MODERNE, Franck, « Analyse comparative des notions de service public dans les États membres », dans STOFFAËS, Christian (dir.), *L'Europe à l'épreuve de l'intérêt général*, Paris, ASPE Europe, 1995, p. 55.

MODERNE, Franck, « Les mutations des services publics en droit français », dans Actes du Colloque de Strasbourg, Travaux de la CEDECE, *Services publics et Communauté européenne : entre l'intérêt général et le marché*, t. 1, La documentation française, 1998, p. 3.

MODERNE, Franck, « Les transcriptions doctrinales de l'idée de service public », dans MODERNE, F. et Gérard MARCOU, *L'idée de service public dans le droit des États de l'Union européenne*, Paris, L'Harmattan, 2001, p. 5.

MODERNE, Franck, « Les usages de la fonction de régulation dans le droit positif et la doctrine des États de l'Union européenne », dans MARCOU, Gérard et F. MODERNE, *Droit de la régulation, services publics et intégration régionale*, vol 1, UMR de droit comparé de Paris, 2005, p. 35 [Aussi publié sous l'éd. L'Harmattan, 2005].

MUSOLF, Llyod, D., « Public enterprise and public interest in the United States », dans GÉLINAS, André (dir.), *L'entreprise publique et l'intérêt public,* Toronto, L'Institut d'administration publique du Canada, 1978, p. 1.

PARENTEAU, Roland (dir.), *Sociétés d'État : autonomie ou intégration*, Montréal, École des Hautes études commerciales, 1980.

PARENTEAU, Roland, « Concurrence et monopoles dans les entreprises publiques », dans LEMELIN, Maurice, R. PARENTEAU et Francine SÉGUIN, *La concurrence dans le secteur public*, Montréal, Agence d'Arc, 1989, p. 127.

PARENTEAU, Roland, « La performance des entreprises publiques », dans GUAY, Marie-Michèle *et al.* (dir.), *Performance et secteur public : réalités, enjeux et paradoxes*, Sainte-Foy, PUQ, 1997, p. 215.

PAULIAT, Hélène, « Usager, client, consommateur du SPIC local », dans AUBY, Bernard et Stéphane BRACONNIER (dir.), *Services publics industriels et commerciaux : questions actuelles*, Paris, LGDJ, 2003, p. 81.

POIRIER, Martin, « L'électricité », dans POIRIER, M., François PATENAUDE, Martin PETIT et Gino LAMBERT, *À qui profite le démantèlement de l'État ?*, Montréal, Chaire d'études socio-économiques de l'UQAM, 1998, p. 198.

PONDAVEN, Claude, « Fondements économiques de l'intervention publique », dans UNIVERSITÉ PANTHÉON-ASSAS/PARIS-II, *Clés pour le siècle*, Paris, Dalloz, 2000, p. 671.

POULLET, Y. *et al.*, « Service universel ou public dans la politique européenne », dans GRARD, Loïc, Jacques VANDAMME et François VAN DER MENSBRUGGHE (dir.), *Vers un service public européen*, Paris, ASPE, 1996, p. 333.

PRATT, Larry, « Petro-Canada », dans Allan et G. Bruce Doern (dir.), *Privatization, Public Policy and Public Corporations in Canada*, Montréal, Institut de recherches politiques, 1988, p. 151.

REES, Ray et John VICKERS, « RPI – X Price-cap regulation », dans BISHOP, Matthew, John KAY and Colin MAYER (dir.), *The Regulatory Challenge*, Oxford, Oxford University Press, 1995, p. 358.

RIBOT, Catherine, « Les mutations du service public », dans COLSON, Jean-Philippe (dir.), *Droit public économique – corrigés d'examens*, Paris, LGDJ, 1996, p. 41.

RIBOT, Catherine, « Les prérogatives de puissance publique sont-elles un moyen d'exclure l'application du Droit de la concurrence dans le Droit des contrats administratifs français ? », dans COLSON, Jean-Philippe et Denis LEMIEUX (dir.), *Le droit supranational et les techniques contractuelles*, Ste-Foy, Institut national des hautes études internationales, Université Laval, 1997, p. 233.

RICHARDSON, Jeremy J., « Pratique des privatisations en Grande-Bretagne », WRIGHT, Vincent (dir.), *Les privatisations en Europe, programmes et problèmes*, Poitiers, Institut international de Prospective, 1993, p. 73.

RIVERO, Jean, « Le régime des entreprises nationalisées et l'évolution du droit administratif », dans *La distinction du droit privé et du droit public et l'entreprise publique*, t. 1, Paris, Sirey, 1952, p. 147.

RODRIGUES, Stéphane, « Prospective du service public en Europe », dans STOFFAËS, Christian (dir.), *L'Europe à l'épreuve de l'intérêt général*, Paris, ASPE Europe, 1995, p. 357.

ROMAN, Andrew J., « Regulation, deregulation, competition and privatisation : The canadian experience », dans RICHARDSON, Jeremy John (dir.), *Privatisation and deregulation in Canada and Britain*, Aldershot, Darmouth, 1990, p. 229.

ROVIZZI, Laura et David THOMPSON, « The regulation of product quality in the public utilities », dans BISHOP, Matthew, John KAY and Colin MAYER (dir.), *The Regulatory Challenge*, Oxford, Oxford University Press, 1995, p. 336.

ROYER, Jean, « L'économie mixte ? Une philosophie », dans FÉDÉRATION NATIONALE DES SOCIÉTÉS D'ÉCONOMIE MIXTE, *40 ans de sociétés d'économie mixte en France*, Paris, Économica, 1988, p. 175.

SAINT-GEOURS, Jean, « L'avenir des entreprises publiques en France. Contrôle et régulation », dans DRAGO, Roland (dir.), *Quel avenir pour les entreprises publiques ?*, Paris, PUF, 2001, p. 31.

SAINT-MARTIN, Françoise, « L'utilisation des contrats comme mode de participation des parties privées à la détermination des normes », dans GOUVERNEMENT DU QUÉBEC, *Actes de la XVe Conférence des juristes de l'État*, Cowansville, Éditions Yvon Blais, 2002 p. 61.

SANDEVOIR, Pierre, « Les vicissitudes de la notion de service public industriel et commercial », dans *Mélanges en l'honneur du professeur*

Michel Stassinopoulos : Problèmes de droit public contemporain, Paris, LGDJ, 1974, p. 317.

SANGER, Matthew, « Public services », dans CAMERON, Duncan et Mel WATKINS (dir.), *Canada under free trade*, Toronto, James Lorimer & company, 1993, p. 191.

SANTINI, André, « L'avenir de l'économie mixte », dans FÉDÉRATION NATIONALE DES SOCIÉTÉS D'ÉCONOMIE MIXTE, *40 ans de sociétés d'économie mixte en France*, Paris, Économica, 1988, p. 299.

SIMPSON, Robin, « Les relations services publics-usagers », dans BAUBY, Pierre et Jean-Claude BOUAL (dir.), *Pour une citoyenneté européenne : quels services publics ?*, Paris, Les Éditions de l'Atelier, 1994, p. 72.

SMITH, Janet, « Canada's privatisation program », dans RICHARDSON, Jeremy John (dir.), *Privatisation and deregulation in Canada and Britain*, Aldershot, Darmouth, 1990, p. 37.

SORACE, Domenico, « Régulation, besoins collectifs et concurrence », dans MARCOU, Gérard et Franck MODERNE, *Droit de la régulation, services publics et intégration régionale*, vol 1, UMR de droit comparé de Paris, 2005 (Rapport de recherche aussi publié sous l'éd. L'Harmattan, 2005), p. 47.

STEFANI, Giorgio, « Les entreprises publiques de transport et la politique de concurrence de la Communauté européenne », dans MONNIER, Lionel (dir.), *Entreprises publiques et marché unique*, Bruxelles, Labor, 1992, p. 199.

STELZER, Irwin M., « A review of privatization and regulation experience in the UK », dans ROBINSON, Colin (dir.), *Utility regulation and competition policy*, Cheltenham/Northampton, Edward Elgar Publishing Limited. 2002, p. 82.

STEVENSON, Garth, « Canadian national railways and privatization », dans TUPPER, Allan et G. Bruce DOERN (dir.), *Privatization, Public Policy and Public Corporations in Canada*, Montréal, Institut de recherches politiques, 1988, p. 45.

STIRN, Bernard, « L'évolution juridique de la notion de service public industriel et commercial », dans STOFFAËS, Christian (dir.), *L'Europe à l'épreuve de l'intérêt général*, Paris, ASPE Europe, 1994, p. 27.

STOFFAËS, Christian, « Les services publics face à la concurrence », dans STOFFAËS, Ch. (dir.), *L'Europe à l'épreuve de l'intérêt général*, Paris, ASPE Europe, 1995, p. 7.

STOFFAËS, Christian, « Un exemple de diversité des conceptions du service public en Europe : l'organisation et la régulation de l'industrie électrique », dans STOFFAËS, Ch. (dir.), *L'Europe à l'épreuve de l'intérêt général*, Paris, ASPE Europe, 1995, p. 87.

STOFFAËS, Christian, « Une révolution libérale : l'expérience britannique de dérégulation », dans STOFFAËS, Christian (dir.), *L'Europe à l'épreuve de l'intérêt général*, Paris, ASPE Europe, 1995, p. 215.

STOFFAËS, Christian, « Instiller l'intérêt général en Europe », dans STOFFAËS, Ch. (dir.), *L'Europe à l'épreuve de l'intérêt général*, Paris, ASPE Europe, 1995, p. 473.

TEUBNER, G., « Juridification : concepts, aspects, limits, solutions », BALDWIN, Robert, Colin SCOTT et Christopher HOOD (dir.), *A reader on Regulation*, Oxford, Oxford University Press, 1998, p. 389.

THURIOT, Fabrice, « Le service public culturel, évolution et perspectives », dans GROUD, Hervé, *Mutations du service public et territoires,* Paris, L'Harmattan, 1999, p. 159.

TRUCHET, Didier, « La structure du droit administratif doit-elle demeurer binaire ? À propos des catégories en droit administratif », dans UNIVERSITÉ PANTHÉON-ASSAS/PARIS-II, *Clés pour le siècle*, Paris, Dalloz, 2000, p. 443.

TUPPER, Allan et G. Bruce DOERN, « Canadian public enterprise and privatization », dans TUPPER, A. et G. B. DOERN (dir.), *Privatization, Public Policy and Public Corporations in Canada*, Montréal, Institut de recherches politiques, 1988, p. 1.

VENEZIA, Jean-Claude, « Le principe d'adaptation », dans UNIVERSITÉ PANTHÉON-ASSAS/PARIS-II, *Clés pour le siècle*, Paris, Dalloz, 2000, p. 1661.

VOISSET, Michèle, « Les entreprises publiques et l'Europe », dans DRAGO, Roland (dir.), *Quel avenir pour les entreprises publiques ?*, Paris, PUF, 2001, p. 5.

WILLEMIN, Monique et Jean-Luc POTHET, « La gratuité du service public à l'égard de ses usagers », dans GUÉDON, Marie-José, *Sur les services publics*, Paris, Économica, 1986, p. 15.

3.3. ARTICLES DE PÉRIODIQUES

AMSELEK, Paul, « Le service public et la puissance publique : réflexions autour d'une étude récente », *AJDA* 1968.492.

ARBOUR, Marie-Ève et Caroline PLANTE, « Le consommateur et les services publics au Québec », (2008) 49 C. *de D.* 27.

AUBY, Jean-Bernard, « Régulations », *Dr adm.* 2000.4.3.

AUBY, Jean-Bernard, « Toute régulation, par essence, comporte une part d'autorégulation », *R.L. conc.* 2006.6.104.

AUBY, Jean-François, « La tarification des services publics », *CJEG.* 1990.169.

AUBY, Jean-François, « Services publics culturels et concurrence », *AJDA* 2000.22, n° spécial.

AUBY, Jean-François, « Une directive communautaire sur les services d'intérêt général », *RFDA* 2005.778.

AUTIN, Jean-Louis, « Du juge administratif aux autorités administratives indépendantes un autre mode de régulation », *RDP* 1988.1213.

BAILLEUL, David, « Le service universel, futur service public ? », *RRJ.* 2000.561.

BARBE, Raoul P., « Les entreprises publiques mandataires de Sa Majesté », (1967-68) *Revue Justinien* 165.

BARBE, Raoul P., « Le contrôle parlementaire des entreprises publiques au Canada », (1969) 12 *Adm. Publ. Can.* 463.

BAZEX, Michel, « Vers de nouveaux modèles normatifs pour le secteur public ? », *AJDA* 1990.659.

BAZEX, Michel et Sophie BLAZY, « L'institutionnalisation de l'État actionnaire », *Dr adm.* 2004.12.28.

BELL, John, « L'expérience britannique », *AJDA* 1997.130, n° spécial.

BELLOUBET-FRIER, Nicole, « Service public et droit communautaire », *AJDA* 1994.270.

BELORGEY, Jean-Michel, « Service public et droit communautaire », *AJDA* 1996.35, n° spécial.

BERLIN, Dominique, « L'adaptation du régime juridique des entreprises publiques aux normes internationales et européennes », partie II, *RTDE.* 1983.393.

BERNIER, Luc, « La dynamique institutionnelle des entreprises publiques au Québec de 1960 à aujourd'hui », (2003) 7 *Politiques et management public*, 95.

BERNIER, Luc et Louis SIMARD, « The governance of public enterprises : the Quebec experience », (2007) 78 *Annals of public and cooperative economics*, 455.

BIGOT, Grégoire, « Les faillites conceptuelles de la notion de service public en droit administratif », *RFDA* 2008.1.

BILODEAU, Jean-Luc, « La participation des administrés à l'élaboration de normes de portée générale dans le cadre de la régulation du marché des valeurs mobilières », (1999) 33 *R.J.T.* 449.

BIZAGUET, Armand, « Passé récent et avenir des entreprises publiques françaises », *Rev. du Trésor.* 1993.753.

BIZAGUET, Armand, « L'évolution du secteur public national en France depuis 1996 : Du "secteur public à la française" aux "services d'intérêt général" », *Rev. du Trésor.* 2000.574 (1re partie) et 2000.672 (2e partie).

BOISSARD, Béatrice, « Le traitement communautaire des services d'intérêt général non économiques », *RDP* 2005.1301.

BOUSSARD, Sabine, « L'éclatement des catégories de service public et la résurgence du service public par nature », *RFDA* 2008.43.

BRACONNIER, Stéphane, « La régulation des services publics », *RFDA* 2001.43.

CARBAJO, Joël, « Remarques sur l'intérêt général et l'égalité des usagers devant le service public », *AJDA* 1981.176.

CARREAU, Dominique et Robert TREUHOLD, « La nouvelle loi de privatisation ou l'annonce prématurée de la mort de Colbert », *D.* 1993.231.

CARTER, Richard, « Les entreprises publiques : Pourquoi et pour qui ? », (1983) *Adm. Publ. Can.* 239.

CASSIN, Fabrice, « Les usagers publics de services publics industriels et commerciaux sont-ils des acheteurs publics ? », *AJDA* 2005.411.

CHAMINADE, André, « La notion d'obligation de service public en droit communautaire », *JCP.* 2006.I.182.

CHAMPEIL-DESPLATS, Véronique, « Services d'intérêt économique général, valeurs communes, cohésion sociale et territoriale », *AJDA* 1999.959.

CHENUAUD-FRAZIER, Carole, « La notion de délégation de service public », *RDP* 1995.175.

CHÉROT, Jean-Yves, « L'avenir des entreprises publiques nationales dans le contexte des réformes sur le gouvernement d'entreprise », *Dr adm.* 2006.4.5.

CLERGERIE, Jean-Louis, « L'Union européenne et les services publics », *Rev. adm.* 1998.639.

CLIQUENNOIS, Martine, « Égalité, tarification et service public », *Pet. aff.* 1993.83.20.

D'ALBERTI, Marco, « La régulation économique en mutation », *RDP* 2006.231.

DEBÈNE, Marc, « Entreprises publiques et marché unique, entre assimilation et suspicion », *AJDA* 1992.243.

DEBÈNE, Marc et Olivier RAYMUNDIE, « Sur le service universel : renouveau du service public ou nouvelle mystification ? », *AJDA* 1996.183.

DE CORAIL, Jean-Louis, « L'approche fonctionnelle du service public : sa réalité et ses limites », *AJDA* 1997.20, n° spécial.

DE GAULLE, Yves, « Le cadre juridique de l'ouverture au secteur privé du capital des entreprises publiques », *Dr adm.* 1991.7.1.

DELACOUR, Éric, « La concurrence des personnes publiques aux entreprises privées ; principes et règles applicables en droit français », *Gaz. Pal.* 26 juillet 1997.1007.

DELACOUR, Éric, « Service public et construction européenne : la guerre des droits n'aura pas lieu », *Pet. aff.* 1997.114.4.

DELION, André G. et Michel DURUPTY, « Chronique des entreprises publiques », *RFAP.* 1994.335.

DELION, André G. et Michel DURUPTY, « Chronique des entreprises publiques », *RFAP.* 1998.485.

DELION, André G. et Michel DURUPTY, « Chronique du secteur public économique », *RFAP.* 2005.752.

DENOIX DE SAINT-MARC, Renaud, « Régulateurs et juges : introduction générale », *Pet. aff.* 2003.17.6.

DELVOLVÉ, Pierre, « Service public et libertés publiques », *RFDA* 1985.1.

DEROME, Yves, « Le contrat de gestion privée d'un service public », (1995) 36 C. *de D.* 323.

DEVÈS, Claude, « À quoi sert l'économie mixte ? », *RFAP.* 1987.27.

DONIER, Virginie, « Les droits de l'usager et ceux du citoyen », *RFDA* 2008.13.

DORÉ, Lydie, « Le service minimum dans les services publics en cas de grève », *RDP* 2005.885.

DREYFUS, Jean-David, « Entreprise publique, service public et monopole : quand un intérêt chasse l'autre », *Dr adm.* 2000.6.4.

DUMEZ, Hervé et Alain JEUNEMAÎTRE, « Les institutions de la régulation des marchés : étude de quelques modèles de référence », *RIDE.* 1999.11.

DUPIELLET, Gérard, « L'adaptation du principe de spécialité à l'évolution du secteur public », *CJEG.* 1985.429.

DURELLE-MARC, Yann-Arzel, « Le citoyen administratif : les données théoriques et historiques d'une quadrature », *RFDA* 2008.7.

DURUPTY, Michel, « Existe-t-il un critère de l'entreprise publique ? », *Rev. adm.* 1984.7.

DURUPTY, Michel, « La privatisation banalisée. Commentaire de la loi de privatisation du 19 juillet 1993 », *AJDA* 1993.712.

DREYFUS, Jean-David, « Entreprise publique, service public et monopole : quand un intérêt chasse l'autre », *Dr adm.* 2000.6.4.

ESPLUGAS, Pierre, « Le service universel », *Dr. adm.* 2002.12.4.

FOURNIER, Pierre, « La privatisation au Canada : une analyse critique de la situation dans la province de Québec », (1990) 56 *R.I.S.A.* 121.

FRISON-ROCHE, Marie-Anne, « Les différentes définitions de la régulation », *Pet. aff.* 1998.82.5 [paru aussi dans : *Rev. conc. cons.* 1998.103.42].

FRISON-ROCHE, Marie-Anne, « Les qualités du régulateur face aux exigences du droit », *Pet. aff.* 2003.17.15.

FRISON-ROCHE, Marie-Anne, « Définition du droit de la régulation économique », *D.* 2004.126 [Aussi publié sous : « Définition du droit de la régulation économique », dans FRISON-ROCHE, M.-A. (dir.), *Les régulations économiques : légitimité et efficacité*, Paris, Presses de Science po et Dalloz, 2004, p. 7].

FRISON-ROCHE, Marie-Anne, « Le droit de la régulation », *D.* 2001.610.

FRISON-ROCHE, Marie-Anne, « Les nouveaux champs de la régulation », *RFAP*. 2004.53.

GARANT, Patrice, « La qualité d'agent de la Couronne ou de mandataire du gouvernement », (1979) 20 C. *de D.* 486.

GARANT, Patrice, « Le rôle de l'État quant aux grandes orientations en matière énergétique », (1983) 24 C. *de D.* 759.

GARANT, Patrice, « Enfin une loi-cadre des sociétés d'État au fédéral », (1985) 26 C. *de D.* 549.

GARANT, Patrice, « L'impartialité structurelle des tribunaux administratifs », (1995) 36 C. *de D.* 379.

GARANT, Patrice et Philippe GARANT, « La tarification de l'énergie en droit administratif », (2001-2002) 15 *CJALP* 137.

GEFFROY, Jean-Baptiste, « Service public et prérogative de puissance publique. Réflexions sur les déboires d'un couple célèbre », *RDP* 1987.45.

GERADIN, Damien, « L'ouverture à la concurrence des entreprises de réseau : analyse des principaux enjeux du processus de libéralisation », *Cah. Dr eur.* 1999.13.

ISSALYS, Pierre, « La régulation par un organisme administratif autonome comme modèle de contrôle et de participation » (1983) 24 C. *de D.* 831.

JANICOT, Laetitia, « L'identification du service public géré par une personne privée », *RFDA* 2008.67.

KARPENSCHIF, Michael, « Vers une définition communautaire du service public ? », *RFDA* 2008.58.

KARPENSCHIF, Michael, « La privatisation des entreprises publiques : une pratique encouragée sous surveillance communautaire », *RFDA* 2002.95.

KOUBI, Geneviève, « Le principe de neutralité des services publics, un principe corollaire à la modernisation de l'État ? », *Rev. adm.* 1992.492 et 1993.9.

KOVAR, Robert, « La peau de chagrin ou comment le droit communautaire opère la réduction des monopoles », *Europe*. 1992.1.

KOVAR, Robert, « La Cour de justice et les entreprises chargées de la gestion d'un service d'intérêt économique général. Un pas vers une dérégulation réglée », *Europe*. 1994.1, n° 7 (1re partie) et nos 8-9 (2e partie).

LACHAUME, Jean-François., « L'usager du service public industriel et commercial géré par l'entreprise publique », *CEJG*. 1994.317.

LACHAUME, Jean-François., « Brèves remarques sur les services publics à double visage », *RFDA* 2003.362.

LACHAUME, Jean-François., « L'identification d'un service public industriel et commercial : la neutralisation du critère fondé sur les modalités de gestion du service », *RFDA* 2006.119.

LANGROD, Georges, « L'entreprise publique en droit administratif comparé », *Revue internationale de droit comparé*. 1956.213, p. 217.

LASSERRE, Bruno, « L'entreprise publique du monopole à la concurrence », *CJEG*. 1994.335.

LECERF, Michel, « La gratuité des services publics à l'égard des usagers », *JCP*. 1998.41.1745.

LEMAIRE, Christophe, « Les avantages concurrentiels des personnes publiques », *RJEP*. 2004.404.

LEMIEUX, Denis, « L'impact du Code civil du Québec en droit administratif », (1994) 15 *Admin. L.R.* 275

LEMIEUX, Denis et Francine DES ROCHES, « L'incidence des accords de l'OMC et de l'ALÉNA sur la justice administrative », (2002) 27 *Queen's L.J.* 577.

LEMIEUX, Denis, « Le rôle du Code civil du Québec en droit administratif », (2005) 18 *CJALP* 119.

LESQUINS, Jean-Louis, « Les services d'intérêt économique général », *Rev. conc. consom.* 1996.90.4.

LESQUINS, Jean-Louis, « Tutelle et régulation », *Rev. conc. cons.* 1997.83.8.

LIMOUZIN-LAMOTHE, Philippe, « La pratique de la délégation de service public », *AJDA* 1996.572.

LINOTTE, Didier, « Le droit public de la concurrence », *RDP* 1984.60.

LOMBARD, Martine, « Brèves remarques sur la personnalité juridique des institutions de régulation », *RJEP/CJEG*. 2005.127.

LOMBARD, Martine, « Régulation », *AJDA* 2005.530.

LONG, Marceau, « Service public, services publics : déclin ou renouveau ? », *RFDA* 1995.497.

LOSCHAK, Danièle, « Les problèmes juridiques posés par la concurrence des services publics et des activités privées », *AJDA* 1971.261.

LYON-CAEN, Antoine, « Les services publics en Europe : quelle union ? », *AJDA* 1997.33, n° spécial.

MALECKI, Catherine, « L'État actionnaire, l'exemple atypique d'un grand actionnaire », *Cah. Dr entr.*, 2005.5.61.

MALLOL, Francis, « Divorce à l'européenne ? Ou l'épineuse question des services publics », *JCP*. 1996.3963.371.

MARCOU, Gérard, « La notion juridique de régulation », *AJDA* 2006.347.

MARCOU, Gérard, « Que reste-t-il de l'alinéa 9 du Préambule de la Constitution de 1946 ? », *AJDA* 2007.192.

MARTY, Frédéric et Arnaud VOISIN, « Le contrat de partenariat constitue-t-il une *private finance initiative* à la française ? », *Rev. int. Dr écon.* 2006.131.

MÉGRET, J., « L'aménagement des monopoles français en exécution de l'article 37 du traité instituant la CEE », *RTDE.* 1972.558.

MOCKLE, Daniel, « Mondialisation et État de droit », (2000) 41 C. *de D.* 237.

MOCKLE, Daniel, « La gouvernance publique et le droit », (2006) 47 C. *de D.* 89.

MORANGE, Georges, « Le déclin de la notion juridique de service public », *D.* 1947.12.

NICINSKY, Sophie, « La transformation des établissements publics industriels et commerciaux en sociétés », *RFDA* 2008.35.

OUELLET, Lionel, « La privatisation, un instrument de management public ? », (1987) 30 *Adm. publ. Can.* 566.

PANCRACIO, Jean-Paul, « D'un prétendu principe de spécialité des entreprises françaises », *Pet. aff.* 1984.126.3.

PIJNACKER HORDIJK, Erik, « Le droit communautaire et les monopoles légaux : une relation conflictuelle », *Rev. dr. aff. intern.* 1995.595.

PONTIER, Jean-Marie, « Sur la conception française du service public », D. 1996.2.9.

PONTIER, Jean-Marie, « Le service public culturel existe-t-il ? », *AJDA* 2000.8, n° spécial.

PRADA-BORDENAVE, Emmanuelle, « Les organismes privés chargés d'une mission de service public sans prérogative de puissance publique : la compétence en matière de responsabilité », *RFDA* 2008.80.

PRADES, Bernard, « Les relations entre le délégataire et le délégant », *AJDA* 1996.638.

PRIEST, Margot, « The privatization of regulation : five models of self-regulation », (1997-98) 29 *Ottawa Law Review* 233.

PROSSER, Tony, « Les institutions protégeant l'intérêt général après les privatisations : l'expérience britannique » *RIDE*. 1997.175.

QUIRINY, Bernard, « Les droits de l'usager face au droit du marché », *RFDA* 2008.20.

RANCÉ, Pierre, « La loi sur les nouvelles régulations économiques », *D.* 2001.1930.

RAPP, Lucien, « Le secteur public français entre nationalisations et privatisations », *AJDA* 1987.303.

RAPP, Lucien, « La politique de libéralisation des services en Europe, entre service public et service universel », *Rev. marché commun*. 1995.352.

RAPP, Lucien, « L'expérience américaine », *AJDA* 1997.159, n° spécial.

RÉMILLARD, Gil, « Réflexions sur la concurrence entre les entreprises privées et publiques au Canada », (1977) 8 *RDUS* 149.

RICHER, Laurent, « Remarques sur les entreprises privées de service public », *AJDA* 1997.103, n° spécial.

RICHER, Laurent, « La loi du 10 février 2000 sur l'électricité : entre concurrence et service public », *AJDA* 2000.239.

RIVERO, Jean, « Les deux finalités du service public industriel et commercial », *CJEG*. 1994.375.

RODRIGUES, Stéphane, « Concurrence et service d'intérêt général dans l'Union européenne », *Pet. aff.* 1994.83.49.

RODRIGUES, Stéphane, « Actualité du principe de spécialité des entreprises publiques », *RFDA* 1994.1146.

ROSSILLON, H., Les entreprises publiques et la notion de service public industriel et commercial, *AJDA* 1956.41.

SABLIÈRE, Pierre, « Libres propos sur les notions de réglementation, tutelle et régulation dans les rapports entre les pouvoirs publics et les entreprises publiques », *CJEG*, 1997.1.

SEILLER, Bertrand, « L'érosion de la distinction SPA-SPIC », *AJDA* 2005.417.

SIMARD, Louis, Alain DUPUIS et Luc BERNIER, « Entreprises publiques et intérêt général à l'heure de la gouvernance », (2006) 3 *Adm. publ. Can.* 308.

STIRN, Bernard, « La conception française du service public », *CJEG.* 1993.299.

SUR-LE LIBOUX, Marie-Thérèse, « Les prix et les services », *AJDA* 1996.642.

THIRION, Nicolas, « Existe-t-il des limites juridiques à la privatisation des entreprises publiques ? », *Rev. int. dr. écon.* 2002.627.

TRUCHET, Didier, « Label de service public et statut du service public », *AJDA* 1982.427.

VIROLE, Jean, « Le rôle actuel et les relations des entreprises publiques dans l'économie française (1) », *CJEG.* 1975.85.

VIROLE, Jean, « L'entreprise publique et le droit communautaire européen », *RFAP.* 1984.727.

VOISSET, Michèle, « Le service public autrement. De quelques effets du droit communautaire sur le droit français des services publics industriels et commerciaux », *RFDA* 1995.304.

VOISSET, Michèle, « La reconnaissance, en France, d'un droit des citoyens à la qualité dans les services publics », *RFDA* 1999.743.

WACHSMANN, Anne et Frédérique BERROD, « Les critères de justification des monopoles : un premier bilan après l'affaire *Corbeau* », *RTDE.* 1994.39.

WALINE, Michel, « La notion de régie intéressée », *RDP* 1948.345.

WOEHRLING, Jean-Marie, « Réflexions sur le renouveau du service public », *Rev. adm.* 1992.394.

ZILLER, Jacques, « L'interrégulation dans le contexte de l'intégration européenne et de la mondialisation », *RFAP*. 2004.17.

3.4. THÈSES DE DOCTORAT ET MÉMOIRES DE MAÎTRISE (PUBLIÉS ET NON PUBLIÉS)

AMAR, Jacques, *De l'usager au consommateur de service public*, Aix-en-Provence, Presses universitaires d'Aix-Marseille, 2001.

BERNARD, Sébastien, *La recherche de la rentabilité des activités publiques et le droit administratif*, coll. « Bibliothèque de droit public », t. 218, Paris, LGDJ, 2001.

BERNIER, Luc, *Soldiers of fortune : State-owned enterprises as instruments of public policy*, Thèse de doctorat, Illinois, Université Northwestern, 1989.

BREDIN, Jean-Denis, *L'entreprise semi-publique & publique et le droit privé*, coll. « Bibliothèque de droit public », t. IV, Paris, LGDJ, 1957.

CHAVANON, Christian, *Essai sur la notion et le régime juridique du service public industriel et commercial*, Paris, Sirey, 1939.

DELBLOND, Antoine, *Les nationalisations françaises (Approche théorique de l'interventionnisme)*, Thèse de doctorat, Paris, Université Paris-I, 1991.

ECKERT, Gabriel, *Droit administratif et commercialité*, Thèse de doctorat, Strasbourg, Université Robert Schuman, 1994.

FONTAINE, Laurence Léa, *Le service minimum – Les services essentiels : approche française et québécoise*, Thèse de doctorat, Montréal/Toulouse, Université de Montréal/Université des Sciences sociales de Toulouse, 2006.

GARANT, Patrice, *Essai sur le service public au Québec : Élaboration d'une théorie générale et d'un droit moderne des services publics (Droit administratif) au Québec*, Thèse de doctorat, Paris, Université de Paris, 1966.

JOLLY, Pierre, *Les entreprises d'intérêt public et l'usage de la permission*, Paris, PUF., 1923.

LEBEL, Claude, *Péréquation et inégalités régionales au Canada. L'article 36 de la Loi constitutionnelle de 1982*, Thèse de doctorat, Ottawa, Université d'Ottawa, 1997.

NICINSKI, Sophie, *L'usager du service public industriel et commercial*, Paris, L'Harmattan, 2001.

PELLETIER, Marie-Louise, *L'adaptation d'Hydro-Québec aux enjeux de l'intégration économique*, coll. « Bleue », Montréal, Wilson & Lafleur, 2005.

QUIOT, Gérard, *Aux origines du couple gestion publique – gestion privée. Recherche sur la formation de la théorie de la gestion privée des services publics*, Thèse de doctorat, Nice, Université de Nice, 1992.

QUOC VINH, Nguyen, *Les entreprises publiques face au droit des sociétés commerciales*, coll. « Bibliothèque de droit public », t. CXXXI, Paris, LGDJ, 1979.

RAPP, Lucien, *Les filiales des entreprises publiques*, coll. « Bibliothèque de droit public », t. CXLIV, Paris, LGDJ, 1983.

SABART, Gilles, *Les services publics de réseau (public utilities) : Essai de comparaison entre les Etats-Unis, la France et la Grande-Bretagne*, Thèse de doctorat, Provence, Aix-en-Provence, 2003.

SABIRAU PEREZ, Marie-Agnès, *Secteur public et concurrence*, Perpignan, Presses universitaires de Perpignan, 1998.

THIRION, Nicolas, Les privatisations d'entreprises publiques dans une économie sociale de marché : aspects juridiques, Paris/Bruxelles, LGDJ/Bruylant, 2002.

3.5. DOCUMENTS ET RAPPORTS GOUVERNEMENTAUX

3.5.1. Canada

BUREAU DU CONSEIL PRIVÉ, Corporations de la Couronne, direction, contrôle, imputabilité, Ottawa, 1977.

BUREAU DU VÉRIFICATEUR GÉNÉRAL DU CANADA, *Rapport du vérificateur général du Canada – décembre 2000, La régie des sociétés d'État*, chapitre XVIII, [En ligne] http://www.oag-bvg.gc.ca/domino/rapports.nsf/html/00menu_f. html (Page consultée le 1er janvier 2009).

CHAMBRE DES COMMUNES, *Journal des débats*, 14 juillet 1988.

Communiqué de presse, *Le président du Conseil du Trésor dépose l'examen de la gouvernance des sociétés d'État*, [En ligne] http://www.tbs-sct.gc.ca/media/nr-cp/2005/0217_f.asp (Page consultée en 2006-2007, mais introuvable au 1er janvier 2009).

CONSEIL ÉCONOMIQUE, *L'État entrepreneur – Une étude des sociétés d'État au Canada,* Ottawa, Approvisionnements et services Canada, 1986.

GOUVERNEMENT DU CANADA, *Guide d'introduction aux rôles et aux responsabilités des administrateurs de sociétés d'État*, [En ligne] http://www.tbs-sct.gc.ca/gov-gouv/role/role01-fra.asp (Page consultée le 1er janvier 2009).

GOUVERNEMENT DU CANADA, *Examen du cadre de gouvernance des sociétés d'État du Canada – Répondre aux attentes des Canadiennes et des Canadiens*, [En ligne] http://www.tbs-sct.gc.ca/report/rev-exa/gfcc-cgse_f. asp (Page consultée en 2006-2007, mais introuvable au 1er janvier 2009).

MINISTÈRE DES FINANCES ET SECRÉTARIAT DU CONSEIL DU TRÉSOR DU CANADA, *La régie des sociétés d'État et autres entreprises publiques – Lignes directrices*, [En ligne] http://www.tbs-sct.gc.ca/gov-gouv/entreprise/entreprise01-fra.asp (Page consultée le 1er janvier 2009).

SOCIÉTÉ CANADIENNE DES POSTES, *Rapport annuel 2005*, [En ligne] http://www.postescanada.ca/corporate/about/annual_report/Contents_FR/president-f. html (Page consultée le 1er janvier 2009).

VÉRIFICATEUR GÉNÉRAL DU CANADA, *Rapport du Vérificateur général du Canada 2005*, Ch. 7, « La gouvernance des sociétés d'État », [En ligne] http://www.oag-bvg.gc.ca/domino/rapports.nsf/html/05menu_f. html (Page consultée le 1er janvier 2009).

VÉRIFICATEUR GÉNÉRAL DU CANADA, *Rapport du Vérificateur général du Canada 2004*, Annexe E, « Le coût des vérifications des sociétés d'État effectuées par le Bureau du Vérificateur général du Canada », [En ligne] http://www.oag-bvg.gc.ca/domino/rapports.nsf/html/04menu_f. html. (Page consultée le 1er janvier 2009).

VÉRIFICATEUR GÉNÉRAL DU CANADA, *Rapport du Vérificateur général du Canada 1995*, Ch. 10, « Sociétés d'État : S'acquitter des responsabilités en matière d'intendance », Ottawa, 1995, [En ligne] http://www.oag-bvg.gc.ca/domino/rapports.nsf/html/95menu_f. html (Page consultée le 1er janvier 2009).

VÉRIFICATEUR GÉNÉRAL DU CANADA, *Rapport du Vérificateur général du Canada 1993*, Ch. 4, « Sociétés d'État : L'obligation de rendre compte du rendement », [En ligne] http://www.oag-bvg.gc.ca/domino/rapports.nsf/html/93menu_f. html (Page consultée le 1er janvier 2009).

VÉRIFICATEUR GÉNÉRAL DU CANADA, *Rapport du Vérificateur général du Canada 1991*, Ch. 4, « Le régime de responsabilisation des sociétés d'État : Comment le rendre fonctionnel », [En ligne] http://www.oag-bvg.gc.ca/domino/rapports.nsf/html/91menu_f. html (Page consultée le 1er janvier 2009).

VÉRIFICATEUR GÉNÉRAL DU CANADA, *Rapport du Vérificateur général du Canada 1990*, Ch. 4, « Le régime de vérification s'appliquant aux sociétés d'État », [En ligne] http://www.oag-bvg.gc.ca/domino/rapports.nsf/html/90menu_f. html (Page consultée le 1er janvier 2009).

VÉRIFICATEUR GÉNÉRAL DU CANADA, *Rapport du Vérificateur général du Canada 1989*, Ch. 5, « Mise en œuvre des principes directeurs qui s'appliquent au contrôle et à l'obligation de rendre compte des sociétés d'État », [En ligne] http://www.oag-bvg.gc.ca/domino/rapports.nsf/html/89menu_f. html (Page consultée le 1er janvier 2009).

VÉRIFICATEUR GÉNÉRAL DU CANADA, *Rapport du Vérificateur général du Canada 1989*, Ch. 7, « La gestion et l'utilisation des services de télécommunications dans l'administration fédérale », [En ligne] http://www.oag-bvg.gc.ca/domino/rapports.nsf/html/89menu_f. html (Page consultée le 1er janvier 2009).

VÉRIFICATEUR GÉNÉRAL DU CANADA, *Rapport du Vérificateur général du Canada 1985*, Ch. 5, « Les entreprises mixtes et en coparticipation », [En ligne] http://www.oag-bvg.gc.ca/domino/rapports.nsf/html/85menu_f. html (Page consultée le 1er janvier 2009).

3.5.2. Québec

ASSEMBLÉE NATIONALE DU QUÉBEC, *Débats parlementaires*, 15 décembre 1972, pp. 3271 et 3274.

ASSEMBLÉE NATIONALE DU QUÉBEC, *Débats parlementaires*, 10 février 2005, [En ligne] http://www.assnat.qc.ca/fra/37Legislature1/

DEBATS/journal/cet/050210.htm#_Toc102790219 (Page consultée le 1er janvier 2009).

BUREAU D'AUDIENCES PUBLIQUES SUR L'ENVIRONNEMENT, La participation publique dans les projets de transport d'Hydro-Québec, [En ligne] http://www.bape.gouv.qc.ca/sections/mandats/eole_carleton/documents/DB20-3.pdf (Page consultée le 1er janvier 2009).

BRUNET, Pierre (dir.) *Rapport du groupe de travail sur le rôle de l'État québécois dans le capital de risque*, Québec, Bibliothèque nationale du Québec, [En ligne] http://www.mdeie.gouv.qc.ca/mdercontent/000021780000/upload/publications/pdf/Entreprises/economie/Interieur_francais. pdf (Page consultée le 1er janvier 2009).

CAISSE DE DÉPÔT ET DE PLACEMENT DU QUÉBEC, *Plan stratégique 2006-2008*, [En ligne] http://www.lacaisse.com/media/ra2005-12.pdf (Page consultée le 1er janvier 2009).

CENTRALE DES SYNDICATS DU QUÉBEC, *Protégez le bien public Télé-Québec*, [En ligne] http://www.csq.qc.net/societe/D11470.pdf (Page consultée le 1er janvier 2009).

Décret concernant la conclusion d'une entente entre le gouvernement et la Paroisse de Saint-Antoine-de-l'Isle-aux-Grues pour la prise en charge du service de transport maritime entre l'Île aux Grues et Montmagny, 272-2007, (2007) 139 G.O. II, p. 1883.

DIRECTION GÉNÉRALE DE L'ÉNERGIE, *L'énergie au Québec : Livre blanc sur la politique énergétique québécoise*, Québec, 1977.

GOUVERNEMENT DU QUÉBEC, *Rapport Gobeil – Rapport du Groupe de travail sur* la *révision des fonctions et des organisations gouvernementales*, Québec, Gouvernement du Québec, 1986.

GOUVERNEMENT DU QUÉBEC, Ministère des Finances, Ministre délégué à la Privatisation, *Privatisation des sociétés d'État : Orientations et perspectives (Rapport Fortier)*, Montréal, Direction des communications du ministère des Finances, 1986.

GOUVERNEMENT DU QUÉBEC, Ministère des Finances, Ministre délégué à la Privatisation, *De la révolution tranquille... à l'an deux mille*, Montréal, Direction des communications du ministère des Finances, 1986.

GOUVERNEMENT DU QUÉBEC, Ministère des Finances, Ministre délégué à la Privatisation, *Privatisation des sociétés d'État du gouvernement du Québec : rapport d'étape*, Montréal, Direction des communications du ministère des Finances, 1987.

GOUVERNEMENT DU QUÉBEC, *Rapport Facal – Rapport du Groupe de travail sur l'examen des organismes gouvernementaux*, [En ligne] http://www.mce.gouv.qc.ca/publications/rapport_organismes_gouv_1997.pdf (Page consultée le 1er janvier 2009).

GOUVERNEMENT DU QUÉBEC, *Moderniser l'État – Pour des services de qualité aux citoyens, Plan de modernisation 2004-2007*, [En ligne] http://services.gouv.qc.ca/fr/publications/enligne/plan_modernisation. pdf (Page consultée le 1er janvier 2009).

GOUVERNEMENT DU QUÉBEC, *Moderniser la gouvernance des sociétés d'État*, Bibliothèque nationale du Québec, [En ligne] http://www.finances. gouv.qc.ca/documents/Autres/fr/Moderniser_GouvernanceEtat. pdf (Page consultée le 1er janvier 2009).

GOUVERNEMENT DU QUÉBEC, *Stratégie énergétique 2006-2015 : L'énergie pour construire le Québec de demain*, [En ligne] http://www.mrnf.gouv.qc.ca/energie/strategie/
(Page consultée le 1er janvier 2009).

GOUVERNEMENT DU QUÉBEC, *Politique sur les marchés publics*, 2001, [En ligne]
http://www.tresor.gouv.qc.ca/fr/publications/marche/acheteur/politique_01.pdf (Page consultée le 1er janvier 2009).

GOUVERNEMENT DU QUÉBEC, *Stratégie gouvernementale de développement durable*, [En ligne] http://www.assnat.qc.ca/fra/38legislature1/

commissions/Cte/DeveloppementDurable/MENV-BrochProjetStrat. PDF (Page consultée le 1er janvier 2009).

GOUVERNEMENT DU QUÉBEC, *Consultation en ligne*, [En ligne] http://www.assnat.qc.ca/fra/38legislature1/commissions/Cte/DeveloppementDurable/index.html (Page consultée le 1er janvier 2009).

GOUVERNEMENT DU QUÉBEC, *Politique sur les marchés publics*, [En ligne] http://www.tresor.gouv.qc.ca/fr/publications/marche/acheteur/politique_01.pdf (Page consultée le 1er janvier 2009).

GOUVERNEMENT DU QUÉBEC, GROUPE DE TRAVAIL SUR LA TARIFICATION DES SERVICES PUBLICS, *Mieux tarifer pour mieux vivre ensemble*, 2008, [En ligne] http://www.gttsp.gouv.qc.ca/RapportFR_GTTSP. pdf (Page consultée le 1er janvier 2009).

MINISTÈRE DE L'ENVIRONNEMENT, DU DÉVELOPPEMENT DURABLE ET DES PARCS, *Plan d'action de la Stratégie gouvernementale de développement durable* [En ligne] http://www.mddep.gouv.qc.ca/developpement/strategie_gouvernementale/consultation/projet_plan. pdf (Page consultée le 1er janvier 2009).

HYDRO-QUÉBEC, *Nos acquisitions de biens meubles et de services*, [En ligne] http://www.hydroquebec.com/soumissionnez/pdf/brochure.pdf (Page consultée le 1er janvier 2009).

HYDRO-QUÉBEC, *Plan stratégique 2006-2010*, [En ligne] http://www.hydroquebec.com/publications/fr/plan_strategique/2006-2010/index. html (Page consultée le 1er janvier 2009).

MINISTÈRE DES TRANSPORTS DU QUÉBEC, *Le partenariat public-privé au ministère des Transports*, [En ligne] http://bibnum2.banq.qc.ca/pgq/2005/2920176.pdf (Page consultée le 1er janvier 2009).

MINISTRE DÉLÉGUÉ AU FINANCES ET À LA PRIVATISATION, *Privatisation des sociétés d'État : rapport d'étape 1986-1986*, Québec, Ministère des Finances et de la Privatisation, 1988.

SOCIÉTÉ DES ALCOOLS DU QUÉBEC, *Rapport annuel 2006*, [En ligne] http://www.saq.com/pls/devsaq/generator.pp_afficher_page ? P_iden_tran = 27266483 & P_modi_url = 1017073441 & P_nom_page = info_saq_rapp_annu. saq & P_tab_para = VIDE ! VIDE & P_tab_para = P_TEXT_TYPE ! 3 (Page consultée en 2006-2007, mais introuvable au 1er janvier 2009).

SOCIÉTÉ DES ALCOOLS DU QUÉBEC, *Rapport annuel 2006 – Code de déontologie des dirigeants*, p. 62, [En ligne] http://www.saq.com/img/ent/rapport06/Code_ethique. pdf
(Page consultée en 2006-2007, mais introuvable au 1er janvier 2009).

SOCIÉTÉ DES LOTERIES DU QUÉBEC, *Bilan de responsabilité sociale de Loto-Québec, 2004-2005,* [En ligne] lotoquebec. com : corporatif/pdf/bilan fr_v. pdf (Page consultée le 1er janvier 2009).

SOCIÉTÉ DES LOTERIES DU QUÉBEC, *Plan de développement 2004-2007*, [En ligne] http://www.loto-quebec.com/pdf/plan_de_developpement_fr. pdf (Page consultée le 1er janvier 2009).

SOCIÉTÉ DES LOTERIES DU QUÉBEC, *Rapport annuel 2006 – Code d'éthique et de déontologie*, p. 81, [En ligne] http://lotoquebec.com/corporatif/pdf/Rapportannuel2006.pdf#page = 1 (Page consultée le 1er janvier 2009).

SOCIÉTÉ DES TRAVERSIERS DU QUÉBEC, *Plan stratégique 2001-2004*, [En ligne]

http://www.traversiers.gouv.qc.ca/publications/Plan-str2k1-2k4.pdf (Page consultée le 1er janvier 2009).

VÉRIFICATEUR GÉNÉRAL DU QUÉBEC, *Rapport à l'Assemblée nationale pour l'année 2002-2003*, T. II, « Annexe B : Rapport de vérification sur Montréal Mode inc. et Montréal Mode Investissements inc., filiales de la Caisse de dépôt et placement du Québec », [En ligne]
http://www.vgq.gouv.qc.ca/publications/Rapp_2003_2/Rapport/Index. html. (Page consultée le 1er janvier 2009).

VÉRIFICATEUR GÉNÉRAL DU QUÉBEC, *Rapport à l'Assemblée nationale pour l'année 1999-2000*, T. I, « Gestion des répercussions sociales et économiques liées aux jeux de hasard et d'argent », [En ligne]
http://www.vgq.gouv.qc.ca/publications/rapp_2000/TomeI/Index. html
(Page consultée le 1er janvier 2009).

VÉRIFICATEUR GÉNÉRAL DU QUÉBEC, *Rapport à l'Assemblée nationale pour l'année 1998-1999*, T. II, « Reddition de comptes des organismes et entreprises du gouvernement soumis au droit de regard du Vérificateur général », [En ligne]
http://www.vgq.gouv.qc.ca/publications/rapp99_2/index. htm
(Page consultée le 1er janvier 2009).

3.5.3. Europe

Conseil de la concurrence, « Avis n° 94-A-15 relatif à une demande d'avis sur les problèmes posés par la diversification des activités d'EDF et de GDF au regard du droit de la concurrence », 10 mai 1994, *Lamy concurrence*, 1994.588, ann. J.-L. AUTIN.

CE, « Avis diversification des activités d'EDF/GDF », 7 juillet 1994, *RFDA* 1994.1146, ann. S. RODRIGUES.

COMMISSION EUROPÉENNE, *Vers une économie européenne dynamique – Livre vert sur le développement du marché commun des services et équipements des télécommunications*, COM (87) 290, juin 1987.

COMMISSION EUROPÉENNE, *Livre vert sur le développement du marché unique des services postaux*, COM (91) 476, juin 1991.

COMMISSION EUROPÉENNE, *Communication de la Commission sur l'application des règles de concurrence au secteur postal et sur l'évaluation de certaines mesures d'État relative aux services postaux*, *JOCE* n° C 39 du 6 février 1998, p. 2.

COMMISSION EUROPÉENNE, *Communication de la Commission relative à l'application des règles de concurrence aux accords d'accès dans le secteur des télécommunications : Cadre général, marché en cause et principes*, *JOCE* n° C 265 du 22 août 1998, p. 2.

COMMISSION EUROPÉENNE, *Communication de la Commission au Conseil et au Parlement européen sur la mise en œuvre et les effets de la directive 91/440 relative au développement des chemins de fer communautaires*, COM (1998) 202 final.

COMMISSION EUROPÉENNE, *Livre blanc sur les services d'intérêt général*, COM (2004) 374, [En ligne] http://eur-lex.europa.eu/LexUriServ/site/fr/com/2004/com2004_0374fr01.pdf (Page consultée le 1er janvier 2009).

3.6. DOCUMENTS ÉLECTRONIQUES DIVERS ET SITES INTERNET OFFICIELS

3.6.1. Documents électroniques divers

COMMITTEE ON THE FINANCIAL ASPECTS OF CORPORATE GOVERNANCE, *Report on the Commitee on the Financial Aspects of Corporate Governance : The Code of Best Pratice*, [En ligne] http://www.juridix.net /cg/cadbury. pdf (Page consultée le 1er janvier 2009).

COMMITTEE ON THE FINANCIAL ASPECTS OF CORPORATE GOVENANCE, *Code of best practices*, [En ligne] http://www.juridix.net/cg/greenbury.pdf (Page consultée le 1er janvier 2009).

COMMITTEE ON THE FINANCIAL ASPECTS OF CORPORATE GOVERNANCE, *Combined Code : Principles of good governance and code of best practice*, [En ligne] http://www.juridix.net/cg/combined_code_cg_cadgreen_en. pdf (Page consultée le 1er janvier 2009).

CONFÉDÉRATION EUROPÉENNE DES SYNDICATS et CENTRE EUROPÉEN DES ENTREPRISES À PARTICIPATION PUBLIQUE ET DES ENTREPRISES D'INTÉRÊT ÉCONOMIQUE GÉNÉRAL, *Proposition pour une Charte des Services d'intérêt général*, [En ligne] http://www.vie-publique.fr/dossier-polpublic/ regulation_sp/charte_fr. pdf
(Page consultée le 1er janvier 2009).

DENOIX DE SAINT MARC, Renaud, *Le service public – rapport au Premier ministre*, [En ligne] http://www.vie-publique.fr/dossier_polpublic/ regulation_sp/denoix. pdf (Page consultée le 1er janvier 2009).

GUIGOU, Élisabeth et *al.*, *En Europe, le service public est d'intérêt général*, [En ligne]
http://www.europartenaires.net/FTP/rapport_groupe_de_travaildef. pdf
(Page consultée le 1er janvier 2009).

HAENEL, Hubert, *Les services d'intérêt général en Europe*, [En ligne] http://www.senat.fr/rap/r00-082/r00-082_mono. html#toc40 (Page consultée le 1er janvier 2009).

RABINOVITCH, Robert, *CBC/Radio-Canada : un service public essentiel*, discours, 20 mars 2003, [En ligne] http://www.cbc.radio-canada.ca/discours/20030320.shtml (Page consultée le 1er janvier 2009).

ORGANISATION DE COOPÉRATION ET DE DÉVELOPPEMENT ÉCONOMIQUES, *Étude économique du Canada 2004*, [En ligne] http://www.oecd.org/document/38/0,2340, fr_33873108_33873277_33838054_1_1_1_1,00.html (Page consultée le 1er janvier 2009).

ORGANISATION DE COOPÉRATION ET DE DÉVELOPPEMENT ÉCONOMIQUES, *Principes de gouvernement d'entreprise*, 2004, [En ligne] http://www.oecd.org/dataoecd/32/19/31652074.PDF (Page consultée le 1er janvier 2009).

ORGANISATION DE COOPÉRATION ET DE DÉVELOPPEMENT ÉCONOMIQUES, *Lignes directrices de l'OCDE sur le gouvernement d'entreprise des entreprises publiques*, [En ligne] http://www.oecd.org/dataoecd 47/6/34803478.pdf (Page consultée le 1er janvier 2009).

PPP : Questions et réponses, [En ligne] http ://www.secteurpublic.info/cmsContent. aspx ? Lang = FR & ParentID = PPP & SectionID = P0409511049BV0517AM (Page consultée le 1er janvier 2009).

PADOVA, Allison, « La commercialisation des entreprises fédérales au Canada », 20 décembre 2005, [En ligne] http://www.parl.gc.ca/information/library/PRBpubs/prb0545-f.html#lespartenariats (Page consultée le 1er janvier 2009).

POIRIER, Martin ET Martin PETIT, *Les impacts de la privatisation de la vente des produits de l'alcool en Alberta*, [En ligne] http://www.iris-recherche.qc.ca/docs/ResumeALCB.pdf (Page consultée le 1er janvier 2009).

Proposition pour une Charte des Services d'intérêt général, [En ligne] http://www.vie-publique.fr/dossier_polpublic/regulation_sp/charte_fr. pdf (Page consultée le 1er janvier 2009).

3.6.2. Sites Internet officiels

AFFAIRES ÉTRANGÈRES ET COMMERCE INTERNATIONAL CANADA, [En ligne] http://www.international.gc.ca (Page consultée le 1er janvier 2009).

CAISSE DE DÉPÔT ET DE PLACEMENT DU QUÉBEC, [En ligne] http://www.lacaisse.com (Page consultée le 1er janvier 2009).

HYDRO-QUÉBEC, [En ligne] www.hydroquebec.com (Page consultée le 1er janvier 2009).

INVESTISSEMENT QUÉBEC, [En ligne] http://www.investquebec.com (Page consultée le 1er janvier 2009).

SOCIÉTÉ DES ÉTABLISSEMENTS DE PLEIN AIR DU QUÉBEC, [En ligne] http://www.sepaq.com (Page consultée 1er janvier 2009).

SOCIÉTÉ DES LOTERIES DU QUÉBEC, [En ligne] http://www.loto-quebec.com (Page consultée le 1er janvier 2009).

SOCIÉTÉ GÉNÉRALE DE FINANCEMENT DU QUÉBEC, [En ligne] http://www.sgfqc.com/fr/index.asp (Page consultée le 1er janvier 2009).

3.7. ACTUALITÉ

BARIL, Hélène, « Branchement à Hydro : un citoyen transporte son combat à Québec », *Le Soleil*, 17 décembre 2004, p. C-3.

BARIL, Hélène, « Hydro accumule pertes dans ses filiales », *Le Soleil*, 6 avril 2005, p. C-3.

BARIL, Hélène, « Tarification différenciée : Hydro y va, mais à reculons », *Le Soleil*, 7 août 2007, p. 35.

BARTHÉLÉMY, Christophe, « EDF, vers l'avenir sans nostalgie », *Le Monde*, 18 novembre 2005, p. 23.

BEAULNE, Pierre, « Dans l'œil du cyclone », *Le Devoir*, 9 décembre 2008, p. A-9.

BELLAVANCE, Jo ë l-Denis, « Lower Churchill : Terre-Neuve procèdera avec ou sans Hydro », LaPresseAffaires. com, 15 juin 2007.

BERGERON, Maxime, « Le patron de la SAQ veut générer plus de profits », *Le Soleil*, 27 avril 2005, p. C-3.

BEUVE MERY, Alain, « La question hautement sensible des services publics », *Le Monde économie*, 19 avril 2005, p. 6.

BEZAT, Jean-Michel, « Le Réseau de transport d'électricité n'attend plus que le nom de son futur patron pour achever sa transformation », *Le Monde*, 7 septembre 2005, p. 18.

BEZAT, Jean-Michel, « Le régulateur français de l'énergie dénonce les entraves au marché », *Le Monde*, 22 février 2006, p. 18.

BOIVIN, Simon, « La gestion de 200 m$ critiquée », *Le Soleil*, 11 juin 2005, p. A-3.

BOIVIN, Simon, « Une légende urbaine, répondent les ingénieurs », *Le Soleil*, 27 juin 2007, p. 3.

BOIVIN, Simon, « Hydro demande une hausse de 2,9 % », *Le Soleil*, 4 août 2007, p. 35.

BOSTNAVARON, François, « Air Algérie poursuit ses efforts de réorganisation pour préparer sa privatisation », *Le Monde*, 16 mai 2006, p. 14.

BOUCHARD, Alain, « À qui appartient le vent ? », *Le Soleil*, 6 novembre 2006, p. 7.

BRETON, Brigitte, « Jouer franc-jeu », *Le Soleil*, 7 décembre 2006, p. 28.

BRETON, Brigitte, « L'intervention libérale », *Le Soleil*, 21 février 2007, p. 26.

BRETON, Brigitte, « Les PPP à l'épreuve », *Le Soleil*, 25 juin 2007, p. 23.

BUSQUIN, Philippe *et al.*, « Services publics, l'immense progrès qui force l'approbation », *Le Monde*, 20 novembre 2004, p. 22.

CARDINAL, François, « L'eau au privé », *La Presse*, 16 décembre 2005, p. A-1.

CHAMPAGNE, Anne-Louise, « Hugo Beaulieu défendra son droit à l'électricité », *Le Soleil*, 15 février 2005, p. C-2.

CLOUTIER, Édith et JOHANNE Jean « Le déménagement de la SOQUEM : logique ! », *Le Soleil*, 11 décembre 2006, p. 19.

CORBEIL, Michel, « Finie l'abondance », *Le Soleil*, 22 janvier 2005, p. A-1.

CORBEIL, Michel, « Près de 150 participants à la grande messe de l'énergie », *Le Soleil*, 24 janvier 2005, p. A-7.

CORBEIL, Michel, « Plus de ressources... mais hors de la fonction publique », *Le Soleil*, 27 novembre 2006, p. 2.

COUTURE, Pierre, « Le privé à la rescousse du Suroît », *Le Soleil*, 23 janvier 2004, pp. C-1 et C-2.

COUTURE, Pierre, « Hydro exigera des hausses de 2 à 3 % par année », *Le Soleil*, 20 janvier 2005, p. C-1.

COUTURE, Pierre, « Les grands barrages semés par la concurrence », *Le Soleil*, 24 janvier 2005, p. A-1.

COUTURE, Pierre, « La production privée a le vent dans les voiles », *Le Soleil*, 24 janvier 2005, p. A-3.

COUTURE, Pierre, « Hydro exigera des hausses de 2 à 3 % par année », *Le Soleil*, 26 janvier 2005, p. C-1.

COUTURE, Pierre, « Les mauvaises créances en hausse chez Hydro », *Le Soleil*, 12 février 2005, p. B-1.

COUTURE, Pierre, « Hydro-Québec dans l'embarras », *Le Soleil*, 16 février 2005, p. A-1.

COUTURE, Pierre et Simon BOIVIN, « Hydro fait son *mea culpa* », *Le Soleil*, 17 février 2005, p. A-1.

COUTURE, Pierre, « Hydro engrange un profit record de 2,435 milliards$ », *Le Soleil*, 1er avril 2005, p. C-1.

COUTURE, Pierre, « Hydro veut de la transparence », *Le Soleil*, 14 mai 2005, p. B-3.

COUTURE, Pierre, « Il n'y aura pas de société d'État du vent », *Le Soleil*, 20 mai 2005, p. C-1.

COUTURE, Pierre, « Loto-Québec est toujours en lice pour exploiter un casino en France », *Le Soleil*, 20 mai 2005, p. C-1.

COUTURE, Pierre, « Irrégularités chez Hydro. Le vérificateur général prêt à sauter dans la mêlée », *Le Soleil*, 7 décembre 2006, p. 48.

COUTURE, Pierre, « Hydro veut construire une centrale thermique de 50 m$ à Kuujjuaq », *Le Soleil*, 25 janvier 2007, p. 41.

COUTURE, Pierre, « Hydro-Québec n'est pas à vendre », *Le Soleil*, 15 février 2007, p. 44.

DESJARDINS, Pierre, « Sauver des emplois, le prétexte inventé par Loto-Québec », *Le Soleil*, 24 septembre 2005, p. A-29.

DUBUC, Alain, « Électricité : Il faudra payer », *Le Soleil*, 2 octobre 2004, p. D-4.

DUBUC, Alain, « SAQ : le poids de l'inertie », *Le Soleil*, 8 octobre 2005, p. A-30.

ÉCOLE NATIONALE D'ADMINISTRATION PUBLIQUE, « L'attachement singulier des Québécois aux "services publics" », *Le Soleil*, 3 octobre 2005, p. A-15.

FERENCZI, Thomas, « La Commission juge positifs les effets de la libéralisation des services publics », *Le Monde*, 29 décembre 2005, p. 7.

FLORES, Victor, « Les nationalisations relancent les hostilités », *Le Soleil*, 10 janvier 2007, p. 6.

FOLLOROU, Jacques, « SNCM : vers une « recapitalisation limitée » avant la privatisation », *Le Monde*, 24 septembre 2005, p. 17.

FOURNIER, Lise, « Téléphonie local : guerre des prix en vue », *Le Soleil*, 4 août 2007, p. 37.

GAGNÉ, Gilles, « Axe ferroviaire Matapédia-Chandler : La menace semble sur le point de se dissiper », *Le Soleil*, 13 janvier 2007, p. 28.

GALLOIS, Dominique, « La dérégulation du marché européen de l'énergie oblige à des compromis », *Le Monde*, 4 juin 2002, p. 2.

HUBERT, Achille, « Les îles complètement isolées », *Le Soleil*, 9 mars 2007, p. 24.

JACQUET, Pierre, « Allier public et privé », *Le Monde économie*, 9 novembre 2004, p. 5.

JOUYET, Jean-Pierre et Chantal MOMÈGE, « Les services publics en Europe : une chance ou une menace ? », *Le Monde*, 1er juin 1995, p. 16.

KAHN, Annie, « Près d'un million d'abonnés ont déjà coupé le cordon avec France Télécom », *Le Monde*, 17 avril 2006, p. 10.

LACOMBE, Réjean, « Hydro ne doit pas devenir la caisse enregistreuse du gouvernement », *Le Soleil*, 20 avril 2005, p. C-1.

LESER, Eric « Un service public que les États-Unis n'envisagent absolument pas de privatiser », *Le Monde*, 3 juin 2005, p. 18.

MATHIEU, Isabelle, « André Boucher veut du changement au RTC sinon... », *Le Soleil*, 16 décembre 2005, p. A-9.

MCCARTHY, Shawn, « Nfld. throws down gauntlet on energy », *The globe and mail*, 5 juin 2007, p. A-1.

MENEY, Florence, *Walkerton ou l'enfer de l'eau contaminée*, [En ligne] http://www.radio-canada.ca/nouvelles/actualite/walkerton/ (Page consultée le 1er janvier 2009).

MICHEL, Anne, « L'éthique de service public en débat », *Le Monde*, 27 décembre 2005, p. 14.

MICHEL, Anne, « La Poste : future grande banque », *Le Monde*, 27 décembre 2005, p. 14.

MICHEL, Anne, « La libéralisation du marché postal retardé de deux ans », *Le Monde*, 16 juin 2007, p. 16.

MICHEL, Claude et Aline PAILLER, « Les services publics et l'Europe : une vraie menace », *Le Monde*, 21 juin 1995, p. 17.

MWARABU KIBOKO, Amedee, « Relance de l'économie : des entreprises candidates au partenariat public-privé », *Le Potentiel*, 27 septembre 2006, [En ligne] http://www.lepotentiel.com/afficher_article. php ? id_edition = & id_article = 34841 (Page consultée en 2006-2007, mais introuvable au 1er janvier 2009).

PAQUET, Stéphane, « Le Québec songe à vendre 10 % d'Hydro », *Le Soleil*, 3 février 2003, p. A-1.

PELCHAT, Martin, « Victoire pour les pro-nationalisation » *Le Soleil*, 26 octobre 2006, p. 5.

PELCHAT, Martin, « L'éolien souffle un vent de division » *Le Soleil*, 30 octobre 2006, p. 2.

PELCHAT, Martin, « Tornade éolienne en vue au PQ » *Le Soleil*, 31 octobre 2006, p. 6.

PELCHAT, Martin, « L'éolien revient hanter Boisclair dans Rimouski » *Le Soleil*, 7 décembre 2006, p. 19.

POIRIER, Martin et Martin PETIT, « La privatisation de la SAQ albertaine : un échec ! » *Le Soleil*, 7 octobre 2006, p. A-16.

RICHER, Jocelyne, « Inauguration de la centrale Péribonka », *Le Soleil*, 11 décembre 2007, p. 43.

ROCHETTE, Marc, « Sylvain Toutant croit que la SAQ se relèvera », *Le Soleil*, 7 mars 2006, p. C-2.

TRICORNOT, Adrien de, « Chemins de fer, contrôle aérien, autoroutes : l'Allemagne achève de privatiser les services publics », *Le Monde*, 2 décembre 2005, p. 12.

TRICORNOT, Adrien de, « La Deutsche Bahn pourrait être partiellement privatisée en 2007 ou en 2008 », *Le Monde*, 1er décembre 2005, p. 15.

TURCOTTE, Claude, « Hydro-Québec met en garde les producteurs d'énergie éolienne », *Le Devoir*, 27 septembre 2006, pp. C-1 et C-5.

VAILLANCOURT, Claude, « Même MRC, deux tarifs », *Le Soleil*, 13 mars 2007, p. 18.

VEDEL, Georges, « Le service public à la française ? Oui. Mais lequel ? », *Le Monde*, 22 décembre 1995, p. 13.

VOISARD, Anne-Marie, « Société des alcools du Québec : la privatisation ne semble pas tout régler », *Le Soleil*, 16 janvier 2005, p. A-4.

WALLOP, Harry, « Water companies to post £2bn profits », *Telegraph. co. uk*, 5 juin 2007.

WARD, Sharon, « Scottish Power's £3m trust », *Scotsman. com Business*, 5 mars 2007.

(Auteur inconnu), « Service public, universel ou d'intérêt économique général », *Le Monde*, 16 juillet 2005, p. 9.

(Auteur inconnu), « Québec dit non à la privatisation », *Le Soleil*, 3 décembre 2005, p. D-3.

(Auteur inconnu), « L'État sans plan », *Le Monde*, 29 octobre 2005, p. 15.

(Auteur inconnu), « Faut-il privatiser la SAQ ? », *Le Soleil*, 3 décembre 2005, p. D-1, D-2, D-3.

(Auteur inconnu), « Traitement équitable », *Le Devoir*, 13 juin 2006, p. A-3.

(Auteur inconnu), « Québec solidaire veut nationaliser l'éolienne », *Le Soleil*, 26 novembre 2006, p. 15.

(Auteur inconnu), « Ottawa enlèverait des pouvoirs au CRTC », *Le Soleil*, 11 décembre 2006, p. 5.

(Auteur inconnu), « Le projet du ministre Bernier mal accueilli », *Le Soleil*, 12 décembre 2006, p. 5.

(Auteur inconnu), « Les municipalités souhaitent la nationalisation de l'énergie éolienne », *Le Soleil*, 13 janvier 2007, p. 26.

(Auteur inconnu), « Harper donnerait 1,5 G$ de plus au Québec », *Le Soleil*, 16 janvier 2007, p. 7.

(Auteur inconnu), « Bell demande la déréglementation dans six villes », *Le Soleil*, 13 avril 2007, p. 43.

(Auteur inconnu), « L'idée de privatiser Hydro-Québec revient sur le tapis », *Le Soleil*, 30 août 2007, p. 43.

(Auteur inconnu), « Des sociétés d'État devront être plus transparentes », *Le Soleil*, 2 septembre 2007, p. 42.

(Auteur inconnu), « L'Ontario ne pourra pas privatiser Hydro One », *Presse canadienne*, [En ligne] http://www.cyberpresse.ca/reseau/actualites/0204/act_102040089409.html (Page consultée le 1er janvier 2009).

(Auteur inconnu), « Régie de l'énergie – une intervention embarrassante », *Radio-Canada*, [En ligne] http://www.radio-canada.ca/nouvelles/Politique/2007/05/15/005-Regie-energie-electrik.shtml (Page consultée le 1er janvier 2009).

TABLE DES MATIÈRES

PARTIE I
LE DÉCLIN DE L'ENTREPRISE PUBLIQUE

PARTIE II
LA MUTATION DE L'ENTREPRISE PUBLIQUE

TABLES BIBLIOGRAPHIQUES